SKAT.18

SENDENKAIGI AWARD TEXT

宣伝会議賞は、
広告界の専門誌『宣伝会議』通巻100号を記念して
1962年に創設された公募広告賞です。
広告クリエイターの登竜門として、
歴代受賞者には第一線で活躍するクリエイターが名を連ねます。
今回は70社にご協賛いただき、
応募作品は54万8258点を数えました(中高生部門含む)。

「SKAT.18 SENDENKAIGI AWARD TEXT」には、
第56回の一次審査通過以上の作品、計5555点と、
中高生部門一票以上獲得の461点を収録しています。
広告界の第一線で活躍するクリエイターによって選ばれた
秀逸な広告コピー・CMアイデアを一冊にまとめたテキストです。
業種別の広告コピーのアイデアや、
商品・サービスのコンセプトを考える際のヒントを得たり、
次回宣伝会議賞の傾向と対策を練るなど、お役立てください。

各賞受賞作品

100人の審査員による一次〜四次審査を経て、
ファイナリストとして26作品が選出されました。
その中から、最終審査会での白熱した議論ののち、
最高賞のグランプリ、コピーゴールド・CMゴールド、
眞木準賞、そしてシルバーが決定しました。
応募総数約55万点の頂点に輝いた受賞作品を、
喜びのコメントや選評と合わせてご覧ください。

グランプリ

カクイチ　ホースを使いたくなるアイデア
キャッチフレーズ

ホースの代わりって、ない。

谷尾裕一郎（35歳）大阪府

「宣伝会議賞」でグランプリを受賞した。そしてここに、その感想を書くためのスペースをもらった。たくさんの人の目に触れる。王者として風格のあることを書きたい。読んだ人が「やっぱりグランプリは言うことが違うね」と感心するような、センスの光るコメントを残したい。今後経験できない、一生の宝物になる、この本に掲載される言葉である。写真の選定はすでに失敗している。贈賞式のスピーチでは「来年も頑張ります」とわけの分からないことを言ってしまった。これ以上ミスれない。コメント提出の期限が過ぎた。事務局の方から催促の連絡が来た。すいませんと謝罪して、1日待ってもらった。翌日も送れなかった。事務局の方から静かに怒っているメールが来た。100万円剥奪の悪夢がちらついた時、グランプリをもらったコピーが目に入った。ホースの代わりって、ない。なんてシンプル。なんて普通。書いた本人が心配になるくらい、当たり前のことを言っている。でもこれで良かったんだった。奇をてらったフレーズも、ホースに絡めた上手い言いまわしも必要なかった。思いついた瞬間はテンションが上がったそれだけのコピーは、全部一次で消えた。力が抜けていて、でも本質をそっと教えてくれるような言葉。そんなコピーをたくさん書いていけるように、これからもがんばります。ありがとうございました。

選評

断言は強い。けれど、両刃の剣でもある。
つまり、ハイリスク・ハイリターンな表現です。
「なるほど!」と思うか、「そうかな?」と思うか。
それによって、評価は大きく分かれてしまう。
最終審査会でも、五分五分の議論となりました。
「代わりって、ない。」
これ、本当にそう言えるなら、最強の差別化です。
代わりがない。これ以外にない。
本当にそうか、そう思えるか、考えてみてください。
ヤカンの代わりは、ある気がする。バケツの代わりも。
では、ホースの代わりは?
ヤカンで水撒き、バケツで洗車。できるじゃない。
できるけど、それ、大変でしょ。ホースじゃないと。
……というわけで、いずれにしても、賛否両論か?
実は、この小さな思考実験を誘うところこそ、
このコピーの大きな手柄、かもしれない。

（一倉 宏）

コピーゴールド

日本ガイシ　日本ガイシのものづくり魂の化身である「クロコくん」が脚光を浴びるアイデア
キャッチフレーズ

目立たないぞ精神。

三上 智広（47歳）北海道

まずは、諸事情により贈賞式に出席できなかったことをお詫び申し上げます。このたびは、コピーゴールドという素晴らしい賞をいただき、ありがとうございました。40歳を過ぎて始めた「宣伝会議賞」への再挑戦も、今回で6年目。第54回から3年連続入賞、第55回から2年連続協賛企業賞トリプル。第56回は協賛企業賞トリプル＆コピーゴールドのクアドラプルと、賞の価値は数ではないかもしれませんが、自分でも満足のいく結果で「宣伝会議賞」を卒業することができました。高い壁と感じていた「宣伝会議賞」ですが、諦めずに続けていて良かったと思います。努力した6年間と入賞の実績は、きっとこれからの私の人生の支えになるでしょう。協賛企業の皆さま、審査員の皆さま、「宣伝会議賞」のスタッフの皆さま、このような機会を与えてくださり、本当にありがとうございました。最後に、「宣伝会議賞」に挑戦している皆さまとは、勝手ながらシンパシーのようなものを感じています。どこかで見かけたら気軽にお声がけください。応援しています。諦めずに頑張ってください！

選評

前に貼り出されている十数本のコピー。うまさで言えば、甲乙つけがたし。ただ、このコピーだけ、放っているオーラが異質だと思った。ヌケヌケとしていて、飄々としていて、なんだか憎めない奴。それでいて、ホントはちゃんと、芯がある。人間だったらサイコーだ。もっと大げさに言うと、一億総目立とう精神の時代に、このスタンスを表明することには、何かとてつもなく大きな意義がある、ようにも感じて。決勝に残った時、私は迷わずこのコピーを推した。

（岡本 欣也）

工学院大学
ラジオＣＭ

女子高校生が思わず理系を志したくなるようなアイデア

【知りたい理由】篇

街でアイツの匂いとすれ違うと
つい探してドキドキして、手に汗なんかかいちゃって
つい笑ってしまう。
これを１４０字におさめて世界に発信する文学少女にはなりたくないの。
ワタシは理由が知りたい。

工学院大学

中川 蓉（26歳）大阪府

この度は光栄な賞をいただきありがとうございます！こんな大きな賞をいただくのは、生きててはじめてー！と叫びそうになったほどです。名前を呼ばれた時は、喜びよりもなにより驚きがすごく、理解が追いつかないままだったので涙が出る間もなく笑顔で終われました。

コピーライターを目指してついこの間東京にでてきたのですが、「これからもっと頑張るんだぞ」と力強く背中をおしていただけたような気分です。いろんなコピーライターの方に褒めていただけたこと、なにより工学院大学の方に直接ご挨拶できたこと、濃く思い出にきざんでこの気持ちを忘れないまま、もっと頑張っていきたいと思います。募集が始まったあの日から、贈賞式が終わるまでのワクワク・ドキドキの日々、本当に楽しかったです！

選評

SNSに対するシニカルな視点と商品への落とし込みが絶妙。無駄がない表現で、ただただ、うまいな、と感心した。中川さん、すごい。私が女子高生なら、このラジオCMを聞いて理系を志すかもしれない。こんな顔をした女子高生がいたら、こわいけど。

（山崎 隆明）

眞木準賞

工学院大学
キャッチフレーズ　女子高校生が思わず理系を志したくなるようなアイデア

AIは、まだ、恋を知らない。

森 善彦（36歳）兵庫県

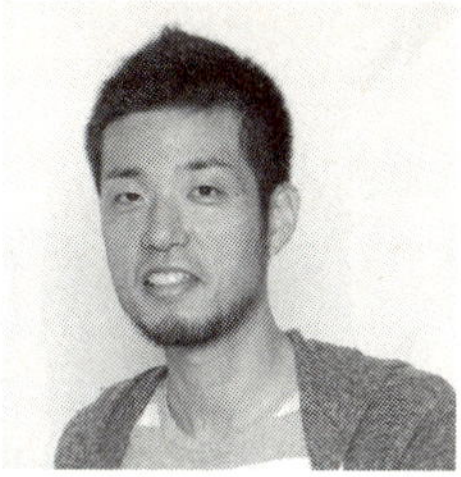

このたび幸運にもこのような光栄な賞を頂くことができて驚きと喜びを感じています。普段、私は広告関係と全く違う職種に就いている人間なのですが、ある日、社内で新しい製品のアイデアと事業戦略を企画しようという話が持ち上がり、その任務が舞い降りてきたことがありました。当時、この方面について完全にスッカラカンで一から勉強しようと本屋に駆け込みマーケティング関連の本を物色していたところ、たまたま手に取った宣伝会議の雑誌から本賞の存在を知りました。昔から何かを創るのは好きだったので、キャッチコピー一本で誰でも挑戦できる本賞にとても魅力を感じ、業務が元の内容に戻ってからも何度かチャレンジさせてもらっていました。今回この課題に取り組んだ際に、工学系の研究や職業にまだまだ浸透している男っぽいイメージが女子高生本人だけでなく家族や友人達にもマイナスに働き、その面白さを知る前に理系の進路を検討の土台から外してしまいがちになっているのではないかと考えました。そのように課題を想定していくつか書いた物の中の一つを運良く拾って頂けたと思っています。伝わるコピーを作るには戦略的な思考や物事の価値を多角的に深掘りする力が求められると思いますが、このような広告的なアプローチはどのような職種でも必要になるものだと感じています。この受賞を機にこれからも精進していきたいと思っています。ありがとうございました。

選評

眞木準賞はユニークな賞だ。眞木さんが書きそうなコピー、眞木さんが好きそうなコピーをそれぞれの審査員がそれぞれの視点で選ぶ。決してダジャレコピーが眞木準賞ではない（眞木さんのは「オシャレ」だから）。そういう意味で、今年の眞木準賞は、うん、たしかに眞木さんも書いたかも、と思わせてくれるコピーだった。眞木さんの声を知らない世代のコピーライターたちが、眞木準賞を獲る。ちょっと不思議な気持ちになる。（中村禎）

シルバー

サントリー　伊右衛門が飲みたくなるようなキャッチフレーズ、ラジオCM

ラジオCM

【将来の夢】篇

子供が作文を読んでいる：

将来の夢。僕は将来、シャチクになりたいです。
僕や弟やお母さんのために
夜遅くまで一生懸命働いて、
お休みの日もたまに会社に行って
がんばっているお父さんが、
俺はシャチクだと言っていました。
だから僕は将来シャチクになりたいです。

N：誰かのために頑張る人を応援したい。
京都福寿園のお茶伊右衛門。

石神 慎吾（41歳）
長野県

いま振り返っても、どういった経緯でこのCMを考えたのか全く思い出せません。日ごろから社畜のことを考えていたわけでもなく、なにかの勢いで書き、そのまま応募したようです。ただ、今回の「宣伝会議賞」は、グランプリをとってコピーライターになると宣言して取り組んでいたので（その宣言を聞いた人はいない）、その気持ちが書かせてくれたのかなとも思っています。ありがとうございました。

シルバー

伝統的工芸品産業振興協会　「伝統的工芸品」の意味をたくさんの人に知ってもらい、日常で使ってもらうためのアイデア　キャッチフレーズ

さっそく明日から、一生使うね。

伊藤 美幸（36歳）
愛知県

第52回「宣伝会議賞」から5度目の挑戦で初めて受賞することができました。夢がひとつ叶い、言葉にできないくらい嬉しいです。憧れの舞台・虎ノ門ヒルズにファイナリストとして行けただけでも幸せなのに、審査員の方々に選んでいただきシルバー受賞できたこと、とても光栄に思います。受賞後、名古屋のコピーライター養成講座仲間や応援してくれていた人たちが、「さっそく明日から、一生使うね。」を私らしいコピーだと、好きだと言ってくれました。私自身も我が子のようなこのコピーを愛しています。プランナーとして販促の仕事をしている私がコピーを書くときに意識していること、それは課題解決できているか。伝統的工芸品は高級品のイメージがありますが、昔は生活に密着し、日常的に使われていたのだと思います。現代で少し距離が遠くなってしまった伝統的工芸品を、もっと身近な存在にしたい。長く使えるものだということを理解してもらい、プレゼントを贈るときの選択肢のひとつにしてもらいたい。そういう思いで書きました。どうかこのコピーが受賞だけで終わらず、多くの人の心に届いて、日本が誇る伝統がずっと長く続くことを願います。最後になりましたが、宣伝会議さま、協賛企業の皆さま、審査員の方々、ありがとうございました。まだ卒業はできないので、「一生勉強」のつもりで頑張ります。

シルバー

大和証券 資産形成の必要は感じつつも、ためらっている人の背中を押すような自由なアイデア
キャッチフレーズ

貯金は偉いが、賢くはない。

林田 淳（32歳）
東京都

ほんの小さな出来心で、怪しい資産運用セミナーに足を運んだことがありました。勧誘の手から逃げるように抜け出し、どうにか事なきを得たというホロ苦い経験。まさかそこで聴いた話がシルバーにつながることになるとは…！自分の足で実際に経験することがコピーには大切だということを改めて思い知りました。怪しくても行ってみるものですね（※絶対ダメ）。この度はファイナリスト、そしてシルバーにご選出いただき、誠にありがとうございました。尊敬する審査員の方々に「良い」と思っていただけたことが、何よりも嬉しく誇りに思います。昨年は協賛企業賞を受賞し、初めての贈賞式に嬉しさ100％で参加したものの、目の前でファイナリスト作品と上位の各賞が発表されるのを見て、悔しさ100％に変わったのを覚えています。その悔しさが、今年のシルバーにつながりました。エンジニアから始まった私のキャリアですが、ミスチルの歌詞の影響で「言葉」の世界へ憧れを抱き、それがつながってコードだけでなくコピーも書くようになりました。自分が言葉を生み出す側に回り、多少なりとも人に影響を与えられるようになってきたことは、この上ない喜びです。つながりを大切に、これからも人に「良い」と思ってもらえるコピーを世の中に一つでも多く生み出せるよう、精進していきます。

シルバー

キャッチフレーズ

トクヤマデンタル

自分はまだ大丈夫と思っている人が「歯医者さんに行ってみよう」と思うアイデア

歯歯歯歯歯歯歯歯歯歯歯歯歯歯歯歯
歯歯歯歯歯歯歯歯歯歯歯歯歯歯菌歯
知らない間に「菌」は潜んでいる。

福井 悠太（26歳）
愛知県

この度はシルバーにご選出いただきまして、誠にありがとうございます。今年で3年目となる応募でしたが、毎年過去に応募したコピーを思い返す度、過去の自分に対して「サブイな」「わかってないな」と感じつつ、そう思えるということは、少しは成長できているのかなと、なんとかポジティブに捉えようとしておりました。そんな思いで取り組む中、いいコピーとは何かということを今回改めて考え、自分なりの結論として「まず、人に見てもらえ、そして、見た人を動かす。」コピーがいいコピーと呼ばれるのではないだろうかと思い至りました。そして、「人を動かす」という点に関しては、心を動かせると一番いいのですが、目を動かして探してもらうであったり、口を動かして口ずさんでもらったりするコピーがあったりしてもよいのかなと思い、様々な案を検討してもがいた結果、今回のコピーが生まれました。そのような作品が、今回審査員の方々やトクヤマデンタル様の目に留めていただいたこと、大変嬉しく感じております。今回の受賞、そして受賞を機にいただいた温かいお言葉によって、皆さんによいと思ってもらえる表現や企画を考える楽しさを改めて感じましたので、この経験を糧として、さらに制作活動に励みたいと思います。ありがとうございました。

シルバー

メルカリ　メルカリをこれまで使ったことがない人が、一度使いたくなるアイデア
キャッチフレーズ

いい買い物だったと、売れて思う。

松村 圭太（29歳）
東京都

「いい買い物だったと、売れて思う。」。このコピーは、自分がメルカリで家具を売った時のことを思い出した時、自然と出てきたもので、自分でも気に入っていたコピーでした。今回、このコピーがファイナリストに残ったこと、また、多くの人から「わかる！」といった共感の声をいただけたことで改めて、「本音でぶつからないと、誰にも伝わらないし、気持ちは動かない」と感じています。そして、このコピーでシルバーという素敵な賞をいただけたことで、ようやくコピーライターとしての入り口に立てたような気がします。この結果に恥じないように、これからも精進します。

シルバー

工学院大学
テレビCM

女子高校生が思わず理系を志したくなるようなアイデア

【ハカセ】篇

漫画やアニメの「ハカセ」が次々と映し出される。
・お茶の水博士（鉄腕アトム）
・阿笠博士（名探偵コナン）
・オーキド博士（ポケモン）
NA：「ハカセ」って、なんでおじいさんばかりなんだろう。
　そのイメージ、壊しましょ。
　工学院大学。

宮村 亮大（26歳）
神奈川県

いつか受賞コメントを書くことがあったら「だれか私を雇ってください」と転職活動に誌面を利用しようと悪巧みを企んでいたのが数か月前。こんなに早くそのチャンスが来るとは思っていませんでした。いざ、受賞コメントを書く機会をいただくと、そんな畏れ多いことできないと、過去の自分を恥じております。さて、まずは、こんな素敵な賞をくださった審査員の皆さま、ありがとうございます。そして、素敵な課題を出してくださった工学院大学さんありがとうございます。理系でも、女子でも、もちろんハカセでもない私がこの作品を書けたのは、言語学を勉強していた大学時代の講義のおかげだと思います。フィクションの中で、老人は「〜じゃ」と話す。こういった言葉遣いのことを役割語と言う。当時は「ふ〜ん」と聞いていましたが、数年の時を経て、この役割語の話から着想を得たのがこの作品です。役に立たない経験はない、そんな教訓にこの受賞をとおして改めて気付かされました。結びに、この作品を目にした女子高校生が理系を志し、数ある理系大学の中から工学院大学さんを選び出し、工学院大学さんに将来有望な学生たち（とお金）がたくさん入ることを祈念いたします。このたびは本当にありがとうございました。来年もがんばります。

シルバー

大同メタル工業　「総合すべり軸受メーカー」大同メタル工業の魅力を伝えるアイデア
キャッチフレーズ

安全な部品は、ニュースにならない。

山本 真梨子（26歳）
石川県

「日本にいるコピーライターの中で、自分が一番ヘタなんじゃないか…」コピーライターになってからの一年で、何度もそう思いました。落ち込み続けて自信をまるごと失っていた時期だった、「宣伝会議賞」の応募期間。「受賞したいなど自分ごときがおこがましい、この2ヶ月間で少しでもマシになりたい…」という気持ちで取り組んでいました。今思えば、この後ろ向きな性格から生まれた、受賞を狙いすぎない力の抜けたフォームが良かったのかもしれません。ネガティブも、悪いことばかりではないですね。でも、そんな自己評価はコピーを見る人にとってはどうでもよくて。どんな立場にいようと、課題と向き合って考え尽くせているか、人の心に留まる言葉が書けているか。それが重要だと、今回の受賞で改めて実感しました。「安全な部品は、ニュースにならない。」。世の中で、誰かの〝いいニュース〟となるコピー・広告をつくりたいと、未熟ながらに思っています。そのためにも、言葉でメシを食っていけている幸せを忘れずに、今よりもっと叩き上がってゆきます。最後になりましたが、審査員の皆さま、協賛企業の皆さま、宣伝会議の皆さま。この度は、本当にありがとうございました。

ファイナリスト

惜しくも受賞はならなかったものの、
ファイナリストは、応募総数約55万点の中で
厳しい審査を勝ち抜いてきた、
いわば「最終ノミネート」作品です。
広告界の最前線で活躍するトップクリエイターが認めた
秀作の数々をご紹介します。

OpenStreet　キャッチフレーズ

エネルギーは、
石油から脂肪の時代へ

鈴木 雄太　千葉県

キッコーマン　キャッチフレーズ

結局、人間が好きな味なんだ。

桂田 圭子　滋賀県

京セラ　テレビCM

【ノック】篇

■トイレのドアをノックする
SE：コンコン（たたく音）
男：入ってます。
■クルマのドアをノックする
SE：コンコン（たたく音）
男：入ってます。
■プリンターをノックする
SE：コンコン（たたく音）
男：入ってます。
■スマホをノックする
SE：コンコン（たたく音）
男：入ってます。
■ソーラーパネルをノックする
SE：コンコン（たたく音）
男：入ってます。
■京セラロゴ
NA：京セラが入っています。

小林 猛樹　千葉県

霧島酒造　キャッチフレーズ

100年前から、
糖質ゼロ、プリン体ゼロでした。

塚谷 隆治　東京都

工学院大学　キャッチフレーズ

あなたが理系の道に進んだら、
世の中もっと可愛くなる。

中薗　隆博　神奈川県

工学院大学　テレビCM
【日本人女性初ノーベル賞】篇

NA:「もし、日本人で初めて女性がノーベル賞を受賞したら。」
新聞の見出し……『美人女性科学者、ノーベル賞受賞！』
週刊誌の表紙……『あの美人科学者の知られざる過去！』
インタビュアー……「旦那様とはどこで知り合ったんですか？
「子育てと研究の両立は？」
「美の秘訣は？」
うんざりした表情の女性。
NA:「こんな国だけど。
こんな国だから。
私たちが変えてやる。」
NA:「理系科目を学ぶなら工学院大学。」

矢野　笑子　兵庫県

さくらインターネット　キャッチフレーズ

表示速度が
2秒遅くなるだけで、
約50%のユーザーが離脱した例
があります。

長井　謙　沖縄県

サマリー　キャッチフレーズ

とても大切で、
とてもジャマな物がある。

眞木　雄一　石川県

沢井製薬　キャッチフレーズ

医療費の高さが病的でした。

芹澤 高行　東京都

大同メタル工業　キャッチフレーズ

助手席の
「ごめん、寝てた」を
つくっています。

並川 隆裕　東京都

大和証券　キャッチフレーズ

お金持ちになれないのは、
お金を持っているからです。

密山 直也　兵庫県

ディーエムソリューションズ　キャッチフレーズ

チケットがなくなれば、
チケットはなくさない。

青柳 信吾　奈良県

東急建設　キャッチフレーズ

私たちがいる限り、
渋谷は完成しない。

谷　明展　北海道

東京ソワール　ラジオCM

【来賓席】篇

男の子1：なあ、ケンジ
あそこの来賓席の一番前に坐ってるの
ケンジの母ちゃんだよな
男の子2：…母ちゃんじゃない
男の子1：え…
男の子2：あれは…母ちゃんじゃない
母ちゃんなんかじゃない…
男の子1：…え…も、もしかして血がつながって…
男の子2：あれは、お母様だ！
NA：母ちゃんっていうよりお母様
品のある装い、レディスフォーマルウェア
なら、東京ソワール

岡田　英子　広島県

バスクリン　ラジオCM

【漏れた声】篇

SE：お風呂に浸かる音
おっさん：「あぁ〜〜」
NA：「主婦でも、ついおっさんの声
がでる気持ちよさ。バスクリン」

長井　謙　沖縄県

協賛企業賞
各課題 入選作品

協賛企業賞とは、
一次審査通過作品の中から
協賛企業53社がそれぞれ選出した、
各課題の優秀作品です。
提示された課題に対し、的確な答えを導き出したアイデア、
「そうきたか!」と協賛企業を唸らせた
秀逸なアイデアに贈られる賞です。

HELLO CYCLING

おもわずアプリをダウンロードして「HELLO CYCLING」に乗りたくなってしまうキャッチフレーズを募集

シェアサイクルサービス、〈HELLO CYCLING〉を
使いたくなる理由を記載してください。

課題	おもわずアプリをダウンロードして「HELLO CYCLING」に乗りたくなってしまうキャッチフレーズを募集
ジャンル	キャッチフレーズ、テレビCM
参考資料	下記のHELLO CYCLINGアプリをダウンロードください

GET IT ON Google Play
〈Android〉
https://goo.gl/ZKbRg8

Available on the App Store
〈iOS〉
https://goo.gl/CBGNqU

HELLO CYCLING
公式ホームページ
https://www.hellocycling.jp/

OpenStreet（HELLO CYCLING）

おもわずアプリをダウンロードして「HELLO CYCLING」に
乗りたくなってしまうキャッチフレーズ

ア

OpenStreet（HELLO CYCLING）

協賛企業賞

山岸 勇士（34歳）愛知県

見慣れた街の、知らない世界へ。

▼協賛企業のコメント

OpenStreet
マーケティング室 室長
林 亮さん

この度はご応募有難うございました。そして、受賞おめでとうございます。いただいた数多くのご応募作品はいずれも魅力的なキャッチフレーズでしたが、その中でも、特にシェアサイクルを利用したときに感じる世界を表してくれたと思います。

三次審査通過作品

塩野 桜子 東京都

急ぎ方改革。

竹節 忠広 長野県

スイーツで給油しよう。

冨沢 駿平 東京都

旅先の、その先へ。

南 忠志 東京都

自転車が東京を教えてくれた。

二次審査通過作品

岡本 啓史 東京都

旅のコツは〝乗り捨て〟。

杉山 聡 静岡県

自由席より、自由です。

OpenStreet（HELLO CYCLING）

ア

OpenStreet（HELLO CYCLING）

高木 遥司　千葉県　テレビCM

犯人を追いかける刑事
刑事「待てー!」
自転車に乗った男性を見つけて
刑事「すみません、自転車貸してください!」
男性「え、あれ使ってくださいよ」
（HELLO CYCLINGステーションを指さす男性）
刑事「HELLO CYCLING?」
サービス説明
NA「HELLO CYCLINGは、スマホを使って気軽に利用できる
シェアサイクリングサービス」
HELLO CYCLINGの自転車に乗る刑事
刑事「おー快適!」
自転車が楽しくなって犯人を追い越してしまう刑事
刑事「ヒャッホー」
犯人「え!?」
NA「どこでも借りられてどこでも返せる。HELLO CYCLING」

高阪 学　東京都

私の通勤快速。

高見 大介　東京都

その提案に、乗った。

寺門 眞一　兵庫県

いい顔するなあ、君も空も。

福本 剛士　大阪府

自転車アシスト付き自分

堀田 陽祐　愛知県

どLIVE。

増田 有佑　大阪府

地上のLCC。

松村 遼平　京都府

初乗り、60円。

宮地 克徳　群馬県

必ず座れる乗り物です。

OpenStreet（HELLO CYCLING）

一次審査通過作品

青山 紀恵　東京都
終電が私の中でなくなった。

赤木 基純　岡山県
徒歩〇〇分、車で〇〇分。
これからは、自転車で〇〇分も必要だ。

足立 昌彌　東京都　テレビCM
レストランで食事をする男女
男「はい、誕生日プレゼント。」
女「わ～高そうなバッグ！」
女「ねえ。」
男「なに？」
女「別れましょ？」
NA：使い終わったら乗り捨てOK。ハローサイクリング。

天沢 もとき　東京都
明日は明日のチャリで着く。

天沢 もとき　東京都
食べ過ぎたから、乗って帰ろうかな。

天野 健一朗　京都府
ちょっとぐらいは、迷子になろう。

天野 健一朗　京都府
非常時に備えよ！

荒井 美矢子　海外
まさかエコがダイエットになるなんて。

石井 雅規　千葉県
持っていない自転車は盗まれない。

石神 慎吾　長野県
旅行先で自転車に乗っていたら道を聞かれた。

石神 寛史　兵庫県
雨だから、歩いて出かけた。
晴れたから、自転車で帰った。

石倉 大介　埼玉県
欠点のないと思っていた友達の漕ぎ方が面白かった。

一法師 智恵子　東京都
始発まで待ってられない。

今田 紀美　神奈川県
ゴールだけ一緒なんて仲間じゃない。

岩倉 義則　北海道
ウチはね、自転車を飼えないのよ。

内山 奈月　東京都
東京都世田谷区で借りて、
沖縄県那覇市で返却。

占部 三四郎　神奈川県
終電なくなっちゃったね。が通じなくなった

大熊 圭一　埼玉県
その土地の素顔は、駅チカでは見られない。

大塚 恭平　埼玉県
家のそばに駅(ステーション)が出来た。

小川 優子　福島県
明日のデート、スカートはやめてほしいんだ。

奥村 伸也　東京都
電車で行けるところは、行き尽くされたところだ。

小駒 克己　東京都
ゆっくり、いそごう。

押江 泰大　鹿児島県
東京は日本一歩かされる街だから。

小田 道夫　石川県
全力坂を、電動坂に。

貝渕 充良　大阪府
自転車に乗ると、
1人になれた。

桂田 圭子　滋賀県
車だと移動だけど、自転車は冒険になる。

桂田 圭子　滋賀県
今からフェラーリ抜きまーす。ついでにポルシェも抜きまーす。

加藤 千尋　東京都
毎回ちがう自転車で登場する彼。

金久保 岳史　東京都
私の自転車は一台じゃない。

狩野 慶太　東京都
人がいちばん好きな道は、寄り道だと思う。

川名 優子　東京都
外国人観光客を、この街へ招こう。

川名 優子　東京都
タクシーで移動している距離は、ほぼ自転車で走れる距離だ。

川村 章平　埼玉県
最初に現場に駆け付けたのは、
電動自転車の私です。

河本 拓也　東京都
歩くと、いつもの景色。
漕ぐと、いくつもの景色。

木村 幸代　埼玉県
まちを好きになるのに、
ちょうどいい速度です。

窪田 佳奈　大阪府
あ、終電逃した。
あ、自転車あった。

黒坂 謙太　京都府
いつの時代も、
会いに行く口実だけが足りない。

郡司 嘉洋　東京都
最近、外回りから帰ってくる上司の顔が、清々しい。

肥塚 雅裕　大阪府
自転車は、もっとも手軽なオープンカーだ。

肥塚 雅裕　大阪府
前の人、背が高かったんだ。

小島 功至　熊本県
高級車より早く着いた。
何かいろいろ勝った気がした。

小島 功至　熊本県
旨そうな匂いのほうに行ってみる。
そんな旅がいちばん楽しい。

小西 秀昭　東京都
雨降ってきた。置いてこう。

近藤 学　東京都
地元の人より、地元を知るオレ。

坂本 政一郎　神奈川県
きょうは、オニギリが燃料です。

坂本 真菜　東京都
あ、空気読みすぎて
ちゃんと吸えてなかったなあ。

佐々木 一之　愛知県
水曜日は自転車の日にしました。

佐々木 貴智　東京都
車だと見つからない、歩きだと辿り着かない。

佐々木 直也　福岡県
行きたい場所へのロックが解除された

重光 亮　東京都
会話がなくても彼女との距離が縮まった

篠崎 香織　埼玉県
チャリの空気入れるの、めんどいなら！
HELLO CYCLING！

柴田 賢一　茨城県
不動産会社のみなさん、いいPRポイントができました。

柴本 純　東京都
東京の快晴日数は、一年だいたい45日。
大事に過ごさないともったいない。

字引 章　東京都
私にはいくつか、
行きつけの自転車置き場がある。

字引 章　東京都
いっしょにいた後輩全員に
自転車をおごってやった。

島田 寛昭　東京都
パパがよその街に自転車を作った。
不輪だわ。

清水 秀幸　東京都
電車に乗らなかったから、会議に間に合った。

東海林 雄一　埼玉県
クルマの未来形が自転車だったとは！

新開 章一　静岡県
営業成績トップの秘密。

杉本 仁美　熊本県
知らない街で借りて、
知ってる街で返せます。

杉山 聡　静岡県
自動車に乗ることが、
ステイタスだった。
自動車に乗らないことが、
ステイタスになった。

砂川 大　東京都
行ってみよう、駅と駅の間。

角出 弘司　神奈川県
近くのコンビニから、旅は始められる。

芹澤 高行　東京都
はりきってジョギングに出かけて、
自転車で帰ってきた。

高橋 英児　神奈川県
電車やバスは、借りられない。

瀧 智之　神奈川県
こんなに買う予定なかったんだけどなぁ。

田中 恵美子　東京都
毎分発車

谷 明展　北海道
タクシーより後に出て、タクシーより先に着いた。

谷 明展　北海道
「終電、なくなっちゃったね。」とささやいて、
彼女は自転車で帰っていった。

谷田 朋貴　東京都
最近遅刻しなくなったな、って言われた。

田原 あすか　京都府
靴擦れが減った。

田原 あすか　京都府
さっきまで、足の長い人が乗っていたのかな。

田原 あすか　京都府
漕げば、ヒールも痛くない。

津留 鑑介　東京都
銀座も、渋谷も、新宿も
触れていたのは〝顔〟だけだった。

手代森 修　東京都
旅行者でもジモティ顔。

寺門 眞一　兵庫県
迷い道は、楽しい旅のはじまりでした。

寺門 眞一　兵庫県
いい景色の感動は、探すより、ばったり会ったときの方が大きい。

寺田 連蔵　東京都
インフルエンザは電車でうつる。

富岡 勇貴　静岡県
自転車は、街をテーマパークにする。

冨沢 駿平　東京都
自転車乗れば、そこはわが街。

冨沢 駿平　東京都
自転車漕げば、そこはわが街。

内藤 昴　大阪府
この自転車は、色んな場所に行ったことがあるんだろうな

長井 謙　沖縄県
自転車から、
降りた部長が、
少年に見えた。

中島 大介　大阪府
わたし同じ道ばっかり通ってたんだ。

中島 大介　大阪府
タクシーは甘え、自転車は鍛え。

中田 国広　埼玉県
東京23区内だけでも
700以上の坂道ですって。

中辻 裕己　東京都
どうやってやってくるのかも、営業マンの可愛さだと思う。

長縄 寛久　静岡県
自転車で走ると
わたしの街になる

中野 奈々美　茨城県
自転車に乗ったら、街が友達になった

中村 匡　大阪府
彼が爽やかに登場するのは
顔のせいだけではない。

中村 匡　大阪府
行きにくかった名店が
行きつけの名店になりました。

中村 匡　大阪府
近くと遠くしか
開拓していませんでした。

中村 匡　大阪府
初めて降りる駅だけど
自分の自転車がある。

中村 匡　大阪府
なぜアイツはどこにでも
チャリで現れるんだ？

奈良 純嗣　秋田県
小豆島にある俺のチャリ貸そうか。

西田 亜紀　神奈川県
10年住んでて、知らなかった店を見つけた。

西村 優一　東京都
路地裏にだけ咲く花。

根本 曜　東京都
自転車の、駅ができました。

野上 知沙　大阪府
私の行きたいところに停留所はありません。

野村 京平　東京都
ワタシは東京を、
ふくらはぎで
知りました。

野村 京平　東京都
私が痩せるチャンスは、
電車とタクシーに
奪われていた。

野村 京平　東京都
交通費を
削ろうと思ったら、
ジム代まで削れた。

橋口 賢一郎　愛知県
さあ、風がおいしい季節です。

橋口 賢一郎　愛知県
風という、おもてなし。

橋口 賢一郎　愛知県
東京の名所は、
レールの上にはない。

背本 瞬　東京都
旦那が出張先でノリに乗っているらしい。

早川 竜也　愛知県
「なんか、楽しそうな顔してますね」と、打ち
合わせ先で言われた。

林 秀和　東京都
すべての街を、地元にしよう。

林 秀直　東京都
晴れの日をちゃんと喜べていますか？

原田 正喜　愛知県
通勤電車の窓から見えるいつか行きたい店
は、いまでもいつか行きたい店のままだ。

菱沼 慶子　東京都
敷かれたレールの上を走るか、
自分で決めた道を走るか。

平嶋 さやか　茨城県
ノッて行け。

廣本 嶺　東京都
自転車を買うお金はなくても、自転車に乗る
お金はある。

廣本 嶺　東京都
みんながタクシーを待っている間に、私は帰
宅した。

深瀬 大　神奈川県
わたしの知ってる東京は、駅周辺の街並みば
かりだった。

福島 滉大　埼玉県
通勤時に空気をウマいと感じたのは、
初めてだ。

福島 朋子　東京都
ラッシュ時も座れます。

藤井 世朗　神奈川県
歩くには遠い、でも車にしては近い。

OpenStreet（HELLO CYCLING）

船越 一郎　東京都
旅先での自転車は、移動手段というよりアト
ラクションに近いと思う。

古土井 裕司　埼玉県
同じ自転車の人とすれ違い、思わず会釈した。

星 聡宏　東京都
駅と駅のあいだにも、街はあるんだね。

星合 摩美　東京都
ドライブじゃ、街の空気は味わえない。

堀 正峻　東京都
モノを大切に　という気持ちも
シェアしてる

堀井 大　大阪府
漕ぐたび、口角あがる。

堀井 大　大阪府
こんなところに銭湯があったんだ。

前田 正熙　東京都
歩きだと、たどり着けない。電車だと、寄り
道できない。

眞木 雄一　石川県
自転車に乗っていると、
その街で暮らしている気分になる。

眞木 雄一　石川県
はじめてのまちで、住人気分。

眞木 雄一　石川県
お出かけ先で、
住んでる気分。

牧野 英樹　東京都
電車とバスは、私の言うことを聞かない

益子 美紀　北海道
東京の景色が変わった。

増渕 武史　千葉県
最近一番増えている駅は、自転車用の駅です。

松井 浪香　東京都
帰り道だけ、手を繋いだ。

松尾 健介　大阪府
お金をかけた自転車ほど、
盗まれやすい。

松岡 基弘　東京都
急に自転車に乗りたくなっても、急に自転車
が邪魔になっても大丈夫。

松村 遼平　京都府
ポケモン集めが、調子いい。

松村 遼平　京都府
働き方の次は、帰り方も見直そう。

三上 智広　北海道
もやもやした気持ちも、体重も、
どこかに落としてきたみたい。

三島 直也　東京都
ガイドブックは、徒歩に厳しい。

水田 匠生　神奈川県
世界が広がって、世界が縮まった。

光川 和子　大阪府
田舎の距離感は、
都会人はつかみにくい。

南 忠志　東京都
なんか、昔からこの町に住んでいた気がする。

南 忠志　東京都
また一つ、日本を見つけた。

峯 明子　福岡県
カメさんは、ウサギさんが寝る間にダウン
ロードしました。

見延 里菜　東京都
駐輪場代って、積み重なると地味に高い。

三宅 幸代　大阪府
夜道は自転車でチカン対策を。

三宅 幸代　大阪府
マンションがウリにしていた。

宮坂 和里　神奈川県
深夜3時に、会いたくなりました。

宮坂 穣　神奈川県
かかとに貼る絆創膏の売上、奪います。

宮崎 圭佑　熊本県
車内の沈黙は気まずくても、サイクリングの
沈黙は気まずくない。

宮本 俊史　東京都
働き方は変わる。通勤はどうだ。

OpenStreet（HELLO CYCLING）

向井 正俊　大阪府
旅行の疲れは、だいたい歩き疲れです。

元氏 宏行　大阪府
確実に、座れます。

元氏 宏行　大阪府
時間が無いときや、
時間が有るときに。

元氏 宏行　大阪府
移動中、寝るなんて勿体無い。

八木 明日香　東京都
大人には、
風に当たる時間が、
必要なときもある。

矢﨑 剛史　東京都
発見は、駅と駅の間にある。

矢野 笑子　兵庫県
田舎のダイヤをなめるなよ。

矢野 笑子　兵庫県　テレビCM
「ダイヤの乱れ」篇
とある高校の教室。普通の生徒たち。
先生「よし、出席とるぞ。荒川。」
荒川「はい」
先生「井の頭。」
井の頭「アア!?」
先生「井の頭は乱れてるなー、どうした?」
荒川「先生、中央くんも乱れてます！」
中央「やんのかコラ!?」
東横「あんだテメェ!?」
小田原「かかってこいや！」
さっきまで大人しかった生徒たちがみるみる荒れていく。
NA「ダイヤの乱れは、伝染しやすい。
ダイヤフリーな生活へ。アプリで簡単レンタサイクルはHELLO CYCLING。」

山内 昌憲　東京都
私の人生は、
渋滞に何時間取られているだろう。

山下 祐輝　大阪府
文豪とかのお墓は車で行きにくい所にある。

山角 亮介　和歌山県
移動を変えてみた。
世界がちょっと、変わった気がした。

山本 貴啓　岡山県
最寄りの駅が、二つになった。

與嶋 一剛　岐阜県
決めた。東京五輪は自転車で回るぞ。

カクイチ
KAKUICHI HOSE
ホースを使いたくなる
アイデアを募集します。
課題 ホースを使いたくなるアイデア
ジャンル 自由
（キャッチフレーズ・テレビCM・ラジオCM）
参考資料 http://www.kakuichi-hose.jp
http://www.kaku-ichi.co.jp
KAKUICHI HOSE

カクイチ

ホースを使いたくなるアイデア

協賛企業賞
肥塚 雅裕（26歳）大阪府

協賛企業賞
松尾 栄二郎（39歳）東京都

晴れの日が、もっと好きになる。

▼協賛企業のコメント

カクイチ
合樹営業部 課長
國本博己さん

この度は、協賛企業賞の受賞おめでとうございます。協賛企業賞を決めるにあたり、全社にてアンケートを募り作品を選ばせていただきました。今回の課題は「ライフスタイルの中で、ホースをもっと身近に、楽しく使いたくなるアイディア」でした。「晴れの日が、もっと好きになる。」という受賞作は、笑顔で水を撒いているシーンが自然と思い起こされ、人々の生活がホースによって明るくなるイメージが想像できました。ホースをもっと身近なものとして感じて欲しいという私たちの思いを、より多くの人に届けることができるとても素晴らしい作品です。大切に使わせていただきます。最後になりましたが、ご応募いただきましたみなさまに心からお礼を申し上げますとともに、今後のますますのご活躍をお祈りいたします。

※受賞作品と同一の作品があった場合には、同じ作品でご応募のあった複数名の方を受賞者としてご紹介しています。

ニワ充

川村 真悟 福岡県

誰もが憧れるマイホーム。
出来ることなら庭付きの一軒家。

近藤 泉帆 愛知県 ラジオCM

子どもは2人くらいでゴールデンレトリーバーと一緒に
いつも愛情をかけているガーデニングに水をやりながら
虹を作って遊んでいる風景は必ずホースがなければ生まれない情景です。

畑中 大平 愛知県 テレビCM

キュウリ嫌いの5歳の娘のために、
父は庭でキュウリを作り、食べさせてやろうと考える。
自分で育てたキュウリはきっとおいしいと感じるはずだ。
父と娘は、庭にキュウリの苗を植え、ホースで水をあげる。
いたずら好きの娘は、父にホースで水をかける。そして、二人でいっぱい笑う。
父はホースで水を霧状にまき、虹をつくる。そして、二人でいっぱい笑う。

父と娘は、水まきを楽しみながら、キュウリの収穫を心待ちにしている。
キュウリの苗は、大きくなり、やがて花が咲き、
小さなキュウリができ、どんどん大きくなる。
ついに、娘はキュウリを収穫。
氷水を入れたタライの中で冷やしたキュウリを、
娘がガブリと食べる。

娘「ぶへっ、むり」
父「わはは、そうか。嫌いか、やっぱり。(笑顔)」
娘「(笑顔)」

スーパー:笑おう、庭で。カクイチホース

二次審査通過作品

青野 高広 福岡県
自分で蒔いた種だから。

安達 岳 東京都
運ぶには、水は重すぎる。

石井 亮 埼玉県
洗おうとは思ったこともない場所を洗った。

江副 佑輔 福岡県
じぶんで洗ったことのない愛車を、
愛車といえるのだろうか。

岡田 あず海　大阪府
我が家には、庭はあるのに思い出がない

狩野 慶太　東京都
ウチに花がふえれば、都会に花がふえる。

河野 智己　東京都
家は雨じゃ綺麗にならない

川村 真悟　福岡県
庭は、あなたにしか守れない自然です。

栗田 一平　神奈川県
どんな庭になるかは、どこまで水が届くかで決まる。

小島 功至　熊本県
水の惑星は、ホースの惑星でもある。

小島 功至　熊本県
水撒きをしてる人には、
こんにちは、が言いやすい。

佐々木 貴智　東京都
庭があるのに、庭に出る理由がない。

土屋 憲佑　山梨県　テレビCM
庭にて。ホースで水遊びをする兄弟。それを笑顔で見守るママ。
兄「ママにも!え〜い!!」
ママ「キャ〜!顔にお水はダメ〜!!」
弟「…おばちゃん、だぁれ?」
ママ「マ、ママよ!!!」
ママはすっぴんになっていた。
C「ホースの先の、まだ見ぬ景色へ。」
ロゴ「KAKUICHI HOSE」

藤榮 卓人　神奈川県
「店先が汚い」と、食べログに書かれていた。

樋崎 郁子　広島県
キレイな庭は防犯になる。

藤井 佳葉　神奈川県
洗車したいときって、だいたい長蛇の列。

松尾 健介　大阪府
めったに買い替えないものは、
良いものを。

松本 圭太　大阪府
プールに水をためる時から子供は楽しい。

見田 英樹　愛知県
子どもが虹と遊んでた。

箕浦 弘樹 岐阜県
隣の芝生が青いのは、ちゃんと手入れがされているからです。

山田 尚文 東京都
うちの犬は、リードを出した時と同じ反応をする。

一次審査通過作品

青柳 信吾 奈良県
液体は暴れる。

阿武 裕真 福岡県
ホースをあんな使い方しちゃってさ。絶対いい家族じゃん。

飯田 祥子 福岡県
ホースの水越しだと夫はイケメンだ

飯田 祥子 福岡県
家事をしない夫が庭の水やりだけは買って出る

飯塚 逸人 東京都
ホースがないと、水は荷物になる。

猪川 諒祐 兵庫県
ホースがあれば、作業が遊びになる。

石井 雅規 千葉県
雨が汚れを落としてくれるなんて、本当は思っていない。

石井 雅規 千葉県
狭い庭でも、わりと広い。

石井 雅規 千葉県
自慢の庭でした。

石関 恵子 神奈川県
#拡散水

市山 裕史 東京都
雨の日はキライだ。自分で水やりできないから。

伊藤 慎吾 東京都
子どもにとって、庭が一番の遊び場になってほしい。

伊藤 大樹 東京都
部長はベランダにも、圧をかける。

伊藤 大樹 東京都
だいたいのベランダは、引っ越したときから汚い。

指宿 慎一郎 兵庫県
ただの水なのに外で浴びると、イベントになる。

岩田 健志 愛知県
ホースが私の口笛で踊っている。

岩田 皆子 東京都
虹のある風景は、お金で買える。

上田 雅也 長野県
花に水をやると、挨拶も咲き乱れる。

上田 悠馬 大阪府
自然と接する道具って意外にない。

内山 晃人 埼玉県
今日、息子に友達が一本増えた。

蛯原 裕介 茨城県
虹をかける少女。

大村 卓也 大阪府
ご近所さんができたのは、水やりを始めてからだった。

カ

カクイチ

岡田 あず海　大阪府
ホースは、みんなを、こどもにする。

岡本 英孝　福岡県
子供には、ゲームよりホースを持たせたい。

小田 道夫　石川県
水は、無線にできません。

小野 晶輝　東京都
その問題、ホースで解決できないか？

笠原 遼太　静岡県　テレビCM
「水掛け論」篇
（家族の喧嘩風景）
女性：今日はあなたが水やり当番だったじゃない！
（ホースで水をかける）ビシャーーー！
男性：急用があったんだから仕方ないじゃないか！
（ホースで水をかける）ビシャーーーー！
子ども：また水掛け論して…
NA：欲しい時、いつでも水に手が届く。カラーもたくさん。強くて長持ち。ホースはカクイチ。

川名 優子　東京都
ホースを使う人の顔はやさしい。

川名 優子　東京都
ホースで流れるのは、余裕のある時間です。

河本 拓也　東京都
車がピカピカ。
それだけで、仲の良い家族に見える。

河本 拓也　東京都
空き巣は、庭の枯れた家を狙う。

河本 拓也　東京都
その庭は、枯れていた。
住んでいるひとの心も、
枯れている気がした。

北浦 俊　千葉県
水の延長コードです。

栗原 啓輔　神奈川県
庭で植物を飼おう。

小島 功至　熊本県
うちの庭には、
夏じゃなくてもチューブが似合う。

小島 玄久　京都府
考えてみれば、すごいことだ。手元から水が無限に出る。

後藤 裕彦　東京都
植物を、平等に愛せます。

小林 鴻世　東京都
父さんの鼻歌メドレーがはじまった。

小山 宏紀　東京都　ラジオCM
男子中学生A
たとえばさ、道を歩いてたら急に水着姿のグラビア・アイドルが現れて、「いい感じでお水かけてー」って顔してるとか、なくはないじゃん？
男子中学生B
なくは、ないな。
女子中学生
ねーよ。
男性ナレーション
いや、なくはない。
そんなときは放水のプロ、
カクイチのホース。

齋田 敏宣　大阪府
ご近所さんに挨拶するフリをして、
見せびらかす。

榊原 阿弥　愛知県
ホースじゃないと、という場面は
意外と多い。

佐々木 貴智　東京都
掃除は嫌いだが、洗うのは好き。

佐々木 貴智　東京都
ご近所付き合いは、庭でしょう。

佐々木 貴智　東京都
わが家の四季は、庭に訪れる。

指田 貴雅　愛知県
父の見せ所。

指田 貴雅　愛知県
よく、生活感がないねと言われます。

指田 貴雅 愛知県
ホームセンターでは浮いてます。

佐藤 なつみ 東京都
しまった、庭のある家を買わなきゃ。

佐藤 なつみ 東京都
夏休みの子どもたちは、1日中海パンだ。

塩川 史也 東京都
ガーデニングをする妻は、
水とともに笑顔も振りまく。

渋谷 彩乃 東京都
ホースが伸びれば
庭はもっと広くなる。

島田 宏哉 静岡県
水の能力、伸ばします。

庄司 俊介 愛知県
夏の季語。

城田 晃久 東京都
ねえパパ、水の色ってどんな色?

新免 弘樹 東京都
「水を飲ませてください」、
と言ってるように、
こちらを向いてるヒマワリ。

菅野 雅佳 埼玉県
庭いじりというより、水いじりが楽しい。

杉本 憲一 東京都
「やめて、やめて」の顔は、いつも笑顔だ。

杉森 舞 神奈川県 ラジオCM
男:ズボラな庭の時間です。
本日のズボラさんのお悩みは、此方。
「庭が広くて、水やりが大変です」
先生、解決法は?
女:ホースに穴をあけましょう。
ホースを庭中に這わせましょう。
蛇口をひねりましょう。
NA:お困りの方は試して下さい。KAKUI
CHI HOSE。

鈴木 謙太 愛知県
期待のホース。

隅 亮介 千葉県
無趣味な父の毎日に、虹がかかった。

関 千裕 東京都
洗車をしながら、新車を見せびらかす。

関 千裕 東京都
バケツの往復って、何時代だよ。

髙木 遥司 千葉県
汚れて帰ってきなさい。

田中 克則 和歌山県
ワイヤレスじゃないのがいい。

谷 明展 北海道
おまけで、虹出しときますね。

谷 明展 北海道
息子はお手伝いだと思っていない。

谷 明展 北海道
ホースで洗うと、愛着が湧く。

谷 明展 北海道
キャンプも、キャンプ用品を洗うのも、思い
出になる。

谷 明展 北海道
水に流すと、笑えるんだね。

田原 あすか 京都府
届きそうで届かない、少し届く汚れに。

張 家昀 神奈川県
全米が撒いた!!

當銘 啓太 東京都
水は、人の何倍も、掃除がうまい。

當銘 啓太 東京都
あんなにこだわった庭付きなのに、庭が死ん
でいる。

得本 実優 岡山県
第3回消防士ごっこ 開始!

友野 航平 東京都
息子はまだ虹を知らない。

長井 駿 東京都
日曜のパパは、「虹」職人です。

中尾 謙一郎 千葉県
うちの前は、
地域の子供を守るクールスポット。

中辻 裕己　東京都
ホースは防災グッズでもある。

中村 れみ　東京都
蛇口をひねった。ホースが笑った！

那須 佑樹　秋田県
息子よ、なぜそこに植えた。

並川 隆裕　東京都
庭の水撒きに行くと、
いつもずぶ濡れで帰ってくる
夫と息子。

奈良 純嗣　秋田県
鼻歌が多くなる。

成田 斐　大阪府
晴れた日は、ホースの日。

西村 祐耶　東京都
夏の季語になってもいいと思うんです。

野村 一世　大阪府
蛇口ーーーーーーーーーーーーーー
ーーーーーーーーーーーーーーーー
ーーーーーーーーーーーーーーーー
ーーーーーーーーーーーーーーーー
ーーーーーーーーーーーーーーーー
ーーーーーーーーーーーーーーーー
ーーーーーーーーーーーーーーーー
ーーーーーーーーーーーーーーーー
ーーーーーーーーーーーーーーーー
ーーーーーーーーーーーーーーーー
ーーーーーーーーー父、水、子、子ーー

英 良樹　東京都
花を育てている人の多くは、
花を枯らしているだけかも知れない。

伴 早紀　岐阜県
ホースを買った。
使いたいんじゃない、使ってる俺を見せたいんだ。

東 将光　東京都
お隣さんとの会話が増えた。

東山 秀樹　奈良県
どんな蛇口とも、水が合う。

東山 秀樹　奈良県
雨は、水ものだから。

平嶋 さやか　茨城県
隣の芝生より青く見える。

平林 亜未　長野県
無料で虹がついてきます。

弘嶋 賢之　愛知県
家事に、のびしろ。

福田 篤史　東京都
日曜日は、ホースを辿れば父がいた。

福本 剛士　大阪府
絵日記の中の僕は笑顔でホースを持っていました。

藤田 篤史　東京都
父の定年祝いに、
仕事を贈った。

藤田 悠資　大阪府
たまの休日
ホース伸ばしません？

船越 一郎　東京都
庭がきれいな家に、泥棒は入りづらい。

船越 一郎　東京都
庭が荒れていると、家庭も荒れてるように見える。

古家 信義　千葉県
安心してください。このホースはロープにもなります。

松岡 基弘　東京都
ホースに対象年齢はありません。

松岡 基弘　東京都
息子よ、ホースの使い方が間違っている、でもいい。

松川 緋奈乃　千葉県
やらなきゃいけないことから、やりたいことになった。

松田 綾乃　東京都
それは、虹に手が届く瞬間。

松本 宏昭　大阪府
今ぜったい蛇口ひねるなよ！
今ぜったい蛇口ひねるなよ！

松本 宏昭　大阪府
新しい傘を買った娘のために、雨を降らせました。

松本 宏昭　大阪府
如雨露取って。
如雨露取って。
如雨露取って。
もういいホース取って。

丸山 健太　神奈川県
みんな待ってろ枯れるなよ。

三上 佳祐　東京都
「ホースを買いに行く」が、
「ホースを選びに行く」に。

水落 祥　東京都
花に水をやる人を、疲れさせてはいけない。

南 忠志　東京都
じゃれあう、という機能もある。

箕浦 弘樹　岐阜県
洗車は、お父さんの見せ場です。

箕浦 弘樹　岐阜県
歳をとっても、庭の広さは変わらない。

箕浦 弘樹　岐阜県
お父さんの「ついでに洗っておいたぞ」が、
実は好き。

箕浦 弘樹　岐阜県
「ホースがあれば」の距離は、案外多い。

箕浦 弘樹　岐阜県
きれいな車も、きれいな家の一部です。

箕浦 弘樹　岐阜県
水をあげる子は、
きっとやさしい子に育つと思う。

宮崎 響　大阪府
狭い庭にも、虹はある。

三吉 学　岡山県
あなたもホース使いになれる。

牟田 雅武　長崎県
庭全体が水回りになる。

牟田 雅武　長崎県
町の緑化はわが家から。

村上 正之　愛知県
わが家の猛暑日は、噴水の日です。

最上谷 大輔　東京都
最後は、丸くおさめます。

持木 宏樹　東京都
ホースのない人生は、効率がわるい。

守谷 直紀　兵庫県
うちの庭に、カエルがやって来た。

山田 凱登　福岡県
世界一かんたんな増設。

山田 香織　北海道
きちんと伝えるって大切なこと

山田 翔太　滋賀県
ウチには放水魔がいる。

山田 大輝　福岡県
植物にも優しい人は、本当に優しい人だ。

山中 彰　愛知県
ちょっと蛇口もってきて。

山本 晃久　神奈川県
ホースのある家は、育ちがいい。

横山 成香　千葉県
ホースは人を無邪気にする。

横山 成香　千葉県
遊んでいるようにしか見えない。

吉岡 崇　東京都
「この秋は、ボクが育てたんだよ」

吉岡 崇　東京都
「やった〜、パパの車が汚れてる」

吉田 竜裕　東京都
水が出るところと、使いたい場所は違う。

吉増 香織　大阪府
この夏は、おうちでナイトプールだ。

吉村 圭悟　東京都
水を得た、オレ。

吉村 圭悟　東京都
蛇口は、その場を動かない。

力

カクイチ

和田 春佳　大阪府

僕が見た初めての虹は、
母が作ったものでした。

しょうゆのおいしさで、
世界は仲よくなれる。と思えるコピーを。

国境を越えて、いろんな料理や食材との出会いを
広げ続けるキッコーマンのしょうゆ。
今では世界１００ヵ国以上で愛されています。
しょうゆが、地球上の食文化をつないでいること。
その楽しさ、驚き、意外な魅力などなど、
自由に表現してください。

課題：国境を越えておいしさの出会いを広げ続けるキッコーマンの企業広告
ジャンル：自由
参考資料：詳しい商品情報はホームページをご覧ください。 https://www.kikkoman.co.jp/

kikkoman
おいしい記憶をつくりたい。

キッコーマン

国境を越えておいしさの出会いを広げ続けるキッコーマンの企業広告

協賛企業賞

塩見 勝義（34歳）東京都

テーブル平和賞。

▼協賛企業のコメント

キッコーマン　経営企画室
コーポレートブランド担当マネジャー
中島　みどりさん

塩見勝義様、受賞おめでとうございます。また、今回当社課題に応募くださった多くの皆様に御礼申し上げます。「テーブル平和賞。」このコピーを目にしたときに、キッコーマンのしょうゆ卓上びんが、世界各地のご家庭や飲食店のテーブルに置かれ、おいしい料理を囲んで人々が和やかにすごす情景が目に浮かんできました。しょうゆを販売することは、日本の食文化を海外に紹介すること。日本の食文化を理解してもらうことは、世界の人々が仲良くなることにつながると考えています。キッコーマンのしょうゆ卓上びんは今から60年近く前、１９６１年に登場し、今では世界約１００カ国、累計約5億本が出荷されています。昨年3月には日本国内においても「立体商標」として登録されました。いつでも新鮮 しぼりたて生しょうゆの卓上ボトルは２０１１年に登場し、同じく、おいしさのつなぎ役としてご愛顧いただいています。コーポレートスローガン「おいしい記憶をつくりたい。」への想いを、見事に表現してくださり、ありがとうございます。塩見様が、ますますご活躍されることをお祈り申し上げます。

三次審査通過作品

石塚 政大 千葉県

しょうゆ
Soy sauce
Salsa de soja
Salsa di soia
Sauce de soja
Soijakastike
Soja sos
Sojakaste
Sojasauce
Sojasaus
Sojasovs
Sos de soia
Sos sojowy
Soya sosu
Maraqa soy
Toyo
Molho de soja
Umak od soje
Kicap

간장
醤油
つぎはどこの国に行こうかな。

定藤 健志 兵庫県 ラジオCM

先生：多種多様な民族の文化を、お互い認め合って、共存していく…（FO）
女子：これ、民族のサラダボウルって言うらしいよ。
男子：じゃあ、しょうゆかけたら？
NA：きっと世界は、もっとおいしく調和できる。100ヶ国以上で愛される醤油、キッコーマン。

富田 正和 東京都

和風パスタの和風って、つまりしょうゆ味ってことです。

中居 万寿美 東京都 テレビCM

茶碗に盛られたご飯にかつお節をのせ、しょうゆを数滴かける。
焼いたトウモロコシにしょうゆをハケで塗る。
トマトパスタの仕上げにしょうゆを数滴かける。
NA：お米もトウモロコシも小麦も、世界中の主食としょうゆは仲がいい。

ご飯・トウモロコシ・パスタを様々な人種の人が分け合いながら食べてる。
食べ終わり、仲良く談笑。
NA：しょうゆで世界中の人々が、もっと仲良くなれますように。キッコーマン。

宮村 亮大 神奈川県 テレビCM

サッカーをするブラジルの子どもたち。
その中にひとり日本人が混ざっている。
「ショーユ！」
日本人に向かってパスを要求するブラジルの子ども。
NA（日本人少年）：ぼくのあだ名は、しょうゆ。
最初は馬鹿にされていると思っていた。
でも、ちがった。
ブラジル人少年：おまえってショーユみたいに、
だれとでもすぐ仲良くなれるよな。
NA（日本人少年）：ぼくは、しょうゆ。
世界中の人と仲良くなりたい。
NA：キッコーマン。

二次審査通過作品

雨宮 拓真 広島県

「ใช้ซอสถั่วเหลืองปู่ย่าตายาย(おじいちゃん醤油取って)」

飯田 祥子 福岡県

遠くの国でいつもの味という子がいる

北浦 俊 千葉県
醤油をつけた。一緒に食べた。
顔を見合わせた。
その国の言葉で「おいしい」をなんと言うか
知った。

木村 幸代 埼玉県
この味が好きなのは、
日本人だからとかじゃないな、もう。

末松 学史 東京都
メニューも読めない料理だったが
母の味がした。

曽我部 光司 千葉県
はじめての場所で、なつかしい味に出会った。

土屋 憲佑 山梨県 テレビCM
高校の教室に留学生がやって来た。
ガムを噛み、手には黒い液体の入ったペットボトルが。
先生「彼がアメリカからの留学生、ボブだ！」
ボブ「Hi!くちゃくちゃ！」
生徒「やっぱアメリカの人って、ガムとか炭酸飲料好きなんだな〜。」
ボブ「No! This is イソベモ〜チ＆ショウユ〜♪」
生徒全員「えぇ!?」
NA「先入観を、美味しく変える。キッコーマン」

中野 花心 東京都
海の向こうのあの人は、何にしょうゆをかける
だろうか。

野口 祥子 熊本県
言葉が通じなくても、味は通じた。

野田 陽介 熊本県
信じられるかい？醤油かけただけなんだぜ！

山崎 優一 東京都
言葉はわかならくても、
おいしさはわかりあえる。

一次審査通過作品

相河 利尚 東京都
しょうゆのせつなさと香ばしさが世界に伝わるとうれしい。

青木 岳春 東京都
寿司が世界に広まったのではない。
醤油が広げたのだ。

淺野 俊輔　東京都
この国の
なつかしい味を、
どこかの国の
あたらしい味に。

淺野 俊輔　東京都
世界中に
知れわたっている、
かくし味。

天沢 もとき　東京都
知らない虫も、おいしくできる。

天沢 もとき　東京都
和を乱した料理もうまい。

庵 貴政　群馬県
おいしいと言ってもらいたい。
いつかは懐かしいとも言ってもらいたい。

五十嵐 響介　東京都
日本が誇る料理は、しょうゆがないと始まらない。

五十嵐 響介　東京都
日本旅行の思い出を、しょうゆがもっと強くする。

石井 雅規　千葉県
しょうゆ、海外ではこんな表情するんだな。

石井 雅規　千葉県　テレビCM
世界中のレストランや家庭の食卓でのシーン。
「しょうゆ取って」と言われて、紛らわしいソースがある中、
ちゃんとしょうゆを選んで渡す外国人たち。
NA「しょうゆ取っての正答率、上昇中」
企業ロゴ

石井 亮　埼玉県
もうあるもので、まだないものを。

石神 慎吾　長野県
日本の味を知ってもらうのも、外交だと思う。

石関 恵子　神奈川県
サムライパープル

石津 由貴絵　山口県
逆に聞きたいんだけど、醤油が合わない料理って何？

石塚 政大　千葉県
しょうゆは世界をもてなす。

伊勢 薫　東京都
実は世界中の「美味しい」に隠れています。
キッコーマン醤油。

伊藤 史宏　愛知県
異国でも醤油の香りがすると嬉しくなる。

伊藤 美幸　愛知県
「おいしい」という言葉がない国はない。

伊藤 美幸　愛知県
いい人も、そうじゃない人も、みんな食べて生きている。

伊藤 美幸　愛知県
しょうゆはけんかしない。

伊藤 美幸　愛知県
けんかしても、戦争しても、お腹はへる。

今田 由希　東京都
「日本の調味料」から「日本発の調味料」へ。

伊禮 大地　沖縄県
英語より、世界と仲良くなれそうだ。

上田 雅也　長野県
もう、日本のものではないと思う。

上田 悠馬　大阪府
サンタの髭に美味しそうなシミができていた。

鵜飼 真史　愛知県
知らない国の、おふくろの味。

宇多 智彦　福岡県
日本のしょうゆで、世界のごちそうを。

宇都 啓将　東京都
今もどこかで、醤油をかけすぎてしまった人がいる。

蛯原 裕介　茨城県
1億2650万人占めは、もったいない。

大井 慎介　静岡県
その発想は、日本にはなかった。

大坂 元信　福岡県　ラジオCM
日本人：あぁ、この魚うまい。寿司も刺身も、

醤油があってよかった。
日本人に生まれて、よかったなぁ。
外国人Ａ：それ、日本人じゃなくても食べれるよ。
外国人Ｂ：ぼくの国でも、醤油はあたりまえだよ。
外国人Ｃ：テリヤキソースはアメリカのほうが先だよ。
NA：もう、醤油は日本人だけのものじゃありません。

大原 眞潮　大阪府
友達が、
海外旅行のお土産に醤油を買ってきた。

大原 眞潮　大阪府
和食はもう、醤油を独り占めできない。

大弥 大輔　石川県
カレガキョウ、ゴハンヲタベニクル。

大山 雄仙　愛知県
国が変われば、味が生まれる。

小笠原 清訓　青森県
世界に、またもかける。

岡嶋 航希　埼玉県
多様性は、味に出る。

小形 かおり　宮城県
おいしいものを食べているとき、
きっと世界は争わない。

奥野 晋平　東京都
記憶は舌に残る。日本の記憶、ｋｉｋｋｏｍａｎ。

奥野 晋平　東京都
美味しさは国境を超える。世界の醤油、ｋｉｋｋｏｍａｎ。

小駒 克己　東京都
何かが足りないと、感じた時に。

長内 紀己雄　神奈川県
結ぶ、味。

お椀の中を結ぶ、味。
丼の中を結ぶ、味。
お鍋の中を結ぶ、味。
海の幸と山の幸と畑の幸を結ぶ、味。

親と子を結ぶ、味。
師と弟子を結ぶ、味。
仲間と仲間を結ぶ、味。

日本と海外を結ぶ、味。
大陸と大陸を結ぶ、味。
世界を一つに結ぶ、味。

キッコーマンの香る味が、器の中の食材と食材とを一つに結び、世界の中の人と人とを一つに結んでいきます。

貝渕 充良　大阪府
世界のだしを美味しくする。

貝渕 充良　大阪府
外国の人にとって、
しょうゆの味が和食でした。

梶塚 康太　東京都
海外の子供もかけすぎたらお母さんに怒られるのだろうか。

梶塚 康太　東京都
海外の友達から新しいしょうゆの使い方を教わった。

梶塚 康太　東京都
寿司、ラーメン、てんぷら、刺身。
もしかして、
海外の人ってしょうゆが好きなだけなんじゃないの？

片山 悠　東京都
世界のおふくろへ。

桂田 圭子　滋賀県
日本の空港が、いちばんそそる。

金沢 政史　奈良県
醤油を使った料理は算数だ。
かける、たす、わる
キッコーマンならあとをひく美味しさです。

金子 陽子　香川県
名前を知らない料理も、醤油が入っていると
なんだか安心な気がする。

カ
キッコーマン

兼本 国昭　神奈川県
世界をつなぐ
　和の心と味
　　キッコーマン

狩野 慶太　東京都
しょうゆが来たから、もう安心だ。

狩野 慶太　東京都
世界に見つけてほしい、かくし味がある。

河本 拓也　東京都
外国でしょうゆの香りがすると、
日本がちょっと誇らしくなる。

北浦 俊　千葉県
英語を話す人、18億人。
おいしいを好きな人、70億人。

北川 秀彦　大阪府
いつまでも戦争してないで、はやくご飯食べちゃいなさい。

北原 真知子　大阪府
お寿司を世界に広めたのはしょうゆです

金 紗愛　東京都
言葉が通じなくても「おいしい」って言ってるのはわかった。

金城 圧子　沖縄県
キッコーマンって、何語?

口羽 雄太　京都府
食うもの、拒まず。

国井 正樹　新潟県
レディース　アンド　キッコーマン

久保田 充　愛知県
地球には、しょうゆが合わない、ものはない。

栗原 啓輔　神奈川県
醤油がなかったら生まれなかった料理があると思う。

栗原 啓輔　神奈川県
わたしとあなたでKIKKOMEN。

黒岩 唯　宮城県
外国のキッチンにあるだけで、
なんだか仲良くなれる気がした。

桑野 敬伍　東京都
醤油を傾けると、こんにちはしているように見える。

桑原 尚朗　東京都
日本はしょうゆに、飽きたことがない。

郡司 嘉洋　東京都　テレビCM
ある和風レストランの個室で、
ひとりの男性が席に座っている。
ドアが開くと、若い女性と外国人男性が入ってくる。
女性:「お父さん、久しぶり!今日は紹介したい人がいるの」
男性:「オトウサン、ハジメマシテ。レオナルドデス」
父親:「(驚きながら)ま、まあ、食事でもしようか」
食事が始まると、
レオナルドは慣れた手つきで、
小皿にしょうゆを入れ、美味しそうに刺身を食べる。
父親:「ユミコ、いい人を見つけたな」
NA:しょうゆは、ココロの距離を近くする。キッコーマン。

郡司 嘉洋　東京都　テレビCM
世界の色々なファーストフードが登場し、
テロップでカロリーが紹介される。
フィッシュ&チップス+タルタルソース=600kcal
フィッシュ&チップス+しょうゆ=500kcal
ホットドッグ+ケチャップ+マスタード=400kcal
ホットドッグ+しょうゆ=350kcal
ケバブ+ソース=500kcal
ケバブ+しょうゆ=440kcal
NA:しょうゆは、世界をメタボから救う。キッコーマン。

キッコーマン

小池 有人　東京都
ムール貝さん、こんにちは。醤油です。

小枝 信介　東京都
世界の総意ソース

古賀 佑揮　大阪府
「キッコーマンと出会って人生が大きく変わりました」（アボカド）

後藤 義郎　岡山県
しょうゆさんが、パエリアさんとお友達になりました。いいね！

小林 猛樹　千葉県
日本語を知らない人も、この日本の味は知っています。

近藤 学　東京都
SUSHI、SUKIYAKI、RAMEN、ようこそ醤油の国へ。

近藤 勇介　愛知県
『醤油』書けなくても、かけてみて。

齋藤 美菜子　神奈川県
卵と醤油で朝を始める。

崎山 すなお　東京都
二国籍料理をつくろう。

作間 佳代子　福岡県
世界中の料理と仲よくなれる
世界中の料理をおいしくできる
kikkoman

佐々木 貴智　東京都
世界の味を、整える。

佐々木 貴智　東京都
日本は知らないが、日本の味は知っている。

佐々木 貴智　東京都
一つも日本語知らないのに、しょうゆで食べてる。

佐々木 貴智　東京都
箸の使い方が下手な外国人も、しょうゆの使い方は上手い。

佐瀬 陽太　東京都
しょうゆをかけると、日本の味になる

佐藤 数馬　広島県
父はいつも、しょう油をかけすぎる。フランス人の父だ。

佐藤 直己　東京都
世界が認めた日本の調味料。

佐藤 直己　東京都
国境を超え、料理の枠も超えていく。

佐藤 直己　東京都
日本の味から、世界の味へ。

佐藤 日登美　東京都
伝統的なお寿司にも、奇想天外なお寿司にも。

塩見 勝義　東京都
仲良くなるためには、まず声をかけてみる。
もっと仲良くなるためには、
しょうゆをかけてみる。

塩見 勝義　東京都
きっとうまくいく。俺にかけてみないか。と見知らぬ魚は、しょうゆに言いました。

字引 章　東京都
「おしい」を
「おいしい」にする。

清水 哲　東京都
言葉は通じなかった。しょうゆは通じた。

清水 脩平　東京都
バナナにかけるとちょっと美味しい。

庄司 勝昭　東京都
敵にしょうゆをおくる。

新免 弘樹　東京都
日本の味がするのに、
世界の味になってる。

末森 恵生　山口県
日本人が居ない宇宙船に、しょう油が乗っています。

杉原 学　東京都
醤油がなければ食べられることのなかった食材たちがある。

杉山 聡　静岡県
隠し味は、
隠したままにしておけませんでした。

杉山 雅樹　神奈川県
しょうゆが魚本来のおいしさを教えてくれました。

カ　キッコーマン

鈴木 聖太郎　愛知県
**日本食のブームは、
ほぼしょうゆ味のブームです。**

鈴木 聖太郎　愛知県
**海外のスーパーで見つけると、
なぜか誇らしくなる。**

鈴木 聖太郎　愛知県
**新しいしょうゆの使い方を
教えてくれたのは、
外国の友達でした。**

関口 修　千葉県
世界は変わっても、しょうゆはずっと変わらない。

関口 直紀　東京都
ｓｕｓｈｉを有名にしたのは、しょうゆだ。

芹澤 高行　東京都
**しょうゆがなかったら、
日本人だってナマコ食べてないですよ。**

高木 宏夢　東京都
日本は、味覚まで美しいのか！

高崎 玲菜　神奈川県
地球の裏側では、何にかけてるのかなぁ。

高澤 邦仁　東京都
だから日本人は、タコも美味しく食べるのか。

高澤 邦仁　東京都
まだ、かけてない国、ないかな。

瀧柳 祥太　東京都
あっ、この味、Ｊａｐａｎだ。

竹田 豊　神奈川県
宇宙のどこかにある星でも、しょうゆは、生まれているだろうか？

武田 陽介　宮城県
**ちょっと待って
それ捨てないで
しょう油で
おいしくできるから**

竹ノ内 希衣　神奈川県
ダ・ヴィンチよ、あの食卓にはしょうゆが足りない。

竹節 忠広　長野県
世界で一番有名な日本語になりたい。

日月 雅人　東京都
**「ナンにでも合う」と、
インド人が言っていた。**

田中 康紘　東京都　ラジオCM
**NA：しょうゆだけでは、世界はしあわせにできない。
だって、しょうゆだけじゃしょっぱくて飲めないし、
お腹いっぱいにもならない。
第一、飽きちゃうし。
しょうゆが世界を幸せにするには、
パートナーとライバルが必要だ。
しょうゆはもっと、出会わなければいけない。
しょうゆとマッチする食材と、
しょうゆに勝るとも劣らない調味料に。
しょうゆとみんなで、世界を幸せにする。
キッコーマン**

谷川原 涼　愛知県
世渡り醤油。

田村 竜一　大阪府
**醤油がなかったら
和食は世界の遺産に
なっていただろうか**

寺門 眞一　兵庫県
**なんでもない日に美味しいものに出会うって
いいね。**

寺門 芳郎　大阪府
おふくろの味から、マザーの味へ。

寺田 連蔵　東京都
ごめんなさい。お弁当が茶色くなるのは、お醤油が便利すぎるせいです。

中切 友太　愛知県
**その国の料理を食べれば、
その国を攻撃しようとは思わないはずだ。**

中崎 学　鹿児島県
**いつか世界中のおふくろの味に。
キッコーマン**

中園 健太　埼玉県
ジャーナリストに、一本持たせたい。

キッコーマン

中辻 裕己　東京都
俺んちのおふくろから、フレンチのおふくろまで。

中辻 裕己　東京都
ほらね。

中辻 裕己　東京都
防災バッグにも、旅行バッグにも。

那須 佑樹　秋田県
その一滴に愛が詰まっている。

西口 滉　東京都
世界中に日本はある。

西田 亜紀　神奈川県
しょうゆは、世界をおいしくする。

西野 知里　東京都
日本料理が好きだから、日本と戦争したくない。そんなひとが増えますように。

西野 知里　東京都
敵に醤油をおくろう。

西村 沙幸　兵庫県
私たちが知らない和食も、あるかもしれない。

則本 桃子　京都府
世界中のアイデアで、
もっと醤油が活きてくる。

萩原 志周　東京都
日本の漁師はいつでも持っている。

橋本 寿弥　愛知県
和食の歴史は、醤油の歴史です。

橋本 寿弥　愛知県
かけるだけで日本に行った気になれる。

浜崎 大祐　東京都
結局いちばん売れるのは「しょうゆ味」。

浜中 将幸　和歌山県
しょう油のない国は、
まだおいしくなれる国だ。

林 世菜　東京都
一緒に住むなら、キッコーマン!

原 おうみ　東京都
無人島には、お醤油を。

原田 正喜　愛知県
良かった。彼女のキッチンに、醤油がある。

飛田 哲志　愛知県
日本のお味やげ。

飛田 哲志　愛知県
微量で魅了する。

平賀 千晴　千葉県
世界にバレてる、隠し味。

平田 直也　東京都
海外で生まれる和食があってもいいと思う。

福田 正太郎　東京都
瓶の口は、世界を向いている。

藤田 卓也　東京都
言葉、愛情、醤油、かけると世界は平和になる。

藤本 玄　東京都
待ってろごはん、いま行くぞ。(byキッコーマン)

古川 幸一郎　大阪府
しょうゆに合わない食材を、
5秒以内で答えてください。

古川 弘樹　愛知県
困ったときは、ツルを折るか、しょうゆを差すか。

星合 摩美　東京都
100年後に生まれる料理にも、きっとしょうゆが使われる。

前川 まりな　兵庫県
知らない国、知らない言葉
でもこの味はきっと知っている。

益子 美紀　北海道
どこでもジャパン。

松田 尚樹　奈良県
言葉の壁は、しょうゆで乗り越える。

松田 尚樹　奈良県
醤油はどんな料理にも合う、
だから新たな料理に出会う。

松田 佳子　北海道
「おいしい」を簡単にします。

松藤 拓也 兵庫県
日本の国香は醤油だと思う。

丸川 祐 東京都
かければ料理になるものは世界に沢山ある。

三浦 次郎 東京都
あの国の、あの料理にも。おいしさは世界を平和にする。キッコーマン。

三科 一子 東京都
SNSのない時代、拡散された理由は「おいしさ」

三島 直也 東京都
ホームシックに効く調味料。

三島 直也 東京都
それ、しょうゆがなければ食べてなかった。

水谷 真由子 愛知県
かくし味なのに、かくれない。

水野 綾子 愛知県
国際結婚したいなら、まずは和食を極めることだ。

水野 泰雅 京都府
外国の魚も、醤油で寿司になる。

密山 直也 兵庫県
もしかすると、隠し味だと思っているのは、日本人だけかもしれない。

密山 直也 兵庫県
世界中で寿司が愛されているのは、世界中に醤油があるからです。

緑 豊 東京都 ラジオCM
先生「みんなー無人島に一つだけ持っていくなら何が良いと思う?」
生徒A「お母さん」
生徒B「マッチ」
生徒C「携帯」
先生「いろんな意見がありますね。正解はありません」
生徒D「いや、正解は醤油でしょ。だって何にでも合うもん。魚にだって野草にだって」

箕浦 弘樹 岐阜県
しょうゆを使ってもらえると、うれしい。でも、日本よりおいしく使われると、くやしい。

箕浦 弘樹 岐阜県
しょうゆがほめられると、日本がほめられている気がする。

箕浦 弘樹 岐阜県
おふくろは、海外にもいた。

宮坂 和里 神奈川県
「おいしいね」から、会話がはじまる。

宮島 塁 東京都
隠しきれない隠し味。

宮本 俊史 東京都
かけて、和を求めなさい。

森 裕治 東京都
現地で買えばいいのに。

森 裕治 東京都
醤油で食べたら、もっと美味いだろうなぁ。

森谷 真依 東京都
独り占めから生まれる幸せは少ないみたいだ。

矢﨑 剛史 東京都
もう、世界の方が使っている。

矢﨑 剛史 東京都
KIKKOMANの6割は、世界の食卓で使われている。

山内 昌憲 東京都
銃声より「おいしい」の響く世界を。

山野 大輔 大阪府
異国の人が私のTシャツのしみを「それ、しょうゆ?」と聞いてくれたとき、何かうれしかった。

山本 朝子 東京都
かけがいのある星。

弓 ちあき 佐賀県
SHOW YOU.

吉川 文義 東京都
さ・し・す・S・そ

吉田 絢香 石川県
ひとしずく、Nipponの薫り。

キッコーマン

吉村 茂　東京都
観光地より、日本がわかる。

綿田 千愛　大阪府
日本語が通じなくても、日本の味は通じる

渡邉 香織　三重県
世界には、まだしょうゆでおいしくなるものがきっとある。

渡邉 光　東京都
くだらない戦争はやめて、目玉焼きに醤油かソースどっちかけるかケンカしよう

Canon
make it possible with canon
写真もコピーも、誰かと同じじゃつまんない。
EOS Kiss M
ジャンルは
自由
課　題
レンズ交換式カメラの魅力を伝え、
使ってみたくなるアイデアを募集します。
ターゲット
レンズ交換式カメラを使ったことがない人や、
人とは違った素敵な写真を撮ってみたいスマートフォン世代。
商品のポイント
レンズ交換式カメラで様々なレンズを使うことによって、コンパクトカメラや
スマートフォンでは表現できない、素敵な写真を簡単に撮ることができること。
伝えてほしいこと
レンズ交換式カメラで撮影する魅力を伝えられる、広告のご提案をお願い致します。
詳しくはEOS Kiss Mのスペシャルサイトcanon.jp/kiss-mをご覧ください。

キヤノンマーケティングジャパン

レンズ交換式カメラの魅力を伝え、使ってみたくなるアイデア

キヤノンマーケティングジャパン

協賛企業賞

土田 聖真（35歳）山形県

フォロワー数が倍になった理由。

▼協賛企業のコメント

キヤノンマーケティングジャパン
ブランドコミュニケーション本部
宣伝戦略部
村山広夢さん

この度は協賛企業賞の受賞、誠におめでとうございます。ＳＮＳが普及し多くの写真に触れる機会が増えています。それにともない人々の写真を見る目も厳しくなってきており単にきれいな写真というだけでは目の前から通り過ぎてしまいます。カメラを持つことで、被写体に向かう目線や撮影に対する意識は変わります。他の人とは違うワンランク上の写真を撮影することができるレンズ交換式カメラの魅力をシンプルなメッセージの中に凝縮して表現されていたため今回選出させていただきました。最後になりますが、受賞者の方にお祝いを申し上げますとともに、ご応募いただきました多数の皆様に心から御礼を申し上げます。今後益々のご活躍をお祈り申し上げます。

石本 明子　沖縄県　ラジオCM

男A：この前、子どもの運動会でさ〜。あ、これウチの子。
男B：先輩似っすね！将来イケメンですよ。
男A：女の子だけどな。
男B：…あ、隣はおばあちゃんですか？お元気そうで。
男A：嫁な。
男B：…すみません。
NA：それ、カメラのせいかもしれません。遠くても、被写体をくっきりキレイに。
EOS Kiss M

大原 結　東京都

意外と遠かったな、パンダ。

澤田 桃子　東京都

撮る人も、写る人も、ちょっとはりきる。

富山 忠彦　沖縄県
撮るのではない、狙うのだ。

溝口 昌治　神奈川県
カメラの半分は、レンズです。

山田 龍一　長崎県
場所取りの遅れを、このレンズで取り戻す。

山中 彰　愛知県
ちょっと面倒な方が、趣味になる。

二次審査通過作品

石神 慎吾　長野県
これ以上、妻を加工できません。

岩田 航一　東京都
ピース以外の、写真が増えた。

岡崎 翼　東京都
応援席の一眼は、
声の出ないメガホンだ。

岡部 裕樹　埼玉県
カメラ越しにみるのがパパの特等席

榊 祐作　東京都

空気も立派な被写体です。

指田 貴雅　愛知県

手にした瞬間、肩書きが一つ増える。

下浦 豪史　兵庫県

それは望遠じゃない、ただの拡大です。

日月 雅人　東京都

生まれたときは近くから。
結婚式は遠くから。

長井 謙　沖縄県

肉眼は、画質が低い。

中村 匡　大阪府

今ボケるとこなのに！

カ

キヤノンマーケティングジャパン

林 信行　岐阜県

テレビCM

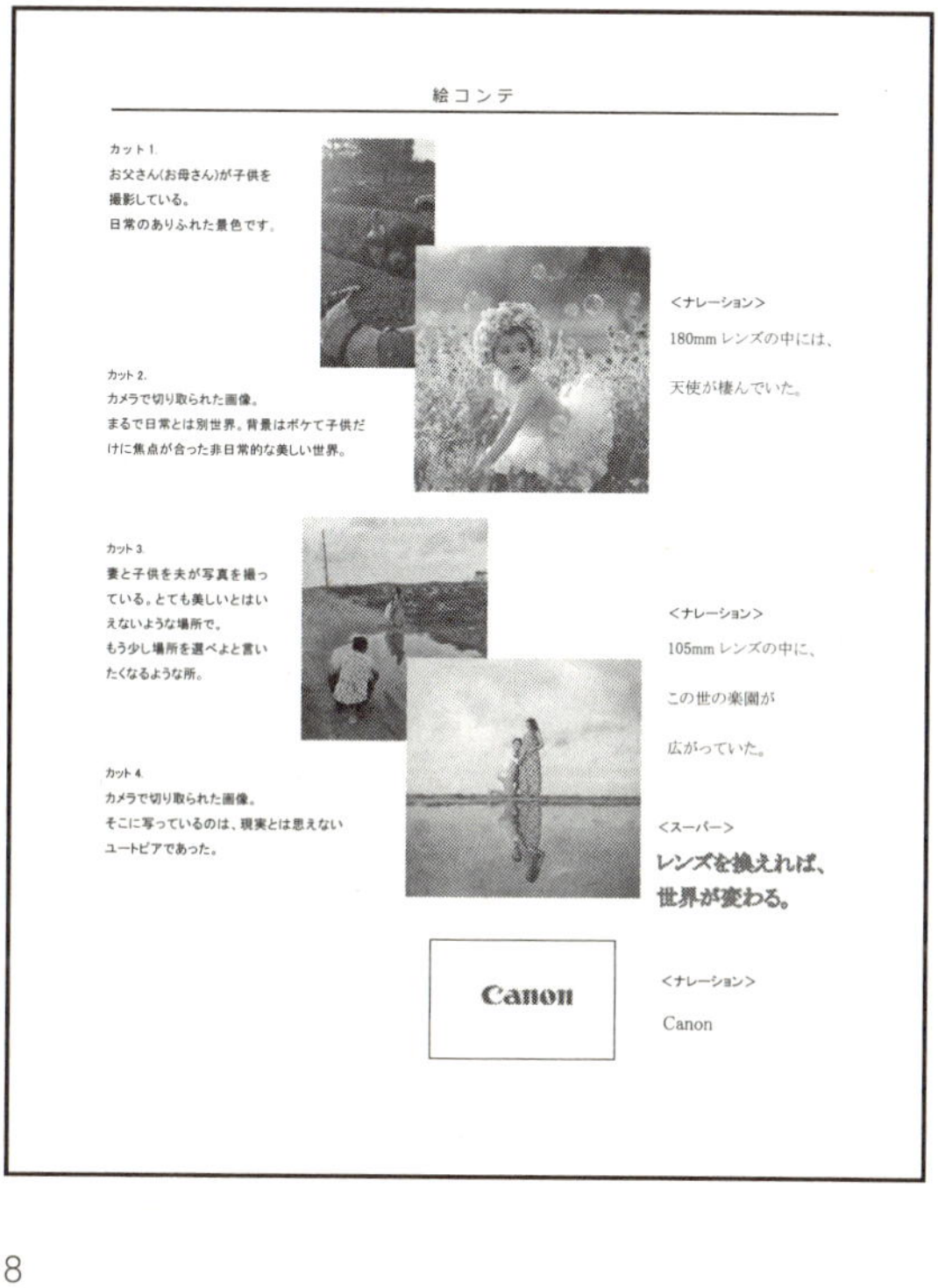

林 優衣　埼玉県

この「視聴者提供」
すげぇな。

東 将光　東京都

親になって、小僧になった。

広瀬 由美子　埼玉県
メルカリ映え。

古屋 順一朗　東京都
プロかアマか。プロがママか。

眞木 雄一　石川県
素人のプロになる。

松尾 栄二郎　東京都　ラジオCM
女王「鏡よ鏡、世界で一番美しいのは誰?」
鏡「白雪姫でございます」
女王「では、このEOS Kiss Mで撮った私を見せよう。さぁ、世界で一番美しいのは?」
鏡「女王様でございます! でも、白雪姫がEOS Kiss Mで写真を撮ったら」
女王「言わなくていい!」
NA:それでも、キレイに撮りたいから。キヤノンのレンズ交換式カメラ、EOS Kiss M。

森 明美　東京都
私の出品が、ネットで売れ出した。

吉川 文義　東京都
インスタ映えにもイノベーションを。

一次審査通過作品

相澤 真帆　宮城県
あの子が遠くから手を振ってくれるようになった

青山 紀恵　東京都
本当に笑顔の時、子どもはピースなんてしない。

青山 紀恵　東京都
親から離れたところで、子どもは成長する。

浅沼 隆之　東京都
健康のために始めたウォーキングは続かない。カメラを持ってからは、歩く距離が倍になった。

安達 岳　東京都
形容詞ごとにレンズを替える。

安孫子 優恵　東京都
レンズを替えた。君は少し大人になっていた。

飯塚 逸人　東京都
うちの娘には、レンズを換える価値がある。

池田 かすみ　東京都
カメラが私たちを、この道まで連れてきてくれた。

石井 雅規　千葉県
ベンチの息子も戦っていた。

カ

キヤノンマーケティングジャパン

石井 裕治　埼玉県
付き合う前は50㎜。
恋人になったら30㎜。

石神 慎吾　長野県
プロっぽい道具にすると、
すぐプロっぽくなれるのなんて写真くらいだ。

石神 慎吾　長野県
100万ドルの夜景をスマホで撮ったら、100ドルくらいになっていた。

石神 慎吾　長野県
オシャレなレストランほど、スマホで撮るには薄暗い。

市島 智　東京都
スマートなアイツは、ボケが苦手。

伊藤 美幸　愛知県
この世界は、残しておきたい景色ばかりだ。

伊藤 美幸　愛知県
写真を撮る日は、幸せな日。

稲葉 次郎　東京都
それで東京オリンピック撮るつもり？

今田 由希　東京都
「レンズ越し」という言葉を子どもの世代にも残したい。

今田 由希　東京都
スマホで加工した写真が加工品だったら、いいレンズで撮った写真は天然モノだ。

岩井 孝憲　東京都
一着でゴールテープを切った娘が遠い。

岩井 孝憲　東京都
レンズを変えるのも、距離の詰め方のひとつ。

岩田 壮史　埼玉県
舞台は、レンズで変えられる。

岩間 さつき　東京都
一度スマホを使っていたからこそ発見できるのは一眼レフ

上田 雅也　長野県
背景をぼかして撮ったら、
しょんべん小僧が凛々しくなった。

上田 悠馬　大阪府
いい写真って、
耳をすませば音が聞こえる。

臼井 和輝　埼玉県
キレイに撮るだけが写真じゃない。

内山 晃人　埼玉県
手軽な写真は、手軽に捨てられます。

内山 奈月　東京都
いつもより遠くへ、出かけたくなる。

大迫 葵　大阪府
1／8000秒を見たことあるか。

大谷 純平　東京都
かけっこでビリでも、写真の娘は一等賞です。

大塚 正樹　東京都
汗は本当にキラキラしていた。

岡崎 翼　東京都
運動会も、お遊戯会も。
パパの撮影環境は、
ほとんどの場合、劣悪だ。

小笠原 清訓　青森県
気分はゴルゴ13。

岡田 あず海　大阪府　テレビCM
動物園　パンダの檻の前で、人々がスマホを構えて写真を撮っている
パンダ、特に気にすることなくずっと笹を食べている
一人の女性がレンズ交換式カメラを構える
カメラの方を向くパンダ
女性がシャッターを切るたび、徐々にポーズをとっていく
（振り返るショット、壁に手をつくショットなど）
NA：撮られる方も、その気になる
　レンズ交換式カメラ　一眼レフやミラーレス一眼ならキヤノン
グラビアポーズで写真を撮られるパンダ
企業ロゴ：キヤノン

キヤノンマーケティングジャパン

岡松 愛子 愛知県
カメラ女子とは言わせない。
私は、本気なのだ。

岡本 英孝 福岡県
笑ってると思ったら、泣いていた。

岡本 英孝 福岡県
ライオンには、これ以上近づけない。

小田 道夫 石川県
愛しているから、綺麗に撮りたい。

鬼川 いおり 大阪府
お父さん泣いてないでレンズ変えて！

小室 塁 東京都
被写体が本気になる。

小室 塁 東京都
9秒99は、この瞬間です。

貝渕 充良 大阪府
鳥は近づくと飛ぶ。

貝渕 充良 大阪府
遠くから撮る笑顔は自然だ。

柿本 和臣 福岡県
アップで臨場感を。ズームで佇まいを。

柿本 和臣 福岡県
遠くから見守る写真がある。近くで励ます写真がある。

加藤 千奈 高知県
何を残したいか、それはあなたが決める。

金久保 岳史 東京都
スマホで撮られるより、
なぜか気分が良い。

菊永 淳朗 大阪府
四季折々々々々々々。

菊永 淳朗 大阪府
見えなくても、カメラに写る。

喜多 桃子 東京都
アプリで加工しただけの写真には、負けない。

北浦 俊 千葉県
ドンパシャリ。

北川 秀彦 大阪府
パパが一番見たいのは、パパには見せない表情です。

北川 秀彦 大阪府
みんなを撮るふりして、君だけを撮った。

北川 秀彦 大阪府
カメラが腕をあげるほうが早い。

北﨑 太介 千葉県
この風景、本当はもっとすごかったんだけどなあ。

串 大輝 東京都
撮った後に手間をかけると、
加工したねって言われる。
撮る前に手間をかけると、
自分で撮ったの!?って驚かれる。

口羽 雄太 京都府
写真の主役は、被写体と僕だ。

黒木 蓮 千葉県
これなら思い出に失礼じゃない。

郡司 嘉洋 東京都
妻が、モデルになった。

郡司 嘉洋 東京都
日常が、芸術になる。

紅村 重人 愛知県
コケてる姿も、きれいに見える。

小島 功至 熊本県
謎の飛行物体を撮った。
ただの飛行物体が写っていた。

小島 功至 熊本県
スマホには女の霊が写っていた。
カメラには壁の汚れが写っていた。

後藤 大樹 東京都
プロフィール写真撮りましょうか。

後藤 大樹 東京都
スマホだとノリノリの彼女が、カメラを向けると恥ずかしがった。

小林 鴻世 東京都
高い額縁を買った。

小林 鴻世 東京都
一生の思い出にしたいから、カメラで撮るんだよ。

小宮路 茂晃　宮崎県
レンズは、職人。

近藤 昌太郎　東京都
母のシワを隠す技術より、写す技術の方が、親孝行かも。

近藤 昌太郎　東京都
スマホで撮るとみんなふざける。カメラで撮るとみんな引き締まる。

酒井 美百樹　東京都
恋すると、こんな見え方しています。

坂上 越郎　海外
パパは種目別レンズ選びに参加しようと思う

坂本 政一郎　神奈川県
カワイイところに、目が届く。

崎山 すなお　東京都
遠いなと思った時に、レンズを変えられる人は勝ち組。

佐々木 一之　愛知県
スマホで撮られた子供は、自分の子供をスマホで撮りますよ。

佐々木 貴智　東京都
レンズ1本でどうにかできる人は、プロです。

佐々木 貴智　東京都
ライフルじゃないと届かない距離を、拳銃で撃っていた。

佐藤 数馬　広島県
「いいね!」の数に差が出ます。

佐藤 日登美　東京都
友だちがプロフィール写真に選んだのは、わたしがＫｉｓｓで撮った写真だった。

座間 真澄　東京都
本当はもっと良い景色だったなんて、言い訳をしなくなりました。

澤田 桃子　東京都
ぜんぶ遺影にできる。

塩見 勝義　東京都
子どもは大きくなるにつれ、声援の届かない距離にいく。

塩見 勝義　東京都
「プロっぽい」の「ぽい」は、背景のぼかし方にある。

塩見 勝義　東京都
世界の見え方は、ミリ単位で大きく変わる。

重原 誠　岡山県
気付かれた笑顔は作り笑顔。

重原 誠　岡山県
自然体は遠くにある。

篠崎 亮　愛媛県
私、こんなに綺麗じゃないよ。嬉しいな。

柴田 賢一　茨城県　ラジオCM
SE：パシャ
夫：りょうちゃん、こっち向いて〜。
SE：パシャ　パシャ
妻：この子生まれてからずっと写真撮ってるじゃない。
夫：かわいくて…
妻：かわいいのはわかるけど、シャッター音がずっとうるさいのよ。
夫：わかったよ。望遠レンズで遠くから撮るよ。
妻：わかってない。
NA：1枚も同じ写真は撮れない。レンズ交換式カメラなら、Ｃａｎｏｎ。

宇引 章　東京都
思い出の写真は、思い出を思い出すためにある。

島崎 純　長野県
ピッチャーの長男も、レフトの次男も、ベンチの三男も。

島田 寛昭　東京都
妻がよその父親に「うちの子も撮って!」と言っている。

清水 可奈子　京都府
味を、楽しもう!

清水 雄平　東京都
最高のボケーションだ。

徐 劼劼　東京都
桜も、花火も、もっと美しくなる。

キヤノンマーケティングジャパン

白木 雄大　神奈川県
父が使っていたレンズを今は私が使っている

杉本 仁美　熊本県
ウチの子の背筋がのびた。

杉山 和也　静岡県
富士山を美しくさせたのは、レンズです。

鈴木 一真　埼玉県
ウチの子を、女優にするカメラ。

鈴木 一真　埼玉県
婆ちゃんのボケが美しい。

鈴木 聖太郎　愛知県
ズルいよ、遠くから狙うなんて。

角出 弘司　神奈川県
父のレンズは、私のカメラで今も健在だ。

大門 留美　石川県
自分に似合う服があるように、景色に似合うレンズがある。

高澤 邦仁　東京都
親は、子供の、ファンで、マニアだ。

高橋 誠一　広島県
カメラも変身で強くなる。

高橋 誠一　広島県
かゆいところにレンズが届く。

高橋 侑也　東京都
加工ではなく、撮り方を磨いたほうがいい写真になっていく。

高見 大介　東京都
買い足してきたカメラのレンズも、この子の成長の記録です。

多賀谷 俊規　東京都
SNSアイコンを撮るつもりが、年賀状になった。

滝本 重之　神奈川県
レンズを制するものが、運動会を制する。

田島 典幸　埼玉県
7等星がみたい

田中 貴弘　東京都
世界は、もっと美しくできる。

崔 勝臣　東京都
カメラを向けると世界が笑う。

千葉 龍裕　東京都
世界のいいところ、みーっけ！

月本 康正　東京都
思い出は、あとから変えられない。

手代森 修　東京都
涙の君と、君の涙は違う。

寺門 眞一　兵庫県
笑顔の速さはシャッタースピードより速い。

寺田 連蔵　東京都
レンズを選ぶ時間、君のことをよく考える。

中澤 翔　大阪府
すぐ撮れる写真は、すぐ消せる。

中島 大介　大阪府
狙って撮った一枚は大切にしたくなる。

中田 国広　埼玉県
片手で撮れる愛は、薄い。

中田 国広　埼玉県
入学。卒業。結婚。人生の式は、スマホでは収まらない。

中辻 裕己　東京都
国宝や重要文化財は、ある程度しか近づけない。

中辻 裕己　東京都
なんとなく似た子を、必死で撮っていた。

中辻 裕己　東京都
運動会にカメラテストはない。

中辻 裕己　東京都
記録で終わるか。美しい記憶となるか。

中西 知直　東京都
君の鼻毛、肉眼レフでは気づかなかったのに。

那須 佑樹　秋田県
レンズが多いと、思い出も多い。

岃網 知也　石川県
スマホの前は、人が横切る。

鍋谷 咲希　京都府
運動会。ずっと違う子供の写真とっていた。

西川 文章　香川県
大切な人だからこそ、キョリ感を大切に。

カ

キヤノンマーケティングジャパン

西野 知里　東京都
恋したら、いっしょに撮りたくなる。
愛したら、撮ってあげたくなる。

西本 亜矢子　千葉県
※写真はイメージではありません。

橋口 賢一郎　愛知県
地球の美しさは、
スマホじゃ残せない。

橋本 寿弥　愛知県
おとうさん、あっちにいってよ。

服部 隆幸　東京都
観光名所は、君が作る。

服部 隆幸　東京都
あ、背筋伸びてる。

服部 隆幸　東京都
一枚、一枚、作品に。

羽渕 敏伸　東京都
この写真、誰が撮ったの？

濱 斉之　北海道
かわいいって、
目が大きいとかじゃないと思う。

濱 斉之　北海道
いい雰囲気の、ケンカにしました。

林 信行　岐阜県　ラジオＣＭ
そこには、
逆光に光るうぶ毛のやさしさが写っていた。
そこには、
まるですぐ目の前にいるかのように、風にそよぐ自然体の君がゆれていた。
接写、望遠、レンズを変えてみると、
思ってても見ない感動がそこにあった。
Ｃａｎｏｎ。

原田 智光　山口県
思い出を大切にする子に、育って欲しいから。

久松 みずほ　大阪府
カメラに気づかない方が、彼女は美人だ

平賀 千晴　千葉県
思わず飾った。初めてだった。

平野 あゆみ　神奈川県
「Ｂｏｋｅｈ」が生まれた国に生まれて。

平林 亜未　長野県
運動会は全員同じ帽子と同じ服。

平林 亜未　長野県
自然な姿は遠くから。

福島 滉大　埼玉県
写真も、あなたの資産です。

福田 篤史　東京都
思い出を美化しよう

福田 篤史　東京都
声援の届かないところまで、目は届くから。

福本 弥生　香川県
レンズを入れて構えたら、自然と上を向いて歩くようになった。

藤本 麻貴　奈良県
「ファンデーション変えたのよ」それを聞いた僕はレンズを換えた。

船越 一郎　東京都
え、カメラマンと旅行したの？

船橋 翔一　三重県
１㎝の世界もその手に。

船橋 翔一　三重県
またあの場所へ行きたくなる。

古屋 順一朗　東京都
キミフェショナル。

古屋 順一朗　東京都
やっぱりママだ、プロでも歯が立たない。

ペロッツィ ミロ　東京都
何も考えずに、レンズを買うと、
そのうちいいことありますよ。

星合 摩美　東京都
なんか今日はちょっとだけ、かっこいいかも。

細木 光太郎　神奈川県
思い出の、画素数が違う。

堀 正峻　東京都
地方アイドルをブレークさせた奇跡の一枚も
一眼カメラで撮られていました

キヤノンマーケティングジャパン

堀井 大　大阪府
大好きは、ブレやすい。

堀内 香子　東京都
撮った人の好きな人がわかる。

前地 志保　大阪府
レンズを変えると、
動物園の檻も消える。

牧 史也　神奈川県
いつもの道に、こんなにキレイな花が咲いていたなんて
カメラを持つまで気づかなかった。

眞木 雄一　石川県
父さんは、アフリカに行ってきた。
本当は、動物園に行ってきた。

眞木 雄一　石川県
引き伸ばしたら、
わが子の笑顔がモザイクになった。

眞木 雄一　石川県
月を撮りたいのに、
星空がじゃまをする。

益子 美紀　北海道
100万ドルの夜景が、タダの闇。

益子 美紀　北海道
うちの娘、
ママ友の写真のほうがカワイイ。

益子 美紀　北海道
何コレ、おれ天才？

益子 美紀　北海道
親父には、こう見えたんだな。

松井 俊樹　東京都
親の愛って、
カメラの良さに出ると思う。

松尾 栄二郎　東京都
撮りこになるね。

松尾 栄二郎　東京都
遺影用にきれいに撮ってとか、言うなよ。

松尾 栄二郎　東京都
だから運動会をスマホで撮っている人が少ないんだ。

松尾 健介　大阪府
ポジションを譲っても、
ベストポジション。

松尾 健介　大阪府
子どもには、
一生に一度の晴れ舞台が、
何度もある。

松尾 健介　大阪府
カメラで撮らせてくださいと言うファンは、
写真を大切にしてくれそう。

松田 綾乃　東京都
可愛く撮る人がいると、人は可愛くなる。

松田 綾乃　東京都
写真だって、言葉を持てる。

松本 透　東京都
写真に正解はない。
レンズに正解はある。

三上 佳祐　東京都
廃墟がイキイキしている。

三上 智広　北海道
そこのお父さーん！
グラウンドに入らないでくださーい。

三島 直也　東京都
写真のクオリティは、
撮る前から決まっている。

水井 歩　東京都
レンズ交換のときに大切な人と会話する、
この瞬間はシャッターを切れない。
あたりまえなんだけど、この瞬間もとても愛しい。

水落 祥　東京都
パパヤマキシン

南川 文　大阪府
なぜだろう。
彼女のSNSは匂い立つ。

箕浦 弘樹　岐阜県
大声出すのは苦手だから、
いっぱい撮ってあげるね。

宮﨑 薫　兵庫県
子どものスクープ写真には、
しあわせが詰まってる。

渡邊 侑資　岐阜県
ああ、物件情報の部屋は広角ズームで撮ってたのか。

山田 大輝　福岡県
被写体に罪はない。

山田 ふみの　愛知県
まるで、空気まで写しているようでした。

山本 朝子　東京都
スマホで撮るよ、「はい、チープ」。

山本 真梨子　石川県
電気をつけると、起きちゃうから。

吉賀 陽也　東京都
あの人の写真が変わったワケは、センスじゃなくてレンズでした。

吉本 正春　東京都
人は、撮られたい。

漁 正晴　大阪府
レンズを換えた。空気が撮れた。

和田 悟　神奈川県　ラジオCM
SE：（雑踏）
警備員（男性）：ドラマの撮影を行っておりまーす！
携帯電話、スマートフォンでの雑な撮影はご遠慮くださーい！
レンズ式交換カメラはかまいませーん！
俳優のポテンシャルを十分に活かした写真をお撮りくださーい！
NA：撮られた人の魅力を引き出す。
レンズ交換式カメラはキヤノンマーケティングジャパン。

カ

キヤノンマーケティングジャパン

宮﨑 薫　兵庫県
オリンピックの良い席は高すぎる。

向井 正俊　大阪府
星空を撮ったのに、夜空になった。

村瀬 駿介　愛知県
思い出は、美化されるんじゃない、美化させるんだ。

元氏 宏行　大阪府
カメラマンとしての成長記録でもある。

森岡 賢司　東京都
あれ？こんないい景色だったっけ？という誤算。

森下 夏樹　東京都
離れていても、パパの愛情はブレない。

森下 夏樹　東京都
妻のシワが、美しく撮れた。

諸橋 謙介　東京都
趣味に写真と書きましょう

山下 彩実　大阪府
こだわらなくてもこだわってるっぽい写真が撮れた。

山下 祐輝　大阪府
「この子」を撮るのは簡単だけど、「この子らしさ」を撮るのは難しい。

山田 大貴　東京都
私の幸せが、よく見える。

Bouncia

バウンシアが“とっても気持ちの良い
濃密泡のクッション”で洗える
ボディソープであることを認知していただける
アイデアを募集します。

「泡でやさしく洗った方がいいのはわかっているけど、
どのボディソープの泡も同じじゃないの？」と
思っている方にこそわかっていただきたい。

課　題：バウンシアボディソープの認知度 UP
ジャンル：キャッチフレーズ・ラジオ CM
資　料：ブランドページ　https://www.bouncia.jp/

ずっと変わらぬ やさしさを。
牛乳石鹼
牛乳石鹼共進社株式会社

牛乳石鹼共進社

バウンシアが“とっても気持ちの良い濃密泡のクッション”で
洗えるボディソープであることを認知してもらえるアイデア

協賛企業賞

服を脱いだら、泡を着よう。

日比野　はるか（35歳）神奈川県

▼協賛企業のコメント

牛乳石鹸共進社
マーケティング部　部長
上野正雄さん

日比野様、このたびは協賛企業賞おめでとうございます。ボディソープ「バウンシア」は泡立ちのよさときめ細かい泡の弾力でお肌を摩擦から守りながら洗えるブランドで、泡がよいことを印象付けたいと考えて課題としました。部員の投票と選定会議で選んだこのコピーは泡が特長であることを伝えると同時に贅沢な使用感をお客様がイメージしやすいものになっていると評価しました。きっと洗うそばから流れ落ちるようなヤワな泡ではないことを実感して書いてくださったのだと思います。最後になりますが、たくさんの応募をいただきましたことに感謝いたします。皆さんにたくさんのチャンスが訪れますように。

カ

牛乳石鹸共進社

三次審査通過作品

年をとってからの美人は、だいたい肌で決まる。

北浦 俊 千葉県

肌が、お肌になった。

田中 貴弘 東京都

「しあわせ」のまん中に「あわ」。

山本 朝子 東京都

二次審査通過作品

勝負下着の下は、勝負できますか?

青野 高広 福岡県

入浴タイムが贅沢かどうかは、泡で決まる。

鎌田 真悠子 高知県

いい日、泡立ち。

小笠原 清訓 青森県

俺みたいな肌の子がタイプ。

北浦 俊 千葉県

牛乳石鹼共進社

黒住 朱杏 東京都
ハダカの服は、肌ですよ。

河嶋 一郎 東京都
何でもいいと言っていた娘が
いちばん使っている。

肥塚 雅裕 大阪府
泡よくば、抱かれたい。

榊原 慎吾 愛知県
あなたの肌を一番さわるのは、あなた自身です。

髙木 遥司 千葉県
あわてないで、
あわたてよう。

高山 勇輝 東京都
ゴシゴシ、は
肌を傷つけている音です。

竹田 理沙子 京都府
泣きたいとき、
女の子はお風呂を選ぶ。

竹ノ内 希衣 神奈川県
あ！わ！

中辻 裕己 東京都
お義父さん、べっぴんですね。

橋本 昂志 大阪府
平成最後のバブル。

菱沼 慶子 東京都
あわのままの君を、抱きしめたい。

日高 花恋 千葉県
最近、やけにみんなのお風呂が長い

見田 英樹 愛知県
もっとしっとりしなさい、わたし。

柳元 良 神奈川県
化粧品をかえたときより、
「化粧品かえた？」と聞かれる。

一次審査通過作品

青野 高広 福岡県
父が無駄に色っぽい。

阿部 まなみ 東京都
体を洗う時くらい、自分をすり減らしたくないの。

天沢 もとき 東京都
洗ったほうが潤うこともある。

石井 雅規 千葉県
これまでの浴室は、作業場でした。

石井 雅規 千葉県
ハリウッド映画だったら、CGで作る泡だ。

石神 慎吾 長野県
肌を守ってくれる泡と、肌を傷つける泡がある。

石川 和也 東京都
シープなソープ。

石倉 大介 埼玉県
肌は心より繊細だ。

石田 みのり 大阪府
ツノが立つ泡です

石橋 涼子 東京都
湯船の快感を知る動物はいるが、体を洗う快感を知るのは人間だけだ。

伊藤 美幸 愛知県
しアワせ。

伊藤 美幸 愛知県
たぶん、お姫様はこういうお風呂。

今田 由希 東京都
ママ〜、イチゴ乗せたらケーキになっちゃいそうだね!

今田 由希 東京都
ボディソープではなく、ボディホイップと呼んでほしい。

伊禮 大地 沖縄県
化粧水前の、スキンケア。

岩井 純平 東京都
※生クリームではありません。お口には入れないでください。

岩倉 義則 北海道
曲がり角で、曲がらない。

岩田 壮史 埼玉県
ゆとり世代にも、バブルを。

岩田 皆子 東京都
泡立ちぬ。

岩橋 亮汰 兵庫県
泡がスポンジのかわりになる。

上田 拓也 東京都
人間関係も、人間の体にも、摩擦は少ない方がいい。

上田 悠馬 大阪府
これまでの泡って意外にギザギザだった

内山 花菜 東京都
近づきすぎると、傷つけやすい。

梅澤 諒 東京都
いちばん落ちるのは、男です。

枝村 智仁 東京都
洗いながら、肌を傷つけていませんか?

大熊 圭一 埼玉県
「洗う」は「傷つける」と隣り合わせだ。

大津 節子 広島県
冬、私の肌は干物になる

大野 聡馬 東京都
CMのような泡立ち。

岡山 和也 東京都
パパ、泡男爵。ママ、泡女王。ボク、泡王子。

奥村 明彦 東京都
泡よくば、素敵な恋。

牛乳石鹼共進社

小室 塁　東京都
シャンプーにはこだわるのに、ボディソープにはこだわらないんですか。

貝原 史祐　神奈川県
裸を、ヌードにする。

貝渕 充良　大阪府
洗っているつもりが、傷つけていた。

鹿毛 理央　大阪府
泡ぶとん

笠間 悠　神奈川県
なぁ。リビングで泡いじんなよ。

柏木 克仁　神奈川県
優しいとか綺麗とか、なっていただけませんか。

片岡 佳史　神奈川県　ラジオCM
【お届け物】篇
SE「ピンポーン」（チャイムの音）
配達員「すみませーん、お届け物でーす。」
女性「はぁーい。」
SE「ドン！ドン！」（ぶつかる音）
配達員「あれれ？」
SE「ドン！ドン！」（ぶつかる音）
配達員「大きすぎて入らないみたいですね。じゃ、帰ります！」
女性「え？」
NA「キメの大きい粗い泡では、毛穴に届きません。バウンシアならキメの細かい濃密泡で全身洗えます。ボディソープはバウンシア。」

片山 頌子　東京都
わ、泡ブラできちゃいますね。

加藤 晃浩　東京都
なんて（肌に）刺激のない毎日なんだろう。

鹿野 泰央　東京都
顔のお肌と体のお肌は、見せる相手が違います。

軽部 陽子　東京都
世界でいちばん、抱かれたい泡。

川崎 貴之　埼玉県
お母さんにも泡のドレス。

川﨑 竜太　広島県
お風呂から上がると、脱いだ気分になる。

菊地 咲貴　東京都
４K対応の肌へ。

木田 秀樹　東京都
これが、こうなって、こんなになっちゃうんだ。

北浦 俊　千葉県
肌は一番外側の中身です。

北浦 俊　千葉県
原石を宝石に磨き上げるのは、泡だったりする。

清原 薫子　熊本県
いい泡はツノが立つ。

口羽 雄太　京都府
敏感肌って、顔だけですか。

黒岩 唯　宮城県
いっぱい遊んで泡んこだ！

桑原 茉林　東京都
わたしには、貿易摩擦より、肌の摩擦が問題だ。

小島 功至　熊本県
クルマだって、ゴシゴシ洗うと傷がつく。

小島 功至　熊本県
だから、化粧品は変えてないって。

小山 萌　東京都
アンチエイジングは、顔だけですか。

櫻井 香子　東京都
イケメンが私のために開発してくれた泡だと思って使う。

佐々木 一之　愛知県
ボディケアって、エージングケアかも。

佐々木 貴智　東京都
洗う時から、保湿は始まっている。

佐々木 貴智　東京都
父が、ツルツルになってしまった。

佐々木 貴智　東京都
女が活躍するためには、やることが多すぎる。

カ

牛乳石鹼共進社

渋谷 彩乃　東京都
キミ、泡イィ～ね？

清水 秀幸　東京都
全身は、化粧できない。

須賀原 史典　東京都
洗うよりも、洗ってあげる時に
使いたい石鹸だ。

髙木 遥司　千葉県
カラダを洗うことは、
カラダを傷つけることでもある。

高崎 玲菜　神奈川県
坊や。牛乳ってね、優しいだけじゃないの、
知ってる？

竹田 理沙子　京都府
顔も、身体も、おんなじ肌。

竹田 理沙子　京都府
肌は、突然は老けない。

竹巻 裕也　大阪府
本当に怪しい者ではありません。
触ってもいいですか？

田中 エリカ　福岡県
マシュマロ泡で、
マシュマロ肌に。

谷 明展　北海道
明日も告白されちゃうのかなあ。

月本 康正　東京都
あなたの肌が、最高の口コミです。

寺尾 一敏　滋賀県
からだはか弱いから、服を着てるんだよね。

寺島 慎吾　東京都
アンビリーバブル。

藤榮 卓人　神奈川県
雲で洗おう。

當銘 啓太　東京都
小さいころ、雲って触ったらこんな感じだと
思っていた。

富永 麻莉　奈良県
保湿はお風呂でてからが勝負だと思ってた。

鳥井 春菜　福岡県
その泡は、優しく肌を押し返す。

鳥山 慶樹　東京都
洗う手まで、気持ちいい。

中川 彩　東京都
彼女のお風呂をのぞいたら、ミシュランマン
になっていた

中澤 翔　大阪府
遊んでカラダをキレイにする。

中田 国広　埼玉県
私の両手がエステティシャンになる。

中田 国広　埼玉県
母さん、それもう鼻歌ちゃう、オペラや。

永田 哲也　愛知県
肌荒れは、寝不足のせいだと思ってた。

中辻 裕己　東京都
しあわあわあわあわせ。

中平 真之祐　東京都
肌を洗うときが、いちばん肌を傷つけるとき
かもしれない。

並川 隆裕　東京都
お風呂は傷つく場所じゃない。
きれいになる場所です。

奈良 和幸　神奈川県
カッサカサの美人を、見たことがない。

西田 亜紀　神奈川県
汚れを取るつもりが、肌を傷つけていた。

西田 亜紀　神奈川県
肌の汚れは、0・2ミリの皮につく。

西野 知里　東京都
プルップルなババアになるんだもん。

西野 知里　東京都
「きめ細かい」とは、
毛穴に入り込むくらい細かいことだ。

西野 知里　東京都
天国泡。

西本 亜矢子　千葉県
ステマじゃなかった。

西本 亜矢子　千葉県
「やすともがめっちゃいいって言ってたで。」

牛乳石鹼共進社

橋本 寿弥　愛知県
洗うという、エステ。

橋本 寿弥　愛知県
汚れを落としてるのですか。
潤いを落としているのですか。

橋本 寿弥　愛知県
うるおいまで、汚れと一緒に落としていた。

服部 文香　福岡県
モチ泡、モチ肌。

英 良樹　東京都
あなたに触りたい人は、
あなたを好きでいたい人。

浜田 英之　東京都
あ、今日の鼻歌は調子がいいぞ。

早坂 渡　東京都
肌にはいいけど、悪いことしてるみたい

春山 豊　東京都
四季のある国は、肌を守りにくい国です。

春山 豊　東京都
夫に肌を触られたのはいつ振りだろう。

伴 早紀　岐阜県
あー！それ食べちゃだめー！

久松 みずほ　大阪府
※この泡はイメージではありません。

菱沼 慶子　東京都
クッションに、この泡詰めたい。

広瀬 裕太郎　東京都
私がおいしそう。

細木 光太郎　神奈川県
汚れも、疲れも、オトコも、おとす。

細木 光太郎　神奈川県
洗ってるつもりが、傷つけていた。

眞木 雄一　石川県
汚れを落とすだけが、
洗うことだと思ってた。

眞木 雄一　石川県
洗うと保湿は両立できる。

松下 哲也　熊本県
平成終わりの泡ははじけない。

松田 孝一　東京都
レタッチ知らずの女。

松田 孝一　東京都
クローゼットにノースリーブが増えました。

松本 めぐみ　大阪府
スキンケアって、顔だけ？
本気の人は、カラダも考える。

三上 智広　北海道
タオルもスポンジも、お肌の大敵でした。

三島 直也　東京都
スポンジは、あなたの肌を
削りとっている。

水谷 真由子　愛知県
デコレーションケーキもこんな気持ちなのだろうか。

水谷 真由子　愛知県
お母さん、それ食べちゃだめなやつ。

水谷 真由子　愛知県
こどもを洗うときは、
いつもソフトクリーム屋さんごっこから
始まる。

水谷 真由子　愛知県
ここ、かかと？

見田 英樹　愛知県
そうだ、お風呂って楽しい場所だったんだ。

見田 英樹　愛知県
ストレスは、毛穴の奥までこびりついている。

密山 直也　兵庫県
肌で泡立てているということは、
肌を傷つけているということです。

箕浦 弘樹　岐阜県
お父さんなのに、いい匂いがする。

箕浦 弘樹　岐阜県
「こする」は、摩擦です。

箕浦 弘樹　岐阜県
いま、私、おいしそうだと思う。

箕浦 弘樹　岐阜県
そこ、二回目だよ。

三宅 幸代　大阪府
これが…ギャルの肌触りか…と使用1週間目の父が言った。

三宅 幸代　大阪府
肌の90％は、首から下にある。

三宅 幸代　大阪府
どうしよう、部長をすべすべしてみたい。

宮坂 穣　神奈川県
今日の泡タワー記録、50㎝。

宮崎 響　大阪府
バウンシアの保湿効果は、湯上り20分頃からご実感ください。

宮崎 響　大阪府
雑菌にとって、毛穴は穴場だ。

向井 正俊　大阪府　ラジオCM
男子：へへへ、ゆうこちゃん～いい肌してるじゃないか。
SE：（ドアが開く音）
母親：こら！なにやってんだい！
男子：なんだよ、自分の肌を触ってたんだよ！
NA：濃厚泡ですべすべの肌。バウンシア

村川 啓二　兵庫県
ギリ、食べちゃだめ。

村瀬 駿介　愛知県
毎日が、あわだたしい。

森 明美　東京都
母が、はじいた。

森田 徳彦　埼玉県　ラジオCM
娘が、泣きながら帰宅。
父：また、振られたのか？
母：また、振られたみたいですね。
父：じゃあ、早くぼよよんするように言いなさい。
母：そうですね、ぼよよんしたら気分も変わるでしょ。
父：今日は、長くなりそうだな。
NA：弾力のぼよよん泡で心と身体の疲れを洗い流そう。

守谷 直紀　兵庫県
姉御肌のあのひとは、乙女肌だった。

八木 明日香　東京都
お風呂にいるわたしは、かわいいのにな。

八木 明日香　東京都
何を着ても、美肌。

八木 明日香　東京都
入浴中のわたしは、素直なのになあ。

山内 昌憲　東京都
あなたの性格に関わらず、素肌は繊細です。

山崎 尚子　島根県
洗う部分を探したくなる。

山田 尚文　東京都
長年の研究が、泡になりました。

山田 泰裕　東京都
アナタの手を、スポンジに変える魔法です。

山田 泰裕　東京都
ちょっとかたいと思えたら、泡が詰まっている証拠です。

山本 朝子　東京都
顔が暗かったのは、メイクじゃなくて肌のせい。

山本 朝子　東京都
同窓会のお知らせ、早く来ないかな。

山本 朝子　東京都
お風呂の時間が長くなると、お化粧の時間が短くなる。

山本 朝子　東京都
ワタシの肌を、よろこバス。

山本 一樹　埼玉県
カラダ洗うの趣味になりそう。

山本 真梨子　石川県
流してからが、泡の仕事だ。

山本 真梨子　石川県
パパ！すりすりするの、やめないで！

牛乳石鹼共進社

パパの肌が、むだにすべすべ。
山本 真梨子　石川県

きれいになろうとして、ダメージを与えていませんか？
横尾 乾星　東京都

そんなにゴシゴシ。根菜ですか、あなたの体。
吉田 楓　東京都

タオルさえ、肌には凶器だ。
渡邉 香織　三重県

京セラ

京セラがどんな会社なのかを、魅力的に伝えるアイデア

協賛企業賞

三上智広（47歳）北海道

知らずに選ばれている。それが京セラです。

▼協賛企業のコメント

京セラ
総務人事本部広報室 室長
吉川英里さん

三上智広さま、このたびは協賛企業賞の受賞、誠におめでとうございます。数ある企業の中で京セラの課題にご応募いただきありがとうございました。当社は、「京セラドーム大阪」の効果もあってか、〝京セラ〟の社名を知って頂いているものの、〝何をしている会社なのかがわからない〟という点がいつも悩みのタネでした。そんな中、このたびの受賞作品では、日常でなかなか目にすることがない当社の部品やデバイスの事業等をイメージし、あえて「知らずに選ばれている」という言葉を使っていただきました。実はいつのまにか皆様の生活のすぐそばにいる、という事を表現し、キャッチコピーの神髄である、まさに「言い当てた」素晴らしいコピーであった点が選ばせていただいた理由です。素敵な作品をありがとうございました。最後になりましたが、この度は、当社課題にご応募いただきました皆様に心より御礼申し上げるとともに、今後もますますのご活躍をお祈り申し上げます。

片岡 佳史 神奈川県

祖母のひざは、京セラ製です。

長井 謙 沖縄県 テレビCM

店頭販売をしているスタッフと主婦
スタッフ「奥様、この切れ味抜群の、セラミックの包丁、いかがですか？」
主婦「うーん」
スタッフ「今なら、これも、お付けします！」
主婦「なんですか？それ」
スタッフ「小惑星探査機はやぶさで使われた、電池です！」
主婦「ええええええ！」
NA＆テロップ「キッチン用品から、宇宙用品まで。」
スタッフのエプロンには京セラのロゴがある。
NA「京セラ」

松村 遼平 京都府

軽薄だなんて、最高の褒め言葉だ。

松本 圭太 大阪府

おばあちゃんの股関節には京セラが入っている。

見田 英樹 愛知県

最先端を分解したら京セラがいる。

向井 正俊 大阪府

昨日までなかった必需品。

二次審査通過作品

伊藤 大輔 兵庫県

やっと、壊れた。

岩橋 亮汰 兵庫県

Appleも、Googleも、Facebookも、Amazonも、京セラが支えています。

太田垣 学 奈良県

7万6千人の町工場。

貝渕 充良 大阪府

歯にも骨にも、スマホにも。

神田 真理子 青森県 ラジオCM

今年のビンゴゲームの商品を紹介します
1.ママが喜ぶキッチングッズ 包丁にフライパン
2.パパが喜ぶDIY用品 電動工具
3.社会人になったお兄ちゃんのための、高級ボールペン
4.ホテルの宿泊券
5.彼女が喜ぶ宝石
他にも色々あるんですが、大きすぎて貰った人も大変だと思って辞退いたしました。

今回のスポンサーは、京セラ様です

北原 祐樹 新潟県

世の中の課題に向き合ったら、265社になりました。

小佐田 直樹 東京都

可能性にいちばん驚いてるのは、セラミック自身かも。

柴崎 虎太郎 東京都 ラジオCM

【バスガイド】

バスガイド：皆様、右手をご覧ください。あちらが京セラドームになります。
そして、その右に建っている家のソーラーパネルです。あちらも京セラのソーラーパネルです。
三列目の奥様がつけているネックレス。あちらも京セ「。。。。。。
その隣の旦那様が持っているスマートフォン。あちらも京セ「。。。
このバスの部品。こちらも

NA：言い出したらキリがない。あれも、これも、それも、京セラ。

土田 聖真 山形県

京セラのスマホで知り合った彼女に、京セラの指輪でプロポーズした。

中平 真之祐 東京都

近頃は、想いを伝えるのにも、部品が要る。

西村 祐耶 東京都

メガベンチャーって、こういうことだ。

早川 竜也 愛知県

地球の外にも、体の中にも。

弘嶋 賢之 愛知県

京セラの部署異動は、ほぼ転職。

廣本 嶺 東京都

社長すら知らない事業がある。

星合 摩美 東京都

小惑星探査機はやぶさの素材で、キャベツを千切りしています。

堀江 成禎 京都府

納税額では計れない、技術がある。

密山 直也 兵庫県

山手線ゲームのお題が「京セラ」だったら、いつまで経っても終わらない気がする。

スマホが、スマートになれた理由がある。
南 忠志　東京都

太陽さえも取引先です。
矢野 浩樹　福岡県

一次審査通過作品

1グラム軽くするのに、人生をささげる社員がいる。
谷 明展　北海道

京セラに、苦手分野はありません。
谷 明展　北海道

日本の黒子
鶴田 裕二　福岡県

未来の軸は多い方がいい。
寺門 眞一　兵庫県

必需品の、必需品を、作ってます。
長井 謙　沖縄県

台所用品から、宇宙用品まで。
長井 謙　沖縄県

物づくりも、者づくりも。
中野 勇人　奈良県

企業がいつまでも、新製品を生み出せるように。
中平 真之祐　東京都

スマホの中から、カラダの中まで。
貝渕 充良　大阪府

従業員全員、京セラドームに入りきりませんっ！
片岡 憲洋　宮崎県

いいえ、それ以外もやってます。
加藤 晃浩　東京都

ウィキペディアの編集が大変だ。
加藤 晃浩　東京都

ベンチャー大企業。
小島 功至　熊本県

京セラのない世界は、ちょっとだけ不便だ。
柴田 賢一　茨城県

私たちの成長は、社会の成長だ。
髙橋 伶　東京都

創業60年。京都では若者です。
田中 恵美子　東京都

京セラの会社説明会は、長い。
田中 貴弘　東京都

外見より中身よね、よね。
青野 哲也　大阪府

地球に悩みがある限り。
天野 健一朗　京都府

京セラの中で転職した。
飯塚 逸人　東京都

目立たないのも技術力。
石井 雅規　千葉県

毎日目にする京セラも、一生目にすることのない京セラもある。
石神 慎吾　長野県

身近なもの、というより、手放せないもの、になっている。
石田 明大　石川県

生活必需部品。
石橋 賢　島根県

京セラを一言で言うと、「一言では言えない！」。
大石 洋介　福岡県

カ 京セラ

中平 真之祐　東京都
「これ、便利だなぁ」が、いちばんの喜び。

西田 亜紀　神奈川県
未来のパーツをつくってる。

野坂 真哉　兵庫県
品定めは、
部品からしていただきたい。

林 正人　東京都
地球に「いいヤツだな」と言われたい。

林 正人　東京都
人が幸せになることなら、ぜんぶやる。

福島 滉大　埼玉県
一言で表すと、一言で表せない会社です。

船橋 翔一　三重県
自宅にも、職場にも、未来にもいます。

ペロッツィ ミロ　東京都
量も質

細木 光太郎　神奈川県
父の知ってる京セラと、僕の知ってる京セラは違う。

堀江 成禎　京都府
社史が経営の教科書です。

益子 美紀　北海道
宇宙にも、体内にも。

松井 俊樹　東京都
あ、ここ、京セラいた。

松尾 栄二郎　東京都
世の中は、けっこう京セラでできている。

三上 佳祐　東京都
いつもご利用ありがとうございます。

三上 智広　北海道
頭脳も骨も、作っています。

三上 智広　北海道
硬い製品を、柔らかい頭で。

南 忠志　東京都
企業に、手を差し伸べる企業がある。

南 忠志　東京都
ビジネスマンが押し寄せる、京都がある。

向井 正俊　大阪府
あなたはもう囲まれている。

山内 昌憲　東京都
事業の多角化は、挑戦の証です。

山内 昌憲　東京都
やりたかったことが、大体、
やったことになる。

山口 泰尚　京都府
深海と宇宙で電話ができる時代を夢見て。

山本 朝子　東京都
あなたの口の中にも京セラが。

山本 真梨子　石川県
男の人もいれたことのない部屋に、
京セラがいつの間にか入っていた。

吉村 茂　東京都
事業領域って、なに?

渡邉 拓也　東京都
学生のみなさん、ごめんなさい。
会社説明会、長くなります。

本格焼酎も、
アイデアも、
ゼロから生まれる。

あまり知られていませんが、本格焼酎は、糖質ゼロ・プリン体ゼロ。
体にうれしい本格焼酎の魅力が伝わるすてきなキャッチフレーズを募集します。

栄養成分表示（100ml あたり）糖質 0g／プリン体 0mg

【課　題】体にうれしい本格焼酎の魅力が伝わるキャッチフレーズ ※
【ジャンル】自由
【参考資料】霧島酒造企業サイト　http://www.kirishima.co.jp/

※「糖質ゼロ（0）」「プリン体ゼロ（0）」の表現を使用する場合には、必ず「本格焼酎は」という用語と一緒にご使用ください。
（「芋焼酎は」「黒霧島は」の用語とともに、「糖質ゼロ（0）」「プリン体ゼロ（0）」の使用は不可）

霧島酒造株式会社　本社：宮崎県都城市下川東４丁目28号１番　TEL:0986-22-8066（お客様相談室）

飲酒は20歳から。飲酒は適量を。飲酒運転は、法律で禁じられています。妊娠中や授乳期の飲酒はお控えください。

霧島酒造

体にうれしい本格焼酎の魅力が伝わるキャッチフレーズ

協賛企業賞

0%のうれしさ、100%のおいしさ。

赤木 基純（46歳）岡山県

▼協賛企業のコメント

霧島酒造
企画室PR係 係長
大久保 昌博さん

このたびは協賛企業賞の受賞、誠におめでとうございます。あまり知られていませんが、本格焼酎は、糖質ゼロ・プリン体ゼロ。健康志向が年々高まっている昨今、より多くの人にこの本格焼酎の真実を知っていただきたいと考えております。受賞作品は、本格焼酎が糖質ゼロ・プリン体ゼロであることを、体への優しさと、本格焼酎のおいしさを0と100の〝対比〟で表現されている点が素晴らしく、選出させていただきました。これからも、健康的なライフスタイルを送りたい方などが、気軽に楽しんでいただける酒として本格焼酎が認知され、ご愛飲いただけるよう努めていきたいと思います。最後になりますが、受賞者をはじめ、ご応募いただいた皆様に厚く御礼申し上げるとともに、今後の益々のご活躍をお祈り申し上げます。

三次審査通過作品

大人がたどり着く島

下野 恵依子　福岡県

二次審査通過作品

心にも体にもいいなんて、困ったなぁ。

青山 紀恵　東京都

百年後まで、飲み続けたい。

岩見 美柚　東京都

焼酎を薦める、という親孝行がある。

加藤 晃浩　東京都

とりあえず芋！が似合う女になりたい。

金田 栞　愛知県

幸せは、「もっと」より「ずっと」がいい。

北川 秀彦　大阪府

「焼酎腹」なんて、聞いた事がない。

高野 みらの　東京都

あしたの朝ごはんとも合うお酒。

千葉 龍裕　東京都

体にいらないものなんか、はじめから入っていない。

土田 聖真　山形県

たまらないお酒。

長井 謙　沖縄県

黒霧島ゼロ。もう出てました。

奈良 純嗣　秋田県

春山 豊　東京都
夜を長くする。人生も長くする。

村上 正之　愛知県
人生も長いし、夜も長いし。

矢野 颯太　東京都
九州人は痩せている

一次審査通過作品

青柳 信吾　奈良県
ヘルシーな飲ミュニケーション。

浅井 優太　千葉県
本格焼酎は、糖質0、プリン体0、美味しさ100

浅野 晃　神奈川県
飲みすぎはいけない。
飲まなすぎもいけない。

淺野 俊輔　東京都
酒を教えた息子から、教えられた。

阿部 創太　埼玉県
ビールを頼んだのに黒霧島を買ってくるなんて、いい娘に育ったなあ。

石井 雅規　千葉県
美味さだけが、沁みてくる。

石関 恵子　神奈川県　ラジオCM
男：本格焼酎は、糖質ゼロ・プリン体ゼロか。
女：イメージは、白霧島ね。
NA：黒霧島。霧島酒造。

石塚 勢二　東京都
これはおれのじゃない。体のぶんだ。

礒野 有勝　東京都
何世紀も前から、糖質オフ。

市島 智　東京都
ストレス解消のためのお酒が、
ストレスの原因になってはならない。

伊藤 隆彬　東京都
女房が死んで酒に溺れたが、どうやらまだまだ死ねないらしい。

稲垣 弘行　埼玉県
本格焼酎は糖質ゼロ、プリン体ゼロ、飲まない理由ゼロ。

井上 嘉文　東京都
「そんなに買って、よく奥様が何も言いませんね。」

岩尾 達郎　東京都
明日人間ドックか。
楽しみだ。

岩本 梨沙　大分県
ゼロと知らずに飲んでいた。
ゼロと知ってからはもっと飲んでいる。

岩本 梨沙　大分県
余計なものは一切入っていません。

岩本 梨沙　大分県
美味しさの陰に隠れていた真実がある。

岩本 梨沙　大分県
ゼロの先駆け。

上田 悠馬　大阪府
本格焼酎デビューで断糖デビュー。

内山 花菜　東京都
よし、今日も飲みすぎた。

岡 真一郎　大阪府
名前の割に女性向け

岡立 一太　東京都
ゼロに近づくほど、うまいものもめずらしい。

貝渕 充良　大阪府
うまさに、糖質はいらない。

加藤 晃浩　東京都
あんなに飲んでるのに、父はどうして健康なんだろう。

狩野 慶太　東京都
まだ飲めるから、まだ話せるね。

北浦 俊　千葉県
からだを大切にしないあなたは、加害者です。

北浦 俊　千葉県
口は肥えても、腹は肥えない。

北川 秀彦　大阪府
孫と呑んだら、ひ孫と呑みたくなった。

北川 秀彦　大阪府
霧のち晴れ。

木原 将希　大阪府
忘れようとしたことも、体はきっと忘れない。

木原 将希　大阪府
そういえば、焼酎には糖質オフなんて書いてない。

木村 幸代　埼玉県
ブームの前から、0でした。
本格焼酎は糖質0、プリン体0。

木村 龍也　埼玉県
妻が飲めと怒る酒。

木村 瑠海　神奈川県
知ってから、つい飲み過ぎてしまう。

古賀 佑揮　大阪府
気にしていると言った。
飲まないとは言っていない。

後藤 裕彦　東京都
むかしむかし、うまいものは、
からだに悪いと言われてましたとさ。

後藤 裕彦　東京都
「健康を祝して乾杯!」するなら、霧島でしょ。

齋田 敏宣　大阪府
「安心」が一番の肴。

佐々木 志帆　神奈川県
やるせない夜も、やせてたい。

佐々木 貴智　東京都
だから、九州男児は丈夫なのか。

颯々野 博　大阪府
どのゼロにすべきか、ゼロから考えてみませんか?

颯々野 博　大阪府
美味しくないゼロは、
むしろマイナスだと思う。

佐奈 昌彦　東京都
本格焼酎こそ、気軽に飲める

島袋 寛紀　東京都
(注意)やけ酒には、オススメ出来ません。

神農 邦彦　岡山県
翌日残るのは、おいしかった記憶だけ。
体にやさしい本格焼酎、霧島。

末森 恵生　山口県
大好きな焼酎を点滴にしてくれ。
と言ったら、
「ダメです。糖質がありません。」と真面目に
返された。

杉原 秀明　神奈川県
お酒を飲む人が健康を語るのは、
矛盾していると思っていた。

鈴木 聖太郎　愛知県
お酒を控えましょうと、医者に言われた。
焼酎だから大丈夫と、医者に言った。

砂川 大　東京都
お酒の選び方も、体調管理の一つです。

太洞 郁哉　大阪府
アホか、酒やめたほうが健康に悪いわ。

高原 成博 東京都
奥さん、お願いします。
先輩には本格焼酎しか飲ませません。

高見 大介 東京都
ありがとう、本格焼酎を飲み続けてくれた、
若い頃の私。

田口 仁美 大阪府
溶かしたのは心か脂肪か。

竹巻 裕也 大阪府 テレビCM
RPGゲームでバロメーターを確認する画面
がうつっている。
勇者のバロメーター。
体力81、知力58、素早さ67
魔法使いのバロメーター。
体力56、知力84、素早さ64
本格焼酎のバロメーター。
味100、糖質0、プリン体0
NA：本格焼酎は良い感じに極端。霧島酒造。

田中 貴弘 東京都
飲みすぎたときの後悔が、
ちょっと軽くなった。

田中 貴弘 東京都
うまいだけでは選ばれない。
体にいいだけでも選ばれない。

田中 貴弘 東京都
健康を気にすると、酒はもっとうまくなる。

田邉 純也 東京都
おいしさを100にしたら、糖質とプリン体
がゼロになりました。

谷 明展 北海道
たまらない酒、黒霧島。

田原 あすか 京都府
ゼロは本格の証なのかもしれない。

田原 あすか 京都府
0の品格。

張 愛莉 京都府
ライザップも許してくれるお酒。

月本 康正 東京都
飲まなきゃやってられないときは、体も弱っ
ている。

土屋 憲佑 山梨県 テレビCM
塩辛を食べ黒霧島を飲む男性。
からしレンコンで飲む女性。
アサリの酒蒸しで飲むおじいさん。
刺身で飲む外国人観光客。
みんな最高に至福の表情。
C「＊CM上の演出は、ゼロです。」
NA「本格焼酎は、糖質もプリン体もゼロ。お
いしい、うれしい、黒霧島」

寺島 慎吾 東京都
肥えるのは、舌だけ。

當銘 啓太 東京都
いちばんブラック労働をしているのは、肝臓
でした。

床田 禎行 大阪府
健康について、
朝まで呑むか。

冨田 哲子 千葉県
クロだけど、体には、シロだ。

鳥山 慶樹 東京都
飲むならちゃんと、
体が喜ぶものを。

長井 謙 沖縄県 ラジオCM
母「ほら、その紙、見せなさい！」
「…」
母「結果、悪かったんでしょ！見せなさい！」
「…」
母「あー、もうだからあれほど言ったじゃな
い。もっと運動しなさい！って」
父「はい、すいません」
NA「健康診断が、怖くなってきたあなたに。
本格焼酎は、糖質ゼロ、プリン体0。健康
を考えるなら、黒霧島」

長井 謙 沖縄県
本格焼酎は、
糖質もプリン体も、
透き通っている。

長井 謙 沖縄県 ラジオCM
新入社員A「部長！」
男「いや、俺は違うけど」

新入社員A「あ、すいません。雰囲気が部長だと思って」
NA「お腹だけ貫禄が付いてきたあなたに。本格焼酎は、糖質ゼロ、プリン体0。健康を考えるなら、黒霧島」

長井 謙 沖縄県 ラジオCM
娘「ねぇ、パパ、あたし妹が欲しいなぁ」
父「妹?」
娘「だって、二人目生まれるんでしょ?」
父「え、どうして?」
娘「だって、そのお腹!」
NA「お腹が出てきたあなたに。本格焼酎は、糖質ゼロ、プリン体0。健康を考えるなら、黒霧島」

中澤 翔 大阪府
本格焼酎は糖質ゼロだが、気分は上がる。

中辻 裕己 東京都
お酒は生きるために飲むものです。

名切 冴顕 福岡県
まさか孫と一杯やれるなんて。

名切 冴顕 福岡県
飲んでいつまでも笑っていてね。

西田 亜紀 神奈川県
父は、旨さで選ぶ。母は、原材料で選ぶ。

西本 亜矢子 千葉県
糖質とプリン体が、蒸発した。

根本 曜 東京都
カロリーを気にして、カロリー高い方を飲んでいる。

根本 曜 東京都
本格派ではなく、本格である。

野村 亜矢 神奈川県
飲んでいる人にも、飲んでいない人にも、教えてあげたい。

野村 亜矢 神奈川県
飲む酒は、若い頃と同じままでいいのだろうか。

野村 京平 東京都
呑み方にも、改革を。

長谷川 慧 東京都
注ぐ酒をビールから焼酎に変えるのも、親孝行です。

浜中 将幸 和歌山県
でも、ひとりで長生きするのはイヤですよ。

浜中 将幸 和歌山県
溜まらないうまさだ。

浜中 将幸 和歌山県
わたしの五臓六腑が、すごいのかと思った。

廣田 顕久 岡山県
※飲みすぎにだけ注意しましょう。

船越 一郎 東京都
父は夜だけ、健康バカになる。

古澤 敦貴 大阪府
飲まない理由もゼロです。

掃本 健児 福岡県
クロよし!
シロよし!!
アカよし!!!

細田 純 東京都
スポーツジムより続けられます。

程塚 智隆 神奈川県
お酒を変えれば、健康が変わる。

増田 有生 大阪府
黒霧は、◯。
まるじゃなくて、ゼロです。
松尾 栄二郎 東京都
うまいだけの酒は、もういい。
松尾 健介 大阪府
百薬の長の長。
水落 祥 東京都
いい酒とは、体にもいい酒のことです。

水口 達己 東京都
父曰く、これは薬。

水田 聖平 東京都
黒霧島は、妻を説得してくれてる。

溝口 昌治 神奈川県
飲んでる人の方が、ストイックな気がした。

見田 英樹　愛知県
黒霧島を飲むと太っ腹になる部長は、黒霧島を飲んでもなかなか太らない。

見田 英樹　愛知県
本格、無糖、ブラック。

南 忠志　東京都
焼酎腹とは言わない。

宮﨑 薫　兵庫県
料理に気を使うのをお酒にも。

宮地 克徳　群馬県
心配するな、おれの代から長生きの家系になった。

宮島 塁　東京都
健康ブームが追いついてきた。

三吉 学　岡山県
今夜もゼロから始める。

村瀬 駿介　愛知県
本格焼酎は糖質、プリン体ゼロ。そのおいしさは100点満点

森 明美　東京都
玄関で寝なくなった。

森 明美　東京都
サンマが、これじゃない、と言った。

森川 政雄　大阪府
静かに飲むと、体のよろこぶ声が、聞こえました。

八重柏 幸恵　北海道
オフは、黒霧島。

八重柏 幸恵　北海道
楽しくない禁酒より、楽しい黒霧島。

八木 明日香　東京都
「おいしい」が、いちばんカラダにいいと思う。

柳沢 久美子　埼玉県
黒なのに白。無罪です。

山崎 舞　北海道
人間ドックの結果を見ながら飲む本格焼酎は美味い。

山下 祐輝　大阪府
ナンバー1より、オンリー1より、体に優しい0がいい。

山田 尚文　東京都
うちの部長は数字が厳しい。

山本 真梨子　石川県
健康優良飲んべえ。

山本 真梨子　石川県
体に良い酔い。

横田 歴男　東京都
本格焼酎を楽しめるのは、ほんの一生だけだ。

吉川 文義　東京都
プリン体ゼロ。糖質ゼロ。あとから言うなよ、余計にうまくなるじゃないか。

吉田 博　茨城県
糖質なんだ！プリン体がどうした！そういった方にも本格焼酎はお勧めです。

吉村 圭悟　東京都
努力の結果、努力はしないことにした。

渡邊 侑資　岐阜県
二日も酔うなんて、なんて勿体ない。

渡邊 侑資　岐阜県
これ呑ませるってことは、まだ死なせてくれないな。

そじ坊をもっともっと有名にする
魔法の呪文を待っています!

Abracadabra
OPEN SESAME!!
Salagadoola mechicka boola Bibbidi-bobbidi-boo !

グルメ杵屋といえばうどん屋さんのイメージですが
実は日本最大級のそば屋のチェーンも経営しているんです！
そば屋「そじ坊」の魅力を、自由に表現してください。
良い作品が集まれば、積極的に活用させていただきます。

そじ坊の特徴

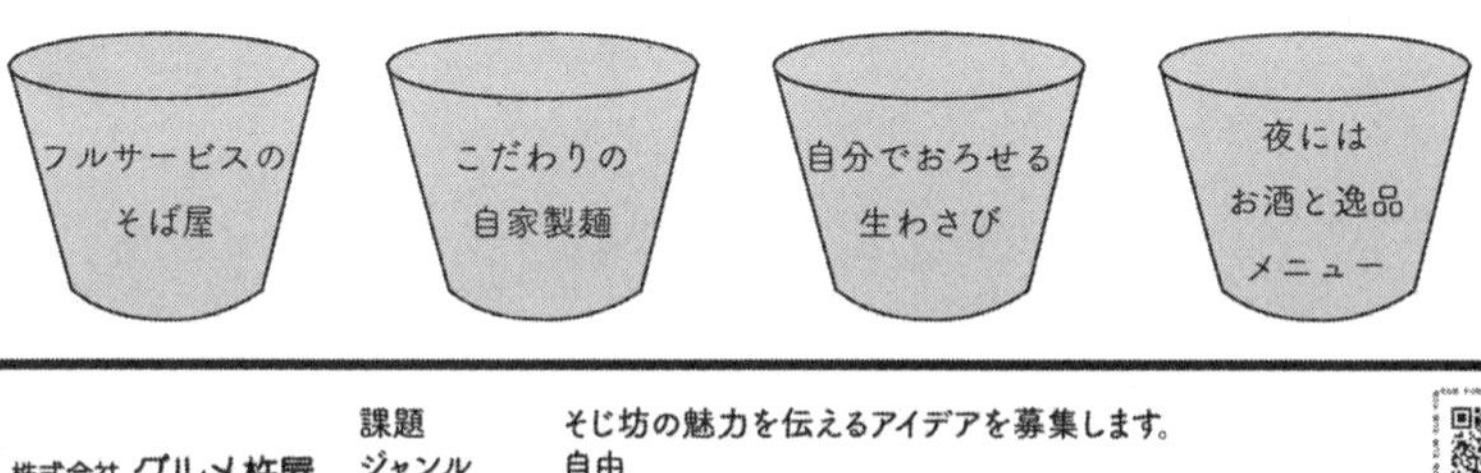
フルサービスの
そば屋
こだわりの
自家製麺
自分でおろせる
生わさび
夜には
お酒と逸品
メニュー

株式会社 グルメ杵屋

課題	そじ坊の魅力を伝えるアイデアを募集します。
ジャンル	自由
参考資料	https://www.gourmet-kineya.co.jp/brands/11/

グルメ杵屋

そじ坊の魅力を伝えるアイデア

協賛企業賞

山田 尚文（36歳）東京都

入りやすくて、帰りにくい。

▼協賛企業のコメント

グルメ杵屋
専務取締役
佐伯崇司さん

この度は、協賛企業賞の受賞、誠におめでとうございます。受賞作品は、気軽に立ち寄ることのできるそば屋としての「そじ坊」と、楽しくて居心地が良くてついつい長居をしてしまうそば居酒屋としての「そじ坊」というふたつの魅力が、ひとつの短いフレーズで余すところなく表現されている作品です。しかもそれを、入る・帰るという逆言葉の対比に込めたという点が秀逸で、それを高く評価して選考させていただきました。お店にいらっしゃるお客様の笑顔がありありと目に浮かぶ作品だと感じました。このフレーズは正に、「そじ坊」の居心地の良さを更に引き立たせる魔法の呪文でしょう。最後に、受賞者をはじめ、ご応募いただいた皆さまに心からお礼を申し上げますとともに、今後益々のご活躍をお祈りいたします。

小笠原 清訓　青森県

何でしょう。そばをすするときの連帯感。

崎山 すなお　東京都

テレビCM

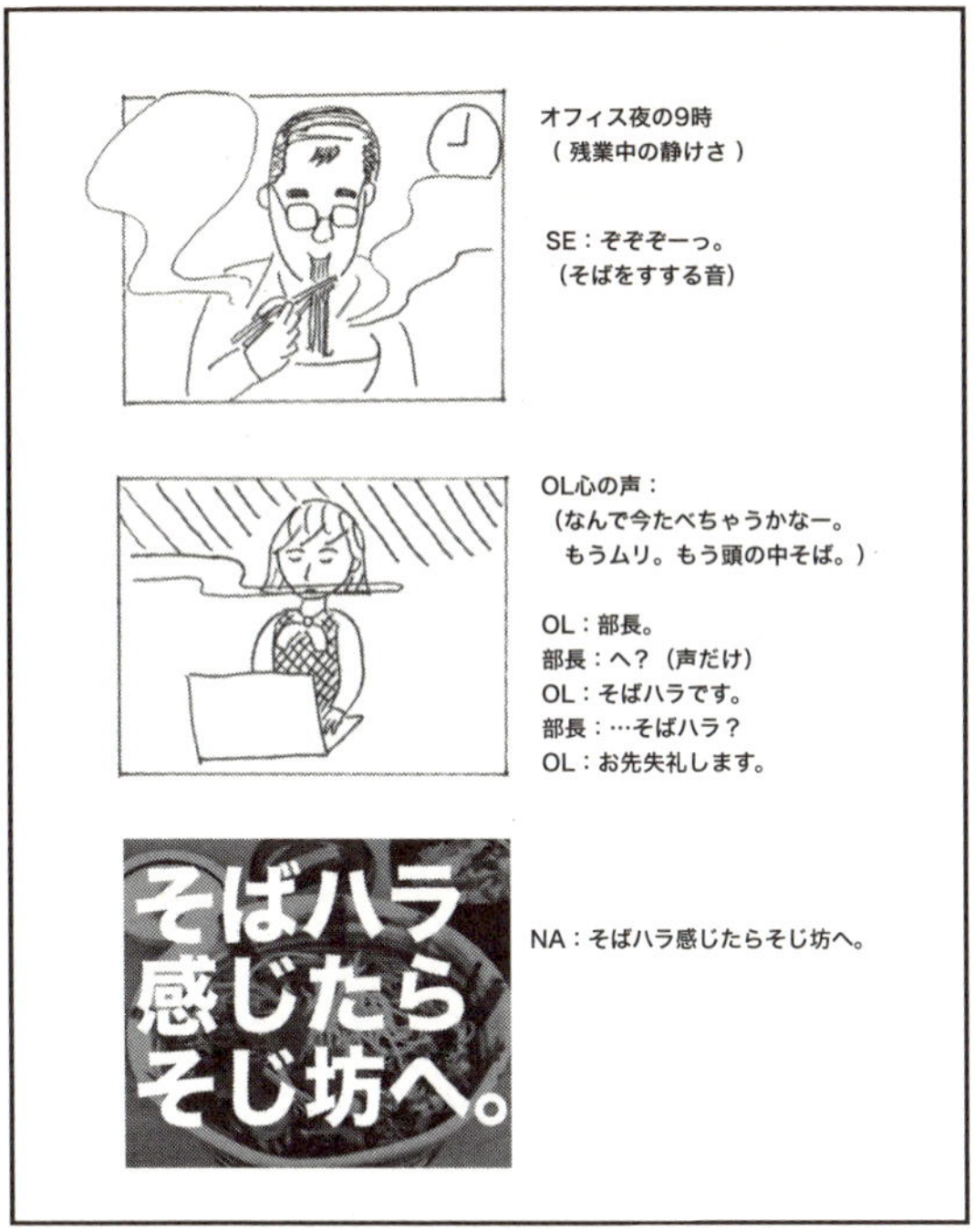
オフィス夜の9時
（ 残業中の静けさ ）
SE：ぞぞぞーっ。
（そばをすする音）
OL心の声：
（なんで今たべちゃうかなー。
もうムリ。もう頭の中そば。）
OL：部長。
部長：へ？（声だけ）
OL：そばハラです。
部長：…そばハラ？
OL：お先失礼します。
そばハラ
感じたら
そじ坊へ。
NA：そばハラ感じたらそじ坊へ。

土屋 憲佑 山梨県 ラジオCM

女性A：先週海に行って、海鮮丼食べてきたの！すっごく新鮮だったわ〜！
女性B：私はさっきお昼におそば食べてきたの！すっごく信州だったわ〜！
女性A：し、信州!?
NA：口の中に、信州、広がる。
自然を感じるおそばと生わさび。信州そば処 そじ坊

土屋 憲佑 山梨県 ラジオCM

女性：蕎麦って、何画？
男性：え〜っと、二十二画。
女性：じゃあ山葵は？
男性：十五画。
女性：じゃあ、そじ坊は？
男性：別格!!
NA：麺・つゆ・風味・生わさび。全てが別格、本格そば。信州そば処 そじ坊

永末 晃規 滋賀県

ラーメンは「オタク」。蕎麦は「通」。

三上 智広 北海道

薬味をトッピングなんて呼ぶなよ。

二次審査通過作品

長井 謙　沖縄県

あの合コンの後さ、
二人でワサビ擦ったよな。

浜田 英之　東京都

午後は、ずるずるずるずる休みしよっか。

原田 正喜　愛知県

昼は店長、夜は大将。

藤田 篤史　東京都

なんて蕎麦らしい味だ。

藤田 篤史　東京都

お前、今日もいい音出してるな。

山田 守　三重県　テレビCM

〜シーン1〜
男A「お昼そばる?」
テロップ:今日のお昼は蕎麦にする?
男B「そじる!」
テロップ:そじ坊にしよう!
〜シーン2〜
女A「今日のランチそばる?」
テロップ:今日のランチは蕎麦にする?
女B「そじっちゃう!」
テロップ:そじ坊で食べよう!
〜シーン3〜
男C「今晩そばる?」
テロップ:今日の夜そばを食べに行く?
女C「そじる。」
テロップ:そじ坊でお願いします。
〜NA〜
「そばるなら、そじ坊」

一次審査通過作品

青野 高広　福岡県

音を立てるなんて、行儀のいい外人だ。

阿部 裕一　埼玉県

ほんとうにそじ坊より美味しい?

天沢 もとき　東京都
そば屋で飲んだら、
その人の大事な話が聞けた。

石井 雅規　千葉県
店員のシフトがわかってきた。

石井 倫太郎　神奈川県
わさび多めで、彼の前で泣いてみた。

石神 慎吾　長野県
無事に越したい日は、大晦日だけじゃない。

石神 慎吾　長野県
年越しそば、引越しそば、残業そば。

石神 慎吾　長野県
働き方改革が必要なのは、あなたの胃腸かもしれない。

石神 慎吾　長野県
成田空港にそじ坊があるのは、よくわかる。

石神 慎吾　長野県
妻は食べに行くと言う。
俺は飲みに行くと言う。

石神 慎吾　長野県
娘がおろしてくれたわさびに涙する。

伊藤 大樹　東京都
チェーン店ではなく、のれん分け。

伊藤 美幸　愛知県
わさびをおろす。会話が生まれる。

稲垣 弘行　埼玉県
偉い人が蕎麦好きなのか。
蕎麦好きが偉くなるのか。

枝村 智仁　東京都
そばだって、即席麺だ。

大井 慎介　静岡県
「本場の蕎麦をくわせてやる」と、父は駅地下に向かった。

大川 将平　千葉県
毎日年越ししたくなる味。

大野 聡馬　東京都　テレビCM
息子：おじいちゃん。おじいちゃんはどうして右腕だけそんなにマッチョなの？
（右腕だけムキムキのおじいちゃんのカット）
祖父：おじいちゃんは、ワサビを擦りすぎたんだよ。
（おじいちゃんがワサビを高速で擦るカット）
NA：自分でワサビをおろせる、そじ坊です。

大野 聡馬　東京都
蕎麦は、男をテストする。

岡部 裕子　東京都
自分ですりおろしたわさび以上の薬味はないと思う。

岡本 英孝　福岡県
我が家の場合、
ランチというよりイベントです。

奥村 明彦　東京都
そばだからこそ、
話せることがある。

加藤 晃浩　東京都
おい田中、すすり方が弱いぞ。

加藤 光　東京都
山奥までいかなくても、ありますよ。

北川 秀彦　大阪府
無言なのにこの一体感。

口羽 雄太　京都府
わさびをおろすけど、食べない息子。

黒坂 謙太　京都府
食べた後、食器を洗いに行きそうになった。

肥塚 雅裕　大阪府
どうせツーンとくるのなら、
自分でおろしたヤツがいい。

小島 功至　熊本県
さまざまなシーンに、
それぞれのツーンを。

小島 功至　熊本県
ワサビじゃないのよ涙は。

齋藤 大樹　東京都
ほんとにチェーン店？

齋藤 大樹　東京都
店員じゃない。職人だ。

佐々木 貴智　東京都
仕事終わり、飲みよりそばなら誘いやすい。

颯々野 博　大阪府
みんな、来て民家。

柴田 賢一　茨城県
食欲が無いって話はどこにいったの？

島崎 純　長野県
息子が信州に帰ってこないのは、そじ坊にも責任があると思う。

清水 秀幸　東京都
部長が、出張経費で落とす。

白石 雄貴　埼玉県
私、おろそうと思うの。

鷹巣 仁哉　東京都
名店が隠れているとは限らない。

高橋 直也　香川県
うどん県にも３店サバイブ！そじ坊、スゲー！

竹田 豊　神奈川県
課長にゴマじゃなくて、ワサビをすったら、おごってくれた。

谷 明展　北海道
昼はファストフード。夜はスローフード。

塚原 加奈子　兵庫県
私たち、ズルズルの関係だね。

土屋 憲佑　山梨県　テレビCM
ギャル二人がそばをすすっている。
ギャルA「初めてわさびすったんだけど！そじヤバい！」
ギャルB「おそばの風味も、そじヤバい！」すする二人
二人：ん〜♪そじヤバ〜い!!
NA：ギャルの言葉は乱れても、そばの美味さは乱れません。信州そば処 そじ坊
二人：そじ最高〜♪♪

寺尾 一敏　滋賀県
通も普通も通う店。

長井 謙　沖縄県
ここでなら、父の駄洒落も、笑ってあげられる。

中田 国広　埼玉県
あれ、初デートの時よりそばをすする音が大きい。

永田 哲也　愛知県
そのそば屋、家族で行けますか？

中辻 裕己　東京都
母と祖母と女子会した。

中辻 裕己　東京都
出張先で最初に調べた。

中平 真之祐　東京都
人を育てるように、そばを作る。

中平 真之祐　東京都
お手頃な日本食屋は、少ない気がする。

西田 亜紀　神奈川県
一緒にランチに行く同僚は、大人の友達だと思う。

西田 亜紀　神奈川県
会議中の話より、ランチの話の方が、覚えている。

西田 亜紀　神奈川県
お昼ごはんが楽しみで、仕事に行く日があってもいいと思う。

野田 正信　東京都
上司とずるずる、はまっちゃったの。

野田 正信　東京都
けんかしたら、手打ちにしよう。

野村 京平　東京都
外国からのお客様にとって「わさびをおろす」は、アトラクション。

野村 京平　東京都
鰻やまぐろと違い、絶滅の心配をせずに楽しめる和食です。

則本 桃子　京都府
俺のおろすわさび、興味ある？

グルメ杵屋

萩原 志周 東京都
「寒い」「暑い」どっちもいける。

胥本 瞬 東京都
おろし金を舐めたいと、はじめて思った。

服部 年晴 和歌山県 テレビCM
そじ坊の名前の由来になった、お坊さんをキャラクター化し、アニメーションでその物語を、紹介いたします。
「その昔、寺院で檀家への奉仕として蕎麦を振る舞う風習が盛んであったころ 道光庵という支院の蕎麦が大変に美味であると評判になりました。
それが高じて、仏教の道ならぬ蕎麦の路＝「蕎路(そじ)」を歩むこととなった坊にちなんで、そじ坊と名付けられました。」と言われます謂れをアニメーションにいたします。
黄色い袈裟を着た、かわいいそじ坊くんが、そばを蒔き、育て、収穫し、手打ちでそばを仕上げます。付近の在所の住民に振る舞いおいしいおいしいと言われる様子、そして、お寺の看板に、おそば そじ坊と掲げる様子を紹介します。
最後に、そじ坊くんが登場し、いらっしゃいませと頭を下げます。テロップでそじ坊と毛筆書体で書いた画面で締めくくりです。

浜田 英之 東京都
遅刻した飲み会で、みんなが泣いていた。恐る恐る聞いたら、わさびだった。

春山 豊 東京都
昼は働く人の味方。夜は働いた人の味方。

春山 豊 東京都
そばを食べに来たのに、宴会が始まった。

春山 豊 東京都
部長の「蕎麦行くか?」は「今日飲みたい」です。

菱沼 慶子 東京都
「啜る」という行為には、小顔効果があるといいます。

菱沼 慶子 東京都
長野出身が主役になれる店。

飛田 哲志 愛知県
ファストとファーストのあいだ。

弘嶋 賢之 愛知県
昼は10分で出てきた。夜は2時間いた。

藤田 篤史 東京都
「またここ?」の顔がうれしそう。

藤田 篤史 東京都
「飲みに行こう」がパワハラになる時代だから。

藤田 篤史 東京都
カフェより、深い関係になった。

藤田 篤史 東京都
「今日、ご飯ないから」というメールが嬉しかった。

古川 直 大阪府
落語をきいてたら、食べたくなった。

星川 翔 東京都
部下が出世した。いつもよりわさびを多めに入れた。

眞木 雄一 石川県
よく噛まずに食べなさい。

松尾 栄二郎 東京都
先輩面するのに、ちょうどいい。

松田 剛次 福岡県
「そば坊」がよかったかな…。

丸茂 智沙 東京都
肩の荷をおろすと同時に生わさびをおろす。

三浦 秀雄 秋田県
昼から飲もう！だって蕎麦屋だもん。

溝口 昌治 神奈川県
そばがいい日も。そばでいい日も。

向井 正俊 大阪府
食べる顔が、キス顔です。

山田 翔太 滋賀県
やっと日本についたぜ。(字幕)

山本 晃久 神奈川県
メシもシメも。

山本 真梨子 石川県
この人、粋してない…！
早くそじ坊へ！

カ

グルメ杵屋

與嶋 一剛 岐阜県

美味い！泣く！

吉村 茂 東京都

行き当たりバッタリで入る店は、大抵ハズレ。

クレディセゾン

永久不滅ポイントの運用を「はじめたい!」と思っていただけるような広告アイデア

協賛企業賞

岡真一郎（32歳）大阪府

うちの母ちゃんが投資家に

▼協賛企業のコメント

クレディセゾン
戦略企画部 プロモーション戦略グループ 部長
相川耕平さん

岡真一郎様、このたびは当社課題にご応募いただき、ありがとうございました。永久不滅ポイント運用サービスは、どちらかと言うと資産運用に馴染みが薄く縁遠かった女性層をメインターゲットにしており、貯まった永久不滅ポイントをライトな感覚で楽しみながら増やす体験により、さらなるカード利用のフックとしつつ、本格的な資産運用への第一歩にしていただきたいという想いで開発いたしました。投資とは無縁と思われた母親が、実は永久不滅ポイントで資産運用デビューしていた…。岡様のコピーは、まさに私達が思い描いていた顧客像をシンプルかつ見事な言い回しで表現されており、数ある候補作品の中から私を含め「これしかない！」と即決に近い形で選ばせていただきました。こんな「母ちゃん」や「ばあちゃん」、「姉ちゃん」、…が本サービスをきっかけに日本中に増えることを切に願っております。ぜひ、実の「母ちゃん」にも、セゾンカードと永久不滅ポイント運用サービスをオススメしてください（笑）。重ねて、今回はありがとうございました。岡様のさらなるご活躍を一同、心よりお祈り申しあげます。

田中 貴弘　東京都

浪費家だけど、投資家です。

松本 圭太　大阪府　ラジオCM

女性：勝手に増えるなんて怪しいよ。怪しい。怪しい。ねぇ、なんで増えるの？怪しいって。なんで？
男性：逆にかなり興味持ってるよね？
NA：永久不滅ポイントが運用できる。セゾンカード。

松本 圭太　大阪府

髪の毛はあきらめた。
ポイントくらいは増やしたい。

二次審査通過作品

岡本 武士 大阪府
私はモノ買う投資家です。

鎌谷 友大 東京都
たんすポイントをなくそう。

木原 将希 大阪府
今の時代、何に投資するかより、
何を投資するか。

高澤 邦仁 東京都
俺ノミクス。妻ノミクス。

高澤 邦仁 東京都
投ポ家。

田中 恵美子 東京都
ビットコインに乗り遅れた方へ。

中田 国広 埼玉県
ポイントで億り人。
あると思います。

中辻 裕己 東京都
資産運用の始めの第1ポ。

橋本 寿弥 愛知県
ノーリスク、そこそこリターン。

古土井 裕司 埼玉県
タンスポイントになってませんか?

三富 里恵 神奈川県
ノーマネーゲーム

一次審査通過作品

粟飯原 由貴 東京都
少しのスリルで、投資のスキルを磨くのだ。

穐山 定文 山梨県
大学生にも
できそうな
投資があった

浅野 愛美 埼玉県
本気で投資をしたくない人へ。

淺野 俊輔 東京都
大丈夫。
ポイントで破産する人は
いないから。

淺野 俊輔 東京都
母さんの見る番組が、ワイドショーから、
ワールドビジネスサテライトに変わった。

阿部 まゆみ 東京都
TOPIXと私のポイントは、連動してる。

天沢 もとき 東京都
ポイントと共働き。

有村 健哉 東京都
リスクは回避されております。

石井 雅規 千葉県
どこかの誰かが、私のポイントのために頑
張ってくれている。

石井 雅規 千葉県
政治家の皆さん、私のポイントの為に頑張っ
てください。

石井 雅規 千葉県
お得に、ほっとく。

石神 慎吾 長野県 テレビCM
朝の食卓。
ニュースが株価の動きを伝えると、ふとテレ
ビを見る男性。
安堵した表情になる。
妻：どうしたの？
男性：いや、なんでもない。
NA＆テロップ：妻はまだ気づいていないが、
私は投資家だ。
NA：永久不滅ポイントで投資をはじめてみる。
セゾンカード。

石神 慎吾 長野県
トランプ大統領の発言が、俺のカードのポイ
ントを左右するとは。

石倉 大介 埼玉県
ママ会が投資家たちの集まりになりました。

石倉 大介 埼玉県
負けても引きずらないほどの、ちょうどよさ。

石榑 康伸 愛知県
期限のあるポイントでは、
運用なんてできない。

岩田 皆子 東京都
ポイントで億り人

岩中 綾乃 大阪府
資産運用の一番の武器は時間だ。

岩橋 亮汰 兵庫県
ふえれば儲け、
へったら授業料。

枝村 智仁 東京都
増えたらラッキー。減ってもドンマイ。

江野澤 和夫 東京都
ポチッとノーマネー投資

岡田 上 兵庫県
ウチ買えるほど貯めてやるっ

岡本 武士 大阪府
ポイントを、肥やそう。

岡本 武士 大阪府
ポイントで投資への敷居が下がった。
ポイントで投資への知識が上がった。

岡本 英孝 福岡県
貯まるまで待てません。

小栗 忠真 岐阜県
ポイントが貯金を超えてきた。

長田 直 埼玉県
セミ投資。

小田 浩司 京都府
全国の消費者のポイントが、
市場を動かす日が来るかもしれない。

小室 塁 東京都
損をするのも、練習の一つです。

柿本 和臣 福岡県
使い道に困ったら使ってください。

神田 真理子 青森県
ポイントが稼ぐ時代になりました。

クレディセゾン

北浦 俊　千葉県
人は死ぬまでに、３億円を支払います。

木村 瑠海　神奈川県
「運用」って、もっと頭のいい人がすることだと思ってた。

国井 正樹　新潟県
浪費家ですが、資産家です。

小林 輝　神奈川県
あなたのポイント、塩漬けしてませんか?

古山 皓大　大阪府
孫にあげるおこづかいはポイントで。そんな時代が来るかもしれない。

齋藤 大樹　東京都
投資力養成カード。

斉藤 隆司　山梨県
新・おいしい生活

佐々木 一之　愛知県
俺は働く。ポイントも働け。

佐々木 貴智　東京都
ポイントも、大事な資産と考える。

指田 貴雅　愛知県
無痛投資。

佐瀬 陽太　東京都
ポイントが永久に、がんばってくれる。

佐藤 日登美　東京都
いまいちばんハードルの低い投資。

柴本 純　東京都
今までのポイントがシシャモだとしたら、こっちは子持ちシシャモです。

清水 崇之　東京都
ポイントぐらい、ハメ外そう。

高橋 理沙　東京都
「投資って結構簡単よ」と、ママ友にドヤ顔。

田中 恵美子　東京都
まだ、プロはいません。

田中 貴弘　東京都
私の中で、セゾンがまた株を上げた。

田中 博都　東京都
ポイントくらい攻めよう。

谷 明展　北海道
ポイントが減った日は、一品少ない。

谷 明展　北海道
最近、夫以外に気になる人がいます。トランプ大統領です。

谷 明展　北海道
安い授業料だった。

谷 明展　北海道
このくらいの一喜一憂が、私にはちょうどいい。

崔 勝臣　東京都
ポイント税が出来る前に。

千葉 龍裕　東京都
増税に、微かな快感を。

張 家昀　神奈川県
俺が昇進して、部長になったころ。こいつは、どれだけ成長しているだろうか。

戸田 理弓　東京都
この、もとでなし!!

長井 謙　沖縄県
朝起きたら、ポイントが、大変なことになっていた。

長井 謙　沖縄県
大暴落しても、ポイントなら、ネタになる。

長井 謙　沖縄県
占い師さん。金運より、ポイント運が、知りたいんですけど。

長井 駿　東京都
まだ仮想の世界でやってんの?

中里 淳　神奈川県
※このたびの永久不滅ポイントは減る可能性がございます
※このたびの永久不滅ポイントは無限の可能性もございます

永田 明子　大阪府
人を羨むのはやめて、はじめましょう。

カ

クレディセゾン

中辻 裕己　東京都
もらいものには旅をさせよ。

中平 真之祐　東京都
身銭を切らない投資。

中村 匡　大阪府
あいつ、セゾンカード持ち始めてから
やたらカップヌードル食い出したぞ。

那須 佑樹　秋田県
夫よりも末永く。

西田 亜紀　神奈川県
お買い物をしない日も、増えている。

野田 陽介　熊本県
下手なスマホゲームよりおもしろい。

野村 京平　東京都
妻の機嫌が、
日本経済に
連動しだした。

橋本 安娜　宮城県
私はこれから始めました

粭本 瞬　東京都
まだ、お金でやる勇気がない人に。

粭本 瞬　東京都
懸命に貯めるより、
賢明に増やそう。

林 秀和　東京都
ポイントを稼ぐ時代から、
ポイントが稼ぐ時代へ。

林 秀和　東京都
妻は、買い物で原資を稼ぐ。

林 秀和　東京都
資産ポートフォリオに、ポイントが仲間入り。

林田 淳　東京都
痛い目に合わなくても、投資は上達できます。

春山 豊　東京都
そのポイントは、経済と連動している。

平田 直也　東京都
たかがポイント、されどポイント。そこがポイント。

福島 滉大　埼玉県
亡くなった祖父の遺産相続、
現金より永久不滅ポイントの方が多かった。

船橋 翔一　三重県
お金でやるのはもったいない。

古川 俊二　東京都
気が付けばハワイ。

古川 弘樹　愛知県
あの会社に、1ポイント。

枌 真太郎　埼玉県
現金も、ビットコインも、もう古い。

星合 摩美　東京都
わたしったら日経なんて
読んじゃったりしてさ。

星合 摩美　東京都
今はこうしてTIMEの表紙を飾るまでになりましたが、
最初はポイント運用からだったんですよ。

前田 正熙　東京都
大統領の一言で、私のポイントは高騰した。

眞木 雄一　石川県
世界で最初のポイント長者になろう。

三上 佳祐　東京都
はじめてのしさんうんよう。

見田 英樹　愛知県
もはや、買い物しなくてもポイントが増える時代。

三宅 幸代　大阪府
勉強代に現金はもったいない。

三宅 幸代　大阪府
ちかい将来、投資は避けて通れなくなる。

三宅 幸代　大阪府
素人が玄人と同じ土俵でやりあうこと自体、
間違っていた。

三宅 幸代　大阪府
まずは、ここで一人前になろう。

向井 正俊　大阪府
妻の無駄づかいを無駄にしない。

向井 正俊　大阪府
欲がなくなると、人生つまらない。

クレディセゾン

村瀬 駿介 愛知県
朝起きたら、ポイントが増えていた。

森井 康吏 東京都
本番ではできないことも
ワイルドにためそう。

柳沢 久美子 埼玉県
倹約家であり、投資家でもある。

山内 昌憲 東京都
安パイ投資からはじめよう。

山路 晃平 東京都
しつこいようですが部長、何か買ってきましょうか。

山下 祐輝 大阪府
妻が、共和党政権を批判しはじめた。

山下 祐輝 大阪府
ポイントでする運用も、億万長者のする資産運用も、必要なノウハウは同じです。

横山 成香 千葉県
ポイントで、投資家気分。

吉田 竜裕 東京都
投資練習。

吉村 圭悟 東京都
1円も使わないで、投資を始めました。

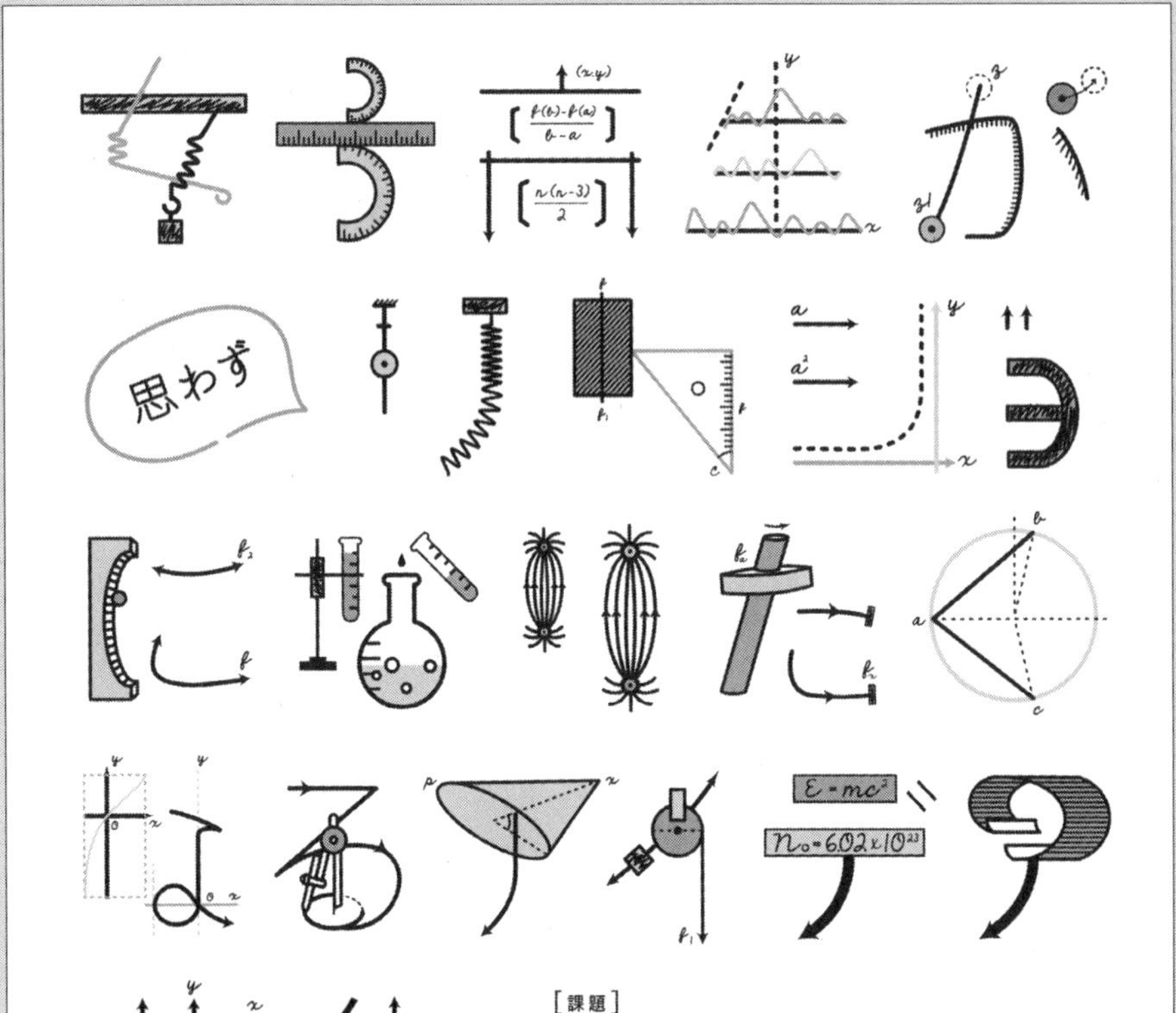

工学院大学

女子高校生が思わず理系を志したくなるようなアイデア

協賛企業賞

日本の科学力はまだ半分眠っている

寺田 連蔵（24歳）東京都

▼協賛企業のコメント

工学院大学
総合企画部広報課 課長
佐野 勇一郎さん

このたびは、協賛企業賞の受賞おめでとうございます。工学院大学は「女性の理系進学者が増えて、日本が元気になる」、そんなきっかけとなるアイデアに出会いたいと考え、今回の課題を設定させて頂きました。中でも、このコピーを目にした瞬間、私たちは科学の世界における大きな可能性の広がりを感じました。「女子」というストレートな表現を使うことなく課題に寄り添い、さらに女子高生だけでなく、〝自分は理系が苦手だから文系に進もうかな…〟と考えている若者たちにも、科学への興味を切り拓いてもらえるような素敵な作品であると考え、選ばせて頂きました。数多くの課題の中から工学院大学の課題にご応募頂いた皆さまにお礼を申し上げますとともに、今後のますますのご活躍をお祈り申し上げます。

三次審査通過作品

土屋　憲佑　山梨県

テレビCM

女子高生４人が校庭にいる。そこには布団が。
女子Ａ「風速20ｍだと、０・５７秒後に地上４・１ｍに到達するわ。」
女子Ｂ「その画角なら、被写体とスマホの距離は約８・３ｍね。」
女子Ｃ「でも今回は羽根布団だから、ダウン24％、フェザー76％よ？」
女子Ｄ「その比重だと、ニトログリセリン０・４９㎎減らした方がいいわね。」
女子Ａ「よし、この計算で撮ってみよ！」
女子達「お～!!」
手作り爆弾を設置し、その上に布団を置く。
約８・３ｍ離れた場所で自撮り棒を構える女子Ｂ。
女子Ａ「じゃ、いくよ～。せ～の！」
爆弾のボタンを押す女子Ａ。すると爆発で布団が吹っ飛ぶ。
すかさずスマホにピースをし、写真を撮る４人。
Ｃ「布団が吹っ飛んだ。実際にやってみた。」
楽しそうに写真をＳＮＳにアップする女子高生達。
そこへ体育教師が走って来る。
教師「んなこと高校でやんな～!!!」
NA「大学でやろう。集え！ぶっ飛びリケジョ。工学院大学」

二次審査通過作品

内山 花菜 東京都
スキンケアも、化学実験の1種です。

大川 佑介 神奈川県
なんかおかしくない？って思えるなら、向いてると思う。

奥野 晋平 東京都
恋も友情もウソをつくけど、実験結果はウソをつかない。

小室 塁 東京都
何でもできる文系より、それしかできない理系のほうが、世の中的には貴重です。

柏木 克仁 神奈川県
成功するための、失敗がしたい。

坂入 貴行 愛知県
未来のノーベル賞科学者は今、セーラー服を着ているかもしれない。

佐藤 恭子 滋賀県
いま解けない公式は、未来のあなたが解けばいい。

佐藤 潤一郎 千葉県
どう考えてもデジタル社会は理系社会です。

高澤 邦仁 東京都
理系が暮らしを良くすることに、女子は気付いてしまった。

高橋 良介 三重県 テレビCM
シナリオです。
アインシュタインの写真（舌を出してるだけ）に模した女子高生
エジソンの写真に模した女子高生
ガガーリンの写真に模した女子高生
・
たまたま男が見つけただけだ！
歴史上の人物をめざす 工学院大学

富岡 勇貴 静岡県
文系に、逃げるな。

戸谷 早織　東京都
世界を変えるのは革命家か、アーティストか、科学者だ。

中島 大介　大阪府
仮定して、実証して、検証する。なんだインスタと同じじゃん。

堀内 香子　東京都
女性の視点ではなく、あなたの視点を教えてほしい。

松岡 基弘　東京都
文系系よりいい意味で体育会系です。

村瀬 駿介　愛知県
女の子にしかできない、発明がある。

一次審査通過作品

相羽 くるみ　千葉県
時代が私についてこい。

青柳 信吾　奈良県
リケジョが作るフランケンシュタインは、イケメンに違いない。

秋本 龍斗　東京都
理系に見えない！は、誉め言葉。

浅川 遥　東京都
誰かを救うのに必要なのは、気持ちではなく、技術だったりする。

浅野 愛美　埼玉県
花が好きだ、おしゃれが好きだ、ヒキガエルが好きだ。

東妻 航太　大阪府
好奇心の先頭は、「女子」が走っています。

阿部 裕一　埼玉県
集合とか、行列とか、女性の方が得意じゃない。

新井 美和子　埼玉県
メルケル首相は、理系女子。

飯田 祥子　福岡県
発明の美女がいたっていい

猪川 諒祐　兵庫県
体重、カロリー、スリーサイズ、女性の気になることのほとんどは数字です。

石井 雅規　千葉県
まだ世界に無いままでいて。

石井 雅規　千葉県
まだ世界に無いままでいて。私が理系に進むまで。

石井 倫太郎　神奈川県
言葉が通じなくても、数は通じる。

石関 恵子　神奈川県
花より分子。

石附 夕希子　東京都
ぼくのママはね、ハンバーグだってロケットだって作れるよ！

工学院大学

井関 麻子　熊本県
マンモグラフィーが痛いのは、オッサンが考えたからだと思う。

伊藤 史宏　愛知県
なんかこのカーナビ、スイーツ店の案内多いな。

伊東 正嘉　東京都
女性エンジニアが増えれば、戦闘機は減ると思う。

入江 まゆと　宮城県
つい彼を「ヘリウム」と呼んでしまう…。

岩井 純平　東京都
これからの時代は家を守る女性より、家を造る女性が必要だ。

岩井 純平　東京都
理系は文系を兼ねる

岩倉 義則　北海道
恋とか、AIとか、知りたい。

岩﨑 あかね　千葉県
ふつうの子が美人になれる大学です。

内山 花菜　東京都
大人は教えてくれない。婚活は、大学から始まる。

大川 佑介　神奈川県
かわいいやつなんかに、絶対負けない。

大木 洵人　東京都
数式は英語以上にグローバル

大谷 全彦　大阪府
子供を産む人間は、核兵器なんか産まない。

大野 聡馬　東京都
フッ素より軽い女になんて、なりたくない。

大野 眞子　愛知県
友達はこの夏英検をとった。わたしはこの夏特許とった。

大野 友輔　兵庫県
理系は文系になれる。

大村 尚也　大阪府
化粧品、男に任せていて、いいの?

岡崎 翼　東京都
サラダを取り分けるのが〝女子力〟と呼ばれる時代は、もう終わる。本当に戦える、女子力をつけよう。工学院大学

緒方 雄樹　東京都
白衣には、美白効果がある。

荻野 祐介　東京都
なんだ、私がつくればいいんだ。

長田 直　埼玉県
実験と料理は少し似ている。

織田 朋奈　東京都
これからの女に必要なのは、「媚びる。」よりも「スキル。」

小野 美咲　北海道
女の子は、いつか可愛いを奪われる。

桂田 圭子　滋賀県
女子は、計算が得意。

加藤 亜紗実　愛知県
初めてノーベル賞を二度受賞した科学者は、女性だった。

金沢 政史　奈良県
女子のノリが足りません。

狩野 慶太　東京都
微生物にくわしくなると、きっと今よりキレイな肌になる。

河合 紀子　岐阜県
「カワイイ」の旬は短い。

川越 弘子　東京都
私が理系を選んだのは、女子が少なくて、チヤホヤされたいからではない。

川村 真悟　福岡県
女子を武器にしない。

河村 龍磨　東京都　テレビCM
朝礼。一列になりながら前後のクラスメイトと談笑する女子高生たち。先生「前へ」談笑をやめる女子高生たち。先生「倣え」思い思いの方向へ向かって腰に手を当てた先

工学院大学

頭のポーズをとる生徒たち。
S：前へ倣うな、先頭に立て。
NA：リケジョになって何つくろう。
工学院大学のロゴ。

神田 真希 愛知県 テレビCM

（研究室の風景。コミカルなBGM。）
男性研究員A「私の研究室では、日々言い争いが絶えない。
皆のこだわりが強すぎて、
中々1つの意見にまとまらないのだ。」
（研究員達が、「君の意見には賛同できない」、「なんでそんな結果が出るのだ」と、論文を撒き散らしたりオーバーなリアクションを取っている。）
男性研究員A「だがしかし…」
男性研究員B「最近、煮詰まってばっかりだよなあ。」
男性研究員C「こう、最近の女子高校生みたいな突拍子もない発想力とかあれば、最高なんですけどね。」
全ての男性研究員「それは間違いない。」
男性研究員A「この発言には、まさかの全員一致であった。」
（このセリフの時だけ、BGMをなくす。）
NA「女子高校生、求めています。工学院大学。」

菊池 将司 北海道

「ぷりっぷりお肌。」
これもリケジョの仕業です。

久富 綾乃 愛知県

世界には、わたしを待ってる解がある。

久保田 正毅 愛知県

男の武器は、女性の武器になる

黒坂 謙太 京都府

お父さん、理系の大学だと、遊び歩く時間はありませんよ。

小泉 峻介 静岡県

世界で戦うには、武器が必要だ

小泉 直人 東京都

必要なのは、水力、火力、原子力？
いや、女子力なのかもしれない…

河野 稔 東京都

その「ガールズトーク」は、「議論」と呼ばれます。

小島 功至 熊本県

恋の季節に、AIを知る。

小島 功至 熊本県

好き嫌いがいちばん大事。

齋藤 たつなり 東京都 ラジオCM

A「イルミネーション、超キレイ！」
B「見て！あのハート、色が変わるよ！」
C「すごーい！あのプログラム好き！」
A・B「え…？プログラム？」
C「あ…」
NA「女子高生と理系は、意外と相性が良い。
工学院大学」

坂入 貴行 愛知県

「理系なら東京に行かしてやる」と、父は言った。

坂入 貴行 愛知県

女が少ない世界を、男の世界とは言わない。

榊 朋子 福岡県

決めた！私、カレシ造る！

坂本 一樹 神奈川県

恋愛だって研究だ。

佐々木 一之 愛知県

今や女子アナの登竜門です。

颯々野 博 大阪府

工学歴女子。

澤田 修 大阪府

言葉じゃ世界は変えられない。

塩見 勝義 東京都

男1：大学で彼女できたらしいな
男2：まあな
男1：かわいい系？美人系？
男2：うーん、理系
男1：いいなー！
NA：理系女子になろう。
工学院大学

工学院大学

塩見 勝義　東京都
AIに、母性本能はわかるだろうか。

重光 亮　東京都
さあ男子の群れに飛び込んでおいで

柴田 賢一　茨城県
おちんちんの有無で
人生が決まってたまるか。

柴本 純　東京都
女子の行かない大学は、やがて男子も来なくなる。

字引 章　東京都
白衣の戦士。

澁谷 篤　東京都
3・14と聞いてバレンタインデーより円周率が先に思いついた。

下村 和輝　滋賀県
恋愛より、AI。

白澤 寛子　長野県
女子なのにではなく、女子だから

末森 恵生　山口県
アトムを産んだのが女性じゃないなんて。

菅原 爽　山形県
工学院大学は「リケジョ」を育てません。
「研究者」を育てます。

関口 尚将　兵庫県
わたしは右利き
わたしは女性
わたしはB型
わたしは理系
わたしは私

関本 真氣　神奈川県
デバックの数だけ、成長する。

瀬戸 宏範　東京都
発明の母になろう。

祖父江 衣純　愛知県
みんな、科学の子。

高田 雄大朗　東京都
「女男平等」と言わせてやる。

高橋 麻子　東京都
おでこを全開にできる進路を、みつけた。

髙橋 伶　東京都
数学できないから文系。それ、貴女の人生を表す選択。

高山 勇輝　東京都
お父さま、お母さま。
世の中は今、あなたの娘さんが理系に進んでくれることを願っています。

田口 仁美　大阪府
「わかんない」が大好きな学問。

竹ノ内 希衣　神奈川県
理系男子一同、心よりお待ちしております。

竹節 忠広　長野県
「女性初」のチャンスが、山ほどある。

竹節 忠広　長野県
煮物が上手な女性は、
きっと浸透圧も詳しい。

竹節 忠広　長野県
知識はいくら蓄えても、
体重は増えない。

竹巻 裕也　大阪府
お願いですから、理系に来て下さい。
(理系男子一同)

竹巻 裕也　大阪府
理系女子「やったー!女子がきたー!」
理系男子(やったー!女子がきたー!)

竹巻 裕也　大阪府
女の武器は涙じゃなくて、計算高さ。

竹巻 裕也　大阪府
お父さんよりお母さんのほうが、計算高い。

谷口 梨花　東京都
ドアがある。開ける?開けない?

谷口 梨花　東京都
ひよるな、私。

田畑 亮　埼玉県
女は感情の生き物なんて、生物学では出てこない。

田畑 亮　埼玉県
わたしの価値は、わたしが証明する。

カ 工学院大学

田畑 亮　埼玉県
笑って誤魔化す女にはなりたくない。

田原 あすか　京都府
玉の輿になるにも、学歴がいる。

田村 太　大阪府
女性の可能性を狭めているのは、
女子高校生の選択かも知れない。

塚原 加奈子　兵庫県
スマホ命なら、理系でしょ。

土谷 諭　兵庫県
テクノロジーは、女心を求めてる。

都築 弘太郎　東京都
理系女子よ、男子を抱け。

手塚 紗帆　東京都
娘さんを、理系に下さい。

寺嶋 聖津子　京都府
女子が作れば、世界は変わる。

當麻 和香子　埼玉県
私の解

長井 謙　沖縄県
「なんで?」と、
問い詰めるのが得意なのは、
女性だと思う。

中川 幹太　北海道
理系は男性が多い。
ということは??

中切 友太　愛知県
計算高く、生きていく。

中切 友太　愛知県
女のこだわりは、もはや研究。

中野 ゆり　神奈川県
私は口紅のブランドより、成分に詳しい。

中村 天城　東京都
文系が白衣を着たら、コスプレです。

永吉 宏充　神奈川県
キレイも、カワイイも、理系のおかげです。

永吉 宏充　神奈川県
エビデンスのない「好き」に、
騙されなくなる。

並川 隆裕　東京都
可能性を限定していたのは、
私かもしれない。

並川 隆裕　東京都
我慢や妥協での文系選択は、
文系にも失礼です。

西田 亜紀　神奈川県
女性トイレ、常に空いています。

西出 壮宏　東京都
成分表示って、絶対女性の方が見てるはず。

西野 知里　東京都
理系に行きたいだなんて、
この親孝行モンがー!!

西野 知里　東京都
隕石女子、細菌女子、堤防女子。

根本 曜　東京都
いまなら、就活映え。

野田 貴之　大阪府
日本の最新技術には、まだガールズトークが
不足しています。

橋口 賢一郎　愛知県
私の夢は、女子力だけじゃ叶えられない。

畑 創　東京都
失恋したら、
今回の実験は失敗したと立ち直る。

林田 淳　東京都
女のカンを、証明しよう。

林田 淳　東京都
男の限界を、時に女は軽く超える。

原田 正喜　愛知県
周りの子が選ばない道だからこそ、就活では
楽が出来る。

春山 豊　東京都
結婚、出産、子育て。
女の人生は、いつも実験的だ。

潘 孝寧　東京都
次は、「宇宙姉妹」だ。

東 将光　東京都
学会を、女子会にしてください。

工学院大学

飛田 智史　東京都
「可愛すぎる技術者」は、まだいない。

廣本 嶺　東京都
女子向けのアプリをおじさんがつくってどうする。

不野 佐都子　大阪府
今のわたしは何もないけど
いつか技術で世界を変える

枌 真太郎　埼玉県
好奇心の好って女子じゃないか。

枌 真太郎　埼玉県
恋の失敗でも女は強くなる。研究の失敗でもきっと強くなる。

ペロッツィ ミロ　東京都
忖度って何、
理系にそんな言葉無いけど。

ペロッツィ ミロ　東京都
反抗期だった娘が、
科学の前では子供に戻る。

ペロッツィ ミロ　東京都
あ、お肌を微分しないと。

ペロッツィ ミロ　東京都
恋、
計算過程が大切だった。

掃本 健児　福岡県
思い込みって、
間違ってることが多い。

細木 光太郎　神奈川県
自分を性差別しないでよ。

程塚 智隆　神奈川県
就活は文理選択から始まっていました。

堀 正峻　東京都
VRゴーグルを使うと
化粧が崩れて困るとか、
女の子がいたら、
もっと早くに気づけたと思う。

堀内 香子　東京都
大学はあなたの興味を笑わない。

本條 秀樹　大阪府
育児なんて実験だらけ。
リケジョはきっと
人生うまくやる。

松尾 絵里　東京都
男は嘘をつく。
数字は嘘をつかない。

丸山 倫　神奈川県
「メイク変えた？」「ううん。化学勉強した」

水井 歩　東京都
彼女の手料理は発酵から始まる。

水谷 真由子　愛知県
髪の薄くなったおじさんが開発したドライヤーは、なんかイヤだ。

水谷 真由子　愛知県
気の利かない父が開発した家電が、使いやすいはずがない。

見田 英樹　愛知県
親が暮らしやすい社会をつくることが、世界一の親孝行だと思う。

南 忠志　東京都
失敗して笑った。

宮崎 薫　東京都
歴史の教科書が改訂された日、
私は理系に進む決心をした。

宮村 亮大　神奈川県　**テレビCM**
アレクサンダー・グラハム・ベルの写真が映し出され、「電話」というテロップが出る。
アイザック・ニュートンの肖像画が映し出され、「万有引力」というテロップが出る。
同様に、「飛行機」というテロップとライト兄弟の写真、
「コンピュータ」というテロップとチャールズ・バベッジの写真、
「相対性理論」というテロップとアルバート・アインシュタインの写真が映される。
最後に、真剣な表情で正面を見る女子高校生の顔が映される。
NA（女子高校生）：次は、わたしだ。
工学院大学。

宮本 樹　東京都
ナプキンの開発者は女子であって欲しい。

宮本 俊史 東京都
ワタシは宇宙に行ってあなたの手の届かない女になるわ。
三和 秀平 茨城県
モノをつくるなんて，カワイイをつくるより簡単だ
向井 正俊 大阪府
「できない」は、する理由です。
森 裕治 東京都
私は計算高い女。
森 善彦 兵庫県
USAよりUSB。
矢﨑 剛史 東京都
「好き」は、「女子」より強い。
柳谷 和憲 東京都
高1になったら考えよう。
インスタ映えより、経歴映え。

矢野 笑子 兵庫県 ラジオCM
「日本を元気に」篇（60s）

NA「リケジョ。
少し前から、理系を学ぶ女性は、こんな名前で呼ばれるようになりました。
理系を学ぶ女性が増えれば、今までにない視点で新しいサービスが生まれる。
新しい製品が生まれる。
日本がもっと元気になる。
って、ずいぶん勝手な言い草ですよね。
高校生の皆さん。
そんなこと、考えなくていいんです。
大人の言い分は、無視してください。
あなたは、
あなたが学びたいもののために、
あなたが叶えたい夢のために、
あなた自身の好奇心のためだけに、
理系を選んでください。
そのために、大学があるのだから。
私たちは、あなたの選んだ道を、心から応援しています。
理系科目を学ぶなら、工学院大学。」

矢野 笑子 兵庫県
「女子は理系が苦手」
それ、ソースは？
矢野 康博 東京都
カワイイは、化学だ。
山口 泰尚 京都府
可愛い子には、研究をさせよ。
山下 祐輝 大阪府
自分に起こす化学変化。
山田 香織 北海道
私を表現できるのは、ファッションだけじゃない
山本 朝子 東京都
遺伝子を研究している妻に選ばれた僕。
山本 朝子 東京都
女性が世話した方が、マウスが元気に育つという現実。
山本 朝子 東京都
世の中には科学で説明できないことがたくさんあることを証明したいのです。
湯口 崇之 静岡県
女子工生になろう。
吉村 圭悟 東京都
料理は、食材をつかった化学実験だと思う。
吉村 圭悟 東京都
0・01㎜って、男性側の意見じゃない？
吉村 圭悟 東京都
合コンよりも病院のほうが、お医者さんによく出会えると思う。
渡辺 香志 京都府
文系「元気出して、男なんか星の数ほどいるんだから」
私「うん…。」
理系「元気出して、男なんか星の数ほどいるんだから」
私「そうだよね！なんか元気出た!!」
信ぴょう性が桁違い。

渡邉光　東京都
レシピよりＮａＣｌが１００ｇ多い！だから
ママの料理はおいしいのか！

渡邊侑資　岐阜県
おっぱいだらけのスマホゲームを、この世か
ら変えてください。

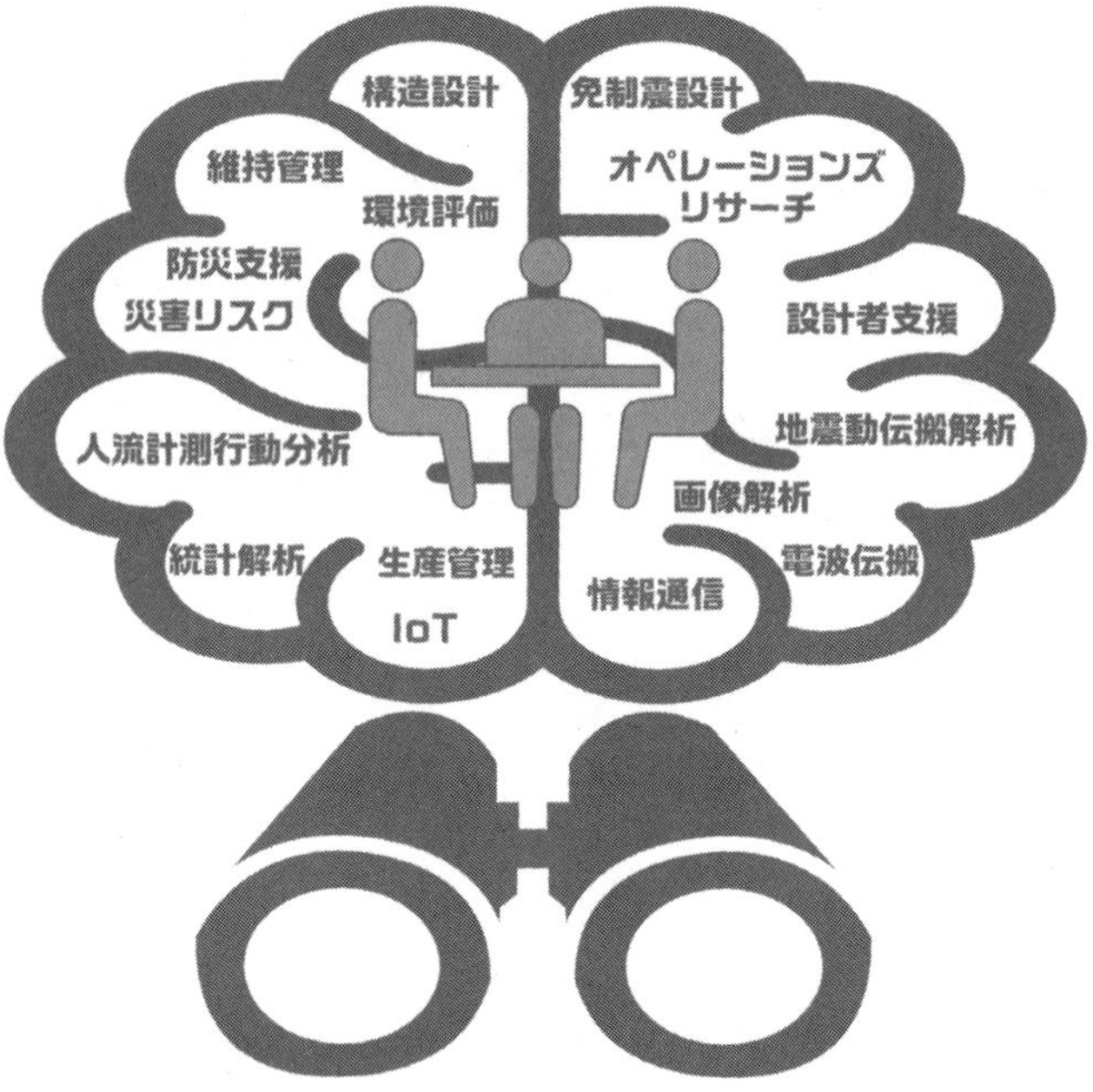

社員さえ説明するのが難しい
構造計画研究所。

当社は多岐にわたる工学の知識と経験で、研究機関と実業界とをブリッジするデザイン&エンジニアリング企業です。が、社名から受ける印象で、お客さまに特定の業務しか想像してもらえません・・・。工学の力で影ながら社会を支えている当社の魅力を、みなさまのアイデアで簡素にうまく表現してください。

課題 わかりにくい当社を「なんだか、面白そう！」と興味を持ってもらえるアイデア

ジャンル 自由

参考資料 当社サイト：https://www.kke.co.jp/

構造計画研究所
KOZO KEIKAKU ENGINEERING Inc.

構造計画研究所

構造計画研究所を「なんだか、面白そう!」と興味を持ってもらえるアイデア

協賛企業賞

未来を描く。使うは工学。

髙橋 伶（20歳）東京都

▼協賛企業のコメント

構造計画研究所
広報・海外支援室 室長代理
川村榮子さん

髙橋様、このたびは当社のキャッチフレーズにご応募下さいましてありがとうございます。初めての協賛ながら、髙橋様をはじめ多くの皆様に作品をご応募いただき、関係者一同感激至極です。ご応募いただいたキャッチフレーズは、〝シミュレーションやデータ分析などの「工学」という道具で賢慮ある未来を創り出していきたい〟という当社の想いを端的に表現いただいており、親しみやすく覚えやすいフレーズです。今後、ホームページやカタログなどに活用させていただきたいと思います。企業賞を選定するにあたり、社内で実施したアンケートでも、本キャッチフレーズに多くの所員（当社では社員のことを所員と呼んでいます）が投票し、見事1位の座を獲得されました。受賞を心からお祝い申し上げます。今後、益々のご活躍をご期待申し上げます。

三次審査通過作品

岩田 航一 東京都

万が一。を何万回でも考えます。

土屋 憲佑 山梨県 テレビCM

『この橋を渡ってはいけません』と書かれた橋がある。
そこを堂々と渡ろうとする一休さん。
男性「この橋を渡ってはいけません。」
一休「ははは、大丈夫！」
すると橋が崩壊し、橋もろとも落ちる一休さん。
C「ちゃんと聞かないと、とんちも効かない。」
NA「人、建物、自然など、あらゆる物に耳を傾け、工学で支える。」
ロゴ「構造計画研究所」

二次審査通過作品

上田 悠馬 大阪府

「勉強って何に役立つの？」の答えがようやくわかる。

上田 悠馬 大阪府

「何してるの？」説明してたら合コンが終わった。

川地 廣和 大阪府
神のみぞ知る、を知る。

北浦 俊 千葉県
「どんなやつか」一言で言えるやつは、だいたいつまらない。

三上 智広 北海道
未来鑑定団。

一次審査通過作品

安達 岳 東京都
日本の工学部。

安達 岳 東京都
構造がわかれば、幽霊だって怖くない。

飯塚 逸人 東京都
机上の実論。

庵 貴政 群馬県
100年先の「ありがとう」も聞きたくて。

石井 雅規 千葉県
その問題に、工学が効く。

石田 明大 石川県
一般人は、たまたまと思った。
私たちは、ありえると思った。

岩﨑 あかね 千葉県
安心は設計できます。

上田 悠馬 大阪府
「説明しやすい」が、
美徳と思うな。

上田 悠馬 大阪府
建物、自然、あなたの気持ち
どこにでも構造はある。

魚原 健吾 東京都
舞台裏には、舞台よりドラマがある。

大川 将平 千葉県
社会のレントゲン。

小笠原 清訓 青森県
「昔はよかった」だなんて、日本人だから言える贅沢だ。

奥谷 和樹 大阪府
リスクは、資産だと思う。

奥谷 和樹 大阪府
だんご結びだと、がぜん燃える。

貝渕 充良 大阪府
想定外を想定する。

粕谷 紀子 東京都
構造計画研究所。
それは安全と進化をつくりだす研究所。

桂田 圭子 滋賀県
おもに、練るのが仕事。

川田 卓人 東京都
あらゆる現象を、「想定内」に。

小島 功至 熊本県
私たちの仕事場は、
「もしも」の先の未来です。

酒井 美百樹 東京都
「もしも」をいつも科学する。

酒井 美百樹 東京都
あなたの、
「転ばぬ先の知恵」になりたい。

構造計画研究所

島田 寛昭 東京都
たとえば、台風に負けないまちを作る。

菅原 愛乃 千葉県
私たちは、幸せの構造を研究しています。

高橋 洋光 佐賀県
「想定外」を限りなくゼロにしたい。

髙橋 伶 東京都
ネイマールより、シミュレーション得意です。

竹節 忠広 長野県
社会をつくる会社。

寺門 眞一 兵庫県
弱みは強さのヒントである。

長井 謙 沖縄県
カタカナや英語で、
かっこつけない社名の、
安心感。

長井 謙 沖縄県
地震は、小さくできない。
被害は、小さくできる。

永井 良征 神奈川県
問題を分解して大丈夫を組み立てる

那須 佑樹 秋田県
学者と企業のキューピット

橋口 賢一郎 愛知県
無事をつくる会社。

羽渕 敏伸 東京都
株式会社 工学部です。

速水 伸夫 東京都
未来への補助線

原田 正喜 愛知県
理系大学生の、秋元康になりたい。

福井 英明 大阪府
シミュレーションがなければ、イノベーションは生まれない。

福島 滉大 埼玉県
未来を予測する仕事です。

福島 慎一 東京都
未来を運命に任せてはいけない。

福島 慎一 東京都
未来を計る会社です。

藤原 涼雅 京都府
人を守るデザイン

船橋 翔一 三重県
もしも家が豆腐で出来ていたら。

船橋 翔一 三重県
火を吐くドラゴンの内部構造を考えてみた。

船橋 翔一 三重県
もしも東京タワーが水あめで出来ていたら。

古川 直 大阪府
地震は防げないけど、倒壊なら防げる。

細川 俊 愛知県
社会の難問、大歓迎です。

本條 秀樹 大阪府
たてものと
いきものに
最適解を。

本田 直之 埼玉県
努力に勝る、天災なし。

松實 良知 東京都
ハザードマップ作ったの、
ウチです。

丸山 健太 神奈川県
ニッポンに耳打ちする企業

三上 智広 北海道
知の商社。

見田 英樹 愛知県
暮らしやすいは、わかりにくい。

見田 英樹 愛知県
ご都合主義の「ご都合」を日々進化させる。

宮﨑 薫 兵庫県
計算高い会社です。

宮地 克徳 群馬県
異次元でお会いしましょう。

向井 正俊 大阪府
「できない」の正体は、「知らない」です。

構造計画研究所

森下 紘行 東京都
尖っているから、すごく一部の人には刺さります。

森田 徳彦 埼玉県
世の中の、輪郭を書く仕事。

谷口 清満 神奈川県
いつでも、その夢は設計図に変えられる

山﨑 一矢 東京都
想定内を作る会社

山下 祐輝 大阪府
「悩み」は1つの言葉だが、悩みの構造は1つ1つ違う。

さくらインターネット

さくらのレンタルサーバを多くの人に幅広く使ってもらうアイデア

協賛企業賞

齋藤 一輝（26歳）埼玉県

挑戦には、安心感が必要だ

▼協賛企業のコメント

さくらインターネット 技術本部
ミドルウェアグループ
レンタルサーバチーム
シニアプロデューサー
堀本 照さん

協賛企業賞 受賞、誠におめでとうございます。この度は、当社さくらインターネットのテーマ「さくらのレンタルサーバを多くの人に幅広く使ってもらうアイデア」に応募いただき、ありがとうございました。今回、ご選考に至った理由といたしましては、ご応募いただいた作品が具体的なキャッチフレーズターゲットの想定から当社レンタルサーバサービスの課題の推察、それに基づいたターゲットのインサイトを考え、ひとつのストーリーをもって考えられたキャッチフレーズで意図が伝わりやすく、訴求点も当社が考えるものと一致していたことが挙げられます。また当社の理念やレンタルサーバというサービスを通してお客さまの「挑戦」について〈挑戦者であるお客さまの背中を押す、有用なパートナーである〉というコンセプトをご設定いただき、コンセプトにつながる要素として「安心感」というフレーズの中で、さくらのレンタルサーバサービスの特徴である、老舗・安定といったイメージもご考慮いただいた事も理由のひとつです。以上を含み総合した判断の結果、本作品を選考させていただきました。

長井 謙 沖縄県 ラジオCM

男「本日は、会社説明会にご参加ありがとうございます。当社の事業については…、ホームページをご覧ください。当社の企業理念については…、ホームページをご覧ください。最後に、これだけは言いたい、当社の今後のビジョンについてですが…、やはり、ホームページをご覧ください」

NA「見せたくなる、独自のホームページを作るなら。さくらのレンタルサーバ」

間宮 結以 東京都

「サーバー　おかしい　なぜ」検索、の前に、お電話ください。

南 忠志 東京都

サイトが遅いと、仕事も遅いと思われる。

向井 正俊 大阪府 テレビCM

ローテーション形式のお見合いパーティーに参加している男性。
自己紹介が途中で終わってしまう。
男性：続きはＷＥＢで。

NA（男性）：俺には続きがある。
NA：さくらのレンタルサーバでホームページを持とう。
さくらインターネット

二次審査通過作品

阿部 広之　北海道
必要なモノは全て用意しました。やりたいコトはなんですか？

河野 智己　東京都
どんな有名アフィリエイターにも、最初の一歩があった。

崎山 すなお　東京都
どのサーバを選べばいいか分からない。という方に選ばれています。

島崎 純　長野県
月額１２９円で、起業した。

張 家昀　神奈川県
ＩＴに詳しい人だけが、ブロガーになれる時代は、とっくの昔に終わっています。

土田 聖真　山形県
ＳＮＳだと「独り言」でも、公式ページなら「発表」になる。

長井 謙　沖縄県
無料のＨＰは、素人感が隠せない。

中田 国広　埼玉県
ネットの一等地は借りるに限る。

中村 れみ　東京都
授業では、サイトの作り方を教えてくれても、サーバの選び方は教えてくれない。

野村 一世　大阪府
サーバーとか、よくわからない人のためのレンタルサーバーです。

飛田 哲志　愛知県

さくらは、1年生にやさしい。

松田 綾乃　東京都

通信速度を見直すという、働き方改革。

一次審査通過作品

朝倉 尚哉　兵庫県
いい思い出と共に、返してください。

阿部 広之　北海道
缶コーヒーの方が高くなりました。

飯田 羊　東京都
ホームページのURLだけで二流だと思われる。

石神 慎吾　長野県
月129円。人生でいちばん安いレンタルかもしれない。

石樽 康伸　愛知県
借りるが花。

小笠原 清訓　青森県
先月買ったサーバが骨董品扱いされた。

小笠原 清訓　青森県
アイデアに、全力だそう。

岡村 康平　石川県
貸す。咲かす。

貝渕 充良　大阪府
息子が、小遣いで借りてる。

片岡 佳史　神奈川県
広告がうざい。あなたのブログの印象です。

加藤 晃浩　東京都
缶ジュース1本の値段で、缶ジュース工場のホームページを公開した。

川村 真悟　福岡県
「起業したらいい。」って簡単にいうよ。

川村 真悟　福岡県
できる理由しかない。

川村 真悟　福岡県
開設日が、開花日

河本 拓也　東京都
HPの速度が遅い。つまり、ユーザの離脱が速い。

河本 拓也　東京都
缶コーヒー1本で、14年分の信頼が買える。

久間 正宗　神奈川県
どう作るかで悩みたくない、どう表現するかで悩みたい。

黒坂 謙太　京都府
「いつかやろう」を、今やるために。

柴田 賢一　茨城県
最初に覚えてずっと使えるひらがなのようなサーバです。

柴田 賢一　茨城県
1日4円はほぼタダだ。

柴田 賢一　茨城県
無料のサーバよりコスパがいい。

庄司 勝昭　東京都
経費がかかる、は理由にならない。

杉山 聡　静岡県
自由は、案外安かった。

高橋 誠一　広島県
花もネットも見ているだけじゃつまらない。

田中 恵美子　東京都
見えないところは、お安く。

張 愛莉　京都府
www.konnaninagaiURLga_sukinahitohaimasen.com

さくらインターネット

寺門 眞一　兵庫県
面倒も1つのリスクだ。

寺門 芳郎　大阪府
年中見ごろの「さくら」です。

長井 謙　沖縄県
PV数が、満開だ。

中田 国広　埼玉県
今日は初めてのお泊り。会社に。システムが、お止まりだから。

中平 真之祐　東京都
ストレス発散で始めたブログで、ストレスを溜めている。

那須 佑樹　秋田県
チャンス、貸出中。

野村 一世　大阪府
月額129円。牛丼にすら例えられない。

林 秀和　東京都
スピード感のある演出の、表示速度が遅すぎる。

林 秀和　東京都
さっきから、商談相手に御社御社と言われている。個人なのにね。

林田 淳　東京都
参考書を買うより、安く深く学べます。

船越 一郎　東京都
SNSよりこだわりたいけど、SNSみたいに手軽にやりたい。

船越 一郎　東京都
どうしよう。会社のWEBサイト担当になってしまった。

船橋 翔一　三重県
良いコンテンツなのに、人が離れていくのはなぜだろう。

古家 信義　千葉県
このさくらは散りません

星合 摩美　東京都
なんか怪しいの「なんか」は、ドメインだったりする。

細木 光太郎　神奈川県
アフィリエイトで稼ぐ予定が、サーバ代で損をした。

堀江 成禎　京都府
猫ブログにペット葬儀の広告が表示された。

三浦 秀雄　秋田県
借り安い！

溝口 昌治　神奈川県
速さも、ビジネスの質です。

溝口 昌治　神奈川県
ホームページの通信速度やデザインも、会社にとって営業ツールだと思う。

見田 英樹　愛知県
缶コーヒー片手に見てるそのサイト、缶コーヒーと同じ値段で運営してます。

宮﨑 薫　兵庫県
有名人でなくてもひとりメディアになれる。

宮田 義治　東京都
過保護なまでに、守ります。

宮村 亮大　神奈川県
最低限から、最先端まで。

向井 正俊　大阪府
公開、後を絶たず。

矢﨑 剛史　東京都
その信頼は、震度7で実証済みです。

山口 桂　福岡県
パソコン音痴の嫁がブログで収入?!

山下 祐輝　大阪府
サービスが十分咲き。

山本 朝子　東京都
わが社の広報代は、毎月ワンコイン。

山本 真梨子　石川県
法人で使える安定感。個人で使える価格感。

渡邉 香織　三重県
HPをつくりたいという夢を1度断念した人へ。

渡邉 香織　三重県
妻にジャマにされた趣味が、世界中で称賛されている。

課題

収納の少ない部屋に住んでいて、新しいもの・ことに敏感な20〜30代にスマホ収納「サマリーポケット」を"実際につかってもらえる"ような広告アイデア

ジャンル

自由（キャッチフレーズ・テレビCM・ラジオCM）

参考資料

サマリーポケット　検索

特設ページ： https://spkt.jp/senden

サマリーポケット

サマリー

新しいもの・ことに敏感な20〜30代にスマホ収納
「サマリーポケット」を"実際に使ってもらえる"ようなアイデア

協賛企業賞

クリスマスツリーは364日、場所を取る。

大城 翔平（27歳）沖縄県

▼協賛企業のコメント

サマリー
Founder＆CEO
山本憲資さん

いま、都心を中心に、物件の狭小住宅化と家賃高騰が進んでおり、改めて「家の役割」が問われています。最近は〝アドレスホッパー〟と呼ばれる、家を持たないライフスタイルにも注目が集まっているようです。「人にとっての家」の必要性が見直されている中、このコピーは「モノにとっての家（収納スペース）」は必要か?と問いかけてくるようで、ハッとさせられる作品でした。ただ「場所をとる」というと冷淡に聞こえるようですが「1年のうち1日だけは必要」といった余白があり、今は使わないモノでも輝く日が来るんだという隠れたポジティブなメッセージも感じ取れます。また「思い出の品」といった抽象的な表現に留まらず、季節を限定する「クリスマスツリー」一つだけにあえて絞ったことで、サマリーポケットに預けるモノの性質を端的に伝えるコピーになっており、その取捨選択の勇気を感じました。サマリーポケットはただのお預かりサービスでなく、モノとの付き合い方や暮らし方に新たな視点を提示できるサービスであることにも気づかされます。この度は、愛が溢れる素晴らしい作品のご応募、ありがとうございました。

三次審査通過作品

成田 斐 大阪府
どっかにやってしまいたい大切なもの。

早瀬 孝嘉 富山県
スマホは部屋もスマートにする

松本 透 東京都
四季って、けっこうめんどくさい。

三上 智広 北海道
今40代の俺が言う。
それ、捨てたら後悔するぞ。

向井 正俊 大阪府
妻を説得するまで、そこで待ってるんだぞ！

向井 正俊 大阪府
誰にでも、トイ・ストーリーがある。

二次審査通過作品

青野 高広 福岡県
荷物は時に、お荷物になる。

大澤 希美恵 東京都
収納2.0

貝渕 充良 大阪府
スマホは私の部屋より広い。

片岡 佳史 神奈川県
春。ダウンジャケットをポケットに入れた。

木俣 莉子 東京都
スマホを開けても、なだれは起きない。

口羽 雄太 京都府
今年の浴衣は、３６４日間、邪魔だった。

角出 弘司 神奈川県
読んだ本の数だけ世界は広がるが、部屋は狭くなる。

関口 智也 愛知県
部屋が狭いなら、別居しよう。

福島 滉大 埼玉県
満員電車の中で、衣替えの準備をした。

松村 遼平 京都府
黒歴史だって、思い出だ。

一次審査通過作品

赤穂 伊吹 大阪府
捨てなくても、断捨離。

明田 直哉 千葉県
手放さない片付け方

阿部 まなみ 東京都
ダンボール箱ですが、宝箱としてお預かりしています。

阿部 裕一 埼玉県
絶対捨てられないけど、絶対使わないモノがある。

飯田 祥子 福岡県
ハロウィンは年に一度だ

石神 慎吾 長野県
私の家賃は7万250円です。

石神 慎吾 長野県
モノの家賃は安くていいはずだ。

石神 慎吾 長野県
実家は物置ではない。

石倉 大介 埼玉県
転勤が多いので、引っ越し代がかなり浮きました。

石本 明子 沖縄県
思い出は、場所を取る。

石本 明子 沖縄県
痩せたら着られる服ばかり。

一法師 智恵子 東京都
クリスマスツリーは次のクリスマスまで絶対に使わない。

一法師 智恵子 東京都
サンタクロースの衣装、子供たちに見つかるわけにはいかない。

井手 宏彰 福岡県
大事なものは、意外と邪魔だ。

伊禮 大地 沖縄県
グランプリを獲る前に、SKATが場所を取っていく。

内山 花菜 東京都
夏が来たら、困る。

遠藤 啓太 宮城県
倉庫より、金庫に近いかも。

大井 慎介 静岡県
元カレとの思い出は、キレイさっぱり預けた。

大熊 圭一 埼玉県
荷物とは、ホテルで合流する。

大熊 圭一 埼玉県 ラジオCM
SE：（電話の呼び出し音）
女：はい。
男（ボイスチェンジャー）：お宅の冬物は預かった。温度・湿度管理やセキュリティは徹底してるから安心してくれ。必要があれば、オプションでハンガー保管やクリーニングもしておく。返してほしければ、月250円からだ。
女：じゃ、来年の冬までお願いしまーす。
NA：季節はずれのモノ、預かります。サマリーポケット。

大熊 圭一 埼玉県
最も安全な隠し場所は、家の中にはない。

大澤 希美恵 東京都
モノが多いのは、日本に季節が4つあるから。

大城 翔平 沖縄県
ばれたくないものは、意外と見つかる。

大城 翔平 沖縄県
捨てられないから、手放した。

太田 ひかる 東京都
ぜんぶ捨てるなんて、野蛮じゃない？

大野 忠昭 埼玉県
捨てるかどうかは、未来の私に決めてもらう。

大野 忠昭 埼玉県
彼が転がり込む隙間がない。

サマリー

大野 眞子　愛知県
該当物件数
登録前：７件
登録後：１０３件

大野 友輔　兵庫県
設計士のみなさん。サマリーポケットを提案に入れてください。

岡崎 翼　東京都
家は、物置ではない。

小笠原 清訓　青森県
あの試験に、漫画は毒だ。

小笠原 清訓　青森県
絶対バレない秘密基地。

片岡 佳史　神奈川県
置き場のない荷物は、お荷物です。

勝又 瑞稀　千葉県
物に住まれる私の家。

加藤 晃浩　東京都
いらない荷物だけ、引っ越ししてもらいました。

加藤 晃浩　東京都
家の中で雪崩が起きやすいのは、冬ではなく、春だったりする。

加藤 晃浩　東京都
友人の間で私は、A型ということになっている。

上條 直子　東京都
行かなくていい、トランクルーム。

神谷 亜弥　東京都
奥さんになる人の部屋は、キレイであってほしい。

川口 萌花　埼玉県
彼女できたの？と言われた。

北原 祐樹　新潟県
モノを買えなかったんじゃない。モノを置けなかったんだ。

金 燦　東京都
平成最後の大掃除は、指一本で。

金 燦　東京都
好きな子を玄関で待たせるなんて、もう時代遅れだ。

久保田 正毅　愛知県
安いものを置くのに、倉庫は高すぎる

久保田 正毅　愛知県
好きなものでも、部屋をせまくするなら、きらいです。

久保田 充　愛知県
中学、二箱。
高校、三箱。

久保田 充　愛知県
教科書、捨てなきゃよかった。

熊谷 隆治　長野県
利用料金は、家賃として考えている。

黒岩 唯　宮城県
部屋にある大部分は、要るけど使ってない物です。

肥塚 雅裕　大阪府
着たい服以外の服は、今いらない。

小林 鴻世　東京都
さようなら、１００人乗れる物置。

小林 鴻世　東京都
スマホの中は、わが家より広い。

小林 猛樹　千葉県
母の遺品を整理していたら、子供の頃に描いた僕の絵が出てきた。

小林 猛樹　千葉県
使わないけど、捨てられないモノは、スマホに仕舞おう。

酒井 公太　東京都
押入れに、検索機能をつけよう。

サ

サマリー

榊原 慎吾　愛知県

テレビCM

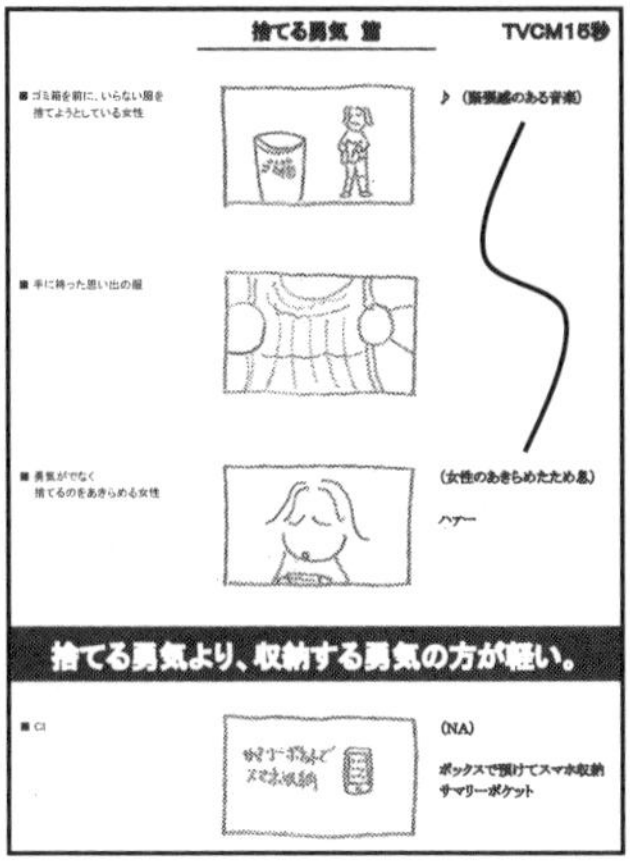

佐々木 暖　東京都
引っ越す必要がなくなった。

指田 貴雅　愛知県
別居することで、
深まる愛もある。

颯々野 博　大阪府
俺の部屋に、俺の居場所が欲しい。

佐藤 なつみ　東京都
このトロフィーも、毎日眺めているわけではない。

志田 結　東京都
母が結婚式で着てくれた着物を、私が着る、
その日まで

清水 秀幸　東京都
3LDKから1LDKに引っ越した。

清水 秀幸　東京都
家が倒れても、壊れない。

清水 秀幸　東京都
握手券目当てだったCDの山だ。

清水 秀幸　東京都
足の踏み場しかない。

清水 秀幸　東京都
預けるときに、要らないものが分かる。

清水 風太　滋賀県
100畳、家賃5万。

須鎌 千晶　東京都
実家のおしいれ、まるごと上京。

清田 芳孝　東京都
いる、いらない、いる、いらない、いる。あずける。

瀬戸 宏範　東京都
狭いから引っ越すなんてもったいない。

高澤 邦仁　東京都
私の青春は、二箱でした。

高澤 邦仁　東京都
10年ぶりに、壁が現れた。

高橋 洋光　佐賀県
別れるかどうかは、離れてみて決める。

瀧 智之　神奈川県
邪魔なくらい大切な思い出がある。

瀧 智之　神奈川県
元カレたちを、あずけた。

瀧 智之　神奈川県
やばい。彼女に、オタクがばれてしまう。

竹内 忍　千葉県
手元にないけど、手のひらにある。

竹節 忠広　長野県
家族が避難できても、
荷物は避難できない。

竹本 真由美　神奈川県
わたしは、捨てられない女。

田實 晶　兵庫県
家の中なのに、よく行方不明になる。

田中 恵美子　東京都
23区をあきらめない。

谷 明展　北海道
お持ち帰り？その部屋で？

谷 明展　北海道
引っ越す前に知りたかった。

遠山 杏実　東京都
捨てられない思い出、250円で保管します

永井 絢　神奈川県
収納ラックを買うより安い

長井 謙　沖縄県
ダイエットするまで、
この服は預けておこう。

中川 ちほり 大阪府
「微妙に使いそう」を預けよう

中澤 翔 大阪府
子供が生まれた。俺の荷物が消えていた。

中田 国広 埼玉県
5冊選べ、他のマンガは全部捨てる、と父が言った。
死刑って、こう宣告されるんだと思った。

中辻 裕己 東京都
家が全焼した。
思い出の品は全て無事だった。

中野 森 東京都
体型が戻ったら、戻っておいで!

中野 満莉菜 愛知県
元カレの数だけ箱をわけました。

中平 真之祐 東京都
スニーカーは、箱が命。

中村 匡 大阪府
収納が多い部屋はだいたいダサい。

成田 斐 大阪府
私より私の物が私の部屋を占めている。

西﨑 綾花 愛知県
思い出はかさばる。

仁科 里英 北海道
捨てなくても部屋が片付くアプリ

仁科 里英 北海道
ダンナに言えないブランドシューズ、次の勝負が来るまでクリーニングして待ってます。

仁科 里英 北海道
1畳、だいたい月々2,000円から。

西野 知里 東京都
広い部屋とは、
空きスペースの多い部屋のことだった。

根本 曜 東京都
どの物件も、収納が充実した物件にできる。

野本 瑛美 千葉県
いるんだよ。いるんだけど、いらないんだよ。

橋口 賢一郎 愛知県
夏物は、ポケットで冬眠中。

橋本 寿弥 愛知県
収納が、あなたの荷物に合わせて、大きくなる。

早坂 渡 東京都
モノにとっても良い暮らし。

林 秀和 東京都
拝啓 こちらはとっても快適です。荷物より。敬具

林 秀和 東京都
狭かったのは、部屋じゃなくて考え方だった。

春山 豊 東京都
荷物に家賃を払うのですか?

東 将光 東京都
引き出しが、引き出せない。

平澤 巧 東京都
フリマに売るほど安い思い出じゃない

平野 あゆみ 神奈川県
この国は、土地は高いが、倉庫は安い。

廣本 嶺 東京都
いらないものはゴミ箱に。必要なものはスマホに。

福島 慎一 東京都
思い出は一覧にできる。

藤田 卓也 東京都
お金は、
あんな気軽に預けてるじゃないですか。

藤田 雅和 香川県
いらないけど、いるんだ。

藤田 雅和 香川県
思い出は、毎日いっしょに居なくてよい。

藤原 美幸 東京都
引っ越さずに
広い部屋に住む方法

古田 雄大 熊本県
来客を断りすぎて、友達が減った。

本田 直之 埼玉県
捨てるか残すか迷ったら、預けてみる。

本田 直之　埼玉県
捨てられない悩みが、やっと捨てられる。

前地 志保　大阪府
流行は繰り返される。

松尾 栄二郎　東京都
保管というより、保護してもらってる感じ。

松尾 健介　大阪府
本棚に、
二重に本を直さなくていい。

松下 陽祐　愛知県
このカボチャ、ハロウィン以外は絶対着ない。

松田 尚樹　奈良県
必要な時だけ出てきてほしい。

松本 亮　長崎県
うちのタンスが、メガからギガに。

丸川 祐　東京都
1LDKS。

丸川 祐　東京都
大切にしまっておいたせいでカビ生えた。

三上 智広　北海道
衣替えを、発掘にしない。

溝口 昌治　神奈川県
「押し入れにあるはず」の、「はず」をなくす。

溝口 昌治　神奈川県
人生には、捨てられないが、
フタをしておくべきものがある。

南 忠志　東京都
月額250円の部屋を借りた。

宮坂 穣　神奈川県
あなたのスマホは、収納付いてますか？

宮村 亮大　神奈川県
自分のモノなのに、届くとワクワクする。

向井 正俊　大阪府
荷物だけ引っ越した。

向井 正俊　大阪府
実家からきた母が立って寝た。

向井 正俊　大阪府
床が抜ける夢を見た。

向井 正俊　大阪府
掃除をするスペースがない。

向井 正俊　大阪府
黒歴史は、寝かすと面白くなる。

向井 正俊　大阪府
お部屋デート中に、雪崩に巻き込まれた。

諸熊 純平　福岡県
汚部屋にお呼ばれできない。

柳沢 久美子　埼玉県
片付けられないのではなく、
片付ける場所がないのだと思う。

矢野 史也　愛知県
私が借りてる、
もう1つの格安物件。

山内 昌憲　東京都
荷物の置き場にも、家賃を払っています。

山崎 舞　北海道
使わない物にも、場所を使う。

山崎 舞　北海道
家に置くのは狭い。実家に置くのは怖い。

山本 朝子　東京都　ラジオCM
息子「あ、おふくろから動画メッセージだ。」
母親「圭太、母さん、新しいビジネスを始めたの。あなたが実家に残したものは、これから1箱300円で保管してあげます。中身は全部写真に撮ってあげるから大丈夫。1点目は『巨乳ロリータ…』」
息子「おい、もうやめろ！」
NA：実家を倉庫代わりにしていると、こんなビジネスされちゃいます。大切な品は「サマリーポケット」にお任せ下さい。

湯浅 翔　埼玉県
全掃除ロボットが喜んだ。

吉田 竜裕　東京都
「もう捨てるからね」といって母はずっと取っておいてくれた。

吉村 圭悟　東京都
引っ越すの？
うん、荷物だけ。

必要なものがありすぎて、不必要なものまで
買ってしまう。

渡邊 侑資 岐阜県

求む！
沢井製薬への
処方せん

年配の患者さんからは『高橋英樹さん』や『ジェネリック医薬品』というイメージで知られている沢井製薬。

実は、年間約 100 億錠と日本で一番多くの医薬品を販売しています。さまざまな患者さんに沢井製薬のお薬を服用していただいていますが、まだ若い方々には沢井製薬のことが知られていません。

沢井製薬の名前や事業を知らない若い方々に対して、
名前や事業を知ってもらえるような企業広告を募集します。

「あなたや若い方々が持っているであろう現在の当社への印象」を添えて、このように変えられるという企業広告の狙いもご記載ください。

テレビ、ラジオ、SNS など、さまざまな媒体を想定したアイデアを募集します。

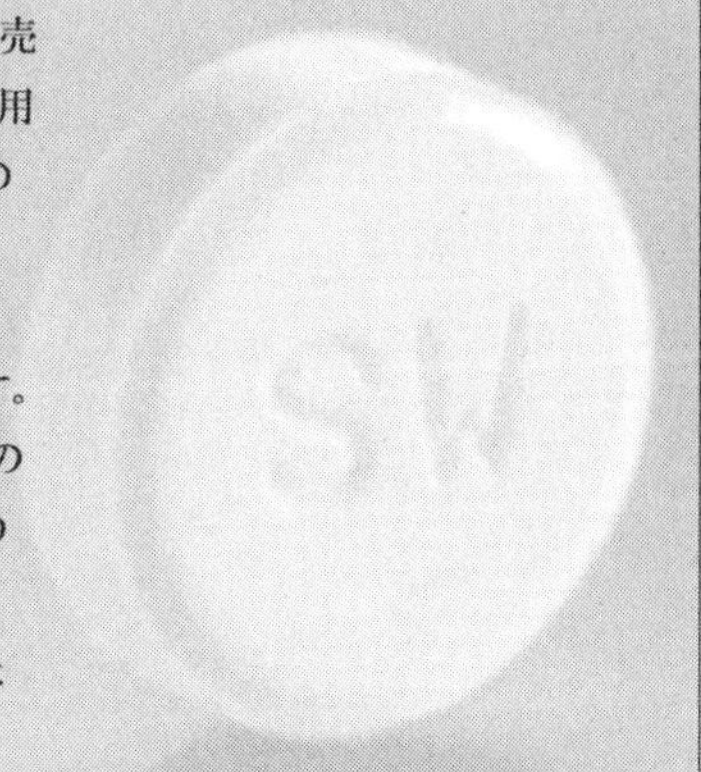

［課　題］沢井製薬を知らない若年層に対しての企業広告
［ジャンル］自由（キャッチフレーズ、テレビ CM、ラジオ CM）

なによりも患者さんのために
沢井製薬

沢井製薬

沢井製薬を知らない若年層に対しての企業広告

協賛企業賞

あっ、私、飲んでた。

上條 直子（36歳）東京都

▼協賛企業のコメント

沢井製薬
戦略企画部 広報・IRグループ
雨宮隆太さん

上條直子さま、この度は協賛企業賞の受賞おめでとうございます。多くの企業の中から沢井製薬の課題にご応募いただきありがとうございました。今回、宣伝会議賞への協賛は初の試みでしたが、多くの作品をいただき広報・IRグループメンバー一同、大変嬉しく感じました。応募作品は、沢井製薬やジェネリック医薬品についてお調べいただいた内容やイメージをそれぞれの視点で表現されており、私どもも多くの気づきを得ることができました。さて、今回は当社が実際の課題として抱えている「沢井製薬を知らない若年層に対しての企業広告」というテーマを設定いたしました。当社の掲げる「なによりも患者さんのために」という企業理念を念頭に置きながら、企画の意図なども読ませていただいたうえで、総合的に選考を行いました。年間約100億錠の販売数や、さまざまな患者さんが当社のお薬を服用しているというファクトを踏まえたうえで、お薬の効き目や役割にフォーカスを当てて飲んでいる若年層の患者さんに対して気づきを促すキャッチコピーに社内での多くの支持が集まりました。最後になりますが、当社課題に取り組んでいただいたすべての皆さまにお礼申し上げるとともに、今後ますますのご活躍をお祈り申し上げます。

長井 謙 沖縄県 テレビCM

○透明人間篇
研究所で話す、博士と助手。
博士「ついに、透明人間になれる薬が、できたぞ！」
助手「え、まじですか!?」
博士「あぁ！飲んでみたいか？」
助手「もちろんです!!」
博士「今持ってくる！」
薬を取りにいく博士。妄想を膨らませる助手
助手「さて、透明になったら何しよう！エへへへへへ」
博士「さぁ、これだ！」
助手「え」
博士が持ってきた薬が、ラグビーボールよりもでかい。
博士「さぁ、一気に飲むんだ！」
助手「無理っす！」
NA「どんなにいい薬も、飲みにくければ意味がない。」
ロゴ
NA「少しでも、飲みやすい薬を作り続ける。沢井製薬」

林 秀和 東京都
不朽の名薬を、もっと普及させたい。

星合 摩美 東京都
後出しは強い。

矢﨑 剛史 東京都
じつは「新薬」よりも、新しい。

二次審査通過作品

青柳 信吾 奈良県
いつまで特許にお金を
払うつもりですか?

桂田 圭子 滋賀県
安さの理由は、効き目の違いだとばかり思って
いた。

小島 功至 熊本県
年収と寿命が比例する。
そんな世の中ではいけないと思う。

日比野 はるか 神奈川県
飲みやすさの追求も、医療だと思う。

松岡 基弘 東京都
アメリカでは90パーセントがジェネリック。

三上 智広　北海道
新薬の弱点を治す。

矢﨑 剛史　東京都
25年前に出たものを、まだ定価で買いますか？

一次審査通過作品

青柳 信吾　奈良県
**くすりにブランド料は
いりません。**

青山 奈津　東京都
その薬を、「みんな」のものに。

朝倉 陽助　神奈川県
私に優しいお薬ください。

安達 岳　東京都
**高いという理由だけで、
薬を飲めなかった人がいる。**

安達 岳　東京都
**病気で不安なとき、
お金で不安になんてさせたくない。**

安達 岳　東京都
**薬が安い。
それだけで助かる人が、大勢いる。**

新井 美和子　埼玉県
ぼったくりません。

新井 美和子　埼玉県
**彼氏にしたいのは、武田君。
遊び相手は、大塚君。
旦那にしたいのは、沢井君。**

飯田 祥子　福岡県
**くらしにやさしい
おくすり出しときますね**

飯塚 逸人　東京都
人間の幸福に特許はいらない。

石神 慎吾　長野県
薬は、2度開発される。

石倉 大介　埼玉県
薬は減らせない。でも値段は抑えられます。

伊藤 美幸　愛知県
ユニバーサルデザインだと思う。

岩尾 達郎　東京都
医療界のベンチャーです。

岩尾 達郎　東京都
**今と未来を救う、
薬であって欲しい。**

岩田 壮史　埼玉県
アメリカでの普及率、90%。

岩橋 亮汰　兵庫県
**アメリカでは、約90%がジェネリック医薬品
です。**

梅澤 諒　東京都
**薬が高いままじゃ、命はいつまでも平等にな
らない。**

枝村 智仁　東京都
良い薬は、みんなのもとに。

枝村 智仁　東京都
医療費も健康に。

大原 眞潮　大阪府
薬も、あなたに選ばれたい。

大原 眞潮　大阪府
選ぶ楽しさは、薬にもある。

岡部 裕子　東京都
わたしと日本がトクをする。

奥谷 和樹　大阪府
長生きを、誰かの負担にしたくない。

沢井製薬

小田 道夫　石川県
もったいないからジェネリック。

織内 敦紀　東京都
ジェネリック人間。

笠原 遼太　静岡県
体に優しい、家計に優しい、薬を目指して。

笠原 遼太　静岡県
効きやすい、お求めやすい。

片岡 佳史　神奈川県
薬は安く進化する。

北原 祐樹　新潟県
クスリノベーション

小林 鴻世　東京都
サワイセツヤク

崎山 すなお　東京都
賢い国はつかってる。

崎山 すなお　東京都
文庫本は中身を変えずに安くなる。
薬も同じジェネリックがあります。

佐々木 一之　愛知県
年間１００億錠の実績で、あなたに１錠を届けます。

佐々木 貴智　東京都
ジェネリックは、家計にも良薬だ。

佐々木 ひとみ　宮城県
ジェネリックって度忘れしたら…
沢井でいいと思うよ。

佐藤 数馬　広島県
一生をともにするものは、
一生をともにできる価格で。

末繁 昌也　埼玉県
昔、バナナは高級品だった。

鈴木 里沙　東京都
日本の医療費を健全にしたい。

高木 優月　奈良県
自分のお金で薬を買うようになった。
知っててよかった。
沢井製薬、ジェネリック

高橋 誠一　広島県
クスリの格差社会はキケンだ。

高橋 誠一　広島県
財布がピンチの時でも病気にはなる。

高橋 洋光　佐賀県
病気との戦いは、お金との戦いでもある。

竹節 忠広　長野県
安くなることも、
薬の使命。

立花 瀧　埼玉県
お金が理由で、
失われる命があってはならない。

谷 明展　北海道
薬の価格を、死因にしてはいけない。

谷 明展　北海道
手の届かない薬は、存在しないのと同じです。

土田 聖真　山形県
手の届かない薬に、効能はない。

長井 謙　沖縄県　ラジオＣＭ
男の子「先生、この国語のテスト、間違ってますよ！」
先生「どれどれ？良薬は口に苦し。うん。苦しが正解よ」
男の子「僕、苦くない良薬知ってるもん！」
先生「え？」
NA「沢井製薬は苦くない、飲みやすい良薬を作っています。沢井製薬のジェネリック」

日比野 はるか　神奈川県
薬にも、ユーザーインターフェースがある。

福島 滉大　埼玉県
薬も、自分で選ぶ時代です。

福田 篤史　東京都
沢井製薬を知らない若者が多くて、
なによりです。

冨家 愛弓　大阪府
私の保険証には「ジェネリック希望です」と
かかれている

藤田 篤史　東京都
命を守ることが、
もっと安くなりますように。

サ

沢井製薬

星合 摩美　東京都
いい薬ほど、ジェネリック化しなきゃと思うのです。

星合 摩美　東京都
価格の安さも、飲みやすさのひとつです。

松尾 栄二郎　東京都
手が届かなければ、薬の意味はない。

松尾 青志　福岡県
金はなくとも風邪はひく。

松村 遼平　京都府
日本で一番選ばれている会社を選ぶのが、一番安全だと思った。

眞鍋 信二　愛媛県
薬も個性の時代です。

三上 智広　北海道
薬が買えなくて、失われる命があってはいけない。

三上 智広　北海道
薬の値段が、命の値段であってはならない。

溝口 昌治　神奈川県
「ジェネリックでいい」を「ジェネリックがいい」に。

見田 英樹　愛知県
薬の安心って、お金のことも含まれると思う。

宮田 尊安　愛知県
「あの薬」を、みんなの薬にする仕事。

宮野内 雄樹　愛知県
薬も、エコな時代です。

向井 正俊　大阪府
私が元気になると、財布の元気が無くなっていた。

矢﨑 剛史　東京都
あなたと、日本の節約になる。

山内 昌憲　東京都
医療費の節約は、命の余裕になる。

山口 外見　東京都
その薬、安いのあるよ

山崎 舞　北海道
選ばれるから、いいものになっていく。

山下 祐輝　大阪府
わが社の信頼が、ジェネリックへの信頼になる。

山田 尚文　東京都
この差はいいね。

山本 朝子　東京都
人生九〇年。薬のお世話にならない期間は案外短い。

山本 朝子　東京都
「薬を飲めば治ります」は、「薬代が出せれば治ります」の意味である。

山本 朝子　東京都
長生きの国は、服用量も多い国だ。

壁紙やカーテン、床材を主役に
内装リフォームをしたくなる
アイデアをお待ちしています。

リフォームといえばキッチン、トイレといった住宅設備や屋根や外壁などのエクステリアが主役。壁紙や床材、カーテンといった内装材は脇役になりがちです。

「お気に入りの絵を飾りたいから壁紙を貼り替えてみよう!」
「新生活を機にカーテンを新しくしてみよう!」
「ペットを飼い始めたので床を貼り替えてみよう!」
衣替えをするような感覚で、
もっとたくさんの人々がサンゲツの扱う壁紙やカーテン、床材といった内装材を主役にリフォームをしたくなる。

『リフォームをもっと身近に、もっと楽しく』
部屋の雰囲気を一新できるのはもちろんのこと、そこに住む人々の心やライフスタイルを豊かにできる内装リフォーム。

サンゲツならそんな空間づくりがかなえられる。
その魅力を表現してください。

＜ 課 題 ＞ 壁紙やカーテン、床材を主役に内装リフォームをしたくなるアイデアをお待ちしています。

＜ジャンル＞ 自由

＜参考資料＞ 空間づくりお役立ちコンテンツ https://www.sangetsu.co.jp/style/
サンゲツWEBページ https://www.sangetsu.co.jp/

sangetsu
Joy of Design

サンゲツ

壁紙やカーテン、床材を主役に内装リフォームをしたくなるアイデア

サ

サンゲツ

協賛企業賞

永沼 拓海（32歳）東京都

部屋だって着替えたい。

▼協賛企業のコメント

サンゲツ
代表取締役 社長執行役員
安田正介さん

この度は、協賛企業賞の受賞、誠におめでとうございます。本受賞作品は、「住む人」ではなく「部屋」を人格化し「着替えたい」という意思を主張させた、シンプルながら読み手にインパクトを感じさせる作品だと思います。今回、リフォームの中でも壁紙やカーテンといった「内装」に焦点を当てていただくことを課題としましたが、単に部屋の模様替えを伝えるのではない、まるで内装が部屋の洋服であるかのような「着替える」という表現は、内装のファッション性や手軽さが表現され、「服を変えるように内装も変えるもの」だと気づかされます。当社としては2回目の協賛となりましたが、前回を上回るたくさんの興味深い作品をご応募いただき、皆様の機知にとんだ数々のアイデアに、社内投票も接戦のなか決定しました。この場を借りて受賞者をはじめ、ご応募くださった皆様に深く御礼申し上げます。

天羽 宏明 神奈川県

人生で最も目にする景色は、部屋のなかにある。

神田 真理子 青森県 ラジオCM

カーテンを変えた。
引きこもりがちの息子が完全に引きこもってしまった。
落ち着く部屋にしたのは、失敗だったのだろうか。
サンゲツに相談してみよう。

藤田 篤史 東京都

気分を張り替えよう。

向井 正俊 大阪府 テレビCM

美術館で、何もない壁の前に集まる人たち。
男性：いい壁紙ですね。
NA：内装を楽しもう。サンゲツ。

二次審査通過作品

誕生日プレゼントは壁紙変更ってのも面白い
青木 陽介 東京都

傷だらけの床を見るとき、自分もちょっと傷ついてる。
天沢 もとき 東京都

一番目立つインテリアは、壁紙です。
鵜飼 真史 愛知県

一生で一番見る景色は、自宅かもしれない。
北浦 俊 千葉県

昭和な部屋のまま、平成が終わろうとしている。
城川 雄大 富山県

部屋のなかを見るのは、たいてい大事な人。
長沼 直樹 東京都

大家さん、入居時の印象って壁と床ですよ。
奈良 純嗣 秋田県

疲れてるときに見つめるのは、人より壁のほうが多い。
見田 英樹 愛知県

家を建てるとき、妥協しがちなのが壁紙です。
箕浦 弘樹 岐阜県

一次審査通過作品

壁にもしっかり家賃を払っている。
安達 岳 東京都

もう一生、この部屋の景色は変わらないと思ってたけど。
阿武 裕真 福岡県

マイホーム・シーズン2
阿武 裕真 福岡県

落ち着かない我が家がうれしい。
天沢 もとき 東京都

飯田 羊 東京都
壁は乗り越えるものじゃない。
張り替えるものだ。

飯田 羊 東京都
家の劣化は、たまにくる義母の方が敏感だ。

飯塚 逸人 東京都
部屋にも衣装。

庵 貴政 群馬県
ルームシック。

池上 亮太 東京都
カメラが背景にピントを当て始めた。

石井 雅規 千葉県
お前んちのこと、実家って呼んでいい？

石関 恵子 神奈川県
あちこち旅をしても
結局、家に帰るから。

石塚 勢二 東京都
ただい、まあ！

夷藤 翼 千葉県
窓を開けなくても、空気は入れ替わる。

岩田 壮史 埼玉県
見てくれよりも中身を見てくれ。

岩橋 亮汰 兵庫県
片付けたくなる部屋へ。

岩橋 亮汰 兵庫県
子ども部屋は、
いつのまにか
子ども部屋じゃなくなっている。

岩橋 亮汰 兵庫県
家族の日当たりがよくなった。

岩橋 亮汰 兵庫県
この子は、これから18年間はこの家にいるんだ。

上田 悠馬 大阪府
息子が門限を守りだした。

上野 優 千葉県
20年もおんなじ景色でいいのかな。

鵜飼 真史 愛知県
本日、新装カーテン。

潤井 佑哉 兵庫県
家を変えずに引っ越しました

大川 佑介 神奈川県
インテリアは、防災だったり、
予防でもあったりする。

大谷 昭彦 東京都
模様替え以上、引越し未満

大野 聡馬 東京都
プチ引越し。

大原 眞潮 大阪府
部屋にも衣替えが必要だ。

奥村 明彦 東京都
人はカーテン探しに出るだけで
イキイキしてくる。

小澤 良祐 京都府
気分転換を超えて生活転換。

貝渕 充良 大阪府
先輩、ここ子ども部屋でした？

貝渕 充良 大阪府
「味がある」は、
「もうそろそろ変えたほうがいいですよ」
という意味です。

片岡 佳史 神奈川県
外壁の色を変えた。
住み心地は変わらなかった。

加藤 晃浩 東京都
空気清浄機には変えられない空気がある。

河本 拓也 東京都
カビには敏感ですが、
カベには鈍感ですね。

河原木 雄基 東京都
元カレとの思い出を貼り替えた。

北浦 俊 千葉県
30歳で住みやすい我が家は、
40歳で住みやすい我が家とは違う。

北浦 俊　千葉県
世界は変えられない、
って世界ってなんだっけ?
あなたにとっての世界は、あなたの部屋だったりする。

北浦 俊　千葉県
模様替えで変わる模様はない。

栗山 祐門　東京都
もっと内面磨きなさい。

紅村 重人　愛知県
内装のダメージは、
ファッションにはならない。

齋木 悠　東京都
内装は、あなた自身のドラマのセットになる。

酒井 彬帆　東京都
デートの待ち合わせ。
駅で男が女を待っている。
全身茶色の女がこちらに駆け寄ってくる。
女「お待たせ〜!」

〜1か月後のデート〜

全身茶色の服を着た女「お待たせ〜!」
(シーンを繰り返す。繰り返すごとに女の顔がどんどん老けていく)

NA「人間に例えると、生涯同じ服を着ているようなものです。部屋を着替えよう。」

佐藤 仁康　東京都
部屋との倦怠期を、吹き飛ばせ!

佐藤 日登美　東京都
壁の色から考える。いちばんわかりやすいリフォームかも。

佐藤 日登美　東京都
「このカーテンがいいな」リフォームはもう、そこから始まっている。

塩田 泰之　東京都
新しい部屋が引っ越してきた。

塩見 勝義　東京都
すべてのカフェが参考資料になった。

清水 直哉　埼玉県
何かを変えたいときは、目の前の壁を乗り越えるより、張り替えてみる。

清水 直哉　埼玉県
子どもは親と壁紙を見て育つ。

清水 風太　滋賀県
部屋を変える。
それが一番、普段を変える。

白石 雄貴　埼玉県
こども部屋も成長させていますか?

城川 雄大　富山県
足元を見られて、自慢した。

新開 奈穂子　大阪府
彼氏変わったから、内装も変える。

杉山 聡　静岡県
傷心の日にカーテンを変えた。
昇進の日に壁紙を変えた。

鈴木 志保　北海道
壁紙だけ、新婚の頃のままだ。

高田 雄大朗　東京都
まずは、無料で想像!

高橋 侑也　東京都
同じ家で、新生活。

髙橋 伶　東京都
自分だけの部屋、プロデュース。

田中 雄樹　東京都
愛着のある新しい部屋

谷 明展　北海道
部屋に不満はないけど、好きってほどでもないから。

谷 明展　北海道
好きな部屋に住むと、人生が好きになる。

谷 明展　北海道
愛犬との日々を思い出す床は、
ちょっと切ない。

谷 明展　北海道
部屋を丸洗いしよう。

谷 明展　北海道
突然の来客を、断らなくなった。

谷 明展　北海道
家はいつでも新築になれる。

千葉 龍裕　東京都
妻の機嫌が
リフォームできなくなってきまして……。

藤榮 卓人　神奈川県
デザイナーズマンションは、
自分でつくれる。

斗内 邦裕　北海道
部屋は、空中にも、水中にも、
宇宙にもなれる。

長井 謙　沖縄県
赤ちゃんが一番見るのは、
親の顔よりも、天井だと思う。

長井 謙　沖縄県
子供が勉強に集中できないのは、
壁紙のせいかもしれない。

長井 謙　沖縄県
違う壁紙で育っていたら、
違う大人になっていたかも。

長井 謙　沖縄県
家庭環境って、
インテリアのことだと思う。

長井 謙　沖縄県　テレビCM
青系の部屋。イメチェンした林家ぺーとパー
子が、ゆっくりくつろいでいる。
NA＆コピー「新しい内装で、新しい自分を。
サンゲツ」

中谷 有紀　兵庫県
引っ越ししました。
住所は変わっていません。

永沼 拓海　東京都
部屋だって着替えたい。

中平 真之祐　東京都
住み慣れた途端、飽きが来る。

中元 智之　神奈川県
なんだ、新築で失敗してもいいのか。

中元 智之　神奈川県
家は、古くなる前に古臭くなる。

中元 智之　神奈川県
間取りより、彩り。

奈良 純嗣　秋田県
我が家の昭和を張り替える。

野木 隆司　大阪府
同じ間取りのお隣さんは、
わが家よりも居心地がいい。

野坂 真哉　兵庫県
若い頃の私と、
今の私は、
同居できない。

野村 一世　大阪府
心が床ずれしてた。

浜中 将幸　和歌山県
見慣れた部屋は、見飽きた部屋です。

春山 豊　東京都
部屋の第一印象を張り替えた。

平澤 巧　東京都
あなたの人生に一番長く残る景色です

藤田 篤史　東京都
どうでもいい部屋に住んでいると、
どうでもいい人になってしまいそうだ。

船越 一郎　東京都
帰りたくなる部屋が増えると、日本の離婚率
は下げられると思う。

船越 一郎　東京都
キレイな部屋は、
掃除したくなる部屋でもある。

船越 一郎　東京都
わが家の中で、
家族が一番ふれるのは廊下です。

船越 一郎　東京都
オシャレなものがなくても、オシャレな部屋
はつくれます。

古川 幸一郎　大阪府
壁紙の常識を破れ。

古川 俊二　東京都
リフォームしたら、おかずが増えた。

古屋 順一朗　東京都
リフォームはマンネリ家族に良く効きます。

古屋 順一朗　東京都
子供部屋はいつまで子供扱いですか。

サンゲツ

ペロッツィミロ　東京都
住所は東京、
部屋はミラノ。

ペロッツィミロ　東京都
彼が出てった時のカーテンと、
今のカーテンは違う。

北条院 益夫　東京都
人生の１／３に妥協しない

本間 和紀　東京都
風景画を飾るより、壁ごと飾ろう

本間 和紀　東京都
思い出の背景には、いつも壁がある

前田 正熙　東京都
外ヅラだけ良いやつになるなよ。

前田 正熙　東京都
つまり、お部屋のＵＩ改善です。

益子 美紀　北海道
家は、年老いることも、
若返ることもできます。

増田 有生　大阪府
生活を張り替えよう。

松田 綾乃　東京都
開放感って、広さより、広く見えるかだ。

松田 尚樹　奈良県
家を建てるときに、何十年後の好みなんてわからない。

松田 尚樹　奈良県
白は白でも、いい白にしよう。

丸山 翼　東京都
在宅勤務のビデオ会議は、壁が気になる。

三上 佳祐　東京都
サンゲツ気分引越センター。

三上 佳祐　東京都
部屋を片付けても、
雰囲気は散らかっている。

見田 英樹　愛知県
カーテンを閉めても、心が開きっぱなしだ。

密山 直也　兵庫県
和風にも、洋風にも、今風にもできます。

南 忠志　東京都
トランプは、壁紙のことまで考えているだろうか。

箕浦 弘樹　岐阜県
住んでみなきゃわからないこともある。

三宅 幸代　大阪府
部屋を着替えよう。

本川 典之　北海道
和室、洋室、上質。

森 明美　東京都
子供に、どんどん落書きさせている。

森田 徳彦　埼玉県
20代の頃の私とは、趣味が合わない。

守谷 直紀　兵庫県
山田さん家のカーテンが、
今日も閉まったままだ。

守谷 直紀　兵庫県
部屋が充実してこその、リア充だと思う。

守谷 直紀　兵庫県
カーテンを開けると、雪国だった。
カーテンを閉めると、南国だった。

山内 昌憲　東京都
内装を変えるという介護もある。

山下 祐輝　大阪府
壁紙だけ、まだ喫煙者のままだ。

山下 祐輝　大阪府
心も体も大学生になったが、カーテンが小学生のままだ。

山下 祐輝　大阪府
理想ム。

山下 祐輝　大阪府
本当に部屋に必要なデザインは、家を買って数年してからわかる。

山田 大輝　福岡県
部屋は毎日待ち受けている。

山本 朝子　東京都
名画をかけるなら、それなりの壁に。

山本 朝子　東京都
紺の制服で育った日本人は、内装も白が無難と考える。

サ

サンゲツ

山本 朝子　東京都

廊下がコリドーに、洗面所がパウダールームに。

由木 尚允　東京都

部屋を、着せ替えよう

吉村 圭悟　東京都

それ、模様替えじゃなくて、配置替えだよね?

和田 浩太　東京都

カーテンを開けるよりも、閉めることが楽しくなった。

伊右衛門はんは
「こころに、お茶を」
と、言うてはります。
現代のひとの
こころに響くコピーを
どうぞ、よろしゅう。
Q. 伊右衛門が飲みたくなるようなコピー、ラジオCMを考えてください。
[課題] 伊右衛門
[ジャンル] キャッチフレーズ/ラジオCM
[参考資料] 詳しくはホームページをご参照ください。 https://www.suntory.co.jp/softdrink/iyemon/green_tea/
水と生きる SUNTORY
のんだあとはリサイクル

サントリー

伊右衛門が飲みたくなるようなキャッチフレーズ、ラジオ CM

協賛企業賞

岡田　あず海（32歳）大阪府

ため息つくより、ひと息つきましょ。

▼協賛企業のコメント

サントリーコミュニケーションズ
宣伝部クリエイティブグループ　課長
岡　ゆかりさん

このたびは、協賛企業賞の受賞、誠におめでとうございます。また、今回当社課題にご応募くださった皆様に御礼申し上げます。それぞれの視点で「伊右衛門」の魅力を表現いただき、私共も多くの気づきを頂戴することができました。その中で「ため息つくより、ひと息つきましょ。」というキャッチフレーズは、シンプルながらも押しつけがましくなく、現代人のざわついた心に寄り添い支えたい、という伊右衛門の想いがよく伝わる作品だと感じました。最後になりますが、受賞者をはじめ、ご応募いただいた皆様に御礼申し上げるとともに、より一層のご活躍をお祈り申し上げます。

三次審査通過作品

発売するまで、正座して飲まれていたお茶。

櫻井 瞭 大阪府

沁みだしたものが
沁みてくる。

篠 孝司 大阪府

こころ、
という器に注ぐもの。

新免 弘樹 東京都

上司の「何か飲み物買ってきて」には、正解がある。

谷 明展 北海道

サ

サントリー

萩原 志周　東京都
お、鼻をすり抜ける空気がおいしい。

福永 あずさ　熊本県
伊右衛門はん、また、元号が変わります。

二次審査通過作品

蛯原 裕介　茨城県
心に茶柱を立てよう。

大町 憲太朗　東京都
落ち着け、時代。

古賀 佑揮　大阪府
わたしから、わたしに、お茶をあげる。

寺田 連蔵　東京都
世界一寿命が長い国で、一番長く飲まれた飲料。

野村 亜矢　神奈川県
ゴクゴク飲むのも、良いお作法です。

原田 智光　山口県
「あと1日しかない」を、「まだ1日ある」に切り替えてくれた。

東 将光　東京都
田中さんが、田中はんに。

東 将光　東京都
両手で飲んでみてください。
スマホ片手じゃ休まりませんから。

見田 英樹　愛知県
あぁ、さっきまでのが煩悩っていうのか。

山田 孝志　東京都
一流の人は、休憩時間も一流だと思う。

宮坂 穰　神奈川県
お茶にこだわらない人にこそ、飲んで欲しいお茶です。

一次審査通過作品

相河 利尚　東京都
なんで、あのとき、あーなったんだろう。ありがとう、伊右衛門。

青柳 信吾　奈良県
急須で淹れたお茶と比べるのは、野暮やと思う。

淺野 晃　神奈川県
少し、おちゃつきませんか。

天沢 もとき　東京都
自分に甘いより、
自分に優しくなりたくて、
お茶に変えた。

飯田 羊　東京都
なぜ現代人と聞くと、忙しい人を想像してしまうのだろう。

飯田 羊　東京都
世の流れの早さに、
伊右衛門はついていかない。

飯村 佑太　東京都
「帯の閉まる、音がする。伊右衛門」
庵 貴政　群馬県
老後の幸せを想像するとき、
そこにはいつもお茶がある。

庵 貴政　群馬県
お前でも、てめえでも、誰がくれても
結構なおてまえです。

庵 貴政　群馬県
「結構なおてまえで。」
「いえ、私はなにも。」

石井 雅規　千葉県
自販機で買える、休憩所。

石神 慎吾　長野県
日本は、ペットボトルの中にもありました。

石神 慎吾　長野県
おもてなしの心って、「お茶どうぞ」の心だと思う。

石倉 大介　埼玉県
あと、もうひと踏ん張ばらない。
石田 明大　石川県
水を飲んでも、癒やされない。
コーヒーを飲んでも、頑張れない。

石橋 賢　島根県
スーツにも、制服にも、作業着にも、和服にも、エプロンにも、子供服にも、合う。

伊藤 夏帆　愛知県
お義母さま、それは玉露じゃありません

稲垣 弘行　埼玉県
休み方改革。まずはお茶から。

稲葉 次郎　東京都
休暇はなかなか取れないが、
一休みはちょこちょこ取れる。

岩倉 義則　北海道
二番は、煎じない。

岩田 皆子　東京都
口の保養。

岩橋 亮汰　兵庫県
ファイト不発に。

枝村 智仁　東京都
長居させたいのなら、伊右衛門を出そう。

枝村 智仁　東京都
あなたに落ち着いてほしいから。

枝村 智仁　東京都
残業してたらコーヒーの差し入れ。無理しろって言われてるみたい。

大井 慎介　静岡県
伊右衛門に飲ませたくなる伊右衛門。

大井 慎介　静岡県
伊右衛門の旬は、春と夏と秋と冬と新茶の季節です。

大坪 清美　東京都
淹れない時間を、夫婦の時間に。

大野 哲亮　神奈川県
頑張った自分へのご褒美、のお供に。

貝渕 充良　大阪府
昼の一杯も、うまい。

片岡 佳史　神奈川県
揉まれて、揉まれて、味が出る。お茶も、人も。

片岡 佳史　神奈川県
無茶は、お茶が無いと書く。

桂田 圭子　滋賀県
人の弱いところを、ちょっと埋めてくれる。

加藤 晃浩　東京都
「頑張れ」のコーヒー。「頑張りすぎないで」の伊右衛門。

加藤 晃浩　東京都
信長に飲ませたら、ホトトギスをどうしただろう。

加藤 晃浩　東京都
特別な時間ではなく、いつもの時間をつくる。

加藤 晃浩　東京都
ティーとは呼びにくい。

狩野 慶太　東京都
人生は、オジサンになってからのほうが、長いらしい。

川村 真悟　福岡県
効率、効率、うるさい。

菊地 咲貴　東京都
オフィスが竹林になる。

菊池 陽子　福島県
名乗る程のお茶でございます。

菊池 陽子　福島県
本来のお茶しませんか?

北浦 俊　千葉県
一言より一口の方が、ずっと伝わる。

口羽 雄太　京都府
休むって、働くより難しい。

口羽 雄太　京都府
休んでいるときが、一番日本人だと思う。

栗原 勲　埼玉県
いったん、おちゃついてから考えよう。

栗原 孝　新潟県
「ゆっくり」を忘れたこの国だから。

小島 功至　熊本県
美味しいお茶を追求したら、季節が五つになりました。

小島 功至　熊本県
伊右衛門は、お茶を濁さない。

小林 愛実　東京都
平成を走り切ったそこのあなた。ほっと一息つきませんか?

酒井 美百樹　東京都
戦国武将も、お茶が必要でした。企業戦士も、お茶が必要ですよ。

佐々木 一之　愛知県
この国にため息があるかぎり。

佐々木 貴智　東京都
手を抜けない人に、手を抜かないお茶。

佐々木 貴智　東京都
四季は、味にもあらわれる。

澤田 桃子　東京都
家族が集まる場所を、お茶の間と呼びます。

塩見 勝義 東京都
メールのはじめに、
「お疲れ様です」とねぎらう国だから。

信多 一慶 兵庫県
人が当たっただけで舌打ちをしてしまいました

信多 一慶 兵庫県
心は体より動いてるから。

柴田 賢一 茨城県 ラジオCM
SE：ゴク…
男：ふぅ…
SE：ゴク…
男：俺が…悪かったのかもな…
NA：一口ごとに、何かがわかる気がする。
心のざわつきにやすらぎを。
京都福寿園のお茶。伊右衛門。
SL：サントリー

字引 章 東京都
ひと息つくのも、
大人のたしなみ。

島田 彩 奈良県
お茶にしませんか。

島田 彩 奈良県
「お茶にしませんか」という声かけは、
頑張る日本人が生んだ美しさだと思う。

清水 直耶 千葉県
選考会場にも受賞会場にもありました

清水 秀幸 東京都
今の日本に足りないのは、休むことだと思う。

清水 秀幸 東京都
カラダに優しい飲み物は、ココロにも優しい
飲み物です。

清水 風太 滋賀県
茶匠が目利きをし、
ペットボトルに注ぎました。

末森 恵生 山口県
ため息つかない、ひと息つこう。

杉生 茉優 大阪府
本当に疲れを癒してくれるのは、ビールなん
だろうか。

鈴木 一真 埼玉県
5秒前より楽観的だ。

鈴木 一真 埼玉県
ひとくちだけ、母を休もう。

薄田 泰代 東京都
宇宙を覗こう。

芹澤 高行 東京都
渋滞を回避できなかったが、イライラは回避
できた。

太洞 郁哉 大阪府
「茶」の字には、「ホ」がひとつ。

高澤 邦仁 東京都
ご安心下さい。
社長でなく、茶匠の目利きです。

高澤 邦仁 東京都
春の伊右衛門と、夏の伊右衛門は、別人です。

高見 大介 東京都
無茶して自分を見失い、お茶して自分を取り
戻す。

高見 大介 東京都
お茶にはやっぱり「ホ」があるね。

高見 大介 東京都
グローバルでイノベーティブなストラテジー
に疲れたら。

日月 雅人 東京都
日本は、お茶を濁すな。

田中 貴弘 東京都
一息、淹れよう。

田中 未来里 東京都 ラジオCM
【残業】編
NA：17時、コーヒー。
男：もうひと頑張りするか。
NA：21時、炭酸飲料。
男：気分すっきり！
NA：0時、エナジードリンク。
男：よぉし！やってやるぞ!!!
NA：1時、伊右衛門。

男：ふぅ。…あ、バグみつけた。
NA：一息つくと、見えるものがある。慌ただしい日々に、伊右衛門で一息。

田中 康紘 東京都
リビングより、お茶の間のほうがゆっくりできそうな気がする。

谷 明展 北海道
伊右衛門、ちょっと残業付き合って。

谷 明展 北海道
伊右衛門は、聞き上手。

田原 あすか 京都府
その老舗、150円。

辻本 明日香 奈良県
炭酸飲んだら落ち着けますか？
コーヒー寝る前に飲みますか？

中切 友太 愛知県
忙しい時代だからこそ、座って飲みたいお茶が必要でした。

中切 友太 愛知県
3ヶ月に1度のリニューアル。

中島 大介 大阪府
万事急須。お茶飲んで落ち着こ。

中辻 裕己 東京都
時間は止められないが、ゆっくりにはできる。

中畑 晴菜 愛知県
飲まない日が非日常

中元 智之 神奈川県
今日は人生を何分間、休めましたか。

並川 隆裕 東京都
屋上にも非常階段にも、茶室はある。

西野 知里 東京都
呼びかけてみたり、選ばれようとしたり、みんな必死ですねえ。

西原 湧介 愛知県
質素にするのに、贅沢しました。

西原 湧介 愛知県 ラジオCM
「伊右衛門編」
女「私、イエモン！」
男「俺も、イエモン！」
女「あなたは？」
少年「僕もイエモン！」
NA「たぶん、人の名前じゃなくて、お茶を思い浮かべたはず。心に名前を刻むお茶。伊右衛門。」

丹羽 規仁 愛知県
「ほっ」とできる場所が無くても、「ほっ」とできる時間は作れる。

野上 知沙 大阪府
休んでいられない、なら休息を持ち歩こう。

野上 知沙 大阪府
立ち止まらないから、歩きながら休む。

野口 祥子 熊本県
ペットボトルのサイズで会議の長さを予想する。

野坂 真哉 兵庫県
働き方を、改革しないお茶づくり。

野村 一世 大阪府
「茶」には「ホ」ッが含まれてる。

野村 京平 東京都
おいしいお茶は自分への「いいね！」

長谷川 誠 愛知県
喉よりも、心を潤す。
伊右衛門

長谷川 誠 愛知県
人が渇くのは、喉だけではないようだから。
伊右衛門

浜田 英之 東京都
クラフトとかプレミアムとか、うるせえよ。

林 秀和 東京都
喉が渇いた時も、心が渇いた時も。

速水 夏央 東京都
あま〜くて、にがい、しぶくて、やさしい人生。

速水 伸夫 東京都
「しんどい」と思った時が、飲みごろです。

原 おうみ　東京都
すべての苦労は、
癒されるために
あるのかもしれないね。

原 おうみ　東京都
疲れる人生はイヤだけど、
疲れない人生もつまらない。

日高 修一　東京都
そうだ　京都に　行かなくていい

日高 修一　東京都
春に飲む伊右衛門と、
夏に飲む伊右衛門と、
秋に飲む伊右衛門と、
冬に飲む伊右衛門は、
味がちょっと違います。

福島 滉大　埼玉県
踏ん張るための飲み物もいいけど、
やすらぐための飲み物も必要だと思う。

藤原 美幸　東京都
なにかが、湧いてきた。

古田 雄大　熊本県
急須で入れる時間もない、現代に。

星合 摩美　東京都
元号がいくつ変わっても、
変わらないひとときがあります。

細木 光太郎　神奈川県
おいしいため息。

洞田 拓也　神奈川県
気合を入れてもダメなら、力を抜いてみる。

堀 正峻　東京都
のどで感じる　四季があります

堀 正峻　東京都
お酒は、恋を教えてくれた。
お茶は、愛を教えてくれた。

堀内 香子　東京都
にごったあとは、すきとおる。

眞下 麻紀子　千葉県
伊右衛門さんに飲んでほしかったなぁ。

益子 美紀　北海道
こぼせない愚痴は、
「伊右衛門」で飲み干す。

松尾 健介　大阪府
緑茶は、
緑黄色野菜です。

松尾 健介　大阪府
初心を忘れないよう、
創業者の名前をつけました。

三浦 秀雄　秋田県
茶室を持ち歩こう。

三上 佳祐　東京都
創業者の名前を使って、妥協はできない。

三上 佳祐　東京都
「急げ」はエナジードリンク。
「急がば回れ」は緑茶。

水谷 真由子　愛知県
「おーい」よりも「あのね」と語りたいお茶。

見田 英樹　愛知県
今日も一日、いろいろなかった。

密山 直也　兵庫県
ため息より、ひと息つこう。

三富 里恵　神奈川県
百利あって、一害なし。

三富 里恵　神奈川県
おーいと言っても、妻がお茶を持ってきてくれる時代ではありません。

三富 里恵　神奈川県
息の長いお茶で、深呼吸

箕浦 弘樹　岐阜県
お酒じゃ解決できない時もある。

箕浦 弘樹　岐阜県
仕事ができる人は、切り替えの上手い人だ。

箕浦 弘樹　岐阜県
先輩に、「落ち着いてください」とは言いにくい。

箕浦 弘樹　岐阜県
いつもより、休憩時間が長く感じた。

三宅 幸代　大阪府
母はわざわざ湯呑みにうつす。

宮﨑 薫　兵庫県
携帯茶室。

宮本 俊史 東京都
丁寧に入れたものだから、「お」がつくんだね。

向井 千尋 大阪府
「落ち着いて」と言わずに、
伊右衛門を差し出した。

向井 正俊 大阪府
もみもの。

向井 正俊 大阪府 ラジオCM
野球の実況
実況：デッドボールだ！
　両チーム、
ベンチから飛び出し乱闘です！
　伊右衛門が止めに入ってます。
　あ、収まったようです。
NA：お茶を飲んで落ち着こう。
　伊右衛門。

村上 正之 愛知県
525mlの茶室です。

森下 夏樹 東京都
携帯茶室。

森下 夏樹 東京都
飲み物を変えるという、休み方改革。

八重柏 幸恵 北海道
粗茶で、ございません。

八重柏 幸恵 北海道
急須で入れて飲んだ。こころの中で。

安本 実織 兵庫県
大人になったら、大人が飲んでいる理由が分かった。

横田 歴男 東京都
茶はかすがい。

與嶋 一剛 岐阜県
ああ、おちゃつくなあ。

柳元 良 神奈川県
今を生きるのも大事だけれど、
今を休むのも大事なことです。

柳元 良 神奈川県
その休憩の仕方で、
よく頑張れますね。

柳元 良 神奈川県
仕事しながら休憩した。

矢部 美希 北海道
私に余白を作るお茶、

山下 祐輝 大阪府
伊右衛門は、一年中、風物詩。

山下 祐輝 大阪府
伊右衛門が日本の午後三時を
お知らせします。

山下 祐輝 大阪府
名前も味も、無駄がない。

山本 晃久 神奈川県
お茶を飲みながら、怒る人はいない。

山本 一樹 埼玉県
いったん、おちゃつこう。

山本 尚生 東京都
怒り止め。

JVCKENWOOD
課　題　JVCケンウッド（企業ブランド）の魅力を伝える広告アイデア
ジャンル　自由
参考資料　www.jvckenwood.com
株式会社 JVCケンウッド

JVC ケンウッド

JVC ケンウッド（企業ブランド）の魅力を伝える広告アイデア

協賛企業賞

高橋 誠一（42歳）広島県

音を感じる映像を、映像が見える音を。

▼協賛企業のコメント
JVCケンウッド
ブランド戦略部 部長
佐藤 実さん

このたびは、協賛企業賞の受賞おめでとうございます。受賞作品は当社の音と映像技術の強みを分かりやすく表現されている点を評価いたしました。当社は、強みである「映像」「音響」「無線」技術を融合するとともに、オープンイノベーションの活用により、お客さまの課題を深く理解し、新たな価値を提供する「顧客価値創造企業」への変革を図っております。今回たくさんの方から当社の課題に応募いただきまして、ありがとうございました。今後も皆さまが、ますますご活躍されることをお祈り申し上げます。

三次審査通過作品

小笠原 清訓　青森県　テレビCM

へイ彼女篇

女性が道端を歩いている。
車が横につく
運転手の男「へい彼女、どうだい、この最高のサウンドは」
女性「へえ、いいわね」
運転手の男「はっはっは。いいだろう」
車が再び、走り出す。
女性「なに、いまの」
NA：自分仕様の、最高のサウンドを。
ＪＶＣケンウッド。

森脇 誠　京都府

噂は聞いています。重低音で。

サ
ＪＶＣケンウッド

二次審査通過作品

橋本 彩矢　東京都
眠りたくない夜をつくる。

原田 正喜　愛知県
ドライブをライブに変えてみせます。

一次審査通過作品

石井 雅規　千葉県
よく耳にした会社は、よく目にする会社になりました。

石井 雅規　千葉県
形を変えても、社会に響く会社でありたい。

石神 慎吾　長野県
一緒に、遠くへ。

加藤 晃浩　東京都
この部品からどうやって感動を生み出そうか。みたいなことを考えています。

川田 卓人　東京都
連想ゲームです。ドライブ、防犯、エンタメ。

川村 真悟　福岡県
世界のノイズを除去する

北浦 俊　千葉県
なんかいいの、「なんか」をつくってます。

紅村 重人　愛知県
日本が世界を席巻するのは、野球でもサッカーでもなく、技術だと思う。

紅村 重人　愛知県
強みを生かした技術は強い。

齋藤 大樹　東京都
耳の遠いじいちゃんが、歌詞を聴き取った！

櫻本 修造　東京都
めっちゃAVに強い会社。

鈴木 正実　神奈川県
音って社会を作るんだね

髙橋 素直　東京都
何をしているか分からない会社ほど、案外、世の中を支えていたりする。

竹節 忠広　長野県
闘ってた相手が一緒になった会社は、強い。

竹節 忠広　長野県
競争する相手が、協力する仲間になった。

竹節 忠広　長野県
最強のライバルが、最強の仲間になった。

立花 瀧　埼玉県
どこかでお会いしたことがあるはずです。あなたが気がつかないだけで。

谷 明展　北海道
「おどろき」は、「おと」からはじまる。

谷 明展　北海道
どのスピーカーにするか迷わせても、道には迷わせない。

谷 明展　北海道
聴いたことない音、見たことない景色。

谷口 梨花　東京都
それ、もうやっています。
津久井 将嗣　神奈川県
踊りだしそうだ。
橋本 彩矢　東京都
いいものはいいひとをつくる。
橋本 彩矢　東京都
忘れられないものをつくる。
飛田 哲志　愛知県
悟空とベジータが合体したようなもんです。
福島 滉大　埼玉県
そのこだわり、弊社にこだわらせてください。
堀江 成禎　京都府
このCMは防犯カメラで撮りました。
堀江 成禎　京都府
このCMはドラレコで撮りました。
堀江 成禎　京都府
地獄耳の社員が多い。
堀江 成禎　京都府
気づかれない、イノベーションもある。
松田 綾乃　東京都
カーナビの音声に返事をしてしまう。
松田 綾乃　東京都
トリハダ率がちがう。
三上 智広　北海道
リアルを、奪え。

溝口 昌治　神奈川県
あなたの、はじめてをつくる。
南 忠志　東京都
恐竜がわが家で暴れている。
宮﨑 薫　兵庫県
人生が動く曲がある。
安本 実織　兵庫県
桑田佳祐も、星野源も。
吉田 竜裕　東京都
世界は「瞬間」の連続だ。

サ

JVCケンウッド

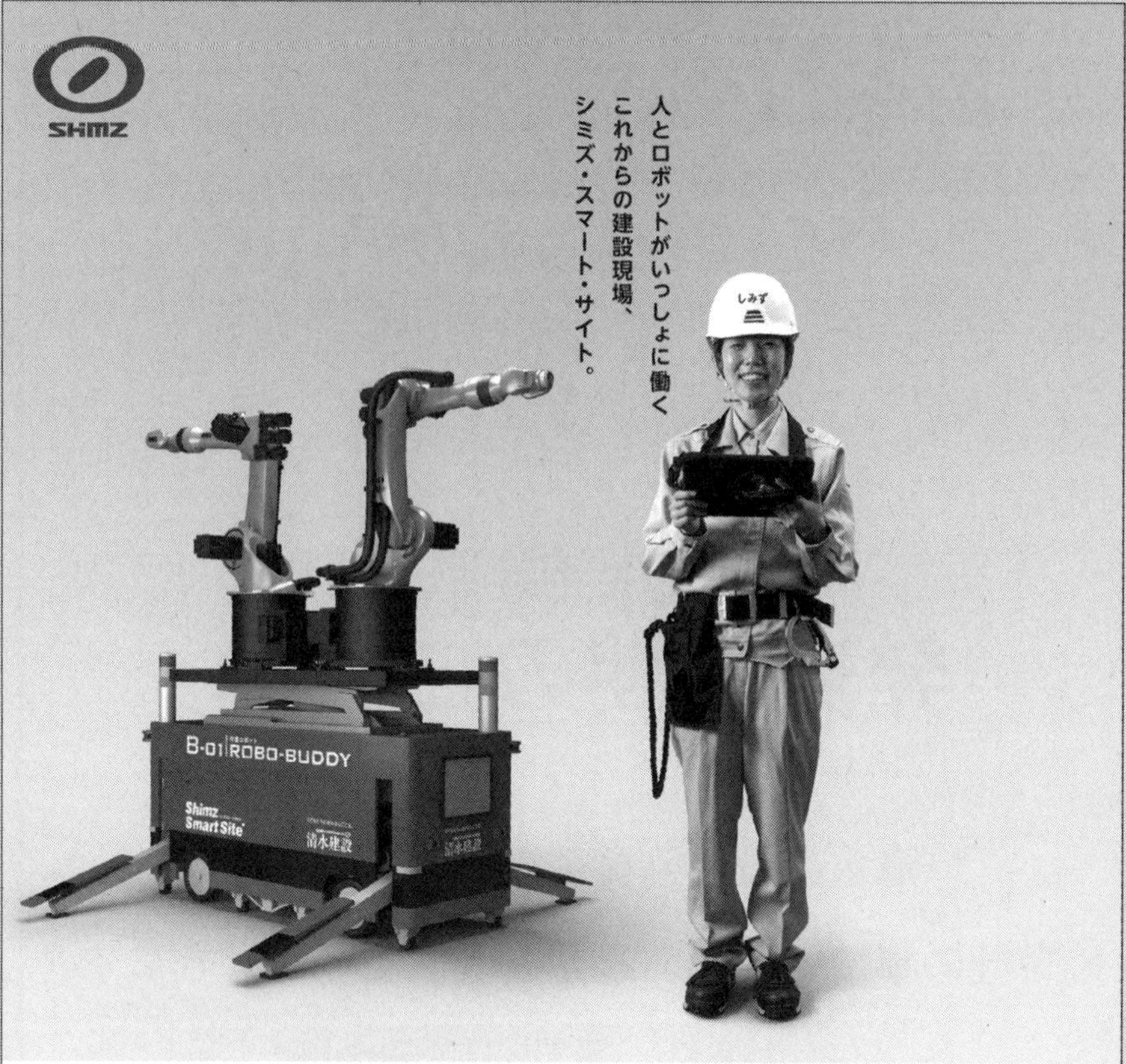

「建設現場での働き方が変わる」と思わせるアイデアを募集します。

生産性向上と将来の担い手確保が課題の建設業。
清水建設は、その取り組みのひとつとして、最先端技術を搭載した自律型ロボットが連携する、
Shimz Smart Site(シミズ・スマート・サイト)を展開。
現場で「人とロボットが協働する」というコンセプトでつくりました。
目的は、省人化、時短(働き方改革)に向けた生産性の向上、
若者が「働いてみたい」と感じるような魅力ある現場づくり。
人とロボットのコラボでつくる建設現場の未来を自由な発想で表現してください。

[課　題] 「建設現場での働き方が変わる」と思わせるアイデアを募集。
[ジャンル] 自由
[参考資料] https://www.shimz.co.jp/topics/construction/item12/

子どもたちに誇れるしごとを。
SHIMIZU CORPORATION
清水建設

清水建設

「建設現場での働き方が変わる」と思わせるアイデア

清水建設
発表延期のご案内

清水建設の協賛企業賞の発表は、

協賛社の事情により、延期をさせていただきます。

発表は後日、月刊『宣伝会議』

2019 年８月号にて行います。

何卒ご理解のほど、よろしくお願い致します。

3Kは、カッケーに。

菊地 礼二朗　埼玉県

ロボットと働いて、人間のやるべきことを知った。

小宮 央　東京都

高次元場。

高橋 直也　香川県

ラジオCM

長井 謙　沖縄県

男子中学生A「昨日ね、面白いもの見たんだ！」
男子中学生B「なに、映画？漫画？」
男子中学生A「いや、工事現場！」
NA「ロボットが活躍する、面白い現場を作ってます。清水建設」

二次審査通過作品

庵 貴政　群馬県
人間にもできる仕事は
人間がやるべきではない仕事だ。

岩崎 浩之　東京都
人の右腕が、ヒトであるとは限らない。

菊地 礼二朗　埼玉県
−3K。

國井 裕弥　大阪府
汗水垂らして働くな！
ここは建設現場だぞ。

榊 祐作　東京都
AIに仕事をとられて正解でした。

崎山 すなお　東京都
人の仕事は無くしません。
危険な仕事を無くします。

高澤 邦仁　東京都
現場は末端ではなく、最先端だった。

田邉 純也　東京都
DAIKUにはAIが入っている。

西本 亜矢子　千葉県
ロボットは、仕事を奪ったわけじゃありません。
人に、時間をくれたんです。

野田 正信　東京都
あのビルはなあ、
父ちゃんが週休2日で
残業もしないで建てたんだぞ。

野田 正信　東京都
新元号になって建つビルが、
昭和の働き方で建てられていいだろうか。

原田 智光　山口県
人手が足りない現場に、
人が必要とは限らない。

一次審査通過作品

青柳 信吾　奈良県
おっちゃんも、
あんちゃんも、
おねえさんも、
ロボットと。

天野 健一朗　京都府
しゃべるだけのロボットなんていらん。

石井 健太　愛知県
汗、水だけが現場じゃない。

石井 雅規　千葉県
人間にだって充電が必要だと考える。

石井 倫太郎　神奈川県
AI love you.

石橋 賢　島根県
ムリは無くなる。現場から以上です。

加藤 晃浩　東京都
危ない仕事はなくならないが、ロボットにお願いできるようになりつつある。

加藤 晃浩　東京都
働き方が少し変わったら、人生が大きく変わるような気がする。

木村 実　東京都
「ご安全に」という挨拶がなくなる日も近い。

小島 功至　熊本県
超高層ビルが、全部手作りって逆に恐くないですか？

小島 功至　熊本県
ナイス バディ！

小宮 央　東京都
どの先進国も、建設現場だけは、途上国と似ている。

小宮山 剛　東京都
「先輩、電源入れさせていただきます！」

榊 祐作　東京都
働き方まで、施工する。

崎山 すなお　東京都
建設業ですが、一度ぶっ壊します。

佐々木 一之　愛知県
未来予想図を設計図に。

佐藤 なつみ　東京都
名前なんかつけて、可愛がってしまっている。

清水 崇之　東京都
なんとなく危ないから、なんとなくカッコいいへ。

鈴木 聖太郎　愛知県
人間しかいないの？遅れてるね。

関 侑平　京都府
指先だけで家が建つ。

高山 梓　東京都
会社について、パソコンを開く。そんな現場です。

竹節 忠広　長野県
人間は、汗をかくより、図面をかく。

千葉 龍裕　東京都
いい建築も、いい建築現場も、未来に残したい。

張 家昀　神奈川県
省ゼネ

張 家昀　神奈川県　テレビCM
■かっこよくて、大きいロボットに乗って建設現場で働く父の映像
NA「2100年」
父「ロボットのおかげで今日は3時に帰宅できそうだな。たっくんと沢山遊べる。」
■自宅
子供「ねぇ、パパ、ロボットに乗って働いて

いるんでしょ？かっこいいよ！」
父「そ、そうだな……ありがとう」（なぜかつらそうな顔）
実は親子で肩車をしていた。
子供「家ではパパがロボットだからね。」
父「たっくん、そろそろいいかな？」
子供「だめ！はっしーん！」
父「はっ、はっしーん！」
父、つらそうな笑顔だが……
NA「ロボット技術が進化すると、世界中の親子の時間が増えるかもしれない。」
NA「２０１９年、自立型ロボット Shimz Smart Site。清水建設は現場のロボット化を目指しています。」

寺門 眞一　兵庫県
つよがりは未来とロボットには通用しない。

寺門 芳郎　大阪府
清水の建物は人間業じゃない。

長井 謙　沖縄県
汗を流す仕事は、かっこいい。
汗を流しすぎる仕事は、心配だ。

中辻 裕己　東京都
働く人にも雇う人にもウィーンウィーンな関係です。

那須 佑樹　秋田県
社員はもう、人だけじゃない。

並川 隆裕　東京都
そして、やりがいだけが残った。

林 秀和　東京都
ロボが、ハコブネ。

林 秀和　東京都
キツい現場が好きな方は、清水は向かないかもしれません。

林 秀和　東京都
「ロボットとうまくやっていけるか」も、これからの採用基準です。

原田 正喜　愛知県
２０１７年、建設現場で亡くなった方は３００人。
機械に頼めば、０人にできる。

東 将光　東京都
人間の限界を知ることも、働き方改革のひとつです。

東山 秀樹　奈良県
もれなく、職人さんの肩の荷がおりる。

福田 俊平　滋賀県
建物を作るために、人が壊れてはいけない。

枌 真太郎　埼玉県
職人の技術と、ＩＴの技術が共存する現場。

堀田 陽祐　愛知県
ロボは、接客よりも建設の方が向いているみたいです。

程塚 智隆　神奈川県
働き方も建設する。

眞木 雄一　石川県
根性なんかに、まかせない。

溝口 昌治　神奈川県
これで、人にしかできないことをつき詰められる。

見田 英樹　愛知県
人がつくったと聞くと親しみがもてる。
ロボットがつくったと聞くと信頼できる。

見田 英樹　愛知県
詰め込んだノウハウ、２１４年。

箕浦 弘樹　岐阜県
もっと良いものを建てようとしたら、こうなりました。

宮田 義治　東京都
その指の先に、最先端。

三吉 学　岡山県
わたしたちは、前進前例となる。

村瀬 駿介　愛知県
しんどいを、エンジョイに。

元木 信一郎　福岡県
機体の新人入りました

矢木 幹男　神奈川県
やがて現場に女性が増える。

山田 翔太　滋賀県
現場のムードメカ。

サ

清水建設

山田 泰裕 東京都
お先にすみません。ＩＴ企業に変わります。

山本 真梨子 石川県
働くことを、耐えるか、変えるか。

横山 成香 千葉県
日本の未来は、そのアームにかかっている。

横山 成香 千葉県
今が、学ぶキカイ。

横山 成香 千葉県
命は懸けるものではなくて、守るもの。

吉川 長命 京都府
未来は、脳に汗をかく。

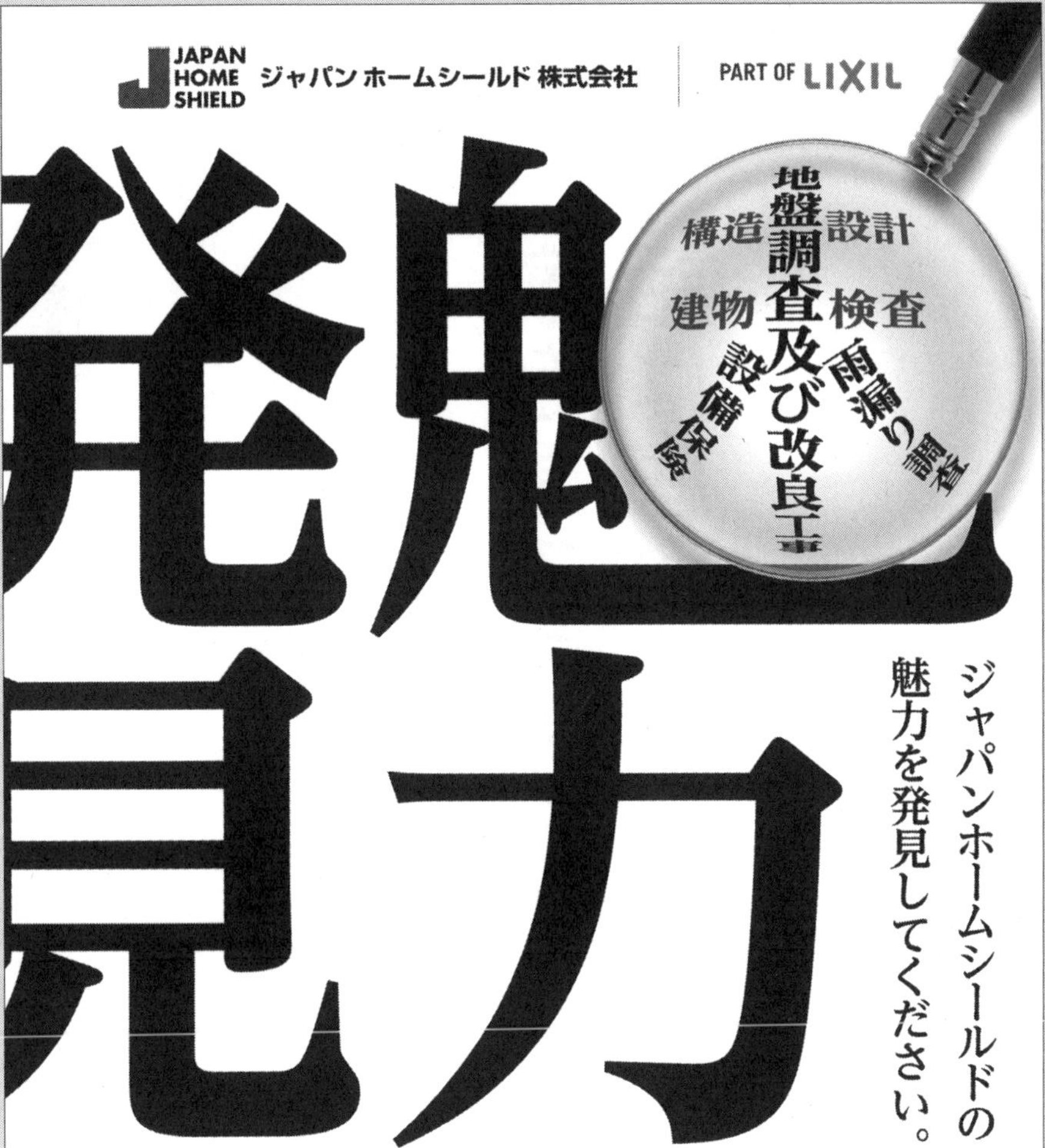

ジャパンホームシールド

ジャパンホームシールドの魅力を発見し、その魅力を広く伝えてくれるアイデア

サ

ジャパンホームシールド

協賛企業賞

平野あゆみ（34歳）神奈川県

家を建てるなら、話は底からだ。

▼協賛企業のコメント

ジャパンホームシールド
経営企画室　室長
児新昌亮さん

平野あゆみさま、このたびは協賛企業賞の受賞おめでとうございます。私たちジャパンホームシールドは、高品質な地盤調査・解析が住まわれる方の「安全・安心な暮らし」につながると信じて、ひたすら地盤と向き合ってきました。平野さまには「安全・安心な暮らしの原点は地盤に。地盤を知ることの大切さを一人でも多くの方に伝えたい」そんな当社の〝想い〟を巧みに表現していただきました。さらに、住宅地盤に関する情報を、丁寧に（時にはマニアックに）お客さまにお伝えしようと奮闘する当社ならではの〝色〟も連想できるところに愛着を感じ、このたびの授賞とさせていただきました。私たちはもうすぐ30周年を迎えようとしていますが、原点に立ち返ることのできるこちらの作品を大切にしていきたいと思います。最後になりましたが、数ある中でジャパンホームシールドの課題にご応募いただいた皆さまに心より御礼申し上げますとともに、今後のますますのご活躍をお祈り申し上げます。本当にありがとうございました。

三次審査通過作品

颯々野博　大阪府

マスコミは、震災が起こってはじめて、あそこの地盤は危なかったと教えてくれる。

高木宏夢　東京都

不安が見えないことを、安心とは呼ばない。

二次審査通過作品

安本実織　兵庫県

知りたくないことは、家を建てる前に知りたい。

北浦俊　千葉県

今日は、震災前だと思う。

小島功至　熊本県

後から地盤はリフォームできない。

高橋良平　栃木県

プリンの上には家は建ちません

長井 謙 沖縄県
家を買う時、
素人は家の中を見る。
玄人は家の下を見る。

中元 智之 神奈川県
たった1㎝の傾きで、ドアは開かなくなる。

野村 京平 東京都
あら、ステキなお宅！
地盤は別として。

原田 正喜 愛知県
家は建っているのではない。
支えられている。

三上 智広 北海道
耐震構造の家を、
豆腐の上に建ててませんか？

三上 智広 北海道
土地は、見た目が同じです。

向井 正俊 大阪府
箸が転がったら、おかしい。

向井 正俊 大阪府
台丈夫？

山中 彰 愛知県
地面の中は、内見できない。

山本 朝子 東京都
あんな所に建てちゃって、と地元の人は噂している。

一次審査通過作品

天沢 もとき 東京都
雨降っても地かたまらない地域はある。

石神 慎吾 長野県
いい家が、残念な地盤の上に建っていた。

石田 明大 石川県
土地の第一印象は、当てにできない。

サ

ジャパンホームシールド

岩倉 義則　北海道
ぼくの街は、ときどきゼリーになる。

上田 悠馬　大阪府
家でジャンプする度、
なぜかママがそわそわしてる。

大塚 正樹　東京都
ジパングは、地盤ｇｏｏｄとは言えない。

大西 健次　岡山県
見えない事と、見ようとしない事とは違う。

小笠原 清訓　青森県
掘り出してはいけない掘り出し物もある。

小笠原 清訓　青森県
財宝を埋められないような土地こそ、宝なんです。

岡山 和也　東京都
マッチョも沼ではバランス崩す。

木田 秀樹　東京都
いい土地買っても、いい土質かはわからない。

北浦 俊　千葉県
万が一を、万がゼロへ。

北田 一喜　東京都
一晩だけなら、知らない方がいい。
長く付き合うなら、知っておいた方がいい。

小島 功至　熊本県
楽観的に生きたいなら、
悲観的な準備が必要だ。

崎山 すなお　東京都
なぜか、倒れなかった家がある。

佐々木 一之　愛知県
あなたの家も砂上の楼閣かも。

塩川 史也　東京都
家が凶器になる、その前に。

塩川 史也　東京都
家を避難場所にしませんか。

字引 章　東京都
父の心配性が、
私たち家族の命を
救ってくれた。

下浦 豪史　兵庫県
3丁目が大丈夫でも、4丁目もそうとは限らない。

高橋 直也　香川県
家は地面に浮いている。

千葉 龍裕　東京都
建てられたときと
今日の地盤はちがう。

長井 謙　沖縄県
父さん。
オレって、欠陥住宅で、育ってきたんだね。

長井 謙　沖縄県
ドアが勝手に閉まります。ご注意ください。

中田 国広　埼玉県
日本の地名にはさんずいが多い。
その土地、調べませんか？

中野 宏治　山梨県
家の地下40メートルまでは、
あなたの所有物。
どんな地盤かご存じですか？

中元 智之　神奈川県
高台に建てたから安心、とは限りません。

中元 智之　神奈川県
その人は、良い家ですねと下を向いて言った。

永吉 宏充　神奈川県
わたしは良い家に見えた。ＪＨＳは悪い家に見えた。

那須 佑樹　秋田県
住まいの住まいを決める仕事。

西野 知里　東京都
家は耐震でしょうが、
地盤も耐震でしょうか？

則本 桃子　京都府
みんな揺れていないのに、
僕だけが揺れている。

林 秀和　東京都
家が、ジェンガみたいになっていますよ。

原田 正喜　愛知県
最初は家の見た目が大切。
次第に見えない地盤が大切になる。

ジャパンホームシールド

東山 秀樹　奈良県
人の足元を見る仕事です。

松村 遼平　京都府
俺以外、「揺れた!?」とツイートする人がいなかった。

松村 遼平　京都府
地盤にも、健康診断が必要だ。

三上 佳祐　東京都
プリンの上に建てたような家がある。

三上 智広　北海道
家は、土に浮いている。

南 忠志　東京都
ドアを開けると、隣家が倒壊していた。

南谷 磨紀　東京都
実はプリンの上で生活していました。なんて、冗談じゃない。

箕浦 弘樹　岐阜県
「揺れてみないとわかりません」って家が多すぎる。

宮島 塁　東京都
地震ではなく、家が襲ってきた。

宮島 塁　東京都
傾いてて良いのはピサの斜塔ぐらい。

宮村 亮大　神奈川県
「立派な家ですね」と建てる前に言ってくれた。

元氏 宏行　大阪府
石橋を、
地盤調査して、
建物検査して、
地震補償プランに入って、
やっと渡る。

元氏 宏行　大阪府
想定外は、起こる想定で。

矢﨑 剛史　東京都
住みたい街ランキング。地盤を調べた後でも、結果は同じでしょうか。

矢﨑 剛史　東京都
ある日、会社が傾いた。物理的に。

山本 朝子　東京都
死ぬまで住みたい家で、死んではいけない。

渡邉 香織　三重県
何度建て直しても、欠陥住宅になる。

二次審査通過作品

△ヒビに塗れば、補修は補強になる。 [redacted] 愛知県

ヒビに接着剤を塗ったりしない。ターゲットのニーズに合わない。

一次審査通過作品

△役に立つ、は、見えにくい。 [redacted] 東京都

「あまり便利」な立場に留まっている。もっと「必要」「相談したい」な立場にしてほしい。

△ネジの大きさには、限度がある。 [redacted] 東京都

ネジの代替品ではない。

△CAD図面にセメダインは描かれない。 [redacted] 東京都

事実のみを描写しているだけなので、もっとセメダインに対する期待感を持たせてほしい。

△透明なもう1つのパーツだ。 [redacted] 東京都

セメダインの言い換えとしては、まだ弱い。

アイデアとアイデアをくっつける。 [redacted] 東京都

まあ、まあだ。

もしかしたらできるかも剤。 [redacted] 東京都

BtoBパートナー感がやや薄い。

○あらゆる産業の隙間を狙っています。 [redacted] 東京都

BtoB表現としては良いが、接着面は隙間ではない。

全幅の信頼がなければ、この一滴は垂らせない。 [redacted] 愛知県

ハードル上げすぎ もっと気軽に相談できる相手。これだと使いたくない。

つくるは、つくからはじまる。 [redacted] 東京都

エンジニアにとって周知の事実を記しているだけ。

接着力が、説得力。 [redacted] 島根県

くっついた信頼は離れない。 [redacted] 愛知県

現場では「よくつく」だけが求められているわけではありません。

○セメダインで自由になる設計図がある。 [redacted] 愛知県

良い。

○技術と技術をつなぐ技術。 [redacted] 長野県

正しいのですが、エンジニアにとっては既知の情報であり、もう少し発見が欲しい。

もはや、部品と呼ぶほうがふさわしい。 [redacted] 東京都

そもそも部品の下位ではない。

サ セメダイン

▼協賛企業のコメント

セメダイン
経営企画部 広報室
篠原 泉さん

例年、接着剤を「ネジ・ボルトの代替品」として表現された作品を沢山いただくのですが、私達セメダインは、この認識のギャップに頭を悩ませています。

一般論として、産業現場で「つなぐ方法」と聞くと、ネジやボルトが真っ先に思い浮かぶかもしれませんが、実際のものづくりの現場においては、「ネジ」「溶接」「接着剤」「テープ」など様々なつける方法があります。現場のエンジニアは、金属同士を強固に留めるならば溶接を、薄く・軽くしたければ、ネジ・ボルトではなく接着剤やテープを、というように、世のトレンドに合わせてつける技術を選定し、プロダクトの開発を続けています。「接着剤」もまた、現場においては存在を確立された「つける方法」であり、エンジニアは、「ここにはネジが使えないから接着剤だな。○時間で固まって、自動塗布できるものはあるかな？セメダインに相談してみよう」と考えるわけです。「ネジ」「ボルト」が史上最高のつけるソリューションではなく、同時に接着剤もまた、「ネジにかわる新しい存在」という立ち位置ではないのです。他の接合方法に勝る素晴らしい方法として「接着」があると言いたいわけではありません。セメダインがいるから、安心して「接着」という選択肢を選び、困った時は相談してほしい、と思っています。また、選ばれたコピーは今後セメダインで使用する可能性があります。

■課題
あらゆる産業現場のエンジニアに「技術パートナー」としてセメダインを想起させる広告アイデア

■NGワード：
［ネジ・ボルトの代替品としての接着剤］
［BtoCのイメージを連想させるもの］

■ジャンル：キャッチフレーズ

■参照：http://www.cemedine.co.jp/

CEMEDINE

セメダイン

あらゆる産業現場のエンジニアに「技術パートナー」として
セメダインを想起させる広告アイデア

サ

セメダイン

協賛企業賞

朝倉 涼太（20歳）兵庫県

つかぬこと、相談しよう。

▼協賛企業のコメント

セメダイン
経営企画部 広報室
篠原 泉さん

このたびは、ご受賞おめでとうございます。ものづくりの現場では、必ず何かしらの接合が行われています。接着接合の出番も勿論ありますが、未だ産業現場でのセメダインの認知は高くありません。産業現場のエンジニアが「つけたい」と思った時、接着接合を選んだ時、相談相手として真っ先にセメダインに声をかけていただくべく、昨年に引き続きこの課題を設定しました。本年は、セメダインの、エンジニアの気持ちに寄り添って共にチャレンジする姿勢を、「つかぬこと」というフレーズで的確に表現された本作品を協賛企業賞に選出いたしました。素晴らしい作品をありがとうございます。「思ったように『つかぬこと』があっても、セメダインの接着技術で解決できるかもしれない」。「セメダイン相手に、『つかぬこと』を聞くように気軽に技術相談ができる」。そんな技術パートナーとしての期待感と信頼感をエンジニアの皆様に感じていただけるよう、大切に活用させていただきます。最後に、当社の課題にご応募いただきました皆様に心から御礼申し上げるとともに、今後のますますのご活躍をお祈り申し上げます。

三次審査通過作品

と。

石井 雅規 千葉県

錆びません。

寺尾 一敏 滋賀県

全力で他社の一部になる。

本條 秀樹 大阪府

素材同士の相性が悪いほどセメダインは本気になる。

吉尾 康秀 東京都

二次審査通過作品

秋山 玄樹　東京都
日本の技術はのりしろだらけ。

北浦 俊　千葉県
ものづくりは、ものつなぎ。

徳田 卓也　東京都
だれかの弱みを補完する。

永吉 宏充　神奈川県
設計図は、接着図でもある。

原田 智光　山口県
まさかこいつらがくっつくとは。

一次審査通過作品

青柳 信吾　奈良県
界面にもデザインを。

浅野 俊輔　東京都
世界最小・最軽量から、
世界最大・最重量まで。

淺野 俊輔　東京都
板橋区の町工場から、
アメリカのNASAまで。

池田 順平　海外
「機能」と「美」は、はなさない。

石樽 康伸　愛知県
地震大国・日本でワークしている
建設用セメダイン。

稲生 雅裕　東京都
攻めないいん？

稲生 雅裕　東京都
6000年前の土器から、宇宙に浮かぶシャ
トルまで。

岩井 純平　東京都
のりしろはのびしろ

岩崎 浩之　東京都
遺跡になっても、くっついているかもしれま
せん。

宇都野 菜序子　東京都
車に乗せ忘れた。
先輩に、何しに来たんだと叱られた。

太田垣 学　奈良県
「最後の手段」ではなく、
「最初の相談相手」に。

大原 眞潮　大阪府
この一滴は、新しい視点を提供します。

サ

セメダイン

大山 雄仙　愛知県
ドリルの前に試してほしい。

小笠原 清訓　青森県
エジソンだったら、目にしたものを片っ端からくっつけているだろう。

岡本 英孝　福岡県
B to D (ream).

奥山 大史　東京都
柔軟な発想をするには、柔軟な素材が必要だ。

奥山 大史　東京都
軽量化は、金具を無くすところから始まる。

奥山 大史　東京都
小型化を目指すあなたへ。

長田 直　埼玉県
モノのキズ薬。

織田 朋奈　東京都
タイムマシンの開発にも、きっと関わることになるだろう。

貝渕 充良　大阪府
デザイナーの無理難題がたのしい。

柿本 和臣　福岡県
素材を選ばないだけでも可能性は広がる。

柏木 克仁　神奈川県
派手さはない、色気もない。だけどここでは外せない。

加藤 晃浩　東京都
自動車の何%がセメダインか、知っていますか?

加藤 晃浩　東京都
エジソンなら、どう使っただろう。

狩野 慶太　東京都
気づかれない仕事が、プロの仕事だ。

狩野 慶太　東京都
セメダインが無かったら、つくれなかった街がある。

狩野 慶太　東京都
のりしろは、のびしろだ。

狩野 慶太　東京都
エンジニア様へ。セメダインがない世界を、想像してみてください。

狩野 慶太　東京都
人は、くっつけたがる生きものだから。

狩野 慶太　東京都
セメダインは宇宙にいく。

狩野 慶太　東京都
セメダインがなければ、ジオラマだった建物がある。

狩野 慶太　東京都
すべてが、のりしろに見えてくる。

久下 京太朗　東京都
想像と創造をつなぐ。

紅村 重人　愛知県
エンジニアは、会議室と現場の仲をくっつけるモノを、日々探している。

小林 正太　愛知県
ワークを固定する
位置を決めて原点を出す
技術とは精度を出すこと
セメダインで繋ぐ技術こそ
企業の原点である

小松 史子　京都府
セメダインの社員が思わずうなる
接着剤の新しい使い方を募集しています。

齋藤 大樹　東京都
1日の生産量が増えた。

齋藤 大樹　東京都
発明のそばに。

齋藤 大樹　東京都
道具であり、助っ人でもある。

齋藤 大樹　東京都
地震大国で生まれた、揺らがない接着力。

佐々木 一之　愛知県
芸術家の皆様も使ってください。

塩川 史也　東京都
セメダイン無しで、この薄さはありえない。

島田 宏哉　静岡県
世界一、開発秘話を知る会社。

セメダイン

神宮 龍斗　東京都
エンジニアの悩みは、私たちの悩みでもある。

末森 恵生　山口県
現場のヒーローは、必殺技より、小技が多い方がモテる。

鈴木 聖太郎　愛知県
発想は、固定しない。

角出 弘司　神奈川県
木材と金属をつなぐセメダインは、林業と鉄鋼業をつなぐ。

角出 弘司　神奈川県
飛行機の翼は接着剤だらけ。

高澤 邦仁　東京都
道理を着ければ、無理が引っ込む。

高澤 邦仁　東京都
ああ、
ソリューションと言えば、
分かってもらえたのか。

鷹巣 仁哉　東京都
「どうしよう」にセメダイン。
「あともう少し」にもセメダイン。

日月 雅人　東京都
地球にあるものくっつけて、
世界にないものつくろうぜ！

谷 明展　北海道
ダメだった時、一緒に考えるのがパートナーです。

田原 あすか　京都府
話しかけやすい竹内力、みたいな。

鶴岡 延正　東京都
エンジニアと営業の目的をくっつける。

鶴岡 延正　東京都
予算内で収める。それも優秀なエンジニアの技術力。

鶴岡 延正　東京都
セメダインをお客さんから提案されたら恥ずかしい。

寺尾 一敏　滋賀県
外壁板の地震対策に。

中尾 奈津子　東京都
「いかに動かさないか」で、
時代を動かしていく。

中須 慧　兵庫県
剥がれた信頼は、くっつかない。

中辻 裕己　東京都
あまりに自然な接着から、自然にありえない接着まで。

中村 公雄　福井県
絞り出したアイデアが固まる。

奈良 純嗣　秋田県
進め宇宙、潜れ深海。

西林 香菜　和歌山県
存在感を出さずに、存在感を出す。

橋口 賢一郎　愛知県
瞬乾、速乾、遅乾。
セメダインなら自由自在。

橋口 賢一郎　愛知県
新素材と聞くと、どう接着するかを考えます。

原田 智光　山口県
できないのは、できる技術を知らないから。

人見 訓嘉　香川県
重量がある限り、使命は続く。

深瀬 大　神奈川県
技術者から見れば、東京はセメダインの街だ。

藤原 真紀　愛知県
設計と生産の溝は、セメダインがくっつける。

船越 一郎　東京都
空飛ぶ車に、ネジは重い。

ペロッツィ ミロ　東京都
手間を省くからって、
悪くなるばかりじゃない。

細木 光太郎　神奈川県
ものくっつくり大国、日本。

堀江 成禎　京都府
つくる時代も。
なおす時代も。

松尾 健介　大阪府
熱に強いのに、寒さに強い。
水に強いのに、乾燥に強い。

サ

セメダイン

松尾 健介 大阪府
S極とS極をくっつける。

松尾 健介 大阪府
使うほうに、
技術がいらない。

松本 亮 長崎県
理想と現実の間に、セメダイン。

丸茂 智沙 東京都
模倣品がたくさんあるというのは、それだけ良い商材ということです。

三上 佳祐 東京都
あれとこれがくっつくと、あこがれに近づく。

三上 智広 北海道
重力への逆らい方、2、000パターン以上。

南 忠志 東京都
ガウディも使ってみたかっただろうな。

宮崎 響 大阪府
接着剤という言葉は、セメダインから生まれた。

宮崎 亮太 兵庫県
設計図には、「セメダイン前」と「セメダイン後」がある。

宮本 俊史 東京都
最先端と最先端をくっつけるのもセメダインの仕事です。

宮本 俊史 東京都
さまざまな現場で鍛えられた粘りは
強力です。

宮本 俊史 東京都
その技術とアイディアに結果をくっつける。

三吉 学 岡山県
想像力補完材。

安本 実織 兵庫県
機械設計のパートナーであり、回路設計のパートナーでもある。

矢野 浩樹 福岡県
脳からはみ出せば、それはセメダインです。

矢野 史也 愛知県
セメダインで削減できることがある。
部品点数と、総重量と、工数と、予算である。

山下 侑一郎 福岡県
もう、離れられなくなりますよ。

山下 祐輝 大阪府
お客様のご相談は、わが社の技術革新のチャンスです。

湯口 崇之 静岡県
発想力を豊かにしたのは、
接着力でした。

吉川 長命 京都府
エンジニアの選択肢を、セメダインで一つでも多く。

ソニー損保

課題

“今加入している自動車保険はベストじゃないかも。
自動車保険は自分で選ばないと
損をするかもしれない！”

と思ってもらえるアイデアを募集します。

ターゲット

「自動車保険なんて、どこも同じ。」と思って、
保険代理店に自動車保険を任せている人。

ジャンル

- キャッチフレーズ
- テレビCM
- ラジオCM

参考資料 ウェブサイトをご参照ください。 ソニー損保 自動車保険 検索

ソニー損害保険

「今加入している自動車保険はベストじゃないかも。
自動車保険は自分で選ばないと損をするかもしれない！」と思ってもらえるアイデア

協賛企業賞

大井 慎介（44歳）静岡県

見直すどころか、はじめからちゃんと見てすらいなかった。

▼協賛企業のコメント

ソニー損害保険
ダイレクトマーケティング部 部長
石井英介さん

このたびは、協賛企業賞の受賞おめでとうございます。また、受賞者をはじめ、ソニー損保の課題にご応募いただいた皆様の作品から多くの気づきをいただきましたこと、皆様に心よりお礼を申し上げます。今回は、自分で自動車保険を考えるきっかけがなく、薦められた保険になんとなく入り続けている方が少なくない状況にあることから、自動車保険を自分で考えて選択することの大切さに気づいてもらうためのアイデアを募集しました。大井様の作品を拝見し、当社でも「自動車保険を見直そう」といった表現を使うことがありますが、「見直す」以前に、「はじめから内容をしっかり見てすらいない」方も多くいらっしゃるであろう、ということに気づかされました。素晴らしい作品をありがとうございました。自動車保険は、事故という万一の時に価値を発揮する商品です。だからこそ、ドライバーの方には、いざという時に頼れる保険かどうか、なんとなくではなく、ぜひ自分でしっかり確かめて納得して選んでいただきたいと思っています。

三次審査通過作品

伊藤 史宏　愛知県

平等なんて、不平等じゃないか。

渋谷 史恵　宮城県

自動車保険は自動車の保険ではありません。あなたの保険です。

竹巻 裕也　大阪府

損することは気にするのに、損し続けることは気にしないんですね。

損していることは、得していることより、気づきにくい。

眞木 雄一　石川県

二次審査通過作品

大西 健次　岡山県
今、満足している人に向いてます。

鎌谷 友大　東京都
世の中には、比較されると困る保険がたくさんある。

佐藤 裕太　埼玉県
桃太郎も、サルキジイヌを自分で選んだ。

高澤 邦仁　東京都
保険は、入るものではなく、選ぶものです。

鳥山 慶樹　東京都
相手は平然としている。保険に自信があるようだ。

長井 謙　沖縄県
「安い」と言ってた、保険より、「安い」と分かった、保険に入ろう。

火丸 颯　神奈川県
自分でハンドル握りなさい。車も、保険も、人生も。

一次審査通過作品

足立 昌彌　東京都　テレビCM
木こりが泉に斧を落とす。
しかし何も起きない。
泉の横の立札を見ると
「平日9時～19時まで　泉の精」と
書いてある。
木こり「うそだろ？」
NA：24時間365日事故受付。ソニー損保。

池上 稔二　千葉県
会社ではコスト削減するのに、
自動車保険のコスト削減はしないの？

石井 雅規　千葉県
塵も積もれば。いや、塵にしてはデカすぎる。

石井 雅規　千葉県　テレビCM
男が代理店営業マンから保険の説明を受けている。
何度も営業マンの時計が目に入る。
男「いい時計してるなぁ。」
NA「保険内容に、保険料を支払いたい。」
企業ロゴ

石神 慎吾　長野県
よくわからないなら、なおさらよく調べたほうがいい。

石神 貴将　東京都
あ、あの、
お金落としてますよ。

伊藤 史宏　愛知県
人は使った分のみ払いたい。

岩田 壮史　埼玉県
みんなが得する、なんて矛盾している。

岩田 壮史　埼玉県
保険金が降りても、払いすぎた保険料は返ってこない。

岩橋 亮汰　兵庫県
私のこと、無機質な奴だと思ってます？

岩本 梨沙　大分県
やる前から難しいって決めないで。

大竹 一志　東京都
「浮気しろ」と妻に叱られた。

小笠原 清訓　青森県
10年で、120回払っています。

岡田 あず海　大阪府
根拠のない「大丈夫だよ」は、不安だ。

岡田 あず海　大阪府
事故は、対応するものではなく、解決するものだと考えます。

岡田 あず海　大阪府
欲しいのは、役に立つ、ではなく、活躍してくれる保険です。

岡田 あず海　大阪府
どこも「安心の事故対応」が売り文句なのに、満足度に差があるのは何故なんでしょう。

桂田 圭子　滋賀県
本来あるべき自動車保険。

加藤 晃浩　東京都
得することは教えてくれる。損してることは教えてくれない。

加藤 輝　埼玉県
そこはめんどくさがるとこじゃない

川村 真悟　福岡県
車購入時に、もれなくつかない保険

木村 寿伸　愛知県
中古よりも、オーダーメイドのほうが安い。
自動車保険なら、ありえる話です。

黒坂 謙太　京都府
相手の保険が先に来た。こっちの保険はまだ来ない。

紅村 重人　愛知県
保険料は走る分だけって、ホントは当たり前じゃないか。

紅村 重人　愛知県
余計なサービスは、人の心を混乱させる。

小島 功至　熊本県
人によっては、
「毎月のガソリン代がタダになる」
くらいのインパクトがあります。

小宮 央　東京都
あなたの自動車保険は、
SECOMしてますか？

塩塚 敬　東京都
本当に困った時、困らない保険を。

柴田 賢一　茨城県
「安心です」としか言えない人は、不安だ。

下浦 豪史　兵庫県
事故した自分より、
テキトーに保険を選んでいた
自分を責めたい。

新免 弘樹　東京都
無駄な保険料を
払うことも、
損害だと思う。

鈴木 脩平　栃木県
保険選びは自己責任です。

芹澤 高行　東京都
海の上まで走るナビ、みたいな保険に入り続けていませんか？

竹並 佳与子　東京都
毎年「高いなぁ」と思いながら、
そのままになっていませんか？

田中 貴弘　東京都
たくさん乗っている人には安心を。
あまり乗っていない人にはおトクを。

遠山 杏実　東京都
無事故で後悔するのはなんか違う

長井 謙　沖縄県
高い保険で得ているのは、
「安心」ではなく、
「安心感」ではないですか？

長井 謙　沖縄県　ラジオCM
男「マユミちゃん、俺と結婚してほしい！」
女「え、でも、どうしてあたしなの？」
男「何となく！」
女「え」
NA「何となくで選ばないで。自動車保険も同じです。ソニー損保」

中園 健太　埼玉県
ぶつけてきた相手のほうが、いい保険に入っていた。

中田 国広　埼玉県
某ライバル電機メーカーの社員も選んでます。

中田 国広　埼玉県
マイナスのドライバーをプラスに変える。

中村甲一　東京都
免許取りたての嬉しい気持ちで選んだ、「とりあえず、それで」保険になっていませんか？

中村甲一　東京都
入って、終わり。じゃない。

那須 佑樹　秋田県
ずっと一緒だからって、
一番いいとは限らない。

西野 知里　東京都
何十年も運転してるのに、
まだ保険は初心者用ですか？

野田 正信　東京都
自動車保険の過払い金は、返ってこない。

則本 桃子　京都府
損なことないと思っていた。

浜田 英之　東京都
難しい話への「わかった」は
リスクが高すぎる。

早瀬 孝嘉　富山県
「選べない事故」にも、選択の余地はあります。

原田 智光　山口県
初めて本気で浮気しようと思った。

原田 正喜　愛知県
おかん、あんたは確かに〝26歳以上〟やけど。

サ ソニー損害保険

福島 滉大 埼玉県
事故に遭っても遭わなくても
後悔するなんて、
さすがに嫌じゃないですか？

福島 滉大 埼玉県
見落とすと危険なのは、保険も変わらない。

福田 美奈 神奈川県
上司は選べません。
保険は選べます。

堀 正峻 東京都
サンデードライバーなのに
休日対応してくれない保険へ
入ってたりしませんか？

堀 正峻 東京都
無駄になってほしいものだけど、
無駄金を払うのはイヤなのです。

堀 正峻 東京都
お車から、お金が漏れているようですよ。

益子 美紀 北海道
自動車保険は、
〝よそ見〟で安全に。

松田 尚樹 奈良県
脅すわけではありませんが、
その保険で大丈夫ですか？

松村 遼平 京都府
効果のよくわからない商品を、
毎月買っていた。

松本 透 東京都
あれ、思ったより助けてくれない・・・

三上 佳祐 東京都
大きな損失を防ぐつもりが、
小さな損失を重ねていた。

三上 佳祐 東京都
保険料の超過は、
注意されるどころか喜ばれる。

三島 直也 東京都
できるなら、
惚れた保険に入りたい。

密山 直也 兵庫県
よくわからない人と結婚できないように、
よくわからない保険と生きていくなんて
ご免だ。

簑部 敏彦 東京都
万が一は、一番目のこともある。

三宅 幸代 大阪府
自動車事故の加害者になったとき、
保険選びの被害者だったことに気づいた。

宮﨑 薫 兵庫県
支払っているだけで安心していた。

三吉 学 岡山県
そのままだと、そんのままですよ。

向井 正俊 大阪府
私がヘコみました。

村瀬 駿介 愛知県
後の祭りは、楽しくない。

最上谷 大輔 東京都
良い自動車保険は、被害者への配慮です。

森下 紘行 東京都
おまかせは1番の無駄遣い。

森下 紘行 東京都
ボーナスの額より、気にした方がいいことが
ある。

森下 紘行 東京都
スーパーで安売りの品を買うよりも、自動車
保険を見直した方がお得。

森脇 誠 京都府
「いつもと同じだから」が危ない。運転も保
険も。

矢﨑 剛史 東京都
あなたの保険料には、他の人の相談料も含ま
れている。

矢野 笑子 兵庫県
自動車保険ではなく、
運転手保険と考える。

矢野 笑子 兵庫県
クルマのための保険じゃない。
クルマに乗る、あなたのための保険です。

山内 昌憲 東京都
週末ドライバーなのに、土日休みの保険会社
だった。

山下 祐輝　大阪府
「得」の反対は「無関心」です。

湯谷 大志　埼玉県
まずは、損しているかもしれないことに、気づいてください。

由里 進一　兵庫県
安いのではない、適正価格です。

由里 進一　兵庫県
備えすぎれば、憂いあり。

吉田 敬三郎　東京都
自動車にもインターネットが繋がる時代。保険は？

與嶋 一剛　岐阜県
あの、保険が損害になっていますよ。

吉村 圭悟　東京都
天国からは、何を言っても届かない。

吉村 圭悟　東京都
運転前に、事故ってません？

渡辺 純敏　長野県
どれも大差がないってことは、少なからず差があるということです。

渡邉 拓也　東京都
加入していただく以上に、理解してほしい。

渡邉 拓也　東京都
なんとなく加入が、多い業界です。

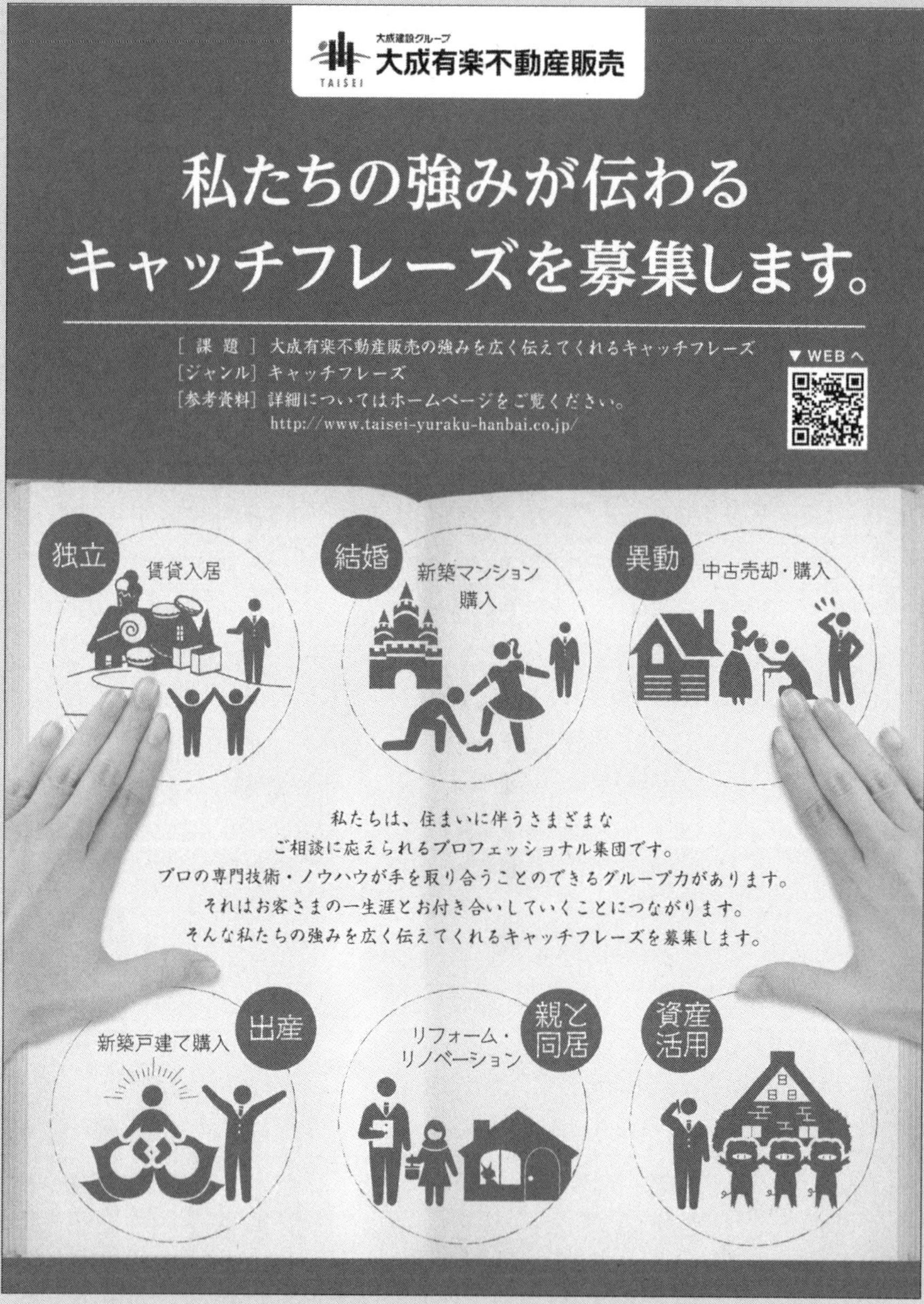
大成建設グループ
TAISEI
大成有楽不動産販売
私たちの強みが伝わる
キャッチフレーズを募集します。
［課　題］大成有楽不動産販売の強みを広く伝えてくれるキャッチフレーズ
［ジャンル］キャッチフレーズ
［参考資料］詳細についてはホームページをご覧ください。
http://www.taisei-yuraku-hanbai.co.jp/
▼WEBへ
独立
賃貸入居
結婚
新築マンション
購入
異動
中古売却・購入
私たちは、住まいに伴うさまざまな
ご相談に応えられるプロフェッショナル集団です。
プロの専門技術・ノウハウが手を取り合うことのできるグループ力があります。
それはお客さまの一生涯とお付き合いしていくことにつながります。
そんな私たちの強みを広く伝えてくれるキャッチフレーズを募集します。
出産
新築戸建て購入
親と同居
リフォーム・
リノベーション
資産活用

大成有楽不動産販売

大成有楽不動産販売の強みを広く伝えてくれるキャッチフレーズ

協賛企業賞

大森 成（21歳） 神奈川県

いつだって節目には、大成がいた。

▼協賛企業のコメント

大成有楽不動産販売
管理本部 管理部長
増田 賢さん

この度は協賛企業賞の受賞、誠におめでとうございます。数ある企業の中から当社にご応募いただきありがとうございました。当社は「人と住まいを信頼の架け橋でつなぐ」という企業理念のもと、お客様との繋がりを第一に考え、社員全員一丸となって顧客満足に注力しています。お客様の信頼を得て、人生の様々な節目に何度も住まいのご相談を持ち掛けていただける、そんな企業を目指す当社にとって、このキャッチフレーズはまさに目指すものを端的に表して下さいました。お客様に「いつだって節目には、大成がいた。」と思って欲しい、その願いも込めて、授賞とさせていただきました。素晴らしい作品をありがとうございました。大切に使わせて頂きます。最後に、当社課題に応募して下さった皆様にも、心より御礼申し上げます。今後とも大成有楽不動産販売をよろしくお願い申し上げます。

三次審査通過作品

松村 遼平　京都府

「初めまして」より、「お久しぶりです」が聞こえる不動産。

三浦 秀雄　秋田県

不動産にまつわる失敗話をたくさん知っています。

二次審査通過作品

相川 耕平　東京都

引っ越し10回。担当者、1人。

奥村 明彦　東京都

大成有楽不動産はいつの間にか「田中さんとこ」になっている。

貝渕 充良　大阪府

「子どもができたの」と、相談をした。

鹿田 涼輔　千葉県

「売った買った貸した直した」ことあります

長井 謙　沖縄県

「この家なら、売ることになっても、安心ですね」この人、そんなことまで、考えてくれている。

タ

大成有楽不動産販売

ゆりかごを置く住まいから、墓場に備える資産まで。
西村 沙幸　兵庫県

本気で購入に反対してくれた。
松岡 基弘　東京都

一次審査通過作品

僕らがいう日常は、だいたい住まいのことだったりする。
北浦 俊　千葉県

横で旦那が家族計画の話をしている。恥ずかしい。
大川 将平　千葉県

家を買った人のアドバイスは、大抵たった1度の経験だ。
石神 慎吾　長野県

いい家だけど、私が探していたものじゃない。
木村 有花　千葉県

家を売りたいと相談されて、リフォームを提案することもあります。
小室 塁　東京都

そろそろ相談にいらっしゃるころだと思っていましたよ。あのとき生まれた娘さん、大学生でしょ?
石神 慎吾　長野県

この家の節目節目に、必ず彼があらわれる。
肥塚 雅裕　大阪府

最適な住まいを何度でも。
貝渕 充良　大阪府

家を売る相談に行って、リフォームすることに決めてきた。
石神 慎吾　長野県

住まいの相談をしていたつもりが、人生の相談をしていた。
齋田 敏宣　大阪府

相談したいことはたくさんあるけれど、たくさんの人には相談したくない。
片岡 佳史　神奈川県

賃貸の相談に来たぼくの隣では、アパート運営の話をしていた。
伊藤 史宏　愛知県

名前からして縁起がいい。
柴田 さゆり　東京都

自信のある不動産屋ほど、お客さんの話を聞いてくれる。
加藤 晃浩　東京都

上司もお袋も家を建てる素人だ。
上田 悠馬　大阪府

住宅設計から、将来設計まで。
谷 明展　北海道

僕より、妻より、不動産屋さんが一番悩んでくれた。
加藤 晃浩　東京都

かかりつけの、不動産屋さん。
氏家 康之　富山県

電話帳に不動産屋を、初めて名前で登録した。
長井 謙　沖縄県

営業というより、相棒。
河野 智己　東京都

家を手放す時に一緒に泣いてくれた。
大川 将平　千葉県

タ

大成有楽不動産販売

長井 謙 沖縄県
不動産屋の名刺を、
息子に引き継いだ。

中辻 裕己 東京都
三人で決めて、二人で住んだ。

中辻 裕己 東京都
あまりに熱心だから、
一緒に住む気かと思った。

中村 匡 大阪府
家はこの人、と決めた人がいます。

中村 匡 大阪府
ではご両親はリフォームで、息子さんは賃貸
の契約でよろしいですね。

林 秀和 東京都
子供を育てたくなる家を考えるのも、少子化
対策だと思う。

福島 滉大 埼玉県
我が子の出産時に相談したスタッフに、
我が孫の出産時にも相談した。

堀田 陽祐 愛知県
暮らしは変わる、担当は変わりません。

松尾 栄二郎 東京都
夢のマイホームから幸せなマイライフへ。

三上 智広 北海道
12年ぶりですね。今回のご相談は？

三澤 正彦 愛知県
「住人」十色に答える

見田 英樹 愛知県
いつか手放すとしても、担当させてほしい。

見田 英樹 愛知県
期待以上に、不安を抱くお客様に応えたい。

宮崎 響 大阪府
不動産を抱える事が、
不安を抱える事であってはならない。

村上 正之 愛知県
「私が定年になるまで、お付き合いします」と
その人は言った。

山田 尚文 東京都
今買うべきか、私より悩んでくれた。

山本 朝子 東京都
弊社はいつまでも、住民ファースト。

渡邉 香織 三重県
家の好みを言わなくても、わかってくれる人。

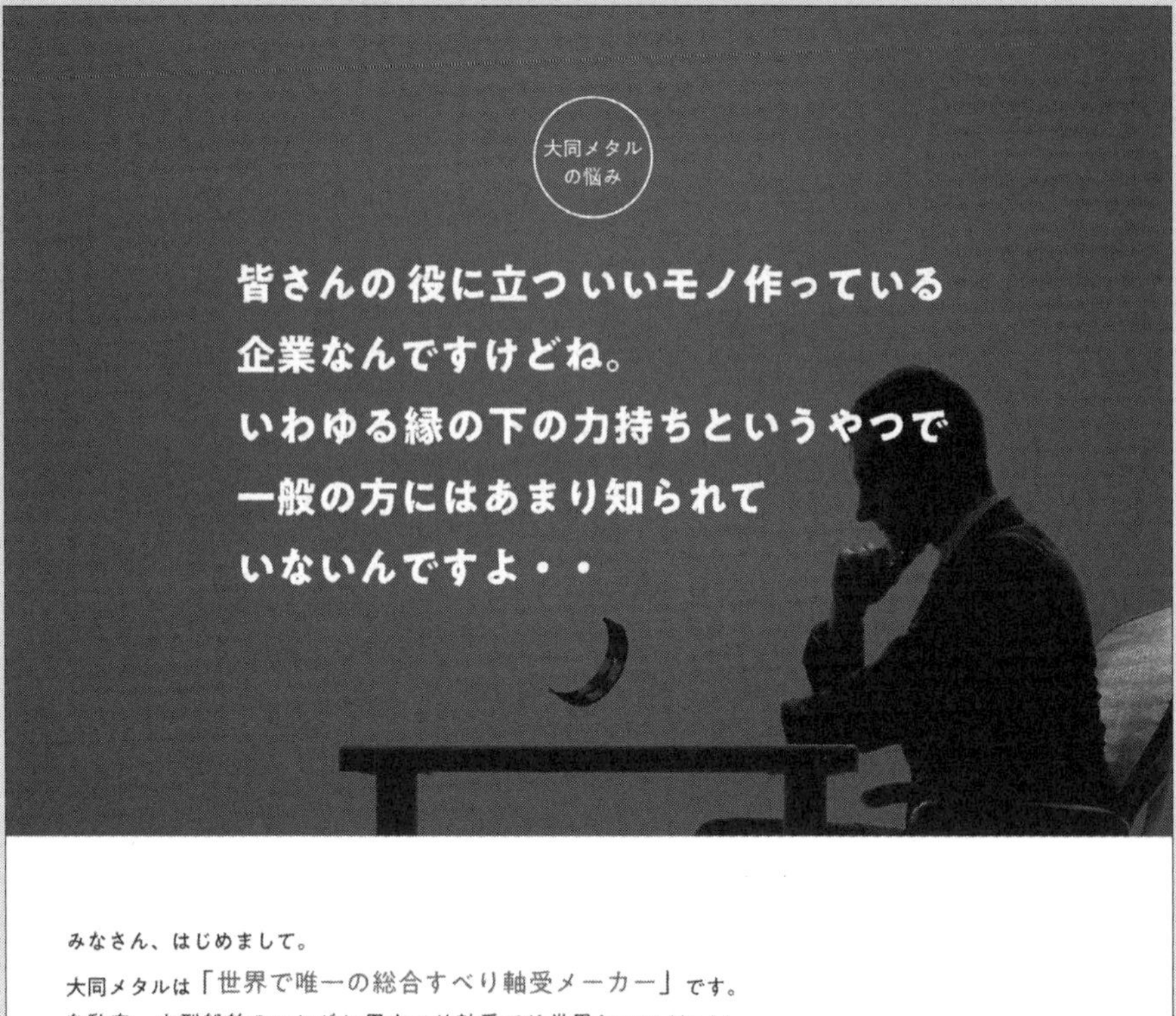
大同メタルの悩み
皆さんの役に立つ いいモノ作っている
企業なんですけどね。
いわゆる縁の下の力持ちというやつで
一般の方にはあまり知られて
いないんですよ・・
みなさん、はじめまして。
大同メタルは「世界で唯一の総合すべり軸受メーカー」です。
自動車、大型船舶のエンジン用すべり軸受では世界シェアNo.1!
皆さんの役にも立っている、業界ではちょっとした有名人なんです!
といっても「すべり軸受、何それ?」という人がほとんどですよね…
大同メタルを、すべり軸受を、たくさんの人に知ってもらえれば
就職活動中の学生さんにも、もっと興味をもってもらえるはず!
毎日がんばっている社員の励みにもなるはず!
私たちのちょっと欲張りな想い、叶えていただけませんか?
すべり軸受の一例
課題 「総合すべり軸受メーカー」大同メタル工業の魅力を伝えるアイデア
ジャンル キャッチフレーズ
参考資料 当社HP https://www.daidometal.com/jp/
採用サイト http://recruit.daidometal.com/
採用サイトに、当社についての分かりやすい説明がございます。
たくさんのご応募、
お待ちしております!
DAIDO METAL

大同メタル工業

「総合すべり軸受メーカー」大同メタル工業の魅力を伝えるアイデア

協賛企業賞

溝口 昌治（35歳）神奈川県

すべる技術が、ウケてます。

▼協賛企業のコメント

大同メタル工業
総務センター マーケティング戦略グループ 部長
市橋利一さん

協賛企業賞の受賞、おめでとうございます。２０１９年に創立80周年を迎えることもあり、「なかの人」が気づいていない大同メタルの魅力を発見していただこうと、今回初めて宣伝会議賞に参加いたしました。ＢｔｏＢの当社製品はなかなかつかみどころがなく、その点でスベり易い課題でしたが、多くの応募作品をいただいて喜んでおります。今回の大同メタル賞は社内投票によって決定しました。「すべり軸受」という名称から、お笑いを連想させる作品が多かったですが、そうした中でこの作品は当社の技術にもフォーカスしており、そうした点が社員から選ばれた理由だと思います。最後に、受賞者の方をはじめ、ご応募いただいた皆さまに心より御礼申し上げますとともに、今後ますますのご活躍をお祈り申し上げます。

三次審査通過作品

わかりやすく言うと、ハムスターの車輪が壊れないように支える会社です。

浅野 愛美 埼玉県

世の中って、意外なヤツが回してるんだなぁ。

福島 滉大 埼玉県

二次審査通過作品

生涯で見た自動車の1／3も、今日見た自動車の1／3も、大同メタルのすべり軸受です。

貝渕 充良 大阪府

クルマは、時速100キロでスベってる。

森山 千鶴 山口県

一次審査通過作品

井澤 梨子 東京都
ニュートンやレオナルド・ダ・ヴィンチの発見を、その先の未来へつなぐ。

石神 慎吾 長野県
地球の燃費をよくしてる。

石田 美来 東京都
え?初めまして?
何度もお会いしていますよ。

岩田 壮史 埼玉県
車は、エンジンと、タイヤだけで走っているわけじゃない。

大川 佑介 神奈川県
ものづくりの美学は、細部に宿る。

大川 佑介 神奈川県
物流を支えているのは、私達だ。

大川 佑介 神奈川県
伝える仕事は、言葉だけじゃない。

大塚 恭平 埼玉県
メタリカにも負けていない、世界的なメタル。

貝渕 充良 大阪府
なめらかな走りは、エンジンから、
なめらかなエンジンは、すべり軸受から。

貝渕 充良 大阪府
エネルギーのない国だから、
回転力のロスを少しでも無くしたい。

貝渕 充良 大阪府
この国を回している産業を、回している。

加田木 陽介 東京都
長年、摩擦の少ない職場でやってきてます。

桂田 圭子 滋賀県
話術ではなく、技術ですべらせています。

加藤 晃浩 東京都
あなたがいるから、円滑に回っている。

加藤 晃浩 東京都
日本の自動車産業を支えてるって、日本そのものも支えていると思う。

加藤 了平 愛知県
世界は、
私たちの技術を
中心に回っています。

上條 直子 東京都
すべる、うける。お笑いではありません。

川村 真悟 福岡県
機械だって、摩擦は嫌いなんだ。

佐々木 一之 愛知県
争いのいちばんの問題は摩擦でした。

佐々木 貴智 東京都
TOYOTAでも作れないから、注文がくる。

島崎 純 長野県
「よくすべる」が、褒め言葉になる会社。

清水 亨祐 東京都
すべり業。

新免 弘樹 東京都
スベってるのに、
ウケてます。

砂川 一平 京都府
合格したモノだけがすべれる世界がある。

高田 雄大朗 東京都
今日も、世の中の摩擦が少し減りました。

田中 敏夫 東京都
産業の軸受。

谷 明展 北海道
日本製の信頼は、こういう部品に支えられている。

谷 明展 北海道
なくなったら、トヨタもホンダも日産も困る。

タ

大同メタル工業

谷 明展　北海道
日本にも、レアメタルがあった。

谷 明展　北海道
すべり軸受みたいな人、
組織にひとりは欲しい。

土田 充康　東京都
「あの車よく走るね」は「よくすべらせてるね」
のことです。

永吉 宏充　神奈川県
すべらない話は、笑えない。

並川 隆裕　東京都
売れてないのは、名前だけです。

野村 京平　東京都
今日も世界で、
ダダすべり。

弘嶋 賢之　愛知県
俺が悪魔なら、まずすべり軸受けを外すね。

福島 滉大　埼玉県
その仕事、回し方が良くないかもしれません。

藤田 篤史　東京都
部品と部品を仲良くする。

藤田 篤史　東京都
機械の関節をつくっています。

藤田 篤史　東京都
機械が動いている。
部品が滑っている。

船見 卓裕　栃木県
回転の数だけ活躍の場がある。

古川 直　大阪府
話題にならないのは、
そこに摩擦がないからだ。

枌 真太郎　埼玉県
故障は大抵、摩擦から起きる。

本間 和紀　東京都
何かが動く時、大同メタルが動いている

益子 美紀　北海道
摩擦を少なくすると、長持ちする。
車も夫婦もいっしょです。

松尾 栄二郎　東京都
機械に〝滑（かつ）〟！

松本 雅功　東京都
「すべり軸受」という言葉を人生で初めてググったら、世界が広がった。

間宮 結以　東京都
私たちは、問題がない限り知られないと思う。

溝口 昌治　神奈川県
芸人さんには、CM出演を頼めないなあ。

南谷 磨紀　東京都
世界中のドライバーの
3人に1人は私達のお客様です。

宮田 尊安　愛知県
私たち夫婦にも、
すべり軸受があればいいのに。

向井 正俊　大阪府
有名自動車メーカーから、
指名されるメーカーです。

森下 ひなの　神奈川県
世界の目を回したい。

山下 祐輝　大阪府
世界を動かすのに、知名度はいらない。

山本 真梨子　石川県
世界を動かした人には、
だいたい支えるNo・2がいた。

山本 真梨子　石川県
スベりを一手に引き受ける。
そんなヤツ、絶対いいヤツに決まっている。

吉村 圭悟　東京都
軸なしで回り続けられるのなんて、
地球で、地球ぐらいだ。

吉村 圭悟　東京都
よく見る車の、
よく見ないところで大活躍。

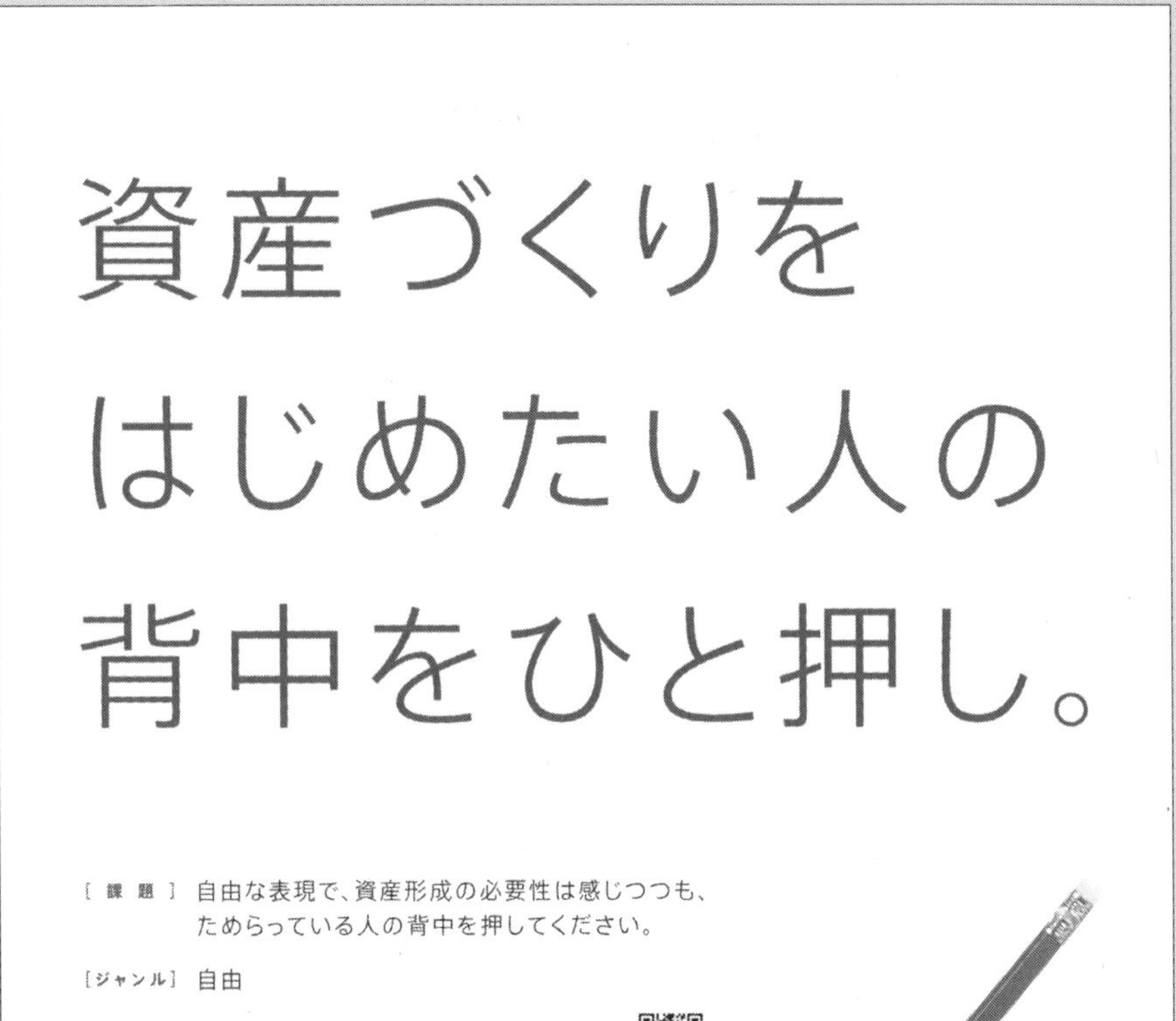

大和証券

資産形成の必要は感じつつも、ためらっている人の背中を押すような自由なアイデア

協賛企業賞

村上 正之（56歳）愛知県

日本人が働き過ぎなのは、お金が働いていないからかもしれない。

▼協賛企業のコメント

大和証券
ダイレクト企画部 次長
井上真紀さん

このたびは、協賛企業賞の受賞、誠におめでとうございます。本作品には、「日本のお金が働けば、日本人はもっと効率的に、未来の自分のためのお金と時間を手に入れられる」というようなメッセージが込められていると感じました。「投資の必要性」を働き方と掛け合わせることで簡潔に表現し、また、自分が働くだけではなく、稼いだお金にも働いてもらうことで余裕を作ろう、という意図に大変共感いたしました。特に今は、ワークライフバランスを重視し、テレワーク、在宅勤務など様々なスタイルで働く時代です。働き方の一つとして、「お金が働く」という選択肢も取り入れて欲しい、という願いを込めて、本作品を選出させて頂きました。このフレーズが若い世代の方にも浸透し、資産形成を生活の一部として自然に取り入れてもらえるよう、大切に使わせていただきます。最後に、当社の課題にご応募いただきました皆さまに心よりお礼を申し上げます。

三次審査通過作品

貯金も昔は、資産形成でした。

東妻 航太 大阪府
小笠原 清訓 青森県

テレビCM

サヨナラ篇

男と女がデートをしている。

男：ごめん、オレ、収入減っちゃうんだ。
それでも愛してくれるかい？

女：ばいばーい

NA：いつでも気軽に売買できる。
手軽な資産形成なら、大和証券

榊原 慎吾 愛知県

テレビCM

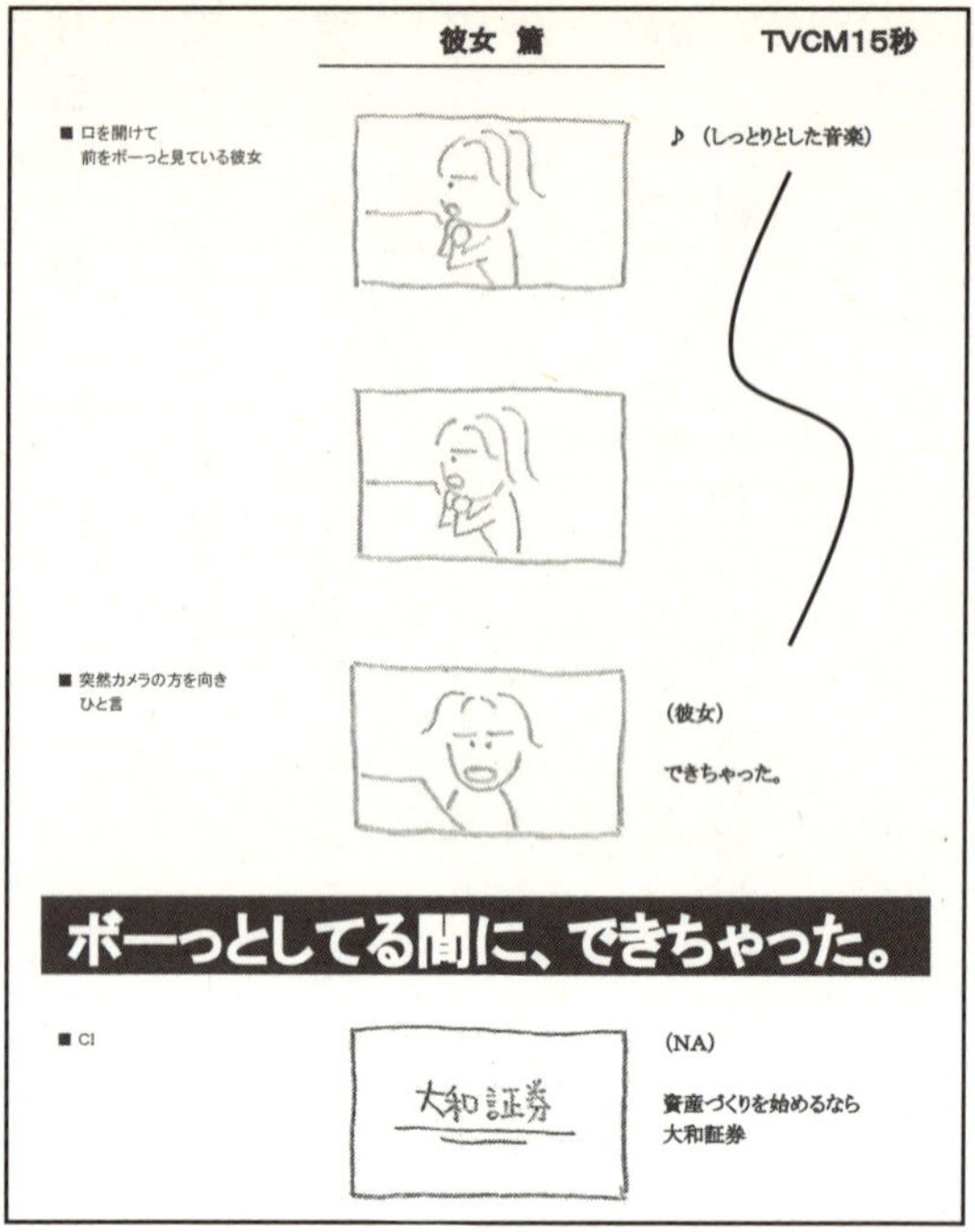

芹澤 高行 東京都

リタイア充。

田中 貴弘 東京都

テレビCM

サラリーマンが仕事から帰る。
ドアを開けると、たくさんの福沢諭吉がグーグー寝ていたり、カードゲームしていたり、ダラダラすごしている。
はーっとため息をつくサラリーマン。
NA：「遊ばせてるお金、働かせません？」
大和証券

萩原　諒　静岡県　ラジオCM

SE：キンコンカンコーン(チャイム音)
先生：算数の授業始めるぞー
先生：４×１(しいち)が
生徒：４(し)
先生：４×２(しに)が
生徒：８
先生：４×３(しさん)が
生徒：形成
先生：形成？
生徒：先生、資産は形成する時代だよ。

NA：若い人の方が知っている。資産の形成は大和証券へ。

船越　一郎　東京都

あなたの貯金には、残高以上の価値がある。

「生涯現役」。聞こえはいいが、実際つらい。

松村 遼平 京都府

三上 智広 北海道 テレビCM

「豪邸」篇

スーツを着た女性、
自販機で缶ジュースを買おうとしたが、
小銭を落としてしまう。
小銭、ころころ転がって、みるからにお金持ちが
住んでそうな豪邸の門の中へ吸い込まれてしまう。

スーツを着た男性、
外で財布の中身を確認しようとしたが、
お札が風で飛んでしまう。
お札、同じく豪邸の中へ飛んでいってしまう。

お金や小銭がいっぱい、
豪邸にどんどん吸い込まれていく。

NA＆SP「このままでは、お金はお金持ちだけのものです。」
女性、男性が大和証券で

資産運用の相談をしている風景。
NA「お金は、お金の知識がある方へ、集まってきます」
NA＆SP「資産づくりのご相談は、大和証券」

二次審査通過作品

小笠原 清訓　青森県
還暦で、形成逆転。

岡本 英孝　福岡県
役職通りの人生でいいんですか？

鎌谷 友大　東京都
そうか、
給料を増やすより、
資産を殖やす方が簡単だ。

長井 謙　沖縄県
夫がリストラされた。想定内だ。

長井 謙　沖縄県
幸せに、伏線を張ろう。

中元 智之　神奈川県
お金持ちの「貯金なんてそんなに無いです」は
本当です。

西田 亜紀　神奈川県
残念ですが、あなたが一生働いて稼ぐ金額には、
限度がある。

林田 淳　東京都
1番の自己投資は、投資でした。

堀 正峻　東京都　ラジオCM
（BGM：雪が吹雪く音）
（音：ドアをノックする音）
キリギリス：あ、アリさん
アリ：……なんだい、キリギリス君
キリギリス：外は寒いね
アリ：悪いけど、僕の家には入れないよ。夏に遊んでいた君が悪いのさ

タ
大和証券

キリギリス：いや、違うんだ。外は寒いけど、僕の懐は温かくて、これから南国リゾートに行くんだ。だから、行ってきます、って言いたくて
アリ：な、なんだって!? 遊んでいた君に、どうしてそんなに備えが!?
NA：投資していれば、遊んでいたってお金が貯まります。始めるなら、大和証券へどうぞ

山下 祐輝　大阪府
退職氷河期が、やってくる。

一次審査通過作品

青木 陽介　東京都
やってみなけりゃわからない。子供にそう言ってきたじゃないか。

青山 紀恵　東京都
貯めるだけなら、孫でもできる。

安樂 直弥　福岡県
あなたより、あなたのお金の方が年収が高いかもしれない。

市山 裕史　東京都
人生にはお金より大切なものがある。資産です。

伊藤 均　東京都
一寸先に、光。

岩井 孝憲　東京都
よく分かっていない人が多いのは、裏を返せばチャンスです。

魚原 健吾　東京都
そうでもない同期が、外車に乗っていた。

大串 匠太郎　東京都
久しぶりに、妻が私に期待してくれました。

大久保 明翔　富山県
既にあなたの資産は、ほぼ0%で運用されています。

大西 健次　岡山県
そろそろ、あなたに言ってると気付いて欲しい。

大野 忠昭　埼玉県
俺の金が、俺より稼ぐとは。

大平 尚明　東京都
収入を増やすより、収入源を増やす方が簡単だ。

大平 尚明　東京都
若いときに買うべきは、苦労よりも株かもしれない。

小笠原 清訓　青森県
博打で高額納税者になった人はいない。

小笠原 清訓　青森県
イチローだって、野球以外の稼ぎも多い。

奥山 浩之　東京都
100円のアイスが120円になったのは、100円玉の価値が下がったから。

小野 正晴　静岡県　テレビCM
大学のテラスに座っている男子学生二人。一人はゆっくり本を読んでおり、もう一人は参考書を片手にノートを広げている。
学生A「なぁ、お前何の本読んでんの？てか課題終わってんの？」
学生B「講義の課題はとっくに終わってる。これは投資についての本」
学生A「え、何それ？何で？」
学生B「何でって、投資しようと思ってるから」
学生A「え、なんか怖くない？」
学生B「……怖くない。何で君は大学で勉強してるの？」
学生A「え、そりゃいろいろ学んで、将来活躍するため……。」

学生Ｂ「それと同じ。」
学生Ａ「え」
学生Ｂ「君が今自分にしていることが自己投資。俺は企業でそれをやってみようと思っただけ」
学生Ａ「……。怖くない？」
学生Ｂ「怖くない。将来のために今何が必要かを考えて、勉強すれば。大学に進むことを自己投資とした君と同じ。」
学生Ａ「……。」
・Ａの家
学生Ａ「ただいまー」
母親「おかえり」
学生Ａ「ねぇ、投資ってしたことある？」
母親「何急に、したことないわよ。わけわからなくて、怖いじゃない。」
学生Ａ「……。」
NA「怖くない。知れば、きっと社会が見えてくる。」

桂田 圭子 滋賀県
収入は、給料プラス出来高。

加藤 晃浩 東京都 テレビCM
男が夜中に散歩していると、近くで大きな音と光に気付く。煙が上がり、中から男が出てくる。
未来人：すみません、今何年ですか?!
男：え…、2018年ですけど…
未来人：2018年…！よし、タイムスリップ成功だ！
男：え、タイムスリップって、もしかしてあなた、タイムマシーンに乗ってきたんですか？
未来人：その通り。君は、田中正一くんだね。
男：どうして僕のことを知ってるんですか?!
未来人：挨拶がまだだったね。僕の名前は田中正一。そう、30年後から来た君だよ。
男：30年後から?!あなたは未来から来た俺なの?!
未来人：そう、今日は君に大事なことを伝えにきたんだ。時間がないから手短に言う。君はすぐに資産形成を始めるんだ。今から準備をして、未来の僕に安定した生活を与えてほしい。じゃあ僕は時間がないからこれでっ！
そう言って足早に去っていく未来の田中正一
男：宝くじの当選番号とか教えてくれればいいのに…
NA：それくらい大事なこと、かもしれない。資産形成は難しいと思っている方をしっかりサポートし、あなたの資産づくりを応援します。
企業ロゴ

河野 智己 東京都
ヘソクリを賢く隠そう

河本 拓也 東京都
あなた、働いてないで、お金を働かせてよ！

河野 稔 東京都
「この子売れるなぁ」って思ったら、声をかける。それだけです。

河野 稔 東京都
もっと億まで！

坂口 晶紀 東京都
お産にダンナのひと押し。
資産にダイワのひと押し。

佐々木 一之 愛知県
腹が立ったので、あの会社の株を売った。

指田 貴雅 愛知県
預金は、いい値段で売れない。

佐藤 数馬 広島県
退職金は、ちゃんと支払われますか？

佐藤 将邦 大阪府
小遣いが株価連動になった

佐藤 将邦 大阪府
定年後が迫ってきた

城川 雄大 富山県
ホントのお金持ちは、お金を持たない。

末松 学史 東京都
あなたにも
「市場初」のできごとを。

杉原 美穂 東京都
宝くじより、確実です。

杉原 美穂 東京都
守りが堅い、では負け戦です。 お金の場合。

大和証券

杉山 聡　静岡県
グランプリの賞金を、普通預金に預けると、年に10円増えます。

高崎 絢斗　東京都
人は一生に2億かかる。

高崎 絢斗　東京都
おひとり様でも、リスクとは同棲している。

高橋 知裕　広島県
タンスにへそくりを入れてる主婦は、2流だと思う。

田村 武史　大阪府
株式会社に勤めていますよね？

長井 謙　沖縄県　ラジオCM
夫「あのさ」
妻「なに？」
夫「実は…」
妻「なによ」
夫「俺、リストラされちゃったんだ」
妻「…で？」
夫「え？」
NA「どんなアクシデントにも、動じない資産形成を。大和証券」

中辻 裕己　東京都
待ってろよ、深キョン。

中辻 裕己　東京都
負け犬の様子見。

中辻 裕己　東京都
社長、ここは私の奢りで。

中元 智之　神奈川県
日本人は働き者だが、日本人のお金は怠け者だ。

那須 佑樹　秋田県
通帳から飛び出せ。

西口 滉　東京都
リスクは、いつ背負うかの問題だと思う。

西田 亜紀　神奈川県
自分の収入だけに頼る方が、リスクだと思う。

背本 瞬　東京都
懸命に生きるより、賢明に生きよう。

浜田 英之　東京都
まずい！息子の就職と俺の退職が同時だ！

林田 淳　東京都
貯金上手は、貯蓄下手です。

林田 淳　東京都
このままだと、人生の最期が、一番貧しくなります。

林田 淳　東京都
寿命は伸びても、給与は伸びていません。

廣澤 祐　東京都
バブル時代に、リベンジ。

藤田 篤史　東京都
出世争いをしているやつがいるうちに。

古田 涼　愛知県
最近、オレよりカネの方が忙しそう…。

星合 摩美　東京都
貯金だけで褒められるのは小学生までです。

堀 正峻　東京都
証券が怖いと思う人とはいいお付き合いができそうです

堀 正峻　東京都
収入を　二刀流に

堀江 成禎　京都府　テレビCM
夜の食卓で親子が向かい合っている。父は大学案内を手にしている。
父：お金のことは心配するな。
子：…うん。
父の顔が不安そう。父を見る子の顔も不安そう。
NA：はじめよう。
NA＋S：大和証券

松田 尚樹　奈良県
年金の方がリスクあるかも。

松村 遼平　京都府
投資より、年金を期待する方がリスクです。

松村 遼平　京都府
今の仕事の将来性は、正直投資より読めない。

松村 遼平 京都府
金があるふりをしていると思っていた同期が、本当に金を持っていた。

松村 遼平 京都府
老後、また「生きるのに必死」に逆戻りだ。

密山 直也 兵庫県
わたしは将来のために、貯金しない。

密山 直也 兵庫県
国が変わるより、
私が変わるほうがはやい。

密山 直也 兵庫県
預金するだけなんて、
もはやお金の無駄使いです。

宮田 尊安 愛知県
過保護って、お金によくない。

向井 正俊 大阪府
老後が消耗戦になった。

村瀬 千佳 岐阜県
被災地企業の株を買うという
復興支援がある。

村瀬 千佳 岐阜県
総理大臣が選べなくても、日本は変えられる。

元氏 宏行 大阪府
ケチは孤独になる。

森下 夏樹 東京都
お金で、稼ごう。

森山 寿貴 東京都
UFOキャッチャーをやるより、確実です。

矢木 慶 東京都
わたしが寝ている間も世界はがんばっている

矢野 浩樹 福岡県
「ちょっとお金貸して。」と
タイムマシーンで来られても。

山下 祐輝 大阪府
人生、起承転、転、転、転…。

山下 祐輝 大阪府
定年後も、世界は激動です。

山本 朝子 東京都
四十八歳で初めての子どもが生まれた。

山本 朝子 東京都
あの大統領の発言に、逐一反応する国際人になりました。

山本 朝子 東京都
大丈夫、お前の留学資金はドル建てで用意してある。

吉崎 裕樹 岡山県
資産画面は最強のインスタ映えだと思う。

吉村 茂 東京都
備えがあっても、憂いもある時代に。

吉村 昌記 東京都
東京オリンピックのその先を考えよう。

Daiwa Lease®
大和ハウスグループ

リースだけじゃない、
私「大和リース」と申します。

こんにちは、大和リースです。　強調
あ、大和ハウスって思いました?

そうです! 大和ハウスグループの一員です。

社名にあるように建物リースが原点ですが、やっていることはそれだけじゃありません。

あまりご存じないかもしれませんが、ビジネスの領域を拡げています。　社会の課題を解決すべく
創業60周年　来年で還暦ですが、これからもフレッシュな気持ちで挑戦し続けたい。

そこで、みなさんにお願いです!

そんな私たち、大和リースの実力が伝わる、間違えないアイデアをお待ちしています。　い

冴えたアイデアは、受賞に関わらず、当社の広告やwebサイトなどで積極的に活用させていただきます!

課題	大和リースの実力が伝わるアイデア
ジャンル	キャッチフレーズ、ラジオCM
参考資料	www.daiwalease.co.jp

大和リース株式会社

大和リース
大和リースの実力が伝わるアイデア

協賛企業賞

那須 佑樹（22歳）秋田県

社名を超えた、使命がある。

▼協賛企業のコメント

大和リース
広報宣伝部長
岸田 佐和子さん

このたびは協賛企業賞の受賞、誠におめでとうございます。本作品は「大和リース」という社名だけでは表現しきれない事業の広がりや社会の課題を解決する商品やサービスを提供するという創業以来の理念をシンプルに、かつ力強く表現していただきました。当社としては身の引き締まるキャッチフレーズであり、その「使命」に応え続けるためにも、今後のさまざまなコミュニケーションで積極的に活用させていただきたいと思います。2019年6月、大和リースは創業60周年を迎えます。これまで支えていただいた感謝を胸に、いまを「通過点」として常に変化し、未来へと挑み続ける所存です。今回、初めて宣伝会議賞に協賛させていただき、皆さまより多彩なアイデアをご応募いただくことで、内部からは見えない景色や言葉のチカラを感じることができました。最後に、当社の課題にご応募いただいた皆さまに心より御礼を申し上げますとともに、今後のますますのご活躍をお祈り申し上げます。

三次審査通過作品

長井 謙　沖縄県　ラジオCM

女「はい、みんな寄ってー。撮るわよー。はい、リース！」
SE「パシャ」（カメラの音）
NA「リースで、住民の笑顔を作る会社。大和リース」

二次審査通過作品

竹内 忍　千葉県

どんな社名にすればいいか分からないほど、何でもやってる会社です。

松岡 基弘　東京都

ちょっとビルが必要になった時に。

一次審査通過作品

青柳 信吾　奈良県
「猶予がない」というニーズもある。

青柳 信吾　奈良県
ビジネスにおいて、「試せる」はメリットだと思う。

石神 慎吾　長野県
いつになったらリースの部署に行くのだろう。入社10年目社員

岩橋 亮汰　兵庫県
ひとつとして、同じ正解はない。

小笠原 清訓　青森県
未来より、明日が大事な人もいる。

小笠原 清訓　青森県
60歳の成長期。

柏木 克仁　神奈川県
なんで借りるのって聞いたら、なんで買っちゃうのって聞かれた。

加藤 千尋　東京都
未来に貸しをつくらない。

大和リース

釘崎 彩子　熊本県
名で体を表しきれません。

小宮路 茂晃　宮崎県
大和リースの業務分野ですか、話すと長～く長～く長～くなりますよ。

近藤 学　東京都
ねぇ、何刀流なの？

新免 弘樹　東京都
ダイワ、省を兼ねる。

髙橋 洋光　佐賀県
日本の被災地を支えた技術が、発展途上国を救う。

竹節 忠広　長野県
グループ全員のアイデアを、1人のお客さまに。

竹節 忠広　長野県
リースじゃない商品の方が多い。

谷 明展　北海道
デッドスペースを、グッドスペースに。

中野 宏治　山梨県
長く建ち続ける建物と、その時必要な建物と、建て分ける時代です。

原田 正喜　愛知県
環境は守るものではない。つくるものだ。

船橋 翔一　三重県
既に、全国44箇所で発電中。
星合 摩美　東京都
必要な瞬間に、必要なチカラを。

細木 光太郎　神奈川県
日本は、まだまだ、いい国になる。

正水 裕介　東京都
土地を、価値にする。

松岡 基弘　東京都
あれこんなところにこんな建物あったかな？が私たちの仕事です。

南 忠志　東京都
雑草より、可能性を伸ばそう。

宮野内 雄樹　愛知県
街が、人を育てる。

向井 正俊　大阪府
社名、ミスった。

矢﨑 剛史　東京都
全部足すと、大きな和になる。

山本 朝子　東京都
根を下ろすことが、リスクになることだってある。

山本 朝子　東京都
買うってことは、縛られるってことかもしれない。

山本 真梨子　石川県
集ったり、出会ったり、踏ん張ったり、巣立ったり。
場所を見つけると、人生は動きだす。
渡邊 侑資　岐阜県
創業から廃業までを支える会社。

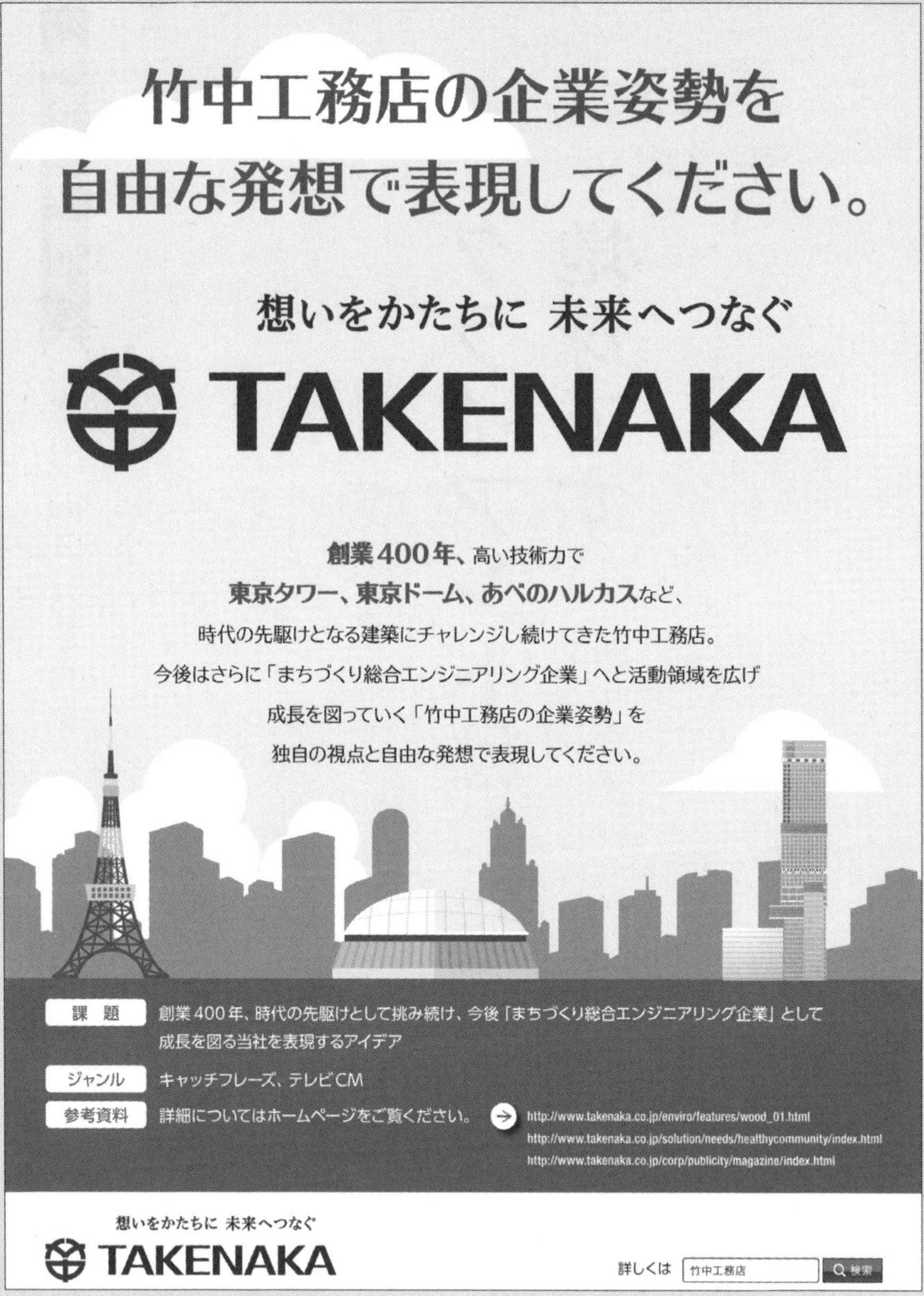
竹中工務店の企業姿勢を
自由な発想で表現してください。
想いをかたちに 未来へつなぐ
TAKENAKA
創業400年、高い技術力で
東京タワー、東京ドーム、あべのハルカスなど、
時代の先駆けとなる建築にチャレンジし続けてきた竹中工務店。
今後はさらに「まちづくり総合エンジニアリング企業」へと活動領域を広げ
成長を図っていく「竹中工務店の企業姿勢」を
独自の視点と自由な発想で表現してください。
課題
創業400年、時代の先駆けとして挑み続け、今後「まちづくり総合エンジニアリング企業」として成長を図る当社を表現するアイデア
ジャンル
キャッチフレーズ、テレビCM
参考資料
詳細についてはホームページをご覧ください。
http://www.takenaka.co.jp/enviro/features/wood_01.html
http://www.takenaka.co.jp/solution/needs/healthycommunity/index.html
http://www.takenaka.co.jp/corp/publicity/magazine/index.html
想いをかたちに 未来へつなぐ
TAKENAKA
詳しくは
竹中工務店
検索

竹中工務店

「まちづくり総合エンジニアリング企業」として成長を図る
竹中工務店を表現するアイデア

タ

竹中工務店

協賛企業賞

廣田 顕久（46歳）岡山県

クライアントは、地球です。

▼協賛企業のコメント

竹中工務店
広報部 部長
樫村俊也さん

このたびは、協賛企業賞の受賞おめでとうございます。様々な視点からご提案いただき、今後の参考になる作品が数多くあり、多くの示唆を与えてもらう機会となりました。その中でこの作品は、当社の企業姿勢やその想いが端的に表現されていました。その一つは当社がずっと建築作品を通じて進めている「サステナブルワークス」、それは環境と調和する空間創造をめざした建築への取組みであり、突き詰めると地球レベルの話です。一方で今回の課題で示した「まちづくり」とは、建物単体ではなく面的に広がりを持ち、竣工のように活動に「ピリオド」が打てるものではありません。常にｉｎｇ形で、長く文化的な価値を維持し続ける地域の創出等、社会やまちに新たな価値を提供する活動を目指すものですが、これも最終的には地球に価値を提供することに繋がっていく活動です。すなわちクライアントは地球なのだと我々に気づかせて頂いた、ダイナミックなキャッチコピーに感謝いたします。最後に、当社の課題にご応募くださった皆様に心より御礼申し上げますとともに、今後の益々のご活躍をお祈り申し上げます。

足立 昌彌 東京都

東京タワーの母です。

石井 雅規 千葉県 テレビCM

若者が2人。
A「東京を代表する建物は？」
B「東京タワー」
A「アメリカは？」
B「エンパイアステートビル」
A「ヨーロッパは？」
B「サグラダファミリア」
A「じゃあ、地球は？」
B「うーん。」
悩み続けるB
NA「地球と聞かれて一番に思い浮かぶ建物をつくるんだ」
竹中工務店

柴田 誉雄　愛知県

まちのそらを創る。

田中 貴弘　東京都

建築物で覚えられるまちがある。

二次審査通過作品

貝渕 充良　大阪府

甲子園らしい甲子園ドームを。
竹中工務店なら、つくる。

木村 幸代　埼玉県

未来の目印になるものを。

高澤 邦仁　東京都

お年寄りが住みやすいまちは、
いずれあなたが住みやすいまちです。

密山 直也　兵庫県

星づくり。

一次審査通過作品

青柳 信吾　奈良県

まちを作れば人が集まる、
という時代は終わりました。

青柳 信吾　奈良県

世界遺産の街並みは、
ひとつの建物から始まった。

飯塚 政博　神奈川県

名所がうまれると、経済がうまれる。

石倉 大介　埼玉県

技術の進化は、街への心配りから。

伊藤 史宏　愛知県

月の土地をご購入された方、ぜひご相談ください。

岩田 皆子　東京都
人がいるところにまちができるのではない。
まちがあるところに人が集まるのである。

宇多 智彦　福岡県
まだ見ぬ日本のシンボルを。

小笠原 清訓　青森県
平成も、心のふるさとになりますように。

奥谷 和樹　大阪府
自然と生きるまちを、
子どもたちの未来にしたい。

加藤 晃浩　東京都
土地と会話する。

鎌谷 友大　東京都
その街のシンボルになる建物を。

北川 秀彦　大阪府
壊したくない建物を建てることも
エコだと思う。

小泉 峻介　静岡県
あなたの待ち合わせの場所は、私たちの作品
です

小山 宏紀　東京都
なかなか、たけなか。

崎山 すなお　東京都
このまちで生まれる子の、
人生の一部になるのだから。

沢 俊吾　千葉県
指さす場所を、つくりたい。

末繁 昌也　埼玉県
日本と言えば、をつくる。

高澤 邦仁　東京都
日本らしいまちって何だろう。

高澤 邦仁　東京都
まちづくりは、くにづくりだ。

竹巻 裕也　大阪府
地方の町を、地元にしたい街にする。

崔 勝臣　東京都
私たちが創るのは未来の故郷です。

中切 友太　愛知県
思うだけなら、誰でもできる。

中切 友太　愛知県
仕事中、休日のことばかり考えている。知ら
ない家族の。

長沼 直樹　東京都
25世紀の東京は、
東京と呼ばれているだろうか。

那須 佑樹　秋田県
いい国つくろう、つくりたい。

野田 正信　東京都
時には、あえて何も建てない。

林 秀和　東京都
設計図が、未来図だ。

春山 豊　東京都
やがて住所が財産になる。

船木 俊作　東京都
私たちは
地球の一部を
つくってる。

松岡 基弘　東京都
赤ちゃんが、おばあちゃんになってもある建
物を。

松田 綾乃　東京都
４００年前がわかるから、
４００年後がわかる。

松田 綾乃　東京都
「１００年くらいは余裕です」に説得力があ
る。

松村 遼平　京都府
日本ブランドを、建てている。

三上 智広　北海道
建物というより、
人が集う場所を作っています。

三吉 学　岡山県
いちばん近い未来をつくる。

向井 正俊　大阪府
街を発明する。

向井 正俊　大阪府
通行人を観客にする。

向井 正俊　大阪府
まちが進むと、足が止まる。

「無理がある設計」のことを、夢と呼ぶ。
矢﨑 剛史 東京都

次は月です。
本気です。
柳 旗英 東京都

もっと良くなる、を
ずっと叶える。
山植 克也 東京都

いいまちだね。最高の褒め言葉だ。
吉川 文義 東京都

完成は、歓声に変わるだろう。
吉村 圭悟 東京都

馬鹿げたことを、天才かと言った。
吉村 圭悟 東京都

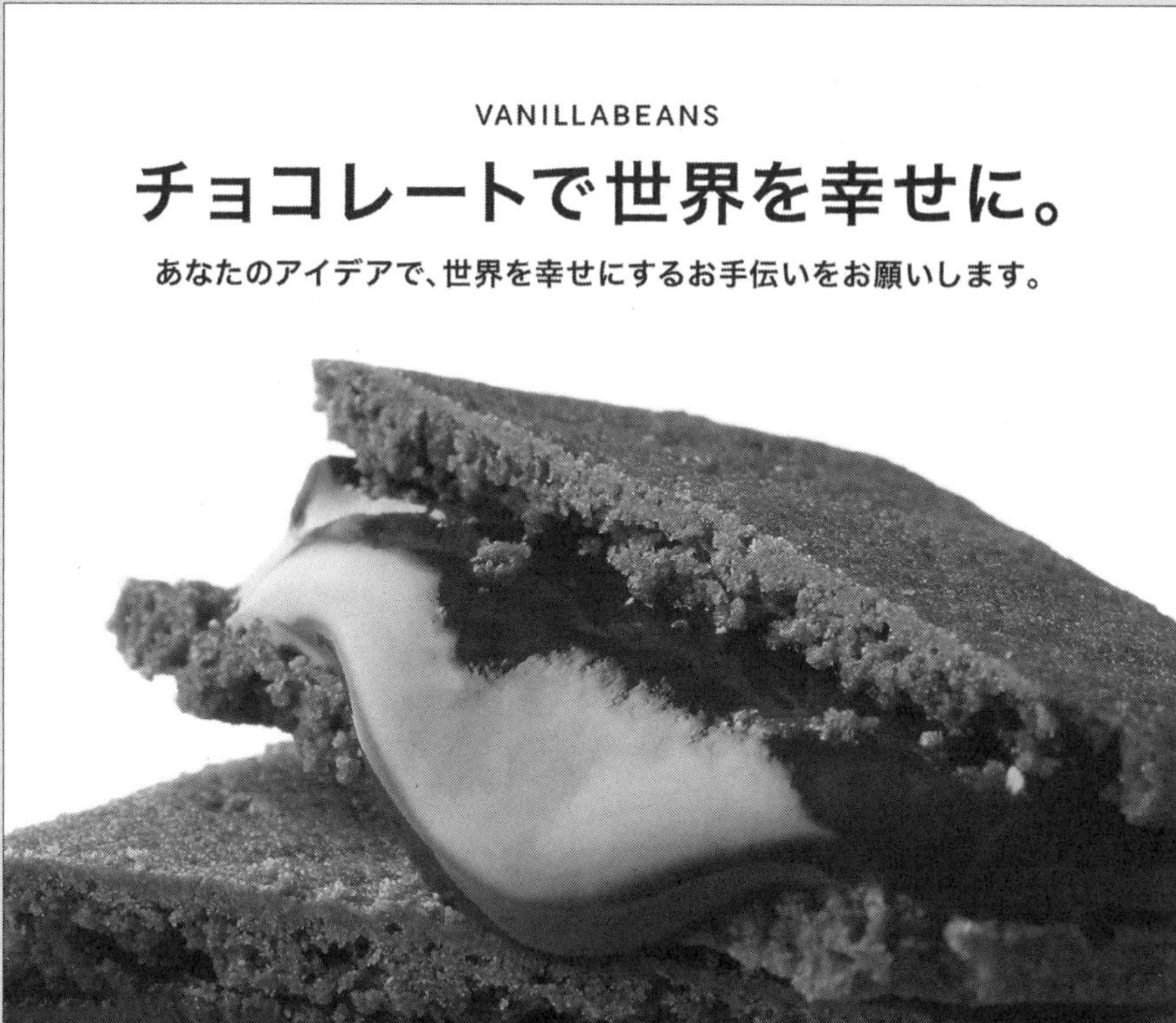

VANILLABEANS
チョコレートで世界を幸せに。
あなたのアイデアで、世界を幸せにするお手伝いをお願いします。
課題：バニラビーンズの人気商品、
「ショーコラ」の魅力を一言で表してください。
ジャンル：キャッチフレーズ
参考資料：http://chocolatedesign.co.jp
VANILLABEANS

チョコレートデザイン

バニラビーンズの人気商品、「ショーコラ」の魅力を表すキャッチフレーズ

タ

チョコレートデザイン

協賛企業賞

星合 摩美（45歳）東京都

幸せな一口は、幸せに育てられたカカオから生まれる。

▼協賛企業のコメント

チョコレートデザイン
代表取締役社長
八木克尚さん

この度は、協賛企業賞の受賞誠におめでとうございます。また、数ある中からチョコレートデザインの課題にご応募いただき、ありがとうございました。当社は、「チョコレートで世界を幸せに」をモットーに、チョコレートを通してたくさんの人に喜んでいただきたい、そしてカカオ・チョコレート産業に存在する課題を解決し、世の中を変えていきたいという想いを大切に、お客様に日々商品をお届けしております。本作品は、ロングセラー商品「ショーコラ」の魅力を表すキャッチフレーズとして、当社のカカオ原産国への取り組みや美味しさへの追求までを、バニラビーンズらしい温かみのある言葉で素敵に表現してくださり、まるでお客様と商品を結ぶ新たな物語をみているような感覚でした。また、ショーコラが100年後も愛され続けるようなお菓子にしたいと願う私たちにとって、商品価値を最大限に引き出してくれる言葉だと感じ、企業賞に選出いたしました。最後になりましたが、今回ご応募くださいましたすべての皆さまに、心より御礼申し上げます。

三次審査通過作品

ごめん、シェアできない。

大野 さとみ　大阪府

妻を、平和にしよう。

黒田 将史　神奈川県

ひとくち食べて、必ず断面を見たくなる。

高木 優月　奈良県

食べた人は、溶けてゆきました。

山下 悠　神奈川県

二次審査通過作品

スナック菓子じゃ、休憩にならない。

岡本 英孝　福岡県

岡本 英孝 福岡県
コンビニスイーツでは、太刀打ちできないストレスに。

上條 直子 東京都
申し訳ありませんが、お客様だけ第一ではありません。

菊地 礼二朗 埼玉県
恋人以外の誰かを想ってチョコを食べたのは、はじめてでした。

菊永 淳朗 大阪府
こころがすいたら。

杉山 祐太 東京都
幸せはショコラ中にありました。

鈴木 敦子 千葉県
おいしいという言葉は、つくってくれた人に伝えたい。

飛田 哲志 愛知県
「映え」なくても、人気。

平林 亜未 長野県
ちょっとしたお返しが女子にはよくある。

安本 実織 兵庫県
くそう、ケンカ中の彼氏に378円で買収された。

山本 晃久 神奈川県
これ以上、手作りチョコの敷居を上げないで。

一次審査通過作品

青木 佑里 静岡県
これを、あげたいと思った。君を、好きなんだとわかった。

阿慶田 眞子 静岡県
ショーコラ FOR GOOD

朝倉 陽助 神奈川県
今日は何記念日にしようかな。

阿部 亮介 東京都
私と世界を幸せにするチョコレート。

天羽 宏明　神奈川県
世界を幸せにするつもりでつくったチョコレートです。

飯田 祥子　福岡県
学校を建てるチョコレートがあります

飯塚 政博　神奈川県
チョコが甘ければ、なんとかなる。

池上 稔二　千葉県
自分へのごほうびが、
世界へのごほうびにもなる。

池田 かすみ　東京都
今日は、何の記念日にしようか。

石川 安夢　神奈川県
賞味時間は、もらって一分。

石川 知弘　東京都
義理チョコって言われたけど、本命の気がしてきた。

石倉 大介　埼玉県
あれ、泣き止んだ。

石倉 大介　埼玉県
この味で思い出す人は、多分好きな人。

伊藤 健悟　東京都
真心の込め方は、手作りだけとは限らない。

伊藤 美幸　愛知県
世界にチョコ友がいる。

岩倉 義則　北海道
おいしさは、やさしさ。

枝村 智仁　東京都
人には、チョコでしか救えない悩みがある。

遠藤 啓太　宮城県
チョコを重ねると、幸せも重なる。

大塚 英治　神奈川県
四葉のクローバーよりも、
簡単に手に入ります。

岡部 由紀子　神奈川県
幸せリレー・チョコ

岡本 英孝　福岡県
ナイフとフォークで食べたいチョコです。

岡本 英孝　福岡県
食べた後の笑顔が、一番のインスタ映えです。

小川 祐人　東京都
「原産国の生活の安定のため」
という言い訳ができるほうの
チョコレート。

小川 祐人　東京都
誰か、世界中の弾薬を
ショーコラに変えてくれないかな。

小川 祐人　東京都
すいません、
ショーコラに夢中で
話聞いてませんでした。

小川 祐人　東京都
合法的な賄賂です。

奥村 明彦　東京都
愛はおいしさでつながっている。

貝渕 充良　大阪府
美しいとけ方。

貝渕 充良　大阪府
幸せと幸せで、幸せをはさんだ。

柿本 和臣　福岡県
帰ってきた僕を見て
家族がとっさに頬張った。

兼田 麻衣　東京都
幸せなチョコレートは、
幸せな手でつくられる。

狩野 慶太　東京都
世界を変えるチョコがある。

上條 直子　東京都
誘惑に負けた人から、幸せになれる。

口羽 雄太　京都府
2月14日は、少しだけ世界が平和になる。

栗田 萌夏　東京都
2月に勇気をあげる人は、
3月に勇気をもらう人です。

肥塚 雅裕　大阪府
一番支持率の高い政党は、甘党だと思う。

チョコレートデザイン

肥塚 雅裕　大阪府
死んでないのに、「生き返る〜」

古郷 海児　神奈川県
しあわせシェアリング

小島 功至　熊本県
子どもは寝たか。
夫はどうだ。

小林 鴻世　東京都
フェアであり、ピュアである。

小宮路 茂晃　宮崎県
チョコ&ラブ&ピース。

酒井 美百樹　東京都
ショーコラという物語を
召し上がってください。

佐々木 暖　東京都
子供がパティシエになるって言い出した。

指田 貴雅　愛知県
知らなかった。
チョコレートも買ってもらえない子が
カカオを作ってたなんて。

清水 秀幸　東京都
プレゼントするつもりだったのに、つい。

白石 雄貴　埼玉県
甘いけど、正しい

白石 雄貴　埼玉県
チョコレートは、もっとたくさんの想いを届
けられる。

新免 弘樹　東京都
小さなチョコレート工場には、
大きな夢がある。

杉山 雅樹　神奈川県
あげる以上に、もらいたい。

鈴木 敦子　千葉県
一人で笑い続けるのは難しい。

芹澤 高行　東京都
独り占めしても、誰かと幸せをシェアできる。

鷹巣 仁哉　東京都
このチョコがある、優しい世界。

高田 香苗　千葉県
おいしさも、しあわせも、わけあいたい。

高野 みらの　東京都
チョコを選ぶことは、あなたを探すこと。

滝沢 紗織　東京都
本当のチョコレート好きは、産地のことも考
えている。

竹田 理沙子　京都府
チョコレートには愛が似合う。

竹田 理沙子　京都府
あなたが幸せだということは
世界が幸せだということ。

竹田 理沙子　京都府
自分のおいしいが誰かのかなしいにならない
ように。

竹節 忠広　長野県
チョコ&ピース。

谷 明展　北海道
贈り物というより、捧げ物。

谷 明展　北海道
すべらない手土産

田畑 亮　埼玉県
2月15日、男が買いに来る。

田畑 亮　埼玉県
ホワイトデーのお返しがヤバイ。

千葉 龍裕　東京都
世界のチョコレートは、まだまだ20世紀だ。

鶴田 博幸　福岡県
人を幸せにするチョコが、
人を不幸にしてはいけない。

出村 浩之　東京都
物語のある
チョコレート

出村 浩之　東京都
ネバー・エンディング・
ショーコラ・ストーリー。

寺島 慎吾　東京都
作る人も、食べる人も、幸せに。

寺戸 葉菜　兵庫県
もらった人はあげる人になる

戸田 理弓 東京都
可愛くなるからひとくちまって。

中島 昌彦 熊本県
一口の支援。

中田 国広 埼玉県
幸せって生チョコでデザインできるんだね。

中田 国広 埼玉県
そりゃ勘違いするよ、キミから貰ったらさぁ。

中新 大地 岡山県
義理が義理だと伝わらないチョコ。

仲西 陽子 京都府
幸福の単位は、ショーコラ。

那須 佑樹 秋田県
食べるタイプの楽園です。

西村 美希 愛知県
もっと美味しい世界にしよう。

西村 美希 愛知県
サスティナブル・チョコレート

野村 一世 大阪府
この世に、チョコで終わる喧嘩がいくつあるだろう。

野村 一世 大阪府
些細なケンカは、さっさとチョコで終わらせよう。

橋本 敬史 大阪府
こころが食べる、チョコレート。

浜田 英之 東京都
ブラック業界1位は、主婦かもしれない。

浜中 将幸 和歌山県
こういうのを買うのが、ほんとうの大人買いだ。

濱中 稜 千葉県
たべた思い出は、ずっと残る。

速水 伸夫 東京都
優しさ色のチョコレート

春原 伸也 東京都
手作りより、義理チョコの方が、だいたいうまい。

樋川 こころ 東京都
もらうより、あげるより、一緒に食べたい。

久松 陸 長崎県
しあわせ運ぶチョコレート

菱沼 慶子 東京都
大人の女性には、それなりのチョコが必要だ。

菱沼 慶子 東京都
カカオの生産国の子供たちは、チョコレートを食べたことがない。

飛田 哲志 愛知県
ジブン転換に。

日比野 はるか 神奈川県
3歳の息子には、とてもカラ～い食べ物だと言ってある。

平林 亜未 長野県
2・14のチョコは決めてある。3・14のチョコは伝えてある。

廣田 顕久 岡山県
世界を見ているチョコレート。

福島 滉大 埼玉県
ラブ＆ピース、＆デリシャス。

藤田 麻奈実 兵庫県
小さなショコラ、大きな幸せ

藤曲 旦子 東京都
甘いものを食べないと、人間はダメになる。

枌 真太郎 埼玉県
食べて応援。の世界版。

枌 真太郎 埼玉県
食べたことを2度自慢できるスイーツ。

堀田 陽祐 愛知県
平和をつくるチョコレート

堀田 陽祐 愛知県
世界をみつめるチョコレート

程塚 智隆 神奈川県
幸せの瞬間が多い人は、きっと幸せだ。

程塚 智隆 神奈川県
ダイエット中に食べるのが、一番美味しい食べ方かも知れません。

眞木 雄一　石川県
世界を想って、食べるチョコ。

益子 美紀　北海道
ジブンに甘い人は、原産国にやさしい人。

松尾 健介　大阪府
義理チョコで渡して、本命チョコだと思われた。

松岡 基弘　東京都
チョコの前ではみんな子どもだ。

松田 尚樹　奈良県
おいしいチョコは、世界を幸せにする。

松本 透　東京都
人の幸せを願い続けたら、このチョコレートが産まれました。

松本 真紀　大阪府
明日が変わる、チョコレート

三上 佳祐　東京都
あげるんじゃなくて、贈るんだからね。

三上 佳祐　東京都
驚く人と、黙る人がいる。

水口 達己　東京都
チョコレートで笑顔になれるくらいの、大失敗でした。

水谷 真由子　愛知県
つくった人の想いをサンド。

溝口 昌治　神奈川県
おいしいものを共有したくなるのは、平和を願う、ひとの本能だと思う。

宮村 亮大　神奈川県
しあわせを、補充しよう。

村上 朋子　東京都
あげたくなった人は、本命です。

村上 温香　静岡県
チョコレートがすきな人は、可愛い。

望月 瑠海　神奈川県
ほっぺと一緒に、僕も落ちる。

望月 瑠海　神奈川県
世界に涙がある以上、僕らの仕事はなくなりません。

八重柏 幸恵　北海道
ショーコラは、冷蔵庫の見えない場所へ。

八重柏 幸恵　北海道
買える、しあわせも、ある。

矢﨑 剛史　東京都
幸せを、幸せで、はさみました。

藪本 牧子　大阪府
きっと彼女の、一番好きなふらんす語。

山野 大輔　大阪府
君の別腹は、ワールドワイドだ。

山本 和也　東京都
世のため、私のため。

萬 正博　兵庫県
なるほど、口コミで広がるわけだ。

萬 正博　兵庫県
あっ、この人、この前「ショーコラ」持ってきてくれた人だ！

チケパスを使いたくなる
キャッチフレーズを募集します。

チケパスはスマホで使えるWebチケット管理サービスです。
アプリではなくWebブラウザ上で使えるチケットなので導入が簡単。
管理画面でチケット発行から利用状況の確認まですぐに対応できます。
業務の効率化から集客UPの施策まで幅広いシーンで利用可能です。

［課題］イベントには「チケパス」が必要不可欠だと思えるような
キャッチフレーズを募集します。

［ジャンル］キャッチフレーズ

［参考資料］https://tickepass.jp/

DM SOLUTIONS ディーエムソリューションズ株式会社

ディーエムソリューションズ

イベントには「チケパス」が必要不可欠だと思えるようなキャッチフレーズ

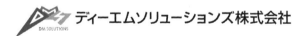

タ

ディーエムソリューションズ

協賛企業賞

寺門眞一　兵庫県

チケットにもっとエンタメを。

▼協賛企業のコメント
ディーエムソリューションズ
企画戦略室
鴨川純佳さん

このたびは協賛企業賞の受賞、誠におめでとうございます。皆さまよりご応募いただいた数々の力作の中から1作品だけを選考することは至難の業でした。今回の受賞作品は、「チケパス」が持つ機能と可能性がとても良く表現されているものとして、選出させていただきました。

最後になりますが、受賞者の方をはじめ、今回ご応募いただきました皆さまには重ねて御礼申し上げるとともに、今後の更なるご活躍を心よりお祈り申し上げます。

三次審査通過作品

西本 亜矢子 千葉県

武道館でコンサートをしました。1本の木が伐採されました。

二次審査通過作品

武部 詩保里 富山県

やった！今までの苦労が水の泡だ！

矢野 浩樹 福岡県

すみません、うちのヤギが食べちゃったんですが、どうしたらいいですか？

宮村 亮大 神奈川県

ない！ない！ない！チケットが、もともとない！

一次審査通過作品

青柳 信吾 奈良県

「なくしそう」を、なくそう。

阿部 裕一 埼玉県

スマホは紙より忘れない。

天沢 もとき 東京都

お客さんの前に、スタッフを集めるのも大変だ。

浅村 友美 東京都

顔パスの次に便利です。

ディーエムソリューションズ

石関 恵子　神奈川県
発券しなくていい、という発見。

石塚 弘樹　茨城県
スマホ1枚あればいい

小笠原 清訓　青森県
持たせない、待たせない。

岡本 英孝　福岡県
エコを訴えるイベントで、紙をばらまいていた。

奥谷 和樹　大阪府
イベントまでが、大イベントでした。

奥村 明彦　東京都
チケットに羽が生えた。

奥村 明彦　東京都
小劇団にはショーゲキだ。

片山 頌子　東京都
チケットのめんどうなところ、ぜんぶパスで。

黒坂 謙太　京都府
誰でもできる作業は、誰にもやらせない。

小林 建太　愛知県
チケットにライブ感を

小宮路 茂晃　宮崎県
面倒なことはパス！

崎山 すなお　東京都
5人増えたので、お弁当の追加発注をした。

笹森 宏樹　北海道
「アンケートを書きたくない」という声ももちろん届きます。

塩川 史也　東京都
それ、人間の無駄遣いだ。

高橋 洋光　佐賀県
今日は二度目の客が多いから、オチ変えようか？

田邉 純也　東京都
NEW場券。

谷 さゆり　石川県
なくならないチケット、あります。

谷 さゆり　石川県
発券しないことが、発見でした。

千葉 龍裕　東京都
スマホ忘れなら、早めに気付ける。

千葉 龍裕　東京都
発券手数料よりも、私は音楽にお金を払いたいのです。

塚谷 隆治　東京都
「顔パス」一歩手前の「チケパス」です。

寺門 眞一　兵庫県
よく盛り上げる1枚だ。

寺門 眞一　兵庫県
ステージ外に、エンタメを。

當銘 啓太　東京都
アンケートの束は、ひとりしか読めない。

西村 沙幸　兵庫県
これは、イベント成功へのチケットでもある。

西本 亜矢子　千葉県
チケットを受信しました。

廣田 顕久　岡山県
チケットは、モノから仕組みへ。

福島 滉大　埼玉県
発券の新発見。

松岡 基弘　東京都
楽しいイベントの、楽しくない部分引き受けます。

三浦 英成　宮城県
人の仕事を奪う、いい仕事します。

三上 佳祐　東京都
集計してないで、仕事しろ。

三上 佳祐　東京都
満員御礼、人員疲弊。

三上 佳祐　東京都
売上は増えているのに、仕事は減っている。

三上 佳祐　東京都
社員の意識を変えるより、チケットを変える方が早い。

ディーエムソリューションズ

見田 英樹　愛知県
大事なものほど、人は奥にしまってしまう。

見田 英樹　愛知県
スマホは鍵付きの金庫でもある。

南 忠志　東京都
スタッフが、ばたばたしているイベントは不安だ。

向井 正俊　大阪府
林家　子。

向井 正俊　大阪府
イベントの大ゴミでした。

向井 正俊　大阪府
紙のみぞ知る苦労。

向井 正俊　大阪府
来場者、受信中。

村瀬 駿介　愛知県
チケパスで、ムダパス。

本橋 賢一　東京都
あの日、大好きだったアーティストに字がヘタだから伝えられなかった。

矢野 浩樹　福岡県
あなたが来たことが、あの人に届く。

矢野 浩樹　福岡県
11986人の福岡のみんなーー
ありがとうーー!!

山口 泰尚　京都府
誰がやってもいい仕事は
誰もやらなくていい仕事だ。

山崎 優一　東京都
さすがのダフ屋も
スマホは売れまい。

山下 祐輝　大阪府
プラチナチケットも半券はゴミだ。

湯谷 大志　埼玉県
お客さんにアンケートしたら、どうやらチケパスが良いようです。

吉尾 康秀　東京都
インディーズアーティストの多くは
事務所に所属していない。

渡邉 香織　三重県
もしかしたら、その空席はチケットを紛失した人かもしれない。

一般財団法人
伝統的工芸品産業振興協会
彼「はい、プレゼント！」
彼女「えっ！これなぁに？」
彼「伝統的工芸品！」
彼女「うわぁ！ステキ♥
じゃあさっそく
明日から使ってみるね！」
・・・という会話が生まれるような
アイデアを募集します。
■課題・・・・・・「伝統的工芸品」の意味をたくさんの人に
知ってもらい、日常で使ってもらうためのアイデア。
■ジャンル・・・自由
■参考資料・・・詳細についてはホームページをご覧ください。
http://kougeihin.jp
「伝統的工芸品（経済産業大臣指定伝統的工芸品）」とは
「伝統的工芸品産業の振興に関する法律」（伝産法）に基づき、経済産業大臣が指定するのが「伝統的工芸品」です。
■「伝統的工芸品」の要件
①主として日常生活で使用する工芸品であること。
②製造工程のうち、製品の持ち味に大きな影響を与える部分は、手作業が中心であること。
③100年以上の歴史を有し、今日まで継続している伝統的な技術・技法により製造されるものであること。
④主たる原材料が原則として100年以上継続的に使用されていること。
⑤一定の地域で当該工芸品を製造する事業者がある程度の規模を保ち、地域産業として成立していること。
伝統マーク

伝統的工芸品産業振興協会

「伝統的工芸品」の意味をたくさんの人に知ってもらい、
日常で使ってもらうためのアイデア

協賛企業賞

松岡 基弘（31歳）東京都

あなたが使うことで伝統になる。

▼協賛企業のコメント

伝統的工芸品産業振興協会
企画部
福田直樹さん

宣伝会議賞の受賞おめでとうございます。工芸品は使っていただいて育っていくもので、そのことがまた伝統になっていくとのイメージがわいてくるキャッチフレーズにとても感謝しております。

三次審査通過作品

上條 有香 千葉県

さわれる日本史

柴田 賢一 茨城県

買う日本史。

八木 明日香 東京都

母は、いつもより
少し丁寧に盛りつけている。

二次審査通過作品

勝田 竜也 東京都

手でつくられたものは、人に似る。

北原 祐樹 新潟県

時をかける日用品。

口羽 雄太 京都府

たった百年で、人間は変わらない。

丸山 由紀子 長野県

いつか形見になるもの。

一次審査通過作品

安達 岳　東京都
誕生日に伝統的工芸品を贈る娘の彼氏を、なかなかキライにはなれない。

石神 慎吾　長野県
伝統的工芸品になれるのは、伝統にあぐらをかいていないモノだけです。

石田 明大　石川県
AI化できない分野です。

石塚 勢二　東京都
100歳現役。人なら伝説。

岩井 純平　東京都
海外ブランドよりも長い歴史があります。

岩田 壮史　埼玉県
手の届かない時代が、手の届く場所にある。

上杉 莉子　千葉県
美しいから、いまもある。

上田 悠馬　大阪府
超エモい。
いや、いとあわれ。

宇多 智彦　福岡県
歴史上の人物も愛用していた。

大井 慎介　静岡県
歴史が保証書。

大串 匠太郎　東京都
盛りつけたら、煮物が伝統料理にかわった

大関 健太郎　東京都
父や母には
108円の食器を使ってほしくない。

奥谷 和樹　大阪府
一緒に、ずっと使ってください。

貝渕 充良　大阪府
数百円で、百年もの。

鎌田 真悠子　高知県
結果、安あがり。

川名 優子　東京都
このままじゃプラスチックみたいな人生だ。

川村 真悟　福岡県
婚約指輪より使える。

北浦 俊　千葉県
「もらった」じゃなく、つい「頂いた」といってしまった。

栗田 一平　神奈川県
伝統は、最長最高のレビュー。

栗原 英　広島県
使った瞬間、伝承者になる。

栗山 祐門　東京都
孫の代まで使いやすい。

黒木 俊太郎　東京都
プレゼントはやめた。贈り物にした。

塩島 義大　神奈川県
日本の歴史から、プレゼント。

柴田 浩司　東京都
PDCA数百年。

島崎 純　長野県
「使う」より「育てる」の方が、しっくりくる。

島田 寛昭　東京都
日常が少し、美しくなる。

島田 寛昭　東京都
ふるさと納税に、伝統的工芸品という選択を。

新免 弘樹　東京都
嫁入り道具には、一生物を。

杉原 学　東京都
伝統工芸品を買うことは、伝統の継承に一役買うことでもある。

鈴木 敦子　千葉県
亡くなっても、失くならない。

鈴木 敦子　千葉県
時間をかけて作られたものは、使う人の時間もゆっくりにしてくれる。

高田 雄大朗　東京都
少なくとも1918年から、欲しい人がいました。

高橋 誠一　広島県
10年で古くなるものは、もういらない。

谷川原 涼　愛知県
継続は、文化なり。

田村 昌彦　東京都
一生ものは
使うほどに
一点ものになる。

千葉 龍裕　東京都
伝統的工芸品をくれた人のことは生涯忘れないと思う。

徳光 一蕗　東京都
「高い」よりも、「深い」プレゼントを

徳光 一蕗　東京都
「いいものだから」と渡されて、
「いいものだから」と渡していく

富岡 勇貴　静岡県
日常には、家柄がでる。

中切 友太　愛知県
誰にでもつくれるものは、誰にでもあげられるもの。

長竹 直哉　東京都
子や孫に引き継がせたいものが多い国は、豊かな国だと思う。

中村 奈津子　福岡県
何故くれたのか調べたくなる。

野坂 真哉　兵庫県
かぶりにくいプレゼント。

野田 正信　東京都
使わないときだけ、芸術品。

林 秀和　東京都
古いものではありません。ふるいにかけられたものです。

林田 淳　東京都
100年前の古いものというより、100年前に完成したものです。

林田 淳　東京都
100人のいいねより、100年のいいね。

菱沼 慶子　東京都
名乗れるまでに、100年かかる。

菱沼 慶子　東京都
100年リピートされる商品は、なかなか作れない。

平野 あゆみ　神奈川県
このお茶碗、わたしに似てきた。

平野 あゆみ　神奈川県
北欧の暮らしのための便利グッズ、日本では不便じゃないですか。

福島 滉大　埼玉県　テレビCM
「つくろう！工芸品」篇

NHKで放送していそうな子ども向け工作番組がはじまる。

お姉さん：ねぇねぇお兄さん！今日は一体何をつくるのかな!?

お兄さん：うん！今日は「伝統的工芸品」をつくろうと思うんだ！
早速つくり方だけど、まずは手作りで何らかの生活用品をつくろう！
そしたらあとはとっても簡単！その方法で100年以上つくり続ければいいんだ！

お姉さん：なるほどぉ！

お兄さん：100年経って、しっかり文化として定着すれば「伝統的工芸品」になるんだよ！

お姉さん：私もやってみよう！完成が待ち遠しい〜〜！

暗転＋文字：100年後

スタジオにお兄さんとお姉さんの墓が建っている。

NA＋文字：伝統を、1からつくるのは難しい。

伝統的工芸品産業振興協会

NA+ロゴ：伝統的工芸品産業振興協会。

星合 摩美　東京都
どうりで100年続くわけだ。

細田 哲宏　香川県
消費者インサイトに基づいた商品が、
2~3年でどれだけ消えたか。

堀 正峻　東京都
モノを大切に、なんて。
今のご時世、言葉じゃ伝わらない。

本間 和紀　東京都
使えば使うほど、味が出る。
それは人と同じだろう。

前田 正熙　東京都
ジョブズにも喜ばれました。

松瀬 健治　福岡県
残ってきたものだから、心に残る。

松野 真也　千葉県
歴史上の人物には会えないが、
歴史上の技術には触れられる。

三上 佳祐　東京都
「もの」と「ものがたり」をつくっている。

三上 智広　北海道
あなたが贈ると、未来に残る。

溝口 昌治　神奈川県
これであなたも、
伝統の引き継ぐ人の1人です。

緑 豊　東京都
無駄なものはいくら伝統工芸品でも、淘汰される

箕浦 弘樹　岐阜県
ゆっくり食べる。
食器を変えたらできました。

見延 里菜　東京都
好みがわからない、あの方へ。

宮崎 薫　東京都
時代を超えた名品
フランスのエルメス、イタリアのグッチ、
日本の伝統的工芸品。

宮地 克徳　群馬県
国宝の卵です。

宮田 義治　東京都
伝統的工芸は、「おしゃかわ」とも読める。

宮村 亮大　神奈川県
1000年前からの、お届け物でーす！

村瀬 駿介　愛知県
壊れるまで使うことが、伝統を壊さないための方法です。

村瀬 駿介　愛知県
100年以上使われているなんて、使いやすいにちがいない。

百瀬 太陽　大阪府
使いやすいは、贈りやすい。

森 明美　東京都
トムはインテリアにした。
私は味噌汁を入れている。

森下 夏樹　東京都
母の所作が、芸術的になった。

森下 紘行　東京都
どんな歴史書よりも、リアル。

山内 昌憲　東京都
モノづくりの「モノ」は、これだ。

山下 祐輝　大阪府
PDCAが100年分。

山下 祐輝　大阪府
流行は、ゴミになりやすい。

山下 祐輝　大阪府　テレビCM
賞味期限篇
家族が食事をしている。
息子「お母さん、僕、お腹いっぱい」
母「ご飯の前におやつ食べるからよ。傷まないようにラップして、冷蔵庫に入れといてちょうだい」
息子ラップして冷蔵庫に入れる。
息子「これ、明日でも大丈夫かな？」
母「大丈夫よ」
息子「明後日は？」
母「大丈夫よ」
息子「え？来週は？」
母「大丈夫よ」
息子「え!?来月は？来年は？」
母「ずっと大丈夫よ」

息子「いや、絶対腐るでしょ」
母「いやねぇ、器の話よ」
NA：伝統に賞味期限はない。

山下 祐輝　大阪府
夫婦茶碗には、あきないものを。

山田 翔太　滋賀県
もらった瞬間だけうれしいプレゼントよりも、もらってから数十年後もうれしいプレゼント。

山田 龍一　長崎県
これから100年、いっしょに使おう。

吉次 貴子　東京都
幕末も、戦争も、バブルも、くぐりぬけてきた逸品です。

吉村 圭悟　東京都
大人の価値は「器」で決まる。

吉村 圭悟　東京都
そろそろIKEAじゃ満足できない年齢になってきた。

吉村 圭悟　東京都
ダイヤモンドじゃ、予想通りだ。

私たち、
東急グループなんです！
もうすぐ60周年を迎えるゼネコンなんです！
Shinka（深化×進化＝真価）を発揮する場面なら
いっぱいあるはずなんです！

こんな当社の将来の姿を
表現してみてくれませんか？

当社ならではの
可能性がある
はずなんです！

|課　　題|　東急建設の将来の姿を「新たなゼネコン像」「独自性」の観点から魅力的に表現してください
|ジャンル|　自由　（キャッチフレーズ／テレビCM／ラジオCM）
|参考資料|　ホームページをご覧ください　東急建設　検索

Town Value-up Management
東急建設

東急建設

東急建設の将来の姿を「新たなゼネコン像」「独自性」の観点から魅力的に伝えるアイデア

協賛企業賞

中田 国広（48歳）埼玉県

想像を、そうそう！に。

▼協賛企業のコメント

東急建設
経営戦略本部　経営企画部長
小西雅和さん

このたびは協賛企業賞の受賞おめでとうございます。わたしたちは夢をかたちにする仕事をしています。その仕事はお客様の夢を「想像」するところから始まります。そしてわたしたちが持つ様々なソリューションを提案し、お客様が夢を「想像」に変えるお手伝いをします。この「想像」をかたちにすることでお客様の夢を実現し、そしてそれをより長く活かすことで夢を持続させる、こうしたプロセスのすべてがわたしたちの仕事です。お客様の夢を「想像」通りにかたちにすること。しかしそれはわたしたちでなくてもできることかも知れません。選んでいただいたお客様の「想像」を超えるものをかたちにする。こんな風にわたしたちにしかできない仕事をすることで真価を発揮する。そんな仕事を通じて感謝を超えた感動から「そうそう！」と言っていただきたい。それこそがわたしたち東急建設が目指す新たなゼネコン像だと感じることができました。そしてそれは「安心で快適な生活環境づくりを通じて一人ひとりの夢を実現します」というわたしたちの存在理念にも通じています。最後に、ご応募いただいたすべての皆様に心より感謝の意を表します。

三次審査通過作品

五傳木 風吹　東京都　テレビCM

「火星移住の準備として何が必要だろうか」
「酸素が必要になるな」
「植物を送ろう」
「電気もだな」
「発電装置を送ろう」
「安心と快適さのある街づくりも必須だな」
「東急建設を送ろう」

三上 智広　北海道

私たちがいなければ、
渋谷はただの谷でした。

タ
東急建設

二次審査通過作品

岩本 梨沙　大分県
ポケストップも作っています。

岡部 裕樹　埼玉県
伸びしろは、上だけじゃなく下にもある

木村 有花　千葉県
まだ、渋谷には建ててない未来がある。

津久井 将嗣　神奈川県
渋谷を変えられるのは東急だけ。

吉村 圭悟　東京都
渋谷を若者の街にしたのは、本当に若者か？

一次審査通過作品

池部 直隆　愛知県
月面のビル第一号は、東急が建てたい。

岩橋 亮汰　兵庫県
ただの地名が、ブランドになる。

小笠原 清訓　青森県
自分のことを、地名で自慢したくない。

関口 修　千葉県
１０９。宇宙支店

谷 明展　北海道
上京したくなる街をつくろう。

鶴田 博幸　福岡県
代表作は「シブヤ」です。

長井 謙　沖縄県
マンションから、
笑顔の家族で出てきた。
設計通りだ。

中田 国広　埼玉県
それでは、素敵な歴史を紡いでください。

中田 国広　埼玉県
高い壁は越えるのも作るのも得意だ。

那須 佑樹　秋田県
ぶっ飛んでいい、夢だもん。

福島 滉大　埼玉県
建物を、生き物にしよう。

福島 滉大　埼玉県
東急建設の考えは、俯瞰で見るとよく分かる。

船木 俊作　東京都
地図を描きかえる仕事。

眞木 雄一　石川県
星空に負けない夜景をつくる。

益子 美紀　北海道
シブヤのつぎは、せかい〜、せかい〜。
松尾 栄二郎　東京都
建物をつくるだけの会社なら、長く続いていない。
松岡 基弘　東京都
何かあるところにも、何もないところにも、何か創れます。
松村 遼平　京都府
月をどんな星にしよう。
見田 英樹　愛知県　ラジオCM
「各駅停車」篇
電車の走る音
アナウンス：次は、たまプラーザ
娘：おりたーい！
電車の走る音
アナウンス：次は、鷺沼
息子：ねぇ、降りてみよう！
電車の走る音
アナウンス：次は、宮前平
父：おい、このあたりで物件さがさないか？
母：もう、これじゃいつまでも渋谷につかないじゃない！
NA：各駅が降りたくなる街、東急建設
宮坂 穣　神奈川県
地球を良くするという点で、競合は神です。
宮﨑 薫　兵庫県
宇宙一番地を手がけたい。
向井 正俊　大阪府
この建物、夢で見たことあるよ。
森山 寿貴　東京都
21XX年の東京オリンピックを目指して。
山下 祐輝　大阪府
「前回の教訓」を56年ぶりに、生かせる。
吉村 圭悟　東京都
駅の周りには、絶対に街がある。
吉村 圭悟　東京都
空にはまだ、何にも建っちゃいない。

東京ソワール

東京ソワールのイメージアップと認知を高めてくれるアイデア

協賛企業賞

福士ちはる（44歳）北海道

マナーに沿うことは、想いに寄り添うことでした。

▼協賛企業のコメント

東京ソワール
取締役執行役員　総合企画室長
坂本勝郎さん

このたびは協賛企業賞の受賞おめでとうございます。私どもは本年創立50周年を迎えるにあたり、『当社の魅力を引き出し、より多くの人に伝わる企業イメージアップのアイデア』をテーマに作品を募集しました。新しい時代に従来のイメージへのこだわりを捨てて、フォーマルという切り口で何か新しいことができないか？そうすることによって新しいお客さまとの関係をつくることが出来ないか？という視点からも作品を拝見しました。多くの応募作品から、フォーマルのマナーは形ではなく、人の〝想い〟であることを改めて感じることが出来ました。今回の協賛企業賞の選定は全社員および店頭でお客さまにフォーマルウェアをお届けしている販売員の投票によって決定しました。この作品が当社社員、販売員の〝想い〟です。これからも「ライフステージごとに役割を変える女性とその時の私が輝くために東京ソワールは女性のライフステージを応援します」。最後になりましたが今回素晴らしい作品をご応募いただきましたことに心より感謝申し上げます。皆さまの益々のご活躍をお祈りいたします。

三次審査通過作品

齋田 敏宣　大阪府

外さない。

竹巻 裕也　大阪府

「人と同じ」がマナーじゃない。

長井 謙　沖縄県　ラジオCM

NA「東京ソワールの場合」
女「さようなら」
NA「適当な喪服の場合」
女「さいならー」
NA「これぐらい、お別れの質が違います。東京ソワール」

橋口 賢一郎　愛知県

式おりおりの、服を着る。

山田 大輝 福岡県

ドレスコードは楽しむものだ。

二次審査通過作品

貝渕 充良 大阪府
想いだせるフォーマル。

高橋 理沙 東京都
振る舞いまで、変える服。

三上 智広 北海道
女性を美しくみせる術を、フォーマルは知っている。

八木 明日香 東京都
誰かの思い出の中で、一生着ている服。

一次審査通過作品

相羽 くるみ 千葉県
礼儀は、美しい。

石神 慎吾 長野県
たまにしか着ない服で失敗するのはもったいない。

伊藤 美幸 愛知県
時代に流されない、時代を渡る服。

遠藤 夏子 神奈川県
やさしい人は、黒がよく似合う。

大川 将平 千葉県
引き算の美しさを目指しました。

小田 道夫 石川県
この国は「式」が多い。

貝渕 充良 大阪府
京都でも着られてます。

桂田 圭子 滋賀県
こういう服こそ、いちばん似合うものを。

金久保 岳史 東京都
正装は一番の礼儀だと思う。

狩野 慶太 東京都
社交綺麗。

川村 真悟 福岡県
洋服を和の格式に仕立てた会社。

北原 祐樹 新潟県
こだわりは、フォーマルにあらわれる。

久保田 正毅 愛知県
目のやり場になる服

栗山 祐門 東京都
**うれしいときも、かなしいときも、
ひとは服を着る。**

栗山 祐門 東京都
服には、昔から想いを伝える機能がある。

肥塚 雅裕 大阪府
**いつもなら、着たい服。
今日は、伝えたい服。**

小島 功至 熊本県
**女はいつだって、
美徳をまとって生きている。**

佐々木 一之 愛知県
**その人にとっては、
一生に一度のできごとです。**

颯々野 博 大阪府
**参観というファッション・ショーにエント
リーする勇気ができた。**

庄司 陽介 福島県
**毎日着る服ではないので、礼服は着やすくな
いと。**

新里 浩司 沖縄県
正面を向ける服。

末繁 昌也 埼玉県
公に、記憶される服。

鈴木 憲一 静岡県
黒だけが、自由。

高澤 邦仁 東京都
**フォーマルを着る日は、
誰かの一生に一度です。**

谷 明展 北海道
買うと決めた10年前の私を褒めたい。

谷 明展 北海道
**今の私にも、10年後の私にも似合う服をくだ
さい。**

玉岡 聡子 大阪府
「その日」しか会わない人は、意外と多い。

千葉 龍裕 東京都
式中は言葉以外が語り合う。

千葉 龍裕 東京都
**日本の、ひとを想う姿を
仕立てています。**

徳光 一蕗 東京都
**大人の女性って、
黒が似合う女性のことだと思う。**

長井 謙 沖縄県 テレビCM
**クリーニング店に喪服を持ってくる女性
女性「これなんですけど」
スタッフ「まだ湿ってますね。水でもこぼし
たんですか？」
下を向く女性。
東京ソワールの喪服の絵
NA「涙をちゃんと流せるブラックフォーマル。
東京ソワール」**

中田 国広 埼玉県
**公式の場での失態。
ほとんどの原因は、服装だ。**

中平 真之祐 東京都
**たった50年前まで、和服で全ての気持ちを表
していた。**

永吉 宏充 神奈川県
わたしを正す服。

成田 斐 大阪府
工夫できないからこそ、いいものを。

布川 涼 東京都
50年間、いい女しか着ていない服がある。

野田 正信 東京都
**目立ってはならないけれど、
あなただとわからなければならない。**

橋口 賢一郎　愛知県
好きでもない服で、
心からは笑えない。
好きでもない服で、
心からは泣けない。

橋口 賢一郎　愛知県
ちゃんと、着飾らない。

橋口 賢一郎　愛知県
着飾らない。
着こなす。

早坂 あゆみ　東京都
姉が脚を閉じている。

東山 秀樹　奈良県
負けじゃない「黒」。

東山 秀樹　奈良県
洋服を選ぶような、礼服づくり。

樋口 華子　福岡県
「とりあえず」は、辞めましょう。
長く愛せる、一枚を。

久松 みずほ　大阪府
味方になる黒を、一着もっておくべきだと母は言っていた。

細田 純　東京都
クローゼットの奥で眠っている間も美しい。

程塚 智隆　神奈川県
服は自信を、自信は背筋を伸ばしてくれた。

堀 正峻　東京都
和で行くか　洋で行くか
女性に悩める贅沢を生んだのは
東京ソワール

眞木 雄一　石川県
美しい影になろう。

正水 裕介　東京都
敬意は服に表れる。

松尾 栄二郎　東京都
人のために着るもの。

松尾 栄二郎　東京都
着飾らない。着こなす。

松岡 基弘　東京都
私はどこに行っても恥ずかしくない。

松田 佳子　北海道
礼服は意外と、差が大きい。

松本 秀一　東京都
その服、集中できてる?

水谷 真由子　愛知県
マナーモードは標準装備です。

見田 英樹　愛知県
浮かない、沈まない。

見田 英樹　愛知県
和装じゃなくても、日本の心は変わらない。

見延 里菜　東京都
写真に残る日だからこそ。

宮地 克徳　群馬県
あなたを、2番目に美しくします。

宮村 亮大　神奈川県
2番目の女に、仕立てます。

向井 正俊　大阪府
涙をアクセサリーにする服。

向井 正俊　大阪府
顔がぐちゃぐちゃになっちゃうから、
服にしっかりしてもらう。

八木 明日香　東京都
アルバムに残る服。

八木 明日香　東京都
他人の思い出になった服装は、
着替えることができない。

矢野 浩樹　福岡県
クリーニング屋さんに、
「これって礼服ですか?」と聞かれた。

山崎 舞　北海道
女性に合わせると、時代に合っていく。

山下 祐輝　大阪府　テレビCM
ナンパ篇
パーティ帰りで正装した女性2人がバーで飲んでいる。そこへ男が声をかける。
男「ねえねえ、一緒に飲まない?」
声をかけられた女Aがふり返ると、男は気まずそうな顔で去っていく。
女B「今の誰?知り合い?」
女A「ううん、旦那」

NA：いつもと違う貴女になる。東京ソワール。

山本 真梨子　石川県

言葉じゃ足りない時、人は装う。

東洋紡

東洋紡の見た目と中身の違いを伝えるアイデア

協賛企業賞

渡邉 光（23歳）東京都 テレビCM

【トヨボーシカ篇】

120センチほどの大きなマトリョーシカには「東洋紡」の文字。
男がマトリョーシカを割ると、
「液晶」とかかれたマトリョーシカ、
さらに割ると「医療機器」とかかれたマトリョーシカ、
さらにさらにと割るたびに
東洋紡の製品がかかれたマトリョーシカがでてくる。
ついには、部屋一面にマトリョーシカが埋まる。
NA「想像以上に詰まってた。東洋紡」

▼協賛企業のコメント

東洋紡
コーポレートコミュニケーション部長
久保田 冬彦さん

渡邉様、このたびの協賛企業賞の受賞、誠におめでとうございます。今回、当社としましては初めての協賛でしたが、多くの協賛企業の課題の中から、東洋紡の課題に応募いただいたことにあらためてお礼を申し上げます。当社は、繊維事業を祖業としながらも、140年弱の歴史の中で大きく変化し、現在ではフィルム、樹脂、機能材料、バイオなどを中心に事業を展開しております。渡邉様の作品は、当社が多様な事業、また規模の大きいものから小さいものまで幅広く展開している状況を、ロシア人形の「マトリョーシカ」に例えて印象強く表現いただきました。「トヨボーシカ」という名前も併せて、これまでにはなかったユニークな発想に、当社内でも高く評価させていただきました。渡邉様が今後も素晴らしい作品を作られて、ますますご活躍されますことをお祈り申し上げます。最後になりましたが、当社の課題に応募くださったすべての皆様にお礼を申し上げます。これからも、世の中のお役に立てる企業であり続けるために、ますます変わっていく東洋紡にご期待ください。

三次審査通過作品

五十嵐 達海 千葉県

テレビCM

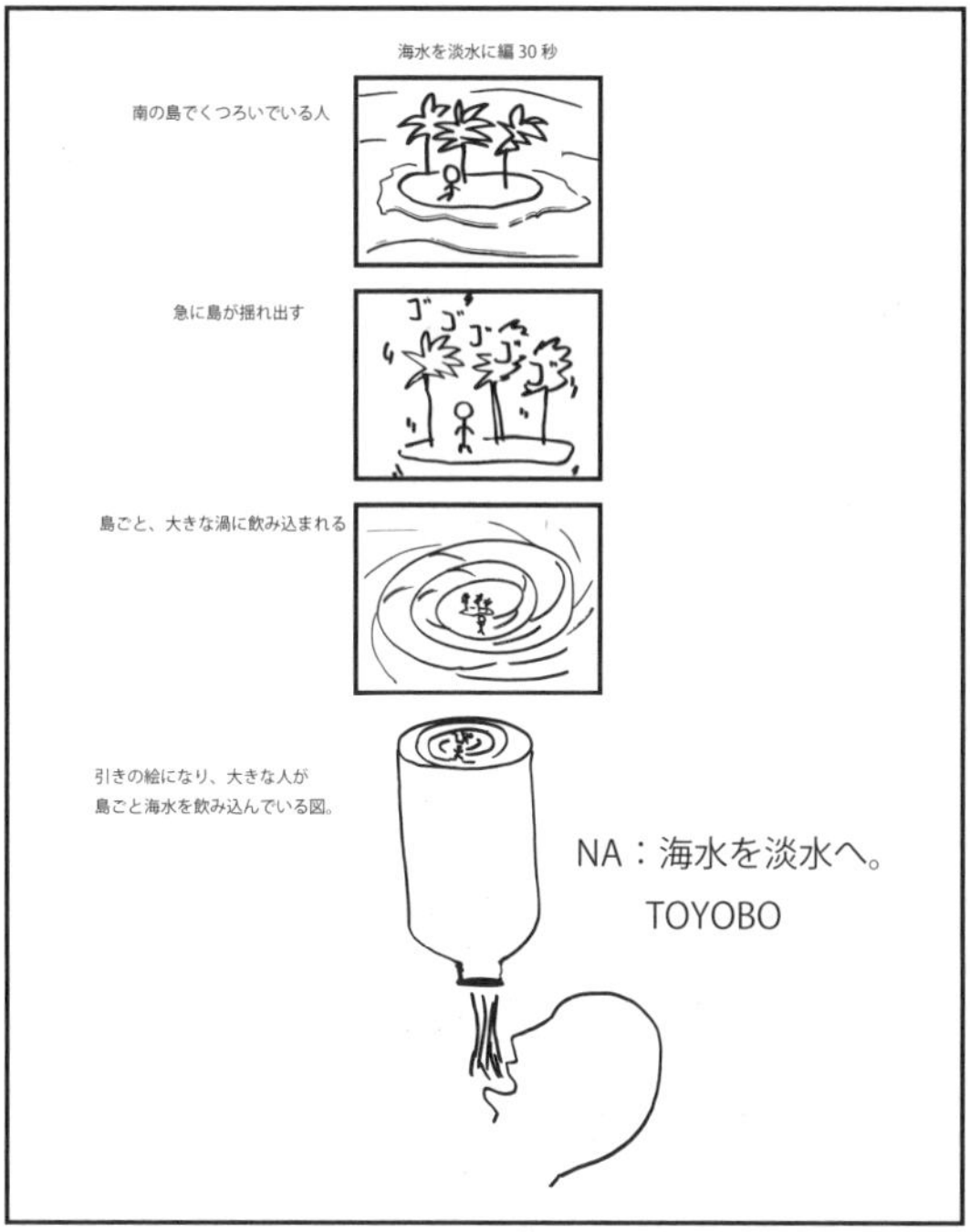

津久井 将嗣 神奈川県

いま、あるモノで間に合わせない。

タ

東洋紡

長井 謙　沖縄県　ラジオCM

男「おーい、トメ子さん!」
女「…」
男「トメ子さん!」
女「…?」
男「トメ子さん!」
女「あら、呼んだ?ウフフ」(可愛い声で)
NA「名前と人物のギャップに驚いたあなたへ。
東洋紡という社名と中身のギャップにも、驚いてください。東洋紡」

二次審査通過作品

シャツにもクスリにもなる会社。

石神 慎吾　長野県

及川 真理子　福島県　ラジオCM

脱ぐとすごい篇

♪〜アダルトなBGM
パサッと服が床に落ちる音。
男:う、うわぁ〜お。君、脱ぐとすごいんだね。
女:ふふふ。
この脱いだ洋服…の繊維。
(早口になって)繊維だけの会社だと思っていたでしょ。
でも繊維から化学へ変化し、
「重合」、「変性」、「加工」、「バイオ」というコア技術を生み出し、
(話を遮って)
男:君、誰なの??
ナレーション「東洋紡。中身にギャップあり。」

向井 正俊　大阪府

創業者も驚く会社。

山下 祐輝　大阪府

人事異動が、ほぼ転職。

一次審査通過作品

石神 慎吾　長野県
たった二刀流か。

石神 慎吾　長野県
知っているのに、知らなかったなあ。

石神 慎吾　長野県
祖母には繊維の会社だと言う。
彼女にはバイオの会社だと言う。
自分の子供には、きっとまたちがうことを言う。

石神 慎吾　長野県
ひとつを極めると応用が利く。

伊藤 史宏　愛知県
１３５年分の化学反応がここにある。

桂田 圭子　滋賀県
小さくまとまっているのは、社名くらい。

桂田 圭子　滋賀県
繊維からの派生が止まらない。

鎌谷 友大　東京都
ハイレグの会社から、ハイテクの会社へ。

上條 直子　東京都
一見、無関係な分野は、繊維の技術で結ばれている。

黒木 俊太郎　東京都
パンツをつくる技術で、地球を守っている。

酒井 勇太　大阪府
社名置き去り案件

榊 祐作　東京都
「紡」感はあんまり無い。
なんなら「東洋」感もあんまり無い。

竹節 忠広　長野県
切っても切っても、違う顔。

竹節 忠広　長野県
東洋紡を知らない人も、
身のまわりは東洋紡だらけ。

竹節 忠広　長野県
いろんな検索でヒットする。

田中 恵美子　東京都
戦略的好奇心

土屋 憲佑　山梨県　ラジオCM
男子「ゲフッ！僕と付き合ってゲフッ！ください！ゲフ～ッ!!!」
女子「な、なにゲップばっかしてんの!?」
男子「女子はゲップに弱いんでしょ？」
女子「それギャップだから～!!!」
NA「ギャップが凄い会社なら。」
NA「見た目と、中身が違う会社。東洋紡」

長井 謙　沖縄県
紡いでいるのは、解決の糸。

野木 隆司　大阪府
繊維を起点に、化け続けている会社です。

原田 智光　山口県
繊維の技術を、繊維だけのものにしない。

松岡 基弘　東京都
びっくり箱企業。

三上 智広　北海道
「ＴＯＹＯＢＯ」の２／３は「要望」でできている。

三上 智広　北海道
いちばんの化学変化は、
東洋紡という会社です。

水野 綾子　愛知県
東洋紡に興味のない人はいても、この会社に関係のない人はいない。

見田 英樹　愛知県
おもしろい小説は、
タイトルでネタバレしない。

南 忠志　東京都
本当は世界紡。

宮田 義治　東京都
〝縁が無い〟と思っていたら、囲まれていた。

向井 正俊　大阪府
社会を思う会社は、社会に似ていく。

向井 正俊　大阪府
東洋紡はＴＯＹＯＢＯに吸収されました。

村瀬 駿介　愛知県
化学と浮気した。

安本 実織　兵庫県
事業に没頭しすぎて、社名の変更を忘れていました。

安本 実織　兵庫県
あらゆる製品の基礎をつくる会社です。

矢野 浩樹　福岡県
明治生まれですが、次の時代も成長期です。

山本 朝子　東京都
繊維から伸びた会社が、柔軟でないわけがない。

横山 翔　千葉県
人は見た目が９割。東洋紡は１割。

吉村 圭悟　東京都
変わらないのは、社名だけ。

吉村 茂　東京都
教室の隅で、おもしろいことをやってる子のイメージです。

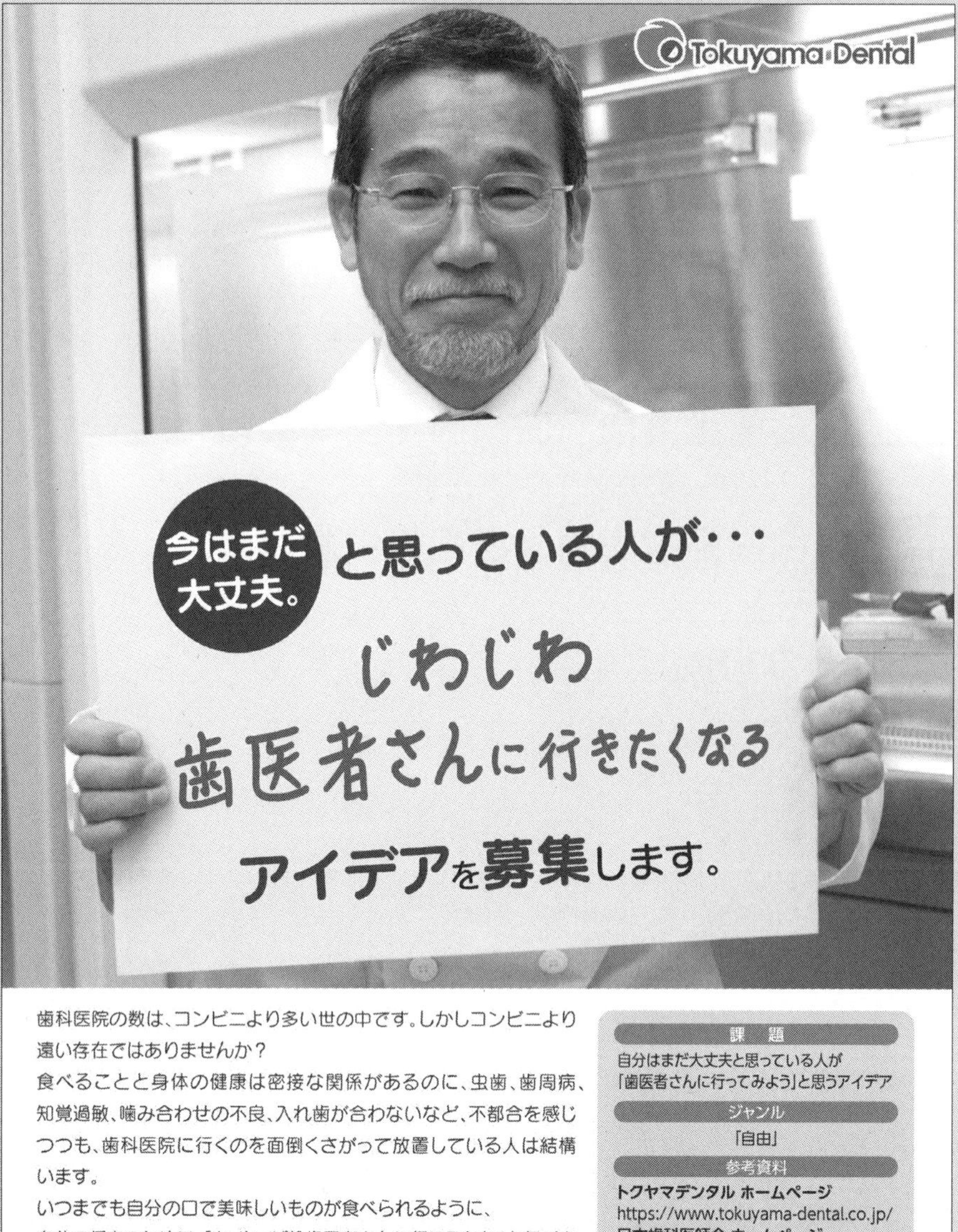

歯科医院の数は、コンビニより多い世の中です。しかしコンビニより遠い存在ではありませんか？

食べることと身体の健康は密接な関係があるのに、虫歯、歯周病、知覚過敏、噛み合わせの不良、入れ歯が合わないなど、不都合を感じつつも、歯科医院に行くのを面倒くさがって放置している人は結構います。

いつまでも自分の口で美味しいものが食べられるように、
自分の将来のために、「あ、やっぱり歯医者さんに行こうかな」と気づき、一歩踏み出してくれるアイデアを募集します。

あなたの言葉が日本の健康寿命を変えるかも知れません。

課　題
自分はまだ大丈夫と思っている人が「歯医者さんに行ってみよう」と思うアイデア

ジャンル
「自由」

参考資料
トクヤマデンタル ホームページ
https://www.tokuyama-dental.co.jp/
日本歯科医師会 ホームページ
https://www.jda.or.jp/
検索キーワード
「8020運動」「オーラルフレイル」

トクヤマデンタル

自分はまだ大丈夫と思っている人が「歯医者さんに行ってみよう」と思うアイデア

協賛企業賞

福井 悠太（26歳）愛知県

歯歯歯歯歯歯歯歯歯歯歯歯歯歯歯歯

歯歯歯歯歯歯歯歯歯歯歯歯歯歯菌歯

知らない間に「菌」は潜んでいる。

▼協賛企業のコメント

トクヤマデンタル
事業推進部
栄野元 均さん

このたびは協賛企業賞の受賞 おめでとうございます。また、今回当社課題に応募くださいました皆さまに心からお礼申し上げます。当社は医療機器のメーカーですが、今回はあえて特定の製品を訴求するのではなく、「歯科・口腔」に携わる企業として、人々の健康増進に貢献するという経営理念のもと、皆さまが将来にわたって「美味しく食べる」「楽しく生きる」そのきっかけになるアイデアとして、今回の課題を選びました。予想を超える数の応募があり、どの作品も素晴らしいものばかりで、多くの気づきを頂戴することができました。本受賞作品は、文字の群れにインパクトがあり、実際に広告にした時をイメージすると、制作次第では面白くなりそうだと感じ、選ばせていただきました。受賞者を始め、当社課題に応募くださいました皆さまには心から御礼申し上げるとともに、今後のより一層のご活躍をお祈り申し上げます。

三次審査通過作品

他人にまかせるのも、自己管理だ。

浅野 俊輔 東京都

「健康」と思っていた日々が、実は「放置」の日々だった。

伊藤 慎吾 東京都

認知症予防でもある。心臓病予防でもある。

岩井 みのり 東京都

治療というより、投資でした。

岩田 皆子 東京都

岡崎 翼　東京都

口は、脳の近くにある。

上條 直子　東京都

歯医者でわかった、意外な病気。

土屋 憲佑　山梨県　テレビCM

リン酸水素カルシウム、水酸化アルミニウム、無水ケイ酸、炭酸カルシウムグリセリン、ソルビトール、ラウリル硫酸ナトリウム、カルボキシメチルセルロスナトリウム、アルギン酸ナトリウム、カラギーナン、サッカリンナトリウム、メントール、ミント類、モノフルオロリン酸ナトリウム、フッ化ナトリウム、塩化セチルピリジニウム、塩化ベンザルコニウム、トリクロサン、塩化クロルヘキシジン、トラネキサム酸、グリチルリチン酸ジカリウム、β-グリチルリチン酸、ビタミンE、塩化ナトリウム、デキストラナーゼ…

NA「歯磨き粉には色々入ってる。でもパッケージにはこう書いてある。」

歯科医院で歯の定期検診を受けましょう。

NA「結論。歯磨き粉だけじゃ、歯が立たない。歯には歯のプロ。トクヤマデンタル。」

土屋 憲佑　山梨県　テレビCM

桃太郎の紙芝居画面

NA：むか〜しゅ、むかしゅ、
おびゃあしゃんがきゃわでしぇんちゃくをしゅていると、

おおきなにょにょが、しょんぶらきょっきょ、しょんぶらきょっきょ、ながれつぇきましゅちゃ。
NA＋C：歯無しだと、話にならない。
NA：歯医者へ行けば、めでたしめでたし。トクヤマデンタル

野坂 真哉 兵庫県

人間ドックは、口の中を見落としている。

野村 亜矢 神奈川県

つまりあなたは、痛くなるのを待っている。

古澤 敦貴 大阪府

通わなければ、一生磨かなかった場所がありました。

向井 正俊 大阪府

彼氏が黄ばんでいる。

タ
トクヤマデンタル

二次審査通過作品

浅野 仁栄 岐阜県
私は上司の説教を嗅いでいる。

石井 亮 埼玉県
説得力が息で消えた。

市川 きよあき 東京都
虫歯がないから、歯医者に行く。

市島 智 東京都
歯科検診は、内科検診でもある。

岩尾 達郎 東京都
歯は無口。

大弥 大輔 石川県
美容院に行く。
そういう感覚で、歯医者に行く。

桂田 圭子 滋賀県
歯は、全身にくる。

北﨑 太介 千葉県
予防歯科は、予防内科でもある。

桑原 大季 東京都
小麦色の歯だ。

佐藤 日登美 東京都
歯周病はキスで移る。

島崎 純 長野県
お腹の赤ちゃんの命を守ったのは、歯医者さんでした。

谷 明展 北海道
水を飲んだら、俺の味がした。

西尾 雅吉 岡山県
最近、ゴルフの飛距離が伸びた気がする。

西川 文章 香川県
口に入れた時より、
飲み込む時より、
噛んでる時が一番おいしい。

橋本 寿弥　愛知県
痛くなってから行くのは、治療です。

吉原 太郎　兵庫県
歯は、無口。

吉村 茂　東京都
歯は、その人のブランドだ。

一次審査通過作品

相川 耕平　東京都
ドリフの教えを守っておけば良かった。

青木 裕子　埼玉県
歯周病は寿命を削る

淺野 俊輔　東京都
「痛くないからいい」は、
「痛くなるまで放っておく」ことです。

淺野 俊輔　東京都
はい。
じゃあ痛くなるまえに、
手をあげてくださいね。

淺野 俊輔　東京都
歯に先立たれると、
残りの人生はつらい。

浅野 仁栄　岐阜県
常連さんには特典がある。

安達 岳　東京都
歯は、人よりも早く死ぬ。

足立 昌彌　東京都
早めの歯医者は痛くない。

阿部 栞里　宮城県
歯が黄色いのは、黄色信号

飯田 祥子　福岡県
歯を見せない笑顔を編み出した

石井 雅規　千葉県
永久歯の永久は、誇大広告だ。

石井 雅規　千葉県
歯が、あなたの年齢です。

石神 慎吾　長野県
よく噛んで食べなさい。母の言いつけを守る
80歳。

石原 夕夏　愛知県
今日から、
ヘアケア、肌ケア、口腔ケア。

伊藤 美幸　愛知県
歯の健康は命につながっている。

稲生 雅裕　東京都
歯の神経は、脳までつながっている。

指宿 慎一郎　兵庫県
親父の前歯が抜けた、威厳が消えた。

岩井 みのり　東京都
放置していた歯が、
本格的に悪くなるのは、
年金生活が始まる頃です。

内田 昭之　埼玉県
あなたは、つめたい人ですか。

宇都野 菜序子　東京都
彼は非の打ち所がない、歯以外は。

及川 真理子　福島県　ラジオCM
はわ、はいひにひなはいお。篇

トクヤマデンタル

おばあちゃん：（入れ歯を入れていない）はわ
孫：ん？おばあちゃん何？
おばあちゃん：はわ、はいひにひなはいお。
孫：え？なんて？
おばあちゃん：はわ、はいひにひなはいお。
孫：え？
ナレーション
「歯は、大事にしなさいよ。
と、総入れ歯のおばあちゃんは言っています。
トクヤマデンタル。」

大井 慎介　静岡県
アメリカの初代大統領ジョージ・ワシントンは、歯周病のせいで立候補を断念したことがある。

大川 佑介　神奈川県
虫歯が、舌ガンのもとになるなんて。

大川 佑介　神奈川県
美容であり、予防である。

大西 健次　岡山県
歯に三代目はいない。

岡本 武士　大阪府
気づいたときは、もう痛い。

岡安 希　愛知県
歯は、消耗品だ。

奥谷 和樹　大阪府
手遅れは、もっと痛い。

貝渕 充良　大阪府
抜かない選択肢を、
提案したい。

桂田 圭子　滋賀県
奥歯にモノの挟まったような食べ方だな。

桂田 圭子　滋賀県
笑った口元を見て、笑ってしまった。

金谷 有美子　栃木県
その体の不調、歯が原因かも。

上條 直子　東京都
入れ歯をした時から、老後になる。

上根 せり奈　大阪府
実は、ずっと磨けていない歯があります。

川田 卓人　東京都
健康寿命は、口から伸ばせる。

川谷 結衣　福岡県
歯医者って今、コンビニより多いんですよ。

河野 智己　東京都
愛してるの言葉も、口元を通ってきます。

川村 真悟　福岡県
歯が、命を輝かす。

川村 真悟　福岡県
歯のない人生は、まずい。

菊地 咲貴　東京都
行くのはこわい。
行かないのはもっとこわい。

北浦 俊　千葉県
第一発見者が自分だったら、手遅れかもしれない。

木村 有花　千葉県
恋人には白い歯でいてほしい。

口羽 雄太　京都府　テレビCM
男が山で叫んでいる
男：おーい、きこえるかー！
女：きこえてるわよー！
男：はなれていてもー！ずっと一緒だよー！
女：私もよー！
男：一つ質問していいかー？
女：いいわよー！
男：そんなに口臭いかー？
女：臭いわよー！
NA：その口臭、歯医者で治せるかもしれません。トクヤマデンタル。

黒岩 唯　宮城県
生きてるのに、寿命が切れる場所があります。

河野 稔　東京都
ひふみんは、
ひふみんだから、
許される。

幸松 寛伸　広島県
妻の料理がおいしくないのは、自分の口のせいかもしれません。

國分 足人　東京都
勇気のある人は「歯周病」「結末」で画像検索してみよう。

小島 功至　熊本県
お　ようございます。
「は」がないと不便だ。

小林 鴻世　東京都
自覚症状は、いつも遅れてやって来る。

齋木 悠　東京都
成人の約8割が歯周病です。

齋木 悠　東京都
歯周病菌は全身をも蝕みます。

坂入 貴行　愛知県
おいしいものがおいしいのは、歯のおかげです。

榊原 慎吾　愛知県

テレビCM

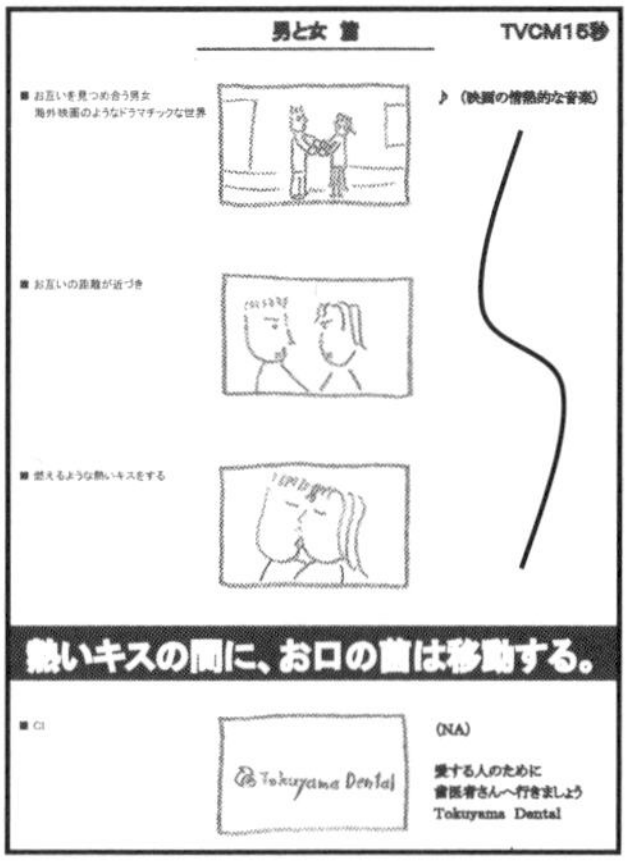
男と女 篇
TVCM15秒
お互いを見つめ合う男女
海外映画のようなドラマチックな世界
♪（映画の情熱的な音楽）
お互いの距離が近づき
燃えるような熱いキスをする
熱いキスの間に、お口の菌は移動する。
CI
Tokuyama Dental
(NA)
愛する人のために
歯医者さんへ行きましょう
Tokuyama Dental

坂本 順子　東京都
後悔、歯が立たず。

崎山 すなお　東京都
予防は、しみない。

佐々木 志帆　神奈川県
行けば千円。行かなきゃ万円。

佐藤 仁康　東京都
歯医者さんにしかとれない、汚れもある。

佐藤 なつみ　東京都
歯は硬いだけで、強いわけじゃない。

佐藤 日登美　東京都
歯医者嫌いになるのは、痛くなってから行くからです。

佐藤 日登美　東京都
歯みがきぐらいじゃ、予防とは言えない。

佐藤 大樹　埼玉県
ぼくに歯周病をうつしたのは、パパです。

塩川 史也　東京都
日本人の8割は、歯磨きできてない。

塩川 史也　東京都
正しい歯磨きは、東大合格より難しい。

塩川 史也　東京都
口は、お腹の赤ちゃんにつながっている。

塩川 史也　東京都
歯の病気は、末期でしか気づかない。

塩見 勝義　東京都

ラジオCM

NA：（ひろひそ声で）
35歳以上の8割がかかっている歯周病は痛みなどの自覚症状がなく…
（ギリギリまで無音）
NA：静かに進行しています。
歯周病になる前に、歯医者さんへ行こう。
トクヤマデンタル

篠原 篤将　大阪府
永久歯は永久じゃない。

島崎 純　長野県
何の異常がなくても、行っていいのが歯医者です。

嶌田 紀章　埼玉県
手を抜くと歯を抜くことになりますよ。

清水 太陽　埼玉県
元カノの彼氏は歯が綺麗。

清水 秀幸　東京都
レントゲンを撮るまで、医者にも見えない虫歯がある。

庄司 勝昭　東京都
知らぬ間に技術も虫歯も進行している。

神宮 龍斗　東京都
健康は、歯から。

末繁 昌也　埼玉県
喜びを噛みしめて、痛い。

トクヤマデンタル

砂田 哲彦　東京都
デートに誘われた。歯医者に行こう。
二連休かぁ。歯医者に行こう。
テストの前に。歯医者に行こう。
衣替えの季節に。歯医者に行こう。

高木 優月　奈良県
歯周病がなぜギネスブックに載っているか、
知っていますか?

高崎 絢斗　東京都
まずは「無視歯」から治しましょう。

高澤 邦仁　東京都
勇気は他で使って下さい。

鷹巣 仁哉　東京都
歯医者さんも、
定期的に歯医者さんに行きます。

高田 雄大朗　東京都
お洒落な店内。
美しいお皿。
とびきりの料理。

と、残念な歯。

高橋 有紀　山形県
あの人の笑顔、ちょっと不気味よねぇ

瀧 智之　神奈川県
忙しい人ほど、虫歯になる。

滝澤 雄貴　東京都
あなたの口臭、もしかしたら虫歯かも

田邉 純也　東京都
歯周病は死因になる。

田辺 雄樹　東京都
毎日磨いてるから、油断してた。

千葉 龍裕　東京都
テンションは、口から上がる。

土屋 憲佑　山梨県　テレビCM
男女がキスをしようと唇を近づける。
女性「うっ!!口の中で金魚死んでない!?」
男性「えぇっ!?」
C「唇を奪う瞬間を、奪われた。」
NA「虫歯や歯周病は口臭のもと。定期的な歯科検診を。トクヤマデンタル」

土屋 憲佑　山梨県　テレビCM
男性語り「髪を切った。」
男性「付き合って下さい!」
女性「ごめんなさい。」
男性語り「コンタクトにした。」
男性「付き合って下さい!」
女性「ごめんなさい。」
男性語り「ジムに通った。」
男性「付き合って下さい!」
女性「ごめんなさい。」
男性語り「歯医者に通った。」
女性「付き合って下さい!」
男性「え?・・は、はい!!」
C「歯石を削った。奇跡が起こった。」
NA「男を磨く前に、歯を磨こう。」
NA「歯のケアは、定期的に歯医者で。トクヤマデンタル」

富岡 勇貴　静岡県
65歳以上は、ほぼ全員歯周病と考える。

中島 大介　大阪府
歯だって老化する。

中田 国広　埼玉県
北風が歯にしみる。

永田 哲也　愛知県
最後まで、人は噛みつづける。

中平 真之祐　東京都
虫歯菌は、肺にも心臓にも辿り着く。

中村 匡　大阪府
これは虫歯じゃない、と思ったら
それはきっと虫歯です。

中村 優理　福岡県　テレビCM
設定:レオナルドダヴィンチ作「最後の晩餐」の絵画内が舞台
絵画が全面に、アニメーションはなく、声だけ
キリストの左手側の人物がA
A:キリストさま、最後にステーキはいかがですか
キリスト:かたい…
A:ではお魚を
キリスト:かたい…
A:では、デザートを
キリスト:しみる…
A:…

キリスト…

NA：最後まで、おいしく。「トクヤマデンタル」

永吉 宏充　神奈川県
俺だけに守られる歯は、心配だ。

並川 隆裕　東京都
「あの、歯が抜けてる人」って覚えられたいですか。

並川 隆裕　東京都
歯が浮くようなセリフも、歯があってこそ。

成田 斐　大阪府
三度目の歯は、偽物です。

難波 友希　埼玉県
月に1度行くだけで、健康寿命はぐっと延びる。

西口 滉　東京都
大人の歯に「つぎ」はありません。

西出 壮宏　東京都
虫歯は、人災。

西野 知里　東京都
骨髄炎、貧血症、蓄膿症、脳梗塞、脳腫瘍、狭心症、心筋梗塞。すべて虫歯が原因になる病です。

西野 知里　東京都
「むしば」には「し」が潜んでいる。

西本 亜矢子　千葉県
歯に、定年はありません。

西本 亜矢子　千葉県
日本の少歯化が、深刻である。

野坂 真哉　兵庫県
歯医者さんは、はやく見抜く。

野田 正信　東京都
痛くなる前に、手を上げて下さいね。

則本 桃子　京都府
虫歯は、休めない病気です。

橋本 寿弥　愛知県
そーいれば。

橋本 寿弥　愛知県
虫歯がなくてよかったも、虫歯が見つかってよかったも。

浜田 英之　東京都　ラジオCM
男1：牛丼うめ～！
男2：ラーメンうめ～！
男3：あんまんうめ～！
女：3ヶ月後。
男1：牛丼痛て～！
男2：ラーメン痛て～！
男3：あんまん痛て～！
女：食べ物を、痛いものにしない。歯医者さんへ行こう、トクヤマ。

林 一平　神奈川県　ラジオCM
女性：ねぇ、大切な話があるの。
男性：何だよ、話って。
女性：実は…できちゃったの。
男性：え、まさか…
女性：うん…歯周病。
NA：歯周病は、キスでも移ります。大切な人を守るために、まずはあなたが歯医者さんへ行ってみませんか。

原田 智光　山口県
「まだ大丈夫」は、虫歯の大好物です。

原田 智光　山口県
あなたが戦って、勝てる相手ではありません。

春山 豊　東京都
源頼朝の死因は、歯周病です。

春山 豊　東京都
自分では磨けないところを磨いてもらう。

日比野 はるか　神奈川県
認知症予防に、歯医者さんに行こう。

日比野 はるか　神奈川県
おなかの赤ちゃんは、お母さんから、栄養も細菌も受け取っている。

平川 和志　東京都　テレビCM
○とある会議室。活き活きとプレゼンする男性社員のロングショット。
（※編集上台詞は聞こえてこない。口をパクパク動かしているのが分かる。）
○身振り手振り、熱の込もったプレゼンなのがわかる男性社員の1ショット。
○それを聞いている写真たちの表情にカットバック。すると、打って変わって、みんな苦い表情。

コピー　「存在感があったのは口臭でした。」

平田 直也　東京都
歯医者は、味方です。

平田 直也　東京都
あなたの歯磨きは趣味、私の歯磨きは仕事。

平田 直也　東京都
自分を磨いてくれるプロがいる。

平田 直也　東京都
行ってみて虫歯があったらラッキー。なかったらラッキー。

弘嶋 賢之　愛知県
あなたの歯磨きは、気休めです。

廣本 嶺　東京都
迅速な治療より、定期的な予防。

吹上 洋佑　東京都
歯磨きは全員アマチュアです。

福井 公　埼玉県
根も歯もあるうちに。

福島 慎一　東京都
歯までシルバーにはなりたくない。

船越 一郎　東京都
歯のある老後は、コンビニよりも身近にある。

船越 一郎　東京都
歯は人が思ってる以上に、我慢強い。

古澤 敦貴　大阪府
平均寿命が伸びたからといって、歯の寿命が伸びたわけではない。

堀 正峻　東京都　テレビCM
（人寂しい夕暮れ時、スーツの男の後ろから大きなマスクで口を覆った口裂け女が男を呼び止める）
口裂け女：ねぇ、わたしって、きれい？
（マスクをはずし、さけた口があらわになる）
（男は動じず、カバンから口腔鏡をとりだして、女の口の中を見始める）
男：えー、上の右1番から8番まで歯肉の炎症でGO、逆側も全部同じく。あ、左6番と8番CO
口裂け女：え、あの…
（やや早口で歯の状態を見始めた男に女は困惑して、無言のまま口を開けている）
男：下に行って、右5番、6番処置歯で、うわー、左7番C1、はやく詰め物しないと。とにかく早く来てください
口裂け女：あ、あの、どこに？
NA：お口は街中の通行人よりも、歯医者さんに見せてほしい。歯科検診は　お近くの歯医者まで
（歯医者さんの椅子に座り、歯科検診を受ける口裂け女）
歯医者さん：わー、大きく開いてくれるから、歯がすごく見やすいです
（ほめられてうれしそうに笑う口裂け女の顔を最後にフェードアウト）

眞木 雄一　石川県
歯は正しい歯磨きを、裏切ることがある。

牧野 千春　大阪府
一本で、人生の噛み合わせが狂います。

益子 美紀　北海道
マイナス5歳歯、承ります。

松井 俊樹　東京都　テレビCM
娘は優しい篇
父：娘は優しい。知らないおばあちゃんの荷物を持ってあげる娘
父：誰に対しても愛情が深い。
父：娘は優しい。テーブルにうつ伏せて寝ている母に毛布をかけてあげる娘
父：なによりも家族想いな良い子だ。
父：娘は優しい。ソファに座る父に向かってマスクを手渡す娘
父：私の体をいつも本当に気遣ってくれる。なんて優しい娘なんだろう！
NA：お父さん、それは優しさではありません。自分の口臭に気づいてますか。口腔ケア

しましょう。
トクヤマデンタル。

父：娘は本当に優しい。
父の見えないところで口臭を本当に嫌がってる娘の表情

松岡 基弘　東京都
一見健康な虫歯もいる。

松岡 基弘　東京都
虫歯があると宇宙には行けない。

松村 遼平　京都府
握りしめようと持っていったハンカチは、綺麗なままでした。

松本 圭太　大阪府
早く行けば良かった、と遅く来た人は言う。

三浦 雄大　山形県
時間がないという理由で歯がなくなります。

水田 聖平　東京都
痛くない歯が健康とはかぎらない。

箕浦 弘樹　岐阜県
よくここまで我慢したね。

三宅 幸代　大阪府
痛まない虫歯は、
歯医者にしか見つけられない。

宮坂 和里　神奈川県
痛みを感じたら、もう手遅れ。

宮坂 穣　神奈川県
治療よりも、予防を一緒にさせてください。

宮崎 英明　大阪府
老後も食っていけますか？　その歯で。

宮田 尊安　愛知県
歯には、あなたしかいないんだ。

宮田 義治　東京都
過信は、誤診する。

宮村 亮大　神奈川県
それ「死周病」かも。

牟田 雅武　長崎県
100年生きるから。

牟田 雅武　長崎県
本当は、患者さんになる前にお会いしたい。

森 正子　岡山県
その口で、何するの？

諸橋 謙介　東京都
防げた虫歯は虫歯の数だけ

柳 凪沙　東京都
歯医者さんがイヤなのは、痛くなってから行くからです。

山下 洋助　東京都
虫歯や歯周病が死に至る病だったのは昔のことではなく、今もです。

山本 朝子　東京都
「歯は見せないで笑ってください」と写真屋さんに言われた。

山本 真梨子　石川県
チャームポイントは、
虫歯になりやすい。

山本 真梨子　石川県
大丈夫なうちに、丈夫にしましょう。

横村 彩　埼玉県
アメリカの大統領も、新選組の隊長も、虫歯が原因で死にました。

横山 由季　東京都
歯ブラシで落ちる汚れは、たったの6割。

吉尾 康秀　東京都
プロポーズが鼻にささった。

吉尾 康秀　東京都
プロポーズが鼻にささる。

吉村 茂　東京都
いい歯医者さんは、コンビニよりも少ない。

渡邉 香織　三重県
入れ歯になったら、一生入れ歯。

和中 詠子　和歌山県
「1本もの」が28本もあります。

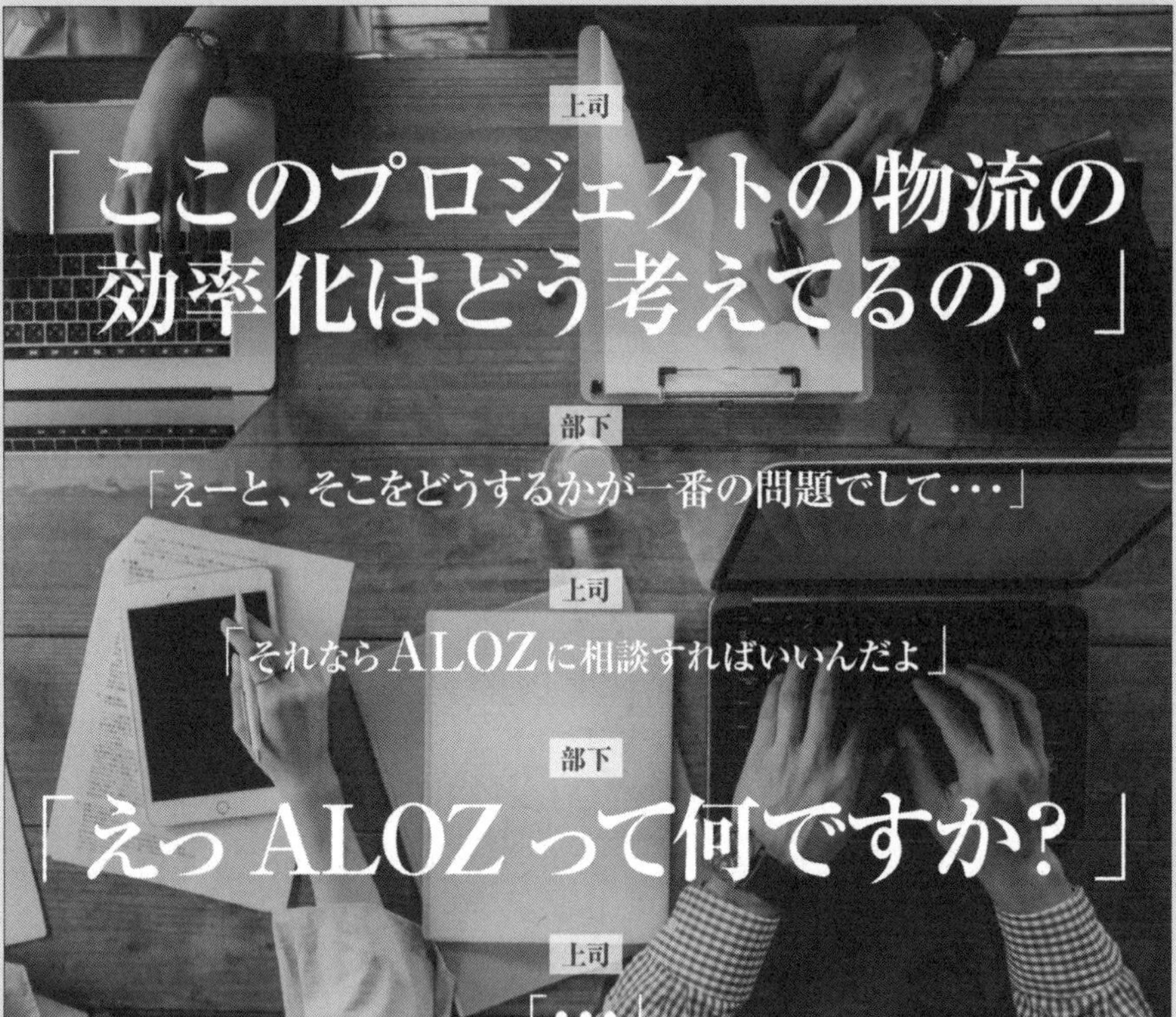

日通商事

日通商事のマーケティングシンボル "ALOZ" を広く浸透させてくれるアイデア

協賛企業賞

新里 浩司（37歳）沖縄県

玉ねぎで血流サラサラ。ALOZで物流サラサラ。

▼協賛企業のコメント

日通商事
経営企画部 部長
近藤廣司さん

このたびは、協賛企業賞の受賞、誠におめでとうございます。当社は、物流に関する未来のあらゆる可能性を探り、様々な商品・サービスを提供するという意味を込めたALOZ（アロッズ）をマーケティングシンボルとして掲げています。本受賞作品は、物流サポートという馴染みがなく堅いイメージと真逆にある庶民的な玉ねぎを引用して、一般的に知られているその健康効果と、ALOZ日通商事の課題解決力が物流の未来にもたらす効果を「血流サラサラ」「物流サラサラ」と韻を踏んで表現することで、当社の企業姿勢や存在意義を分かりやすく連想させる点を評価いたしました。玉ねぎが多くの料理で重宝されるように、当社も多くの企業から重宝される身近な存在になれるよう努力してまいります。最後にアイデア溢れる作品をご応募いただいたすべての方に心より御礼申し上げます。いただいた作品の中には、当社はこのような印象なのだと改めて気づかされるものも多く、参考にさせていただきたいと思います。

三次審査通過作品

土田 聖真　山形県

血流がよくなれば、人は健康になる。
物流がよくなれば、企業が健康になる。

二次審査通過作品

谷 明展　北海道
茎が弱いと、花は咲かない。

福田 俊平　滋賀県
「運ぶ」のではなく「届ける」のが仕事です。

堀江 成禎　京都府
政治家よりも国を動かしてきた。

一次審査通過作品

青柳 信吾　奈良県
不足も余剰も損失です。

青柳 信吾　奈良県
「現地でしか買えない」が、なくなりつつある世の中だから。

石井 倫太郎　神奈川県
うまく、事も運ぶ。

遠藤 啓太　宮城県
社会の流れにも迅速に対応します。

小澤 誠一　神奈川県
「ALOZ」をスマホで予想変換されるまで唱え続けよう

桂田 圭子　滋賀県
では、流れにそってご説明いたします。

川村 真悟 福岡県

御社は、いい製品をつくることだけに集中して下さい。

川村 真悟 福岡県

物流で、良品が不良品になるなんて。

熊澤 はるか 京都府

モノの価値が生まれるのは、つくられたときではなく、あなたの手元に届いた時だ。

栗田 一平 神奈川県

ネットじゃ、モノは届かない。

後藤 裕彦 東京都

読めないロゴが流通している。

小林 恵助 東京都

素人は「戦略」を語り、プロは「兵站」を語る

榊原 慎吾 愛知県 テレビCM

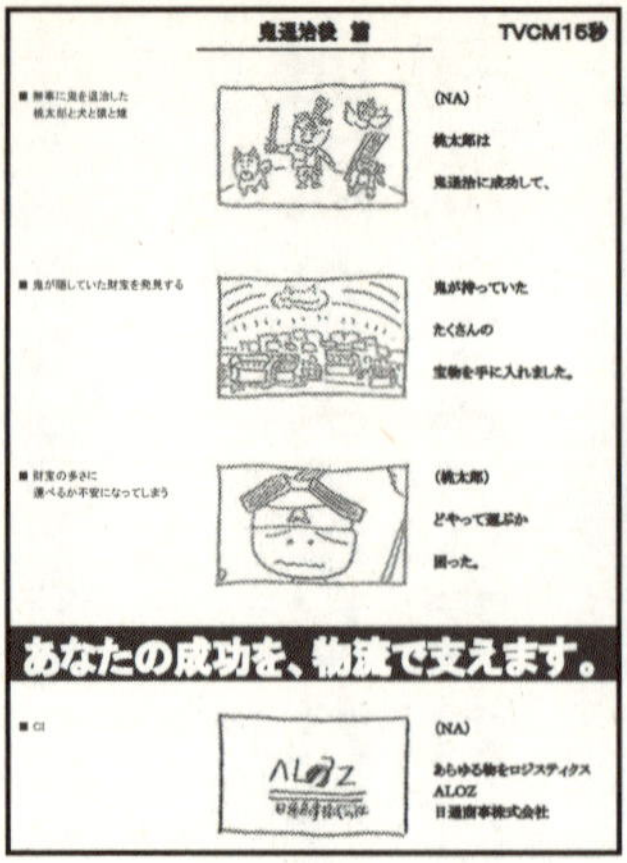

佐々木 一之 愛知県

物流のための、物流がある。

高木 教之 千葉県

物流は、あきない流れ。

高橋 正典 東京都

包み隠さずいうと、梱包も得意です。

田原 あすか 京都府

流れに荷を任せてる場合じゃない。

寺尾 一敏 滋賀県

猫や飛脚以外の手段あり。

寺尾 一敏 滋賀県

ずっとあったけど、今知った。

林田 淳 東京都

将棋だったら、何手先までも読める。

堀江 成禎 京都府

72時間後、カカオはスイーツになった。

堀江 成禎 京都府

世界にはネットで送れない物の方が多い。

向井 正俊 大阪府

快便になりました。

最上谷 大輔 東京都

お客さまのために、のために。

山下 祐輝 大阪府

急募！運べないもの。

山下 祐輝 大阪府

人類は、もっと運べる。

渡邉 香織 三重県

遠回りが、最短距離にもなる。

渡邊 侑資 岐阜県

無茶ぶり、大歓迎。

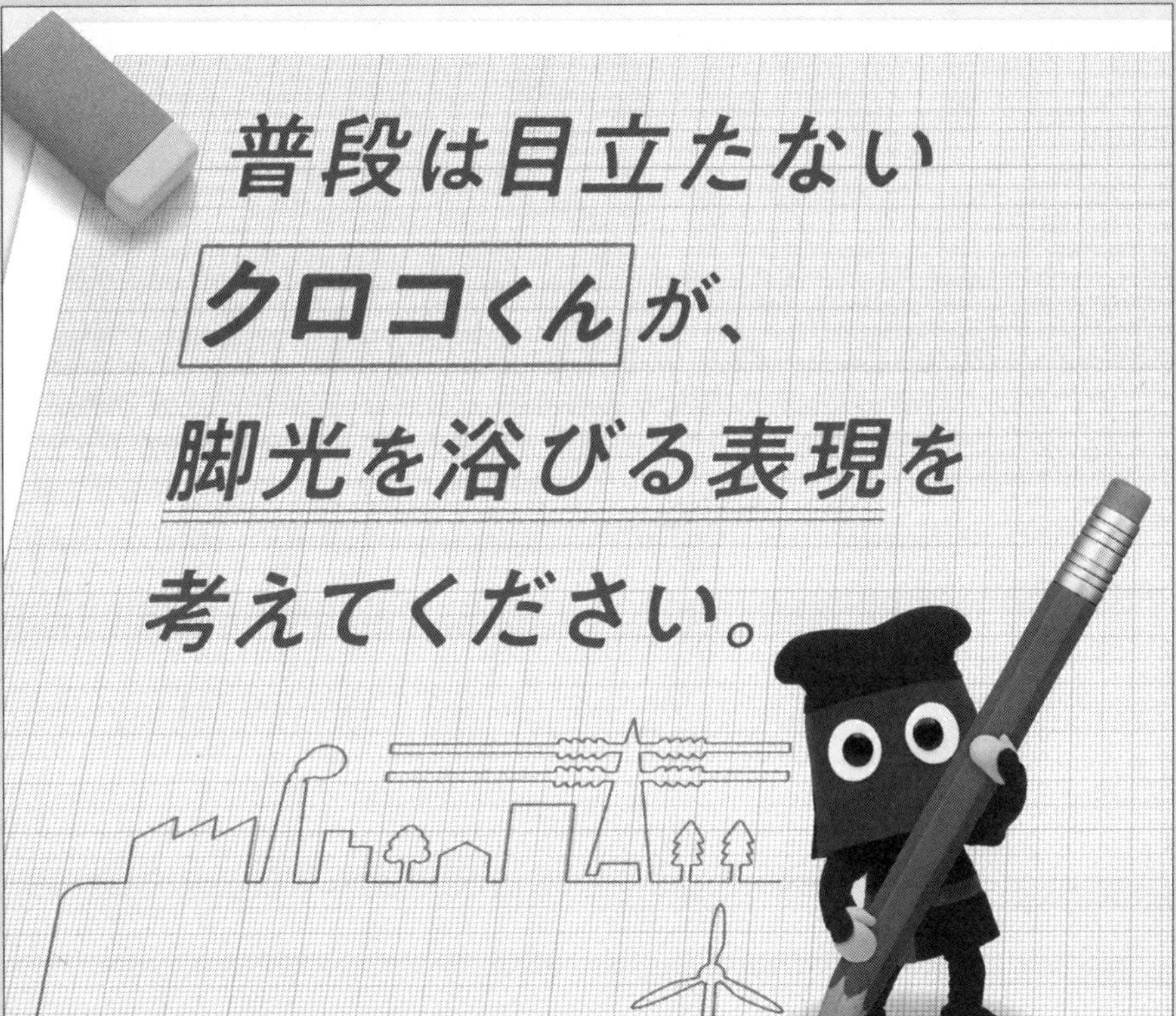

日本ガイシ

日本ガイシのものづくり魂の化身である「クロコくん」が脚光を浴びるアイデア

協賛企業賞

元氏 宏行（47歳）大阪府

やるキャラ。

▼協賛企業のコメント

日本ガイシ
コーポレートコミュニケーション部長
柴田 修さん

ゆるキャラをもじった「やるキャラ。」のコピーに、思わず膝を打ちました。非常に短いフレーズでありながら、受け取った人がさまざまに想像をふくらませることができますし、強く印象に残るインパクトも持ち合わせています。見えない約束で舞台に立つ黒衣に重ねた日本ガイシのキャラクター「クロコくん」のことを、実は世の中に欠かせない働きをする「やるじゃん！」なキャラクターとして、よくぞ端的に表現してくださいました。クロコくんは日本ガイシのものづくり魂の化身で、社員の働く姿を応援し、「ものづくり」のココロを育てていくパートナー。コピーライターのみなさんは、言葉を紡ぎ、息を吹き込んで作品（製品）を生み出しておられます。その仕事はＢｔｏＢのものづくりに近いと感じており、クロコくんの生業に共感いただけたのではないかと拝察いたします。元氏さまも「やるキャラ。」ですね！　素敵なキャッチコピーを考案くださり、誠にありがとうございました。そして協賛企業賞の受賞おめでとうございます。引き続きのご活躍を楽しみにしております。

二次審査通過作品

芹澤 高行　東京都
世界中で暗躍中。

松尾 栄二郎　東京都
あれ、つくってます(照)

溝口 昌治　神奈川県
KUROKOを、世界共通語に。

南 忠志　東京都
世界で暗躍している。

一次審査通過作品

石井 雅規　千葉県
一日何回、会えるかな。

石井 雅規　千葉県
今日のクロコくん、本当はクロコちゃんです。

石川 智樹　埼玉県
茶碗が電池になるなんて、30年前じゃ考えられないですよね? あれ、僕のおかげなんですよ。

伊藤 大輔　兵庫県
黒子と言っても仕事は目立つ。

稲垣 弘行　埼玉県
こう見えて、100歳です。

伊禮 大地　沖縄県
ハリウッド?もっと大きな舞台で活躍しています。

岩﨑 あかね　千葉県
おいしい水の〝おいしい〟を担う会社。

内田 昭之　埼玉県
生涯脇役宣言。

奥谷 和樹　大阪府
認知度より、貢献度が気になります。

上條 直子　東京都
東京の空気は、クロコくんでキレイになった。

川田 卓人　東京都　ラジオCM
女性:昔々、なにもないところに桃太郎がいました。おしまい。
昔々、なにもないところに浦島太郎がいました。おしまい。
昔々、なにもないところにかぐや姫がいました。おしまい。
ナレーション:主役だけじゃ、物語は始まらない。
日本をクロコになって支える会社、日本ガイシ。

木村 有花　千葉県
小さいけど実は、大きいことしてます。

久保田 正毅　愛知県
社会を助ける回数で、正義のヒーローや福祉国家に負けない。

小泉 峻介　静岡県
世界で一番目立たないヒーロー

古郷 海児 神奈川県
黒子の出番が多すぎる。

小島 功至 熊本県
日本のモノづくりは、
いつもクロコが主役でした。

崎山 すなお 東京都
あるクロコくんは、一児の母です。

佐藤 隆弘 宮城県
クロコくんには、
世界がどう見えるのだろう?

新免 弘樹 東京都
クロコの技術は、
多彩です。

末森 恵生 山口県
素顔、ついに公開!

高橋 誠一 広島県
こんなところにもいた!

谷 明展 北海道
街の真ん中に
発電所を作らなくてもいい理由。

田原 あすか 京都府
知るだけで、応援になる。

長井 謙 沖縄県
僕がいなければ、
クルマは凶器に、
なっていたかも。

長井 謙 沖縄県
停電したニュースだけじゃなくて、
停電しなかったニュースも、
流してほしいな。

中川 勘五郎 埼玉県
クロコがいないと、幕が上がりません。

中辻 裕己 東京都
地球の大黒子柱。

中辻 裕己 東京都
世界を支える技術を支えてる。

西村 沙幸 兵庫県
助けているのは、社会という大舞台。

西本 亜矢子 千葉県
日本一のブラック企業です。

西本 亜矢子 千葉県
地球は、黒かった。

早川 雄大 東京都
クロコがいないと、未来の幕は開かない。

林 秀和 東京都
趣味は、絶縁です。

林 秀和 東京都
世界をろ過するお手伝い。

原田 智光 山口県
真っ黒な排ガスを、体を張って止めている。

福井 英明 大阪府
地球を救うのは、スーパーヒーローとは限らない。

藤田 一輝 京都府
黒子は舞台を支える。
クロコくんは世界を支える。

星合 摩美 東京都
電力会社だけじゃ電気は届けられません。

前田 正熙 東京都
長所:目立たないこと、
短所:目立たないこと

松尾 栄二郎 東京都
今日も、胸をはって、かくれます。

松尾 栄二郎 東京都
あなたのくらしに、かくれんぼ。

松岡 弘之 兵庫県
クロコくんがいなければ、私たちは何もできない

三上 智広 北海道
排気ガスを、ハチの巣にしてやりました。

宮澤 幸恵 群馬県
クロコくんは旅に出ました。

宮本 俊史 東京都
暗転を明けるのもクロコの仕事。

宮本 俊史 東京都
クロコくんは幕の下ろし方をまだ知らない。

向井 正俊 大阪府
顔は出ませんが、
最新ニュースに載ります。

山崎 舞 北海道
世界的英雄もいいけれど、
陰でひっそり世界を守るのも、かっこいいでしょ。

山本 朝子 東京都
セリフはないけど、雄弁です。

山本 真梨子 石川県
今、クロコがどんどん小さくなっています。

横江 史成 東京都
彼のドキュメンタリーは、日本のドキュメンタリーだ。

輿嶋 一剛 岐阜県
目立つ仕事があるのは、
目立たない仕事があるからです。

吉村 圭悟 東京都
最先端の裏側が、居場所です。

日本触媒

「日本触媒って革新的な化学メーカーなんだ」と感じてもらえるようなアイデア

ナ

日本触媒

協賛企業賞

赤ちゃんも、社会も、泣かせない。

三上 智広（47歳）北海道

▼協賛企業のコメント

日本触媒
IR・広報部 部長
來栖 暁さん

このたびは、協賛企業賞の受賞おめでとうございます。日本触媒は、自分の重さの数百倍もの水を吸うことができる紙おむつ用吸水材「高吸水性樹脂」をはじめとした、ユニークな素材を開発・生産している化学メーカーです。この作品は、目立たないけれども実はいろいろな素材の力で社会を支えている日本触媒の個性を、誠実な言葉で表現してくださいました。日本触媒を初めて知る方には主力製品であるおむつ材料を通じた当社の特徴が、おむつ材料の高吸水性樹脂メーカーとして知っていただいている方には素材の力の幅広さが伝わる、懐の深いフレーズだと感じました。最後に、初協賛となる今回、多種多様なご提案を頂き、気付きや学びの多い貴重な機会となりました。受賞者をはじめ、ご応募いただいた皆様に心より御礼申し上げますとともに、今後のますますのご活躍をお祈り申し上げます。

三次審査通過作品

西出 壮宏 東京都

おむつの技術で、干ばつを助けます。

村瀬 駿介 愛知県

おむつのプロも、大人になりました。

吉村 茂 東京都 ラジオCM

男：変わってくれたら嬉しいな。
女：あなたが変化してくれたら嬉しい。
男：いや、キミが。
女：あなたが変化するべきよ。
NA：相手を変えるのは難しい。その難しいことをやるのが、触媒です。私たちが、日本触媒です。

二次審査通過作品

大石 洋介 福岡県
「紙おむつ」から、「神おつむ」まで。

後藤 裕彦 東京都
時には、紙おむつをはきながら、仕事をすることもあります。

長井 謙 沖縄県
私たちの技術力は、もっと漏れてほしい。

一次審査通過作品

伊藤 均 東京都
化学は「遺書」を書かない。

遠藤 啓太 宮城県
MADE IN JAPANをMADEしています。

小笠原 清訓 青森県
お吸い物。

小笠原 清訓 青森県 ラジオCM
ナンバーズ篇
男「またナンバーズ、外れた」
女「何番、買ったの？」
男「062。おむつ、だね。これをずっと買ってる」
女「あなたはおむつだけの人じゃないでしょ。電池だって、洗剤だって、車だってやってるのに」
NA：おむつ以外も色々やってます。日本触媒

奥村 明彦 東京都
化力本願。

榊 祐作 東京都
体に電気が走るなら、一目惚れは化学でしょ。

高木 教之 千葉県
化学式がヒーローを呼ぶ。

谷 明展 北海道
すごい素材を作っていたら、すごい夜景ができました。

田原 あすか 京都府
小さいころに覚えていた偉い人は、化学者ばかりだった。

中村 公雄 福井県
化け物は役に立つ。

中村 真 大阪府
馬鹿っじゃない～が褒め言葉になるかも

並川 隆裕　東京都
化学を勉強して
何になるんですか
と訊く生徒はいない。

並川 隆裕　東京都
めざせ、世界の吸世主。

西本 亜矢子　千葉県
技術が、紙ってる。

濱中 稜　千葉県
どんな「欲しい」にも、素材は必要だ。

弘嶋 賢之　愛知県
モノとモノをつなぐのはIoTだけではありません。

福島 滉大　埼玉県　テレビCM
「橋の下の逸材」篇

大きな橋の高架下でストリートバスケをする若い男性たちがいる。
その姿をサングラスに顎ひげを生やしたスカウトっぽい男性が背後で見ている。
スカウトっぽい男性：すごい…!
すごいぞ…!
若い男性たち：…えっ?
スカウトっぽい男性：逸材だっ…!!
若い男性たちは照れくさそうな顔をする。
スカウトっぽい男性が若い男性たちに近づく。しかしスカウトっぽい男性は若い男性たちをそのままスルーして、奥の橋の柱に手を当てる。
スカウトっぽい男性：この壁の素材、とんでもないぞ…!
若い男性たち、あっけにとられ黙る。
NA+ロゴ：逸材を生み出そう。日本触媒。

南 忠志　東京都
おばあさんが、川に洗濯に行かなくなった。

宮村 亮大　神奈川県　ラジオCM
女性：今晩、鍋つくらない?
男性：いいね。
女性：白菜、豚肉、豆腐…あと何買おうか。
男性：土。
女性：は?
NA：たとえるなら、お鍋をつくるのに、土鍋からつくる会社。
工場からつくる化学メーカー。
日本触媒。

向井 正俊　大阪府
「難だ!」を、「何だ?」に変える。

村瀬 駿介　愛知県
化学で、世界は化けていく。

持木 宏樹　東京都
裏方で、裏をつく。

山下 祐輝　大阪府
「素材」を「逸材」にする。

山本 朝子　東京都
キャラクターやCMソングの力を借りる必要も、感じないほどゆるぎない。

山本 朝子　東京都
五〇〇人の成果が、七〇億人の幸せになる。

横山 成香　千葉県
オムツ、脱いでもスゴイんです。

横山 成香　千葉県
革新犯。

ナ
日本触媒

課題

エーオーセプト® クリアケア®を使ったことがない人に思わず使ってみたいと思わせるアイデア

ジャンル キャッチフレーズ・テレビCM

製品カテゴリー つけ置きタイプのソフトコンタクトレンズ用ケア剤（過酸化水素タイプ）

ターゲット 2週間・1ヶ月交換タイプのソフトコンタクトレンズを使用している人

背景 80%以上の人は、1本で洗浄・消毒・保存・すすぎができる「こすり洗い」が必要なタイプのコンタクトレンズケア剤（マルチパーパスソリューション）を使用している

NGワード
- 「こすり洗い不要」など、本製品がこすり洗いをしなくて良いことを直接的に表現する言葉
- 超・最高・完璧などの最上級表現（医薬部外品のため）

製品情報はこちら
https://alcon-contact.jp/products/lenscare/aosept-clearcare/

* a trademark of Novartis　^ a trademark of American Optical

Alcon A Novartis Division

日本アルコン

エーオーセプト クリアケアを使ったことがない人に
思わず使ってみたいと思わせるアイデア

ナ

日本アルコン

協賛企業賞

八重柏 幸恵（40歳）北海道

面倒くさがりなあなたから、目を守りたい。

▼協賛企業のコメント

日本アルコン
ビジョンケア事業本部
マーケティング部
見富貴志さん

このたびは協賛企業賞の受賞おめでとうございます。また数ある企業の中で当社製品の課題にご応募いただきましてありがとうございました。今回の課題はコンタクトレンズのケア製品であるエーオーセプトクリアケアの使用促進を上げるためのコピーを考えていただきました。ケア製品は主につけ置きタイプとこすり洗いタイプの2種類がございます。このエーオーセプトクリアケアはつけ置きタイプであり6時間つけて置くだけでコンタクトレンズが消毒されるという簡便さが特徴です。「面倒くさがりなあなたから、目を守りたい。」というコピーは製品の特長である簡便さを面倒くさがりな人に対して訴え、かつレンズがきれいになること=目を守るといった利点をわかりやすく表現していただきました。2つの特徴である「簡便さ」と「レンズがきれいになること」を直接的な表現ではなく具体的なユーザー像に対して我々からの使用していただきたい「想い」を伝えている作品でしたので選ばさせていただきました。本当にありがとうございました。

三次審査通過作品

谷 明展 北海道

オートマに慣れたら、マニュアルには戻れない。

中田 国広 埼玉県

洗濯板と全自動洗濯機ぐらい違う。

西本 亜矢子 千葉県

1日2枚、洗い物が減ります。

二次審査通過作品

高澤 邦仁 東京都

視界の全自動洗濯機。

田辺 雄樹 東京都

疲れ切った私に掃除を任せるのは、不安だ。

谷 明展 北海道

その分、スキンケアに時間をかけてください。

東栄 桜 岐阜県

睡眠時間が、すこし増えます

ナ 日本アルコン

一次審査通過作品

石神 慎吾 長野県
こするなんて、たいした手間じゃないのに、手間なんだよな。

井上 弘文 北海道
メガネ君と裸眼さんには理解できない安心感

岩﨑 あかね 千葉県
汚れのひどい洗濯物と同じ原理です。

植木 香央里 広島県
夜八時。
レンズにかける、泡の魔法。

上田 悠馬 大阪府
食器も人が洗わない時代に、まだコンタクトを人が洗うのか。

遠藤 年哉 東京都
今夜もつけが効く。

遠藤 年哉 東京都
手を加えない方が良い場合もある。

鹿野 泰央 東京都
6時間、消毒するか、増殖するか。

鹿野 泰央 東京都
一本完結タイプか、一切殲滅タイプか。

河本 拓也 東京都
こすり洗いは、レンズへの虐待です。

菊地 咲貴 東京都
この2週間は、1dayのような2weekでした。

黒坂 謙太 京都府
高度管理医療機器を、オレが手入れする不安。

肥塚 雅裕 大阪府
ケアに手間暇かけるなら、私は似合わぬメガネをかける。

定藤 健志 兵庫県 テレビCM
■リンゴを洗うアライグマ
■サツマイモを洗うアライグマ
■コンタクトレンズを手に乗せ、洗おうとするところで、自分の鋭い爪が気になったアライグマ。
NA+S：私のツメでは、傷つけてしまう。
■コンタクトレンズをエーオーセプトソフトケアにつけるアライグマ
NA：つけ置きタイプのソフトコンタクトレンズ用ケア剤エーオーセプトソフトケア
日本アルコン。

芹澤 高行 東京都
視界まる洗い。

田口 輝 神奈川県
365日を、366日にしてくれる。

竹田 豊 神奈川県
AIに頼らなくても、自動で泡洗浄できる。

竹節 忠広 長野県
洗うたびに、新品。

竹節 忠広 長野県
毎日が4K。

谷 明展 北海道
便座以上に雑菌が多いスマホを触りまくってる指で、こすり洗い？

谷 明展 北海道
こすり洗いを強要するなんて、商品の怠慢だと思う。

谷 明展 北海道
私は私の指を、あんまり信用していない。

谷 明展 北海道
指と泡、どっちが細かく洗える？

田村 浩登 岩手県
世界中の1億人が面倒だと思っていることが、無くなります。

藤榮 卓人 神奈川県
一秒でも早く寝たい人の手抜きレンズケア。

當銘 啓太 東京都
明日の自分の目に、指紋を塗っていた。

當銘 啓太 東京都
コンタクトを取った俺の、
指先は信用できない。

當銘 啓太 東京都
今日のモヤ、ゆうべの指紋だ。

當銘 啓太 東京都
目が悪いだけで、1日が5分短いなんて。

長井 謙 沖縄県
クリーニングに、レンズを出した。

中田 国広 埼玉県
コンタクトに毎日エステのフルコースを。

中野 花心 東京都
とれたて朝摘みレンズ。

中元 智之 神奈川県
目に入れるものは、むやみに触りたくない。

中元 智之 神奈川県
指紋はトガっている。

中元 智之 神奈川県
今まで、
時間をかけて目に悪いことをしていた。

中元 智之 神奈川県
飲みすぎて記憶が無い夜も、ちゃんとケアで
きていた。

中元 智之 神奈川県
目の前のことから、良くしよう。

永吉 宏充 神奈川県
分子レベルでも、きれいな瞳ですね。

永吉 宏充 神奈川県
コンタクトレンズのジェットバス。

成田 斐 大阪府
毎日、視力が生まれる。

羽賀 亜弥香 東京都
チマチマこする
彼のうしろ姿を見て
少しだけ、嫌いになった。

福島 朋子 東京都
目の中に菌を飼っていませんか?

許 憲 大阪府
要するにあれだよあれ、
サ◯ヤ人が入って
回復する機械みたいな感じ。

本田 直之 埼玉県
こすり洗い。
言葉がすでにおだやかじゃない。

増田 有生 大阪府
なんでもよかったのに、
なんでもよくなくなった。

松尾 健介 大阪府
レンズをはずしたら、
ぜんぜん見えないのに、
自分で洗うなんて。

松村 遼平 京都府
「外す」と「洗う」が同じになる。

松村 遼平 京都府
新しい一日を、装着する。

松村 遼平 京都府
手洗いVS食洗機のようなものです。

松村 遼平 京都府
自分で洗わない。プロが洗う。

三上 智広 北海道
これでも面倒なら、目を良くするしかない。

三上 智広 北海道
レンズのケアを時給換算したら、
1年で幾らになるでしょう?

溝口 昌治 神奈川県
バブルがはじける力は、すごい。

溝口 昌治 神奈川県
なるべく手で触らないのが、
清潔のキホンです。

密山 直也 兵庫県
私は、メガネも手間も、かけません。

密山 直也 兵庫県
毎日こすり洗いするって、
あんたのパンツじゃないんだから。

宮地 克徳　群馬県
ひと月に60分のお得です。

向井 正俊　大阪府
余った時間で、レビューをお願いします。

元氏 宏行　大阪府
うたがいの眼差しを、
うるおいの眼差しへ。

山家 大輝　東京都
いわば、全自動コンタクトレンズ洗浄機。

山内 昌憲　東京都
コンタクトの問題をクリアしよう。

山本 朝子　東京都
私の瞳が「新品？」と勘違いしてくれる。

吉尾 康秀　東京都
目じたくをととのえる。

萬 正博　兵庫県
ゴンダグドを、コンタクトにする。

渡邉 光　東京都
飲んだあとの私が、ちゃんと洗っているはず
がない。

渡邊 侑資　岐阜県
塩対応の作業で、神対応の効果です。

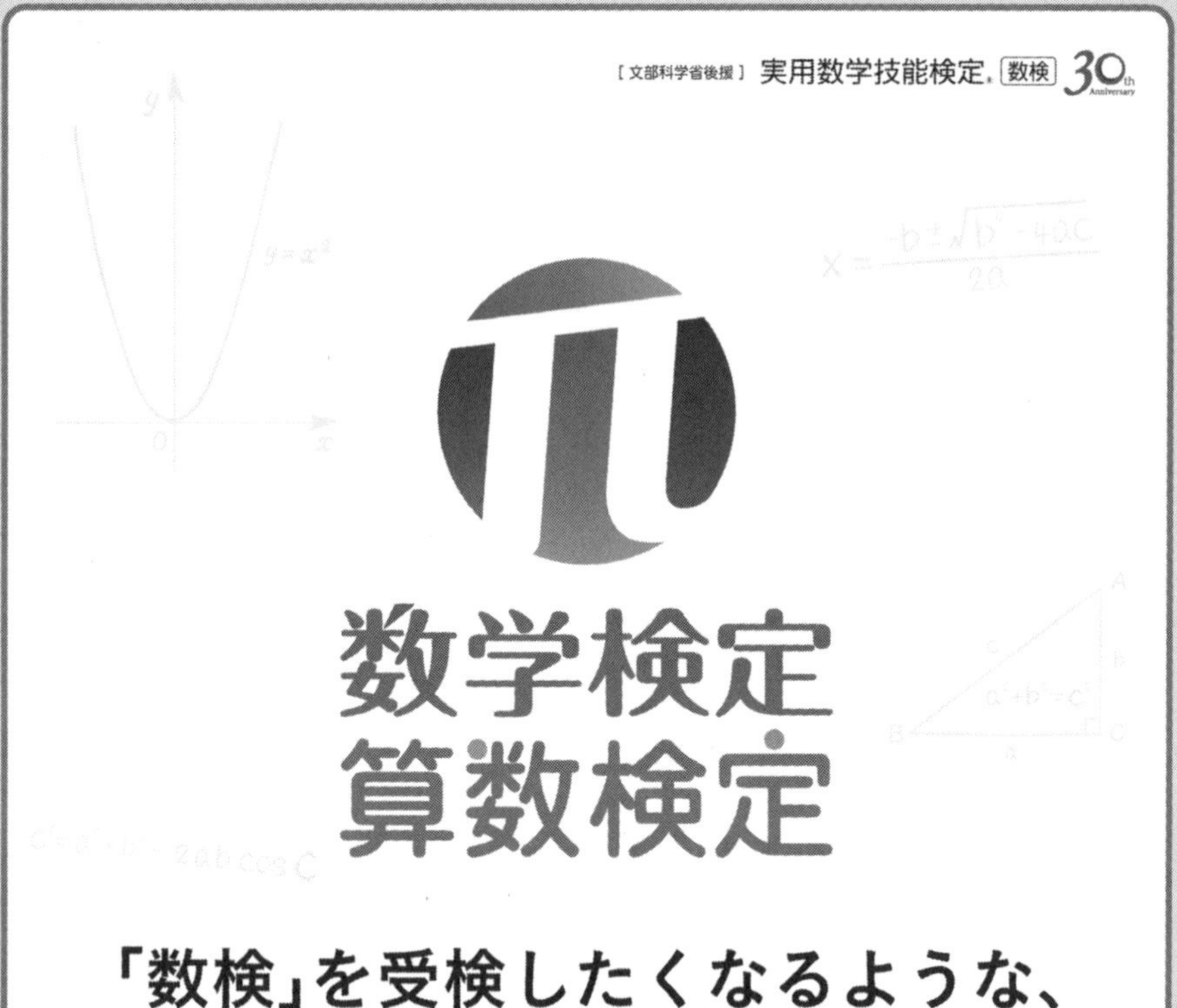

日本数学検定協会

「数検」を受験したくなるような、キャッチフレーズやアイデア

協賛企業賞

吉村 健二（65歳）埼玉県

英語ぺらぺらもいいけど 数学すらすらもいい。

▼協賛企業のコメント

日本数学検定協会
広報宣伝室 チーフ
向後大輔さん

このたびは、協賛企業賞の受賞おめでとうございます。この作品は、「数学ができる」ことは「英語が話せる」ことと同じくらいカッコよくて価値があるというイメージを、万人にわかりやすく、端的でシンプルに訴求できていると感じました。グローバル化が叫ばれて久しい昨今、英語教育の重要性はいまや日本では当たり前のように認知されており、多くの日本人が英語を話せることへの憧れを抱いているのではないでしょうか。一方で、日本ではあまり知られていませんが、アメリカの職業ランキングでは数学を用いる職種が上位を占めており、大手IT企業でも数学人材の確保を急務としているなど、数学の重要性が認識されています。そういった現状に鑑みても、この作品のイメージの訴求は、まさに当協会のめざすところであり、その先には多くの方々が「数検」を受検されているという未来図を思い描くことができました。

今回、初めての協賛にもかかわらず、当協会の課題に大変多くの方々から作品をお寄せいただき、心より御礼申し上げます。皆さまの今後ますますのご活躍をお祈り申し上げます。

三次審査通過作品

あの時気づけなかった、楽しさ。

石川 安夢 神奈川県

英語が武器の人は多い。
数学が武器の人は少ない。

大塚 恭平 埼玉県

解、感。

荻原 正機 埼玉県

「問い」、を学ぼう。

奥谷 和樹 大阪府

二次審査通過作品

浅村 浩平　東京都

自分の脳みそと遊ぼう

石神 慎吾　長野県

死ぬほど嫌いだったものが、死ぬまで嫌いとは限らない。

石神 慎吾　長野県

人生はやり直せなくても、数学はやり直せる。

桒原 秀美　東京都

数に限りは無い。

内藤 大輔　愛知県　ラジオCM

好きな数学思い浮かべてください。
その数に1を足して
その数を2倍にしてください。
次に6を足して2で割って
最初に思い浮かべた数字を引いてみてください。
残った数字は、4ですね？
なぜわかったか？数学って不思議でしょ？
数学検定。

春山 豊　東京都

数学を諦めない人は、きっと社会に出ても諦めない人です。

松岡 基弘　東京都

数学と仲直りしよう。

松本 茉弓　大阪府

あ。シナプスが繋がった。

牟田 雅武　長崎県

分からないを楽しもう。

持木 宏樹　東京都

あたまがもったいない

一次審査通過作品

青柳 信吾 奈良県
学生時代の壁も、今なら自分のペースで乗り越えられる。

安藤 滋高 愛知県
昔の宿敵に、もう一度挑んでみよう。

家田 亮 愛知県
数学がつまらないと思っている人、そこはまだ面白くないところですから。

池内 健太 埼玉県
その一問を、アルキメデスも解いていた。

池田 かすみ 東京都
どうか、合コンの会計が割りにくい金額になりますように。

石川 安夢 神奈川県
ただ楽しむだけの数学を。

今中 大 東京都
問.「あなたは、数学が得意である」ことを証明せよ。

伊禮 大地 沖縄県
解き方を知れば、楽しさに変わる。

伊禮 大地 沖縄県
「分からない」を楽しむ力を。

岩浅 真実 東京都
数学のテストが恋しい君へ。

岩橋 亮汰 兵庫県
きちんと説明できる大人になる。

上杉 保 山口県
数検は記述式です。「一」か「八」かではありません。

上田 拓也 東京都
英語、17億人。漢字、15億人。数学、70億人。

上田 拓也 東京都
言葉は世界をつなげた。数学は世界を広げた。

植田 裕貴 茨城県
頭の良さは、履歴書に書ける。

臼井 和輝 埼玉県
おかあさん、なにがわかんないか、わかった。

臼井 和輝 埼玉県
わからないことに向きあったら、もう合格よ。

大石 洋介 福岡県
Math Fighter 募集!

大熊 圭一 埼玉県
数学は、やりすぎても怒られないゲーム。

大森 愛子 愛知県
もう一問、あと一問。

大吉 祐美 埼玉県
知性は顔に出る。

岡田 上 兵庫県
SUGAKUマッチョ。

小川 祐人 東京都
だいたいのものは、解ける。そう思えると、人生楽になる。

荻田 洋平 神奈川県
ニンゲンはXとYでできている。

奥谷 和樹 大阪府
「今さら」じゃない、「今から」が面白い。

奥谷 和樹 大阪府
今ならきっと、楽しめる。

小栗 康佑 静岡県
あの日覚えた数式もあなたの一部です。

小田 道夫 石川県
合格というより、クリア。

柏木 克仁 神奈川県
僕は、8%のままがよかったです。

桂田 圭子 滋賀県
マジ、受ける。

ナ

日本数学検定協会

日本数学検定協会

神田 江里奈 東京都
さぁ、世界を解き明かそう。

木田 秀樹 東京都
資格欄に、魅力的な1行が加わった。

木村 麻美 東京都
今なら、なぜか楽しめそう。

清本 勉 広島県
人生に、数学は必要でした。

倉田 匠 京都府
解いている自分を、楽しもう。

郡司 嘉洋 東京都
アインシュタインが受験したら、何級だろう。

後藤 義郎 岡山県
「いや〜、このあいだの数検、むずかしかったな〜。」って、言ってみたい。

小林 建太 愛知県 テレビCM
@リビングルーム
数学の宿題が広がったテーブルでスマホをいじる娘と隣で頭を抱える父親
娘「わからないの〜?じゃあ、クラスの小林君に教えてもらおっと」
自分の部屋に戻ろうとする娘の背中を悲しげに見つめる父親
父親心の声「小林君…?」

@披露宴会場
司会者とその司会者に目線を向ける新郎新婦
司会者「高校2年の夏、新婦マリコさんが新郎ケンタさんから数学の宿題を教えてもらったことが、交際のきっかけとなりました」
口が半開きになって驚く父親の顔をバックにコピーが浮かび上がる
〝急げ父。日本数学検定協会〟

小林 鴻世 東京都
また英語力をウリにした学生か。

小宮山 剛 東京都
小説よりも短く、絵画よりも美しい

紺村 晃 石川県
鉛筆一本でできる冒険。

榊 祐作 東京都
センスを試せ。

崎山 すなお 東京都
オレ中学の頃、
こんな問題解いてたのかよ。

崎山 すなお 東京都
数学は趣味になる。

佐藤 奈美子 千葉県
だれにも内緒で受けてみる。

柴本 純 東京都
足し算、引き算、勝算。

島崎 純 長野県
1ドル108円より、
1ドル112円の方が、
円高に見える。

島田 宏哉 静岡県
こんなに楽しいなんて、勉強しておかなくて良かった。

清水 崇之 東京都
なんとなくとか、いらない。

白澤 寛子 長野県
履歴書に話題性を作りませんか?

城川 雄大 富山県
英語はＡＩに任せた。ＡＩは俺に任せろ。

城川 雄大 富山県
人生の解き方を増やそう。

杉田 有香 千葉県
数学はゴルフより長く続けていける。

杉原 学 東京都
天体望遠鏡よりも、宇宙がよく見える数式がある。

鈴木 祥代 東京都
微分、積分、三角関数。
覚えているのは単語だけ。

芹澤 高行 東京都
チャンスの肥やし。

高山 勇輝　東京都
数学の基本は丸、三角、資格。

谷尾 裕一郎　大阪府
数学嫌いは、野菜嫌いと似てる。

寺田 連蔵　東京都
答えのない世の中に疲れたら。

戸田 理弓　東京都
数字で見る世界は美しい。

中島 優人　埼玉県
あなたのお子さん、100点じゃもったいないですよ。

中辻 裕己　東京都　ラジオCM
男1：お会計、25万円となります。
男2：高っ！ビール3本とフルーツだけで？ぼったくりでしょ！
男1：いえ、ビール1本3万円にフルーツが5万円、そこにテーブルチャージ1万円と、ボーイチャージ5千円、ホステスチャージ1万2千円がかかり、総額にサービス料40%と消費税となります。
男2：ということは合計で25万2504円。むしろ2504円は…。
男1：当店からのサービスでございます。
男2：あぁ、文句言ってすいません。ちゃんと払います。
NA：計算ができる人は、強い。数検で計算力を伸ばそう。
男2：ん？いや、ぼったくりはぼったくりでしょ！

中野 満莉菜　愛知県
ほぼ100%面接で聞かれます。

中村 有史　東京都
数学できるやつはカッコいいよなあ

那須 佑樹　秋田県
懐かしい答えがある。

那須 佑樹　秋田県
思い出して。あなたは数学が好きでした。

那須 佑樹　秋田県
週末数学、はじめよう。

奈良 純嗣　秋田県
数的優位になる。

成田 斐　大阪府
受験科目は、数学だけです。

根本 曜　東京都
数的優位です。

能美 孝啓　京都府
あの人の「論理的に」は、感覚的だ

則本 桃子　京都府
できるのに、隠す必要ありますか。

橋場 仁　埼玉県
話が通じない原因は、たいてい数学力の差です。

橋場 仁　埼玉県
証明しましょうか、部長？

長谷川 香子　神奈川県
ピーマンもにんじんも実は美味しい。算数も数学もきっと楽しい。

服部 年晴　和歌山県
「ゆっくり噛めば、数学は甘くなる。」

濵 斉之　北海道
大人は、数学の質問をされたくない。

樋口 緑馬　東京都
あなたの発言が論理的に聞こえる。

飛田 智史　東京都
好きになるために受ける。

平田 直也　東京都
微分でつまずいてるようじゃ、社会でもっとつまずく。

平田 直也　東京都
数学って社会の何の役に立つの？って、数学もできないような人が社会の何の役に立つの？

廣本 嶺　東京都
数学を知らないやつが、データの重要性を語れるか。

福島 慎一　東京都
数学で解けないのは、愛だけです。

福田 圭太郎　東京都
紙とペンと、頭脳だけ。

藤田 篤史　東京都
いい問題だ。息子がつぶやいた。

日本数学検定協会

藤田 篤史　東京都
高3の冬、中3の俺に感謝した。

古川 幸一郎　大阪府
人生は計算どおりにいかないから、
算数だけは勉強しておきなさい。

細木 光太郎　神奈川県
数学が役に立たないと言う人は、たいてい数
学ができない人です。

堀田 陽祐　愛知県
つかえるアタマを、つくろう。

堀田 陽祐　愛知県
できるという自信が、推進力になっていく。

松尾 健介　大阪府
ロジックが、
スペックになる。

松尾 健介　大阪府
何となく賢そうより、
具体的に賢いほうがいい。

松岡 基弘　東京都
楽しい数学が存在する。

松田 孝一　東京都
数学バカはいるけど、バカはいない。

松村 遼平　京都府
答えのある、青春だってある。
丸茂 智沙　東京都
人間には、2種類ある。
言葉に反応する人。
数字に反応する人。

三上 智広　北海道
今、私は「わからない」が面白い。

溝口 昌治　神奈川県
机の上で、宇宙が広がる。

見田 英樹　愛知県
雲の行方も、流星の果ても計算できる。

密山 直也　兵庫県
結婚にも、式がある。

向井 正俊　大阪府
あなたが数検を受験して、
どう活かせるか証明せよ。

牟田 雅武　長崎県
数学の楽しさは、教科書には書いてない。

森 康一　愛知県
いつか使うかもしれないもので、
一番使えるもの。

矢野間 啓　神奈川県
覚えることが少ない資格。

山口 真穂　東京都
履歴書に書くだけでもう頭良さそう

山下 咲衣子　愛知県
漢字より、数字のほうが
お金になりそうな気がしない？

山下 祐輝　大阪府
人工知能より、天然知能。

山田 尚文　東京都
理不尽とは無縁の世界です。

山本 朝子　東京都
「ご趣味は？」「数学を少々。」

山本 真梨子　石川県
数学は数検で趣味になる。

吉田 さをり　愛知県
数学が娯楽になる。

吉田 周平　愛知県
できる人とは、
なぜ？と だから
が言える人。

吉田 周平　愛知県
「なぜ？」が分かれば
「だから」が言える。

吉田 周平　愛知県
100年後も答えが変わらない学問。

吉田 周平　愛知県　テレビCM
「数検1級の桃太郎編」

NA「あるところに数検1級の
　桃太郎がおりました。」

犬「お腰につけたきび団子〜、一つ私にくだ
　さいな〜♪」

桃太郎「ごめん、君じゃ無理かな。君の体格、
見た感じのパワーだと、鬼はちょっと
厳しいと思う。」

NA「桃太郎は冷静に断りました。」

数検で論理的になろう。
（コピーが入る→）

與嶋 一剛　岐阜県

この国、伸びそうだね。
見てよ、この数学力。

吉村 茂　東京都

さらりと言うと、かっこいい。

吉本 正春　東京都

ロケットも数学で飛ぶんだ。

JPRS企業認知度

19%

のびしろは81%。前向きです。

私たちは「.jp」（https://△△△.jp←ココのハナシです）の登録管理をしている世界で唯一の企業、JPRSです。インターネットの基盤を支える大切な仕事をしているのですが…その認知度は、19%という衝撃の低さ。ぜひ、あなたのコピーで、JPRSを有名にしてください。そしてそのコピーで、コピーライターとして有名になってください。JPRSという企業の大切さや魅力を伝えられる、様々な切り口のアイデアをお待ちしています。

課題　日本レジストリサービス（JPRS）を知ってもらえる広告アイデア　ジャンル：自由

のびしろヒント1　「.jp」「co.jp」「go.jp」など150万件以上あるすべての「.jp」を登録管理

のびしろヒント2　「.jp」が付くアドレスにたどり着くために必要なJP DNSを24時間運用

のびしろヒント3　より安全で安心なインターネットを目指したサービス提供やグローバルな活動も

詳細やその他のヒントはhttps://jprs.jpにて見つけてください！

JPRS
JAPAN REGISTRY SERVICES

日本レジストリサービス

日本レジストリサービス（JPRS）を知ってもらえる広告アイデア

日本レジストリサービス

協賛企業賞

山内 昌憲（30歳）東京都

世界から、日本を任されました。

▼協賛企業のコメント

日本レジストリサービス
広報宣伝室 室長
園木 彰さん

協賛企業賞の受賞、誠におめでとうございます。ＪＰＲＳからは「日本レジストリサービス（ＪＰＲＳ）を知ってもらえる広告アイデア」をテーマに作品を募集しました。ＪＰＲＳは、日本に割り当てられた「.jp」の登録管理などを始めとした、インターネットの基盤を支える仕事をしている企業です。具体的には、150万件を超える「.jp」をきちんと使えるようにするＪＰ ＤＮＳサーバーの運用や、より安全で安心なインターネットを目指したサービスの提供やグローバルな活動なども、ＪＰＲＳの大事な仕事。こんな風に日本のインターネットを支えているにもかかわらず、認知度は19%と低いのが悩みでした。今回は、ＪＰＲＳが世界で唯一「.jp」の登録管理を任された存在であることを表現されており、短い言葉の中でもＪＰＲＳが大切な仕事をしていることが伝わる本作品を選ばせていただきました。最後になりますが、受賞者の方をはじめ、ご応募いただいた皆さまには改めてお礼申し上げるとともに、今後ますますのご活躍をお祈り申し上げます。

三次審査通過作品

山本 朝子　東京都　ラジオCM

男「俺、タトゥ彫ったんだ。」
女「え、そういうこと日本じゃあんまり良く思われないよ。」
男「大丈夫。まぁ、これ見てよ。」
女「あ！」
男「これなら良く思われるでしょ。」
女「まさかお尻に『.jp』って彫るなんて。」
NA：お尻に「.jp」があるものだけ信頼しましょう。信頼を管理するのは日本レジストリサービス。

二次審査通過作品

北川 秀彦　大阪府　テレビCM

【逆転無罪編】

裁判所内

裁判官「被告人、最後になにか言い残したことは？」
被告人「ぼくはやってません.jp」
弁護士が裁判所の入り口に走っていき、「無罪」の巻物を広げる。
記者たち「おぉ〜」
NA「圧倒的な信頼感.jp。日本レジストリサービス」

谷 明展　北海道

アドレスにも治安がある。

見田 英樹　愛知県

ドメインは、身分証明証でもある。

一次審査通過作品

青柳 信吾 奈良県
ネットの世界で、
日本の土地は
私が全て所有している。

青柳 信吾 奈良県
和食風？
和食でしょ。

石塚 勢二 東京都
首相官邸を管理している一般企業。

伊藤 史宏 愛知県
１００年続く老舗が、アドレス上では国外でした。

伊藤 陽 東京都
アドレスにおける「ですます」調。

岩井 純平 東京都
どんなに魅力的なキャンペーンもドメイン一つで嘘くさくなる。

岩橋 亮汰 兵庫県
国花は桜、国鳥はキジ、アドレスは.jp。

遠藤 嵩大 大阪府
日本というだけで安心できるのは
日本人のいいところだ。

大井 慎介 静岡県
最前線でたたかう最後尾。

小笠原 清訓 青森県
自慢ではなく、マナーだと思っている。

加藤 晃浩 東京都
キラキラネームは、
書類審査で落とされやすい。

川田 大雅 福岡県
なでしこジャパン、侍ジャパン、アドレスジャパン

川村 真悟 福岡県
ライバル不在だから、認知度なんて。

北浦 俊 千葉県
知らないドメインにはついていっちゃだめよ、ってママが。

北川 秀彦 大阪府
本文は嘘つけても、ドメインは嘘つけない。

北川 秀彦 大阪府
「記憶にございません.jp」
「じゃあ、仕方ありませんね」

齋田 敏宣 大阪府
国産にこだわっているくせに。

崎山 すなお 東京都
いつもお世話になっておりますはずです。

佐々木 一之 愛知県
これからは日本締めで。

佐藤 広成 東京都
テレビCM

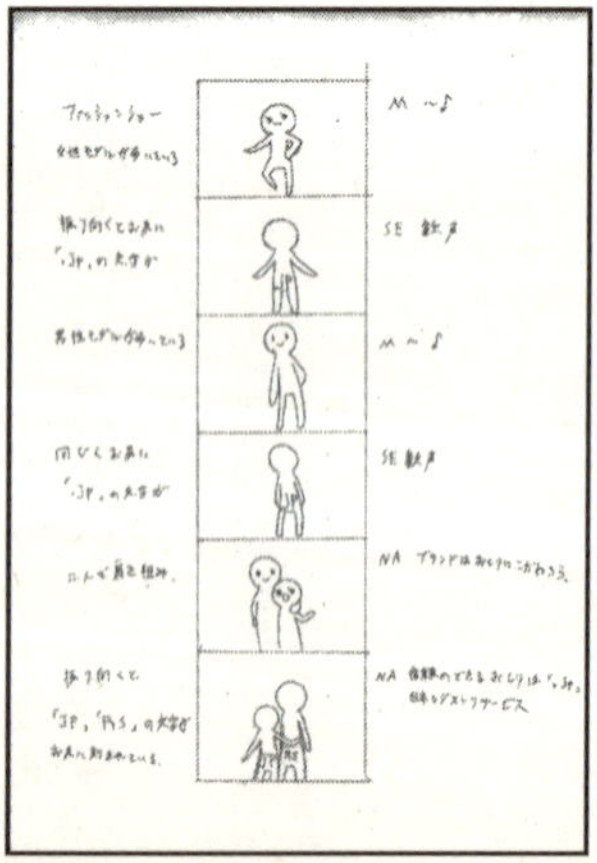

高澤 邦仁 東京都
主要取引先ですか？長くなりますよ。

高橋 誠一 広島県
例えるなら、日本マンションの管理人。

高山 勇輝 東京都
爆買いされない
日本の名品。

瀧柳 祥太 東京都
産地が見える、国産仕様

田中 恵美子　東京都
誰でも簡単に登録できたら、ずいぶん仕事は楽になるでしょうが。

田中 貴弘　東京都
日本は、ネットの中も治安がいい。

田中 貴弘　東京都
メイドインジャパンに、世界は弱い。

谷 明展　北海道
和ドレス。

谷 明展　北海道
信頼に年数はかかるが、文字数はかからない。

田畑 亮　埼玉県
もはや社名じゃ、日本だってわからない時代だから。

玉樹 真一郎　青森県
日本にひとつだけ、関所が現存しています。

張 家昀　神奈川県
企業認知度、19%
商品認知度、たぶん100%

寺門 眞一　兵庫県
国境のないネットで、アドレスも無国籍のままですか?

長尾 綾乃　東京都
.jpは、国産ブランドの証です。

那須 佑樹　秋田県
世界で戦うなら、「.jp」

林 秀和　東京都
電気とかガスとか道路とか、その水準のインフラです。

林 秀和　東京都
日本の信用を、可視化する。

平田 直也　東京都
日本代表を全員支えています。

藤田 篤史　東京都
東京は03。日本は.jp。

藤田 篤史　東京都
スーツなのに
ビーサンを履いてるヤツは、
たいていやばい。

古澤 敦貴　大阪府
会社の第一印象は、
意外とアドレスだったりする。

眞木 雄一　石川県
100%日本産。

松尾 栄二郎　東京都
.jpのシェア100%

松尾 健介　大阪府
100年たっても、
意味が通じるドメインを、
扱っている。

松岡 基弘　東京都
渋い俳優くらいの認知度です。

三上 智広　北海道
日本のホームページを、
世界に輸出しています。

三宅 幸代　大阪府
漫画村は、.jpではなかった。

山下 祐輝　大阪府
防衛省も警視庁も、守ってます。

吉川 文義　東京都　ラジオCM

SE：(街中)
男：「王様の耳はロバの耳〜〜!!」
SE：(沈黙)
男：「王様の耳はロバの耳、.jp〜〜!!」
SE：(ワヤワヤの大騒ぎ)
NA：「信頼されるドメインだから騒がれる。
『.jp』。日本レジストリサービス」

バスクリンのこと、もっとみんなに知ってほしい！

家族をあったためて、88年。
バスクリンには、
あったかい愛情がたっぷり。
しっかりあったためてあげたいという
家族の健康を思う気持ちが
いっぱい詰まっています。
家族を思って選べば、
やっぱりバスクリン。
そんなバスクリンのこと、
みんなに知ってもらえたら
うれしいです。

優秀作品は広告などに掲載！

［課　題］
バスクリンを選びたくなる、ほっとなアイデアを募集。

［ジャンル］
自由
（キャッチフレーズ・テレビCM・ラジオCM）

［参考資料］
https://www.bathclin.co.jp/sp/bathclin/

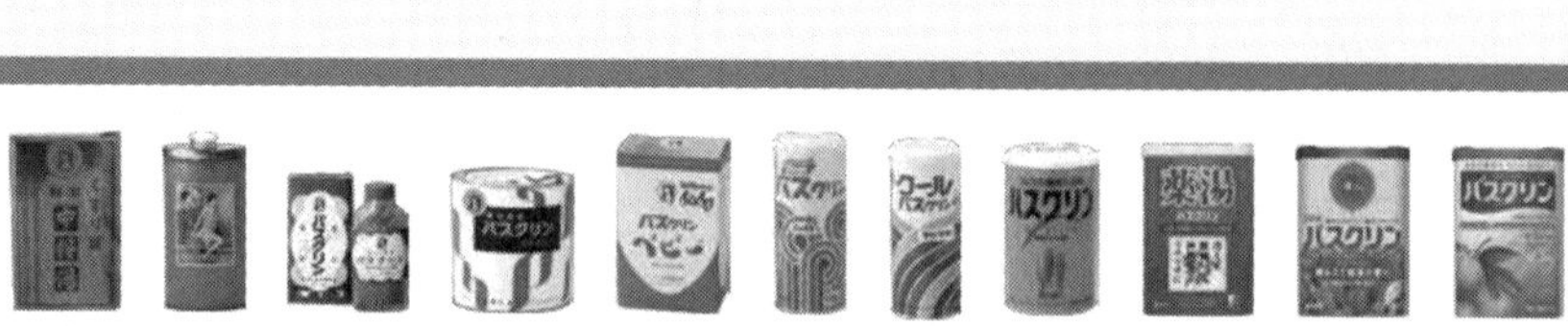

1897　1930　1950　1959　1966　1974　1975　1996　2000　2005　2010

バスクリン

バスクリンを選びたくなる、ほっとなアイデア

協賛企業賞

山田尚文（36歳）東京都

「あったかい」は、「あい」のなかにある。

▼協賛企業のコメント

バスクリン
販売管理部 リーダー
高橋正和さん

協賛企業賞の受賞、誠におめでとうございます。今回選ばせていただいたコピーは、バスクリンが大切にしてきた本質を突いていただいた言葉のように感じました。日本のお風呂とともに歩んできたロングセラー「バスクリン」は、時代の変化に合わせて進化を続けてまいりました。その時々のお客様の声を受け、残り湯洗濯ＯＫ、分別しやすい環境にやさしい紙容器の開発、最近では「エコキュート使用ＯＫ」など、家族の健康と幸せを願い、研究開発に取り組んでおります。今回の受賞コピー『「あったかい」は、「あい」のなかにある。』を通じて、これらのお客様の声や進化を続ける中心には、きっと大切な家族を思う愛情があるからだとあらためて思い出させてくれたように思います。家族を思って選べば、やっぱりバスクリン。を体現していただいた〝ほっとする。あったまる。〟コピーとして、選ばせていただきました。元号も変わる本年、これからの時代も愛されるバスクリンであれるよう、努めてまいりたいと思います。沢山のご応募、本当にありがとうございました。このコピーを選んでから、お風呂がよりあったまるように感じる今日この頃です。

三次審査通過作品

穐山 定文 山梨県 ラジオCM

SE：お風呂に入っている音。
祖母：ゴクラク、ゴクラク。
孫：極楽って、おばあちゃん死んじゃうの？
祖母：気持ちいいってことさ。
孫：フーン。
祖母：天国にバスクリンあるかしらねぇ。
孫：大丈夫。ぼくが送ってあげるよ。
NA：ほっとするくつろぎ　バスクリン。

天野 健一朗 京都府

私は、何度でも生き返る。

五傳木 風吹 東京都 テレビCM

娘「お父さんの後のお風呂なんて絶対いやだから！」
父親「なんだと！ちゃんと浸からないと体に良くないだろ」
娘「シャワーだけでいい」
父親「お前がその気ならこっちも言わせてもらうけどな」
娘「なに」
父親「今日はバスクリンだぞ」

娘「入ってくる」
NA「家族の距離をもっと近くに　バスクリン」
気持ちよさそうに湯船につかる娘の画をバックに

小林 鴻世　東京都

毎日が、勤労感謝の日です。

坂本 順子　東京都

肩まで浸かって、結婚を決めた。

字引 章　東京都

人生、
ボーッとしてるときが
いちばん私だ。

田中 貴弘　東京都

お風呂を、美人の湯と呼ぶ母。

谷 明展　北海道

鼻歌が、いい匂い。

中辻 裕己　東京都　テレビCM

海水浴場にて。
若いヤンキー風な男と肩がぶつかる水着の男性。
ヤンキー：おい！
男：す、すいません。
ヤンキー：お前、どこの入浴剤使っててんだよ。
NA：バスクリンですべすべお肌に。

山下 祐輝　大阪府　ラジオCM

お湯がおかしい篇
子ども「お父さん、お父さん！」
父「どうしたんだ？」
子ども「お風呂に、何入れたの!?」
父「何もいれてないよ！」
子ども「ウソ？お湯が透明だよ！」
父「それが普通なの！」
NA：きらしただけで、大事件。バスクリン。

二次審査通過作品

柴田 尚志　神奈川県
あぁ、これがカラダの芯ってやつか。

谷 明展　北海道
これが私の、体の芯か。

萩野 紀之　埼玉県
恋にも効く。
受験にも効く。

林 拓磨　大阪府
おばあちゃんを温泉に誘ったら、
バスクリンでいいと断られた。

古山 沙里衣　東京都
秀吉が現代にいたら、信長の風呂にバスクリン
を入れただろう。

細川 俊　愛知県
妻が風呂場から出てこない。

松本 茜　東京都
薬と化粧品のハーフみたい。

南 忠志　東京都
父が裸で森に入っていった。

宮坂 穰　神奈川県
母がなかなか、あがってこない。

守谷 直紀　兵庫県
上がってからが、バスクリン。

矢島 佑一郎　東京都
ごはんが炊き込みご飯だとうれしい、あの感じ。

山岸 勇士　愛知県
人の手じゃ届かないところまで、
ほぐしてくれる。

山田 翔太　滋賀県
「今日はカレーだな」とわかる家も「今日はバス
クリンだな」とわかる家も、幸せだと思う。

一次審査通過作品

相澤 勇太　東京都
カラスも長風呂。

青木 岳春　東京都
実質、温泉。

青木 光仁　富山県
音楽を聴いているようなリラックス感。モーツァルトの香りもあるんだろうか。

赤嶺 一光　東京都
泣きながら入って、笑いながら出てきた

稙山 定文　山梨県
祖父は、バスクリンで産湯をつかった、と自慢する。

淺野 晃　神奈川県
しばらくお風呂場にいます。探さないでください。

淺野 俊輔　東京都
「あー、生き返った～」って、3才のおまえが言うなや。

足立 昌彌　東京都　テレビCM
オフィスにて上司が女性社員に書類を渡す。
「これ、あと宜しく」
女性社員が上司に書類を投げつけ怒鳴りつける。
「ボベバボバベボビボボバボ！ビブンベバベボ！」
S：それはお前の仕事だろ！自分でやれよ！
シーンが切り替わり風呂に顔を沈めながら叫ぶ女性社員
「ボボブボビビ～!!」
S：このクソじじい～!!
ぷは～。
NA：お風呂でスッキリ。バスクリン。

五十嵐 響介　東京都
あなたに必要なのは、強い酒より優しいお風呂だ。

池内 健太　埼玉県
この世は、つかれるように、出来ている。バスクリン

石井 雅規　千葉県
温泉まで行くのに疲れる。

石井 雅規　千葉県
お疲れ様御一行。

石田 悠斗　神奈川県
一人だらーん

石塚 勢二　東京都
その手があったか。足もあったか。

石塚 勢二　東京都
家乃湯

石橋 賢　島根県
シャワーも、かけ湯も、前戯だ。

糸井 弘美　千葉県
明日の成分、入ってます。

伊藤 美幸　愛知県
お父さんからも、おじいちゃんからも、同じ香りがする。

稲垣 悠　東京都
考えてダメなら、温めてみる。

岩崎 祐久　大阪府
のぼせるって贅沢だ

岩崎 祐久　大阪府
次、機種変更するときは防水にしよう。

上田 雅也　長野県
アルキメデスの原理は、お風呂場で発見された。

鵜飼 真史　愛知県
温めた水道水が、いい湯？

宇多 智彦　福岡県
ありがとう、今日の疲れ。

椋田 佳香　東京都
帰宅して、お風呂のお湯に色が付いている。
それだけで幸せ。

浦上 芳史　愛知県
うちのお風呂を贈ります。母より。

江副 佑輔　福岡県
いいね！の数より、
いいゆ！の数。

江副 佑輔　福岡県
うちの子、
ゆでだ子。

江副 佑輔　福岡県　テレビCM
【色鉛筆】篇〈15秒〉
男の子がつまらなそうに何かを描いている。
何も描かれていない画用紙。
男の子の握る鉛筆が白の色鉛筆だとわかる。
色鉛筆の入ったケースにも白色の鉛筆ばかり。
『色があるから、楽しみになる。』
バスクリンのお風呂に浸かる極楽顔の男の子。
色とりどりのバスクリンの商品カット。
ロゴ：バスクリン

円光 康輔　福井県
寝ている子供の香りで分かる
今日のお風呂はバスクリン

大井 慎介　静岡県
シャワーからも出ればいいのに。

大井 慎介　静岡県
イヤな上司を忘れる成分も入ってるんじゃないかと思う。

大井 慎介　静岡県
全部ぶちまけたくなる日もある。

大家 桂　福井県
バスクリンとは、
入浴材の総称ではありません。

大川 佑介　神奈川県
湯船で今日はどこ行こう。

大川 佑介　神奈川県
実家が恋しくなったら。

大川 佑介　神奈川県
この風呂に入るまで、
あやうく寝てるだけの
休日になるところだった。

大西 健次　岡山県
楽しいことはあたためて、
悲しいことは溶かしてくれる。

大西 千帆　大阪府
全ての冷え性に捧ぐ。

大村 理　東京都
バスクリンは「お疲れ様」の置き手紙

大村 理　東京都
オ・ツ・カ・レ・サ・マ って6回ふった

大山 英輝　福岡県
湯気まで癒してくれる。

岡崎 翼　東京都
お風呂にわざわざ入れてくれる人は、
あなたのことを想っている。

岡崎 翼　東京都
お湯に張るバリア。

岡田 あず海　大阪府
けんかした日も、仲直りの日も。

小川 祐人　東京都
しょうゆの次くらいに、
家族みんなで使うもの。

荻原 正機　埼玉県　ラジオCM
［中年男の心の声］
風呂上がりの妻を見た。
少しいい香りがする。
なぜだろう。上り階段以外で心臓がドキドキするのは久しぶりだ。
［妻の声］
「あなた～　お風呂バスクリン入れておいたわよ～」
［ナレーション］
今度のバスクリンは、アロマの粒の大きさを2倍にした「香りプレミアム」！
［中年男の心の声］
もう一度、何かプレミアムなことが始まる予

感が…。
ありがとう、バスクリン。

小澤 良祐　京都府
ぼくはバスクリンをつかった！
おじいちゃんが生き返った！
おばあちゃんが生き返った！
おとうさんが生き返った！
おかあさんが生き返った！
おねえちゃんが生き返った！

押方 容　東京都
まだ、ただのお湯に浸かってるの？

小田 道夫　石川県
バスクリンを入れたら、ちょっぴり、ホームシックになった。

小田 道夫　石川県
お風呂が恋しくなったから、家出を中止した。

勝田 竜也　東京都
つかるパジャマだ、バスクリン。

桂田 圭子　滋賀県
せまいお風呂で、羽を伸ばす方法。

加藤 晃浩　東京都
うちの息子は、森に行ったことはないが、森の香りが好きだ。

加藤 晃浩　東京都
お父さん お風呂で死なずに 生き返る

加藤 晃浩　東京都
娘が描いた家族の絵は、みんなでお風呂に入っていた。

加藤 晃浩　東京都
あった○

加藤 晃浩　東京都
本当の幸せって、SNSでシェアしないのかもしれない。

加藤 晃浩　東京都
一緒に入るって、親孝行だったんだ。

金田 栞　愛知県　ラジオCM
父親：（赤ちゃん言葉で）
　ちいちゃん、きもちいいでちゅか～？
娘：（赤ちゃんの笑い声）
NA：はじめて一緒に入った日も、
父親：7×4＝？
娘：28！
父親：ん～天才…！
NA：はじめて九九が言えた日も、
娘：もうパパとは入りたくないっ！
父親：そんなこと言わないでよ～…
NA：さいごに一緒に入った日も。
NA：今日も、家族のお風呂記念日を温めます。
　バスクリン
父親：いい湯だな。

鹿野 泰央　東京都
都会は疲れる。田舎も疲れる。

河合 紀子　岐阜県
そういえば、夢の中のお風呂も色つきだ。

河野 智己　東京都
今日泊まりに来るあの子への、
ちょっとしたサプライズ

川村 真悟　福岡県
あった◯

川村 真悟　福岡県
いっつも残り湯のパパも、満足させられる。

河本 拓也　東京都
ねえ、バスクリン。
この子とあと何回
いっしょにお風呂、入れるのかな。

川本 直輝　大阪府
「疲れた」も出てこない夜に。

木村 有花　千葉県
生まれる前から、浸かっていました。

木村 幸代　埼玉県
「お疲れさま」の代わりに、
「バスクリン入れたよ」と言った。

口羽 雄太　京都府
今日の「バ ス ク リ ン」は「ありがとう」

口羽 雄太　京都府
お湯に溶かすタイプの、リセットボタン。

熊谷 隆治　長野県
バスクリンの唄／作詞・作曲：娘

栗山 祐門　東京都
バスクリンに入ると、
連帯保証人にもなれてしまいそうになる。

小池 洋一　群馬県
「あったまってきなよ」とバトンを貰い、
「いい湯だったよ」とバトンを渡す。
家族はお風呂をリレーする。

小島 功至　熊本県
芯まであったまる。
心まであったまる。

五傳木 風吹　東京都　テレビCM
母親「お風呂入っちゃいなさーい」キッチンから大きな声で
息子・父親「んー…」　スマホいじる息子テレビを寝ながら見る父親
母親「誰からはいるのー」大きな声
息子・父親「んー…」　気のない返事
母親「今日バスクリンよ」ボソッとさりげない感じで
全力で走り出す息子　アクロバティックに起き上がり駆け出す父親
NA「入浴剤はバスクリン」　二人で湯船につかる画をバックに

後藤 裕彦　東京都
第二のリビングは、お風呂です。

小林 愛実　東京都
好きな人とバスクリンを買った。
距離が少し、近づいた気がした。

小林 紫　埼玉県
バスクリンが減った分だけ、家族の頑張った日がある。

小宮路 茂晃　宮崎県
ニホンザルが、入りに来るんじゃないか？

崎山 すなお　東京都
♨買ってきて。

佐久間 浩子　静岡県
湯船はもはや寝具である。

佐藤 数馬　広島県
水に流せないことは、お湯で流そう。

佐藤 輝美映　千葉県
話を聞いてあげられないかわりに、今日もバスクリンを入れておいた。

塩川 史也　東京都
疲れたママを、疲れたままに、しておくな。

塩脇 生成　東京都　ラジオCM
女の子：作文、家族。
　うちの家族はきっとゾンビです。
　みんな、「生き返る〜」が口癖で、おじいちゃんは「生き返る〜」の前に「極楽じゃ〜」と言います。
　一回、天国に行ってから、生き返ってるみたいです。
SE：ちゃぽん！（お風呂に入る音）
NA：さあ、生き返ってまた明日。バスクリン。

志賀 敏哉　兵庫県
無かった。シャワーにした。

清水 亨祐　東京都
反省は、たいていお湯の中でする。

清水 哲　東京都
キゲンの悪いママは、お風呂に入れてしまおう。

庄司 勝昭　東京都
温泉につかっているのに、帰って入るバスクリンのお湯を思い出す。

庄司 勝昭　東京都
これぞ日本の源泉。

庄司 勝昭　東京都
これがないことで何度か夫婦ゲンカをした、またはする。

末繁 昌也　埼玉県
今日も、誰かが生き返る。

杉本 初芽　東京都
疲れは生きている証拠です。

杉山 雅樹　神奈川県
寒い日もいいね。

杉山 雅樹　神奈川県
あっ、わたし疲れてたんだ。

鈴木 聖太郎　愛知県
死んでもないのに、
パパは生き返ると言う。

鈴木 聖太郎　愛知県
幸せにひたろう。

鈴木 聖太郎　愛知県
ブルブルしたら、
フリフリして、
ポカポカに。

鈴木 亮平　東京都
たまには一緒に入ろうか。

曽我部 光司　千葉県
手ぬぐいを頭にのせると、さらに効果的です。

曽田 昌弘　東京都
つかれた？つかれば？

高橋 知裕　広島県
パパの顔を見れない日の、
「おつかれさま。」

田口 仁美　大阪府
今夜はこんな肌で触れられたい。

竹節 忠広　長野県
子どもは早いうちに、
お風呂好きにしておきたい。

田中 貴弘　東京都
目を閉じれば、名湯の中。

田中 貴弘　東京都
初めて、体の芯を意識した。

田中 幸乃　京都府
帰る場所にそれはあります。

谷 明展　北海道
さすが薬局で売ってるだけあるわ。

千葉 龍裕　東京都
家庭の健康は、朝に出るから。

月本 康正　東京都
一日のロスタイムは、バスタイムにある。

土屋 憲佑　山梨県　テレビCM
親子がバスクリンのお風呂に入っている。
息子「わっ！今、金魚がさわってきた!!」
パパ「えぇっ？」
息子「うわっ！今度はピラニアがお腹に噛みついてきたよ!?」
パパ「え～？なんでだろうな～??」
息子「あ！お風呂の中にサメがいる!!」
パパ「え？」
息子「パパの方に行ったよ！危ない!!」
パパ「がはっ!!タカシ、そんなとこさわんな～!!!」
息子「えへへっ！仕返し～♪」
C「お風呂の中を、見えない水族館に。」
NA「ほっとな思い出を、もっと。バスクリン」

堤 沙織　福岡県
安心して、疲れておいで。

長井 謙　沖縄県
加齢臭よ、ゆずに変われ。

長井 謙　沖縄県
パパのダジャレも、ほんの少し温かい。

中田 国広　埼玉県
温泉旅行で疲れたら。

中立 大貴　大阪府
ゆっくり一人になっておいで。

中辻 裕己　東京都
悩むなあ。パパと入るか、ママと入るか。

中辻 裕己　東京都
僕はもう一人でお風呂に入れるから、パパとママで一緒に入りなよ。

長縄 寛久　静岡県　ラジオCM
孫：おじいちゃん、入浴剤入れる？
お爺ちゃん：え、なんだって？
孫：（ゆっくりめに）入浴剤入れる？
お爺ちゃん：えー？
孫：あ！バスクリン入れる？
お爺ちゃん：ありがとう、入れておくれ。
NA：心も身体もあったまる
バスクリン

中野 大介　神奈川県
オレをゆるキャラにしてから寝よう。

中野 勇人　奈良県
ぐったりを、
ほっこりに♪

中林 巧　山形県
わが家が一番の名湯になりました。

中村 れみ　東京都
毎日ハッピーエンド。

中村 れみ　東京都
すっぱだカーニバル

並川 隆裕　東京都
「おふくろ」のほとんどは、
「おふろ」でできている。

西田 亜紀　神奈川県
今日のため息は、音色がちがう。

西田 亜紀　神奈川県
汚れを落とすだけなら、
シャワーだけで十分だ。

西村 龍太郎　大阪府
お風呂がうるさい、
いい家族。

西本 亜矢子　千葉県
人は、生まれる前からお風呂に入ってた。
それは、お母さんのお腹の中です。

二宮 侑紀　東京都　ラジオCM
「夫婦」篇（ラジオCM）
女性「さすがに、あれはいいすぎ」
女性「だって…」
女性「あとで、ちゃんとあやまらなきゃ」
女性「わかってる」
M「私はときどき、お風呂の中の私に叱られる」
（お風呂から上がる音）
NA「仲直りの特効薬、バスクリン」

ハ

バスクリン

野口 祥子　熊本県
バスクリンのお風呂に入った日。
家族になったんだと思った。

野村 亜矢　神奈川県
「つかるだけ健康法」

則本 桃子　京都府　ラジオCM
娘：お弁当いらないから！
娘：お迎えいらないから！
娘：服は自分で選ぶから！
娘：…お母さん、バスクリンなくなった。
NA：バスクリン

萩原 慎哉　兵庫県
ここで、勉強したい。
ここで、仕事したい。
ここで、家事したい。

長谷川 楓　大阪府
「いつかバスクリンで病気を治したい」
そう思う会社の「いま」をお使いください。

長谷川 慧　東京都
私が眠ってから帰ってくるアナタへ、お疲れ様を込めて。

畑中 大平　愛知県
旦那の「疲れた～」を聞くと、どっと疲れる。
こっちも疲れとるんじゃ。

幡野 麻里絵　東京都　ラジオCM
SE：プルル（電話の着信音）
SE：ガチャ、ピー（留守電に切り替わる音）
女：（留守電の声）ただいま、バスクリンのお風呂につかっております。お風呂からあがったら、ぽかぽかのままぐっすり眠る予定ですので、メッセージを入れていただいても聞けません。
SE：ピー
NA：ぽかぽかぐっすり、バスクリン

馬場 貴大　北海道
あったかい、おせっかい

濵 斉之　北海道
今日を生きた、私は疲れた。

浜田 英之　東京都
脱力は、全力で。

浜田 英之　東京都
酒で癒されるほど、若くない。

浜中 将幸　和歌山県
あたためただけの水道水じゃ、たよんない。

林 秀和　東京都
さぁ、オフロ。

林 秀和　東京都
幸せに、浸かろう。

林 秀和　東京都
つかる栄養剤。

林田 淳　東京都
子どもと一緒に入る期間はとても短いから、
せめて時間を長くしよう。

春山 豊 東京都
1人で入っているのに、1人じゃないと気づいた。

春山 豊 東京都
人間は、温め合う生き物です。

樋口 千晃 広島県
温泉旅行の疲れをバスクリンで癒す。

菱沼 慶子 東京都
今日1回目のおふとんです。

日比野 はるか 神奈川県
服を脱いだら、旅に出よう。

日比野 はるか 神奈川県
どんな温泉旅行も、最後に入るのはうちのお風呂だ。

日比野 はるか 神奈川県
思いきり叱った日の夜は、とびきり楽しいお風呂にしたい。

平嶋 さやか 茨城県
妻の「いま会社でた」を受信して、今日も僕は追い炊きボタンを押す。

平嶋 さやか 茨城県
今日は仕事の飲み会らしいから、バスクリンを入れておく。

平野 あゆみ 神奈川県
きずなって、きっとこんな香り。

平野 紘佑 東京都
お風呂だと恥ずかしいけど、温泉なら一緒に入れるね。バスクリン

廣田 顕久 岡山県
10数えるって魔法。

福田 正太郎 東京都
癒し業、まもなく90年

藤田 篤史 東京都
母は、極楽へ。
父は、天国へ。

藤田 篤史 東京都
全毛穴が開いた。

藤曲 日子 東京都
我が家では、長風呂が問題になっています。

藤丸 久美子 埼玉県
ざ・家族のお風呂、バスクリン

藤原 滋 千葉県
よみがえり成分配合、バスクリン。

船橋 翔一 三重県
今日も体を冷やした家族が帰ってくる。

古屋 順一朗 東京都
今日もお父さんいい出汁でてるね。

古家 信義 千葉県
娘がオレの後に風呂に入るようになった。

不破 千也子 東京都
メリークリスバス。

細木 光太郎 神奈川県
いーち、
にーーい、
さーーーん、
しーーーーい、
ごーーーーーお、
ろーーーーーーく、
しーーーーーーーち、
はーーーーーーーーち、
きゅーーーーーーーーう、
じゅーーーーーーーーーう！

洞田 拓也 神奈川県
浴育に。

洞田 拓也 神奈川県
うちのお風呂が、ご褒美に変わった。

堀 正峻 東京都
ただのお湯を、温泉に変える…。
これが、顔平たい族の、
お風呂にかける執念か。

前田 亮 福岡県
エンマさま！
あやつバスクリンを持ち込んでおりました。

正水 裕介 東京都
おつかりさま

増田 ななこ 大阪府
「バスクリン入れといたぞ」。
無口な父なりの、おつかれさま。

バスクリン

増田 ななこ　大阪府
温泉旅行から帰った日も母は、バスクリンを入れる。

松尾 健介　大阪府　ラジオCM
夫：あ〜、お風呂、気持ちよかった〜。
妻：パパ、新しいバッグ、買っちゃった…。
娘：パパ、遊園地、行きたいの。
息子：パパ、欲しいゲームがあるんだけど。
夫：えー。しょうがないなー。
NA：あったまると、人は、やさしくなる。お願い事に、バスクリン。

松下 哲也　熊本県
せっかくの裸を楽しもう。

松村 遼平　京都府
足は伸ばせないが、羽なら伸ばせる。

松本 亮　長崎県　ラジオCM
息子：父さんもたまには母さんと温泉でも行きなよ。苦労かけたんだし。
父：まぁ、そのうちな。
息子：はい。これ。
父：お前…これ…バスクリン。
NA：すぐ行ける温泉。バスクリンの日本の名湯シリーズ。

間宮 結以　東京都
知らない勇気が湧いてくる。

三上 佳祐　東京都
体から、部長が出ていく。

宮崎 遥　東京都
恋人のときはシャワー。
夫婦になったらバスクリン。

宮崎 遥　東京都
スシ、テンプラ、スモウ、カラオケ、バスクリン

宮崎 遥　東京都　テレビCM
縄文時代の人がタイムマシンで現代に登場。
現代人がIHコンロで肉を焼いて見せる。
縄文人「ふーん」と薄い反応。
現代人がテレビを見せる。
縄文人「ふーん」と薄い反応。
現代人がスマホを見せる。
縄文人「ふーん」と薄い反応。
最後に、現代人がバスクリンを入れたお風呂に入れてあげる。
縄文人「うお〜〜〜！」と大興奮。
NA「あったかいって、文明だ。バスクリン」

宮崎 遥　東京都
ごめんねは言えないけど、バスクリンは入れられる。

宮村 亮大　神奈川県　テレビCM
コンビニにて、若い男性が弁当をレジに持っていく。
店員：あたためますか?
男性：おねがいします。
店員：どうぞ。
バスクリンが男性の前に置かれる。
男性：あ、ありがとう…。
NA：たまにはゆっくり、あったまってください。
バスクリン。

宮本 俊史　東京都
スマホを見ないで済む貴重な時間はワタシの充電時間です。

村瀬 駿介　愛知県
久しぶりに実家へ帰った。バスクリンが懐かしかった。

最上谷 大輔　東京都
あ〜派？　う〜派？　お〜派です。

元木 信一郎　福岡県
寒すぎて、楽しみ。

森口 貴子　大阪府
いろんな日がある。今日もあったかいなぁ。

守谷 直紀　兵庫県
夫婦円満の秘湯。

森弘 麻友　京都府
「おつかれさま」を配合しています。

森脇 誠　京都府
バ〇〇〇ン
空欄に単語を入れて温かくして下さい。
①クスリ　②スクリ　③ホット

矢野 浩樹　福岡県
売り場から始まる名湯巡り

山内 昌憲　東京都
自分より、誰かを思って、買った。

山内 昌憲　東京都
外交手段に使おうか。

山口 泰尚　京都府
お風呂でしかできない会話がある。

山崎 舞　北海道
毎日温泉に行けない、すべての人へ。

山下 祐輝　大阪府
息子が70まで数えた。

山下 祐輝　大阪府
築20年の風呂に取り柄ができた。

山田 翔太　滋賀県
湯船にのって旅をしよう。

山田 園美　愛知県
会議中、考えてた。
『今日は、どれにしよーかなー。』って。

山中 肇　東京都
ひとはあたたまると、
ひとにもっとあたたかくなれる。

山本 朝子　東京都
反抗期の息子からも、ラベンダーの香り。

山本 朝子　東京都
【本日の湯】の看板を作った。

山本 文子　熊本県
バスクリンが入ったお風呂が当たり前だったのは幸せなことだったのだと、親になって気づきました。

山本 一樹　埼玉県
はい、ほっこりはん。

山本 千尋　大阪府
じいちゃんの長寿のもとは、風呂の素

山本 真梨子　石川県
まるで、鼻まで、入浴してる。

山本 真梨子　石川県
鼻も、入浴。

結城 純平　北海道
『当たって砕けろ』で砕けた人たちへ。

由里 進一　兵庫県
実家が恋しいとき、バスクリンがやさしい。

横山 成香　千葉県
人生は、冷めることのほうが多い。

吉田 郁　石川県
泣いて帰った日はいつも、ママがお風呂に魔法をかけた。

與嶋 一剛　岐阜県
これで上気せるなら本望だ。

與嶋 一剛　岐阜県
ちょっと言いにくいことは、
父が風呂上がりのときに言う。

| 課　　題 | パナソニックの人材募集の広告です。実は幅広い事業フィールドを感じていただきつつ、思わず働きたくなるアイデアを募集します。

| ジャンル | 自由

| 参考資料 | 企業情報　panasonic.com/jp/corporate/profile/overview.html
新卒採用情報　panasonic.com/jp/corporate/jobs/new_gra.html

A Better Life, A Better World

Panasonic

パナソニック

パナソニックの幅広い事業フィールドを感じていただきつつ、
思わず働きたくなるアイデア

パナソニック

協賛企業賞

森下 紘行（25歳）東京都

異端がここでは最先端。

▼協賛企業のコメント

パナソニック
採用ブランディング課
杉山秀樹さん

このたびはご応募いただきありがとうございます。そして受賞おめでとうございます！数ある応募作品の中でも貴殿のコピーは当社をご理解頂いた上で、本質的な側面を鋭く捉えておりました。当社はモノづくり企業として100年の歴史を重ねる中で、社会にお役立ちをするために改善と発明を繰り返してまいりました。そして、さらに変化する社会に向けて、101年目のスタートを切りました。今、当社ではこれまでの社内の常識、社会の常識、技術の常識を疑い、新たな道を切り拓いていくことが求められています。まさに、異端こそが最先端になっていく。その変化点を捉え、的確かつキャッチーな言葉にしていただけた点を高く評価いたしました。おめでとうございます。

二次審査通過作品

紅村 重人　愛知県
日本を支えているのは、1人の天才ではなくて、
たくさんの努力家です。

永末 晃規　滋賀県
ないものねだりか。
ないものづくりか。

松田 孝一　東京都
あたらしい幸せを発明しよう。

一次審査通過作品

青柳 信吾　奈良県
明るいだけの未来じゃない。

石榑 康伸　愛知県
挑戦の前輪、
安定の後輪。

石榑 康伸　愛知県
挑戦は、安定があるから踏み出せる。

伊東 里紗　愛知県
残りのピースは、あなたが持っている。

岩橋 亮汰　兵庫県
パナソニックの売り上げ年間8兆円のうち、
7割が家電以外です。

大石 洋介　福岡県
パナソニックの一部になるな！
パナソニックを一部にしろ！

大川 将平　千葉県
100年前から、
生活をつくってきた会社です。

大川 将平　千葉県
週休二日を開発した企業です。

貝渕 充良　大阪府
家電も、やっている。

加藤 晃浩　東京都
新しいパナソニックの、創業者になろう。

郡司 嘉洋　東京都
失敗数のビッグデータなら、
どこにも負けない。

紅村 重人　愛知県
世界と戦うのは、武器じゃなくて技術です。

齋藤 大樹　東京都
次の顧客は、宇宙人かもしれない。

榊 祐作　東京都
部屋の中の「Panasonic」を見つけてみよう。

坂口 大輔　東京都
パナソニックを創業し直してください。

ハ　パナソニック

崎山 すなお　東京都
パナソニックをつかって、
好きな事をしてください。

崎山 すなお　東京都
パナソニックっぽくない事をしてください。

佐々木 貴智　東京都
宇宙船をつくりに、入社した人もいます。

佐藤 日登美　東京都
第二の松下幸之助、募集。

柴田 賢一　茨城県
パナソニックとは何の会社なのか、あなたが決めるかもしれない。

柴田 賢一　茨城県　ラジオCM
夫：パパでちゅよー。
妻：ママでちゅよー。
謎の男：パナでちゅよー。
夫妻：誰？
SE：赤ちゃんの笑い声
NA：「より良いくらし、より良い世界」をつくるため、大きな夢をもち、新しい価値を創造できる人材を求めています。
SL：Panasonic

陣内 章　広島県
パナソニックのイメージ
壊してくれる人、探しています。

新免 弘樹　東京都
パナソニック人には、
ナニ人でもなれる。

末森 恵生　山口県
夢が多いと、未来に進む道もたくさんある。

田原 あすか　京都府
不動産にも、オリンピックにも同僚がいる。

手代森 修　東京都
あなたがボケで言った発想に、人生を突っ込んでみませんか。

寺本 浩三　大阪府
何の会社になるかは、君しだい。

長井 謙　沖縄県
アプリより、社会を作りたい人へ。

中村 匡　大阪府
できないことに挑戦しようとしている会社。

並川 隆裕　東京都
前例になりませんか。

萩原 志周　東京都
働きやすいなんて言われてもうさんくさいですよね？
でも、働きやすいんですよ。

浜田 英之　東京都
松下幸之助は、越えられたがっている。

原田 正喜　愛知県
部署移動が、転職並みのインパクト。

福島 滉大　埼玉県　テレビCM
【合コン】篇
合コン会場にて。
女A：ねぇねぇ！皆さんって、どんな仕事していらっしゃるんですか？
男A：俺はロボットとAI関係かな！
男B：俺、実はオリンピック関係！
男C：僕は住宅関係です！逆に皆さんは？
女B：アタシは家電の営業でーす！
女C：あたしは車載関係の仕事！
女A：私たち、パナソニックって会社に勤めてるんですよ！
男ABC：…えっ？
女ABC：えっ？
NA：同僚がやっている仕事に、本気で驚ける会社です。パナソニック。

藤田 一輝　京都府
私たちと一緒に、世界をより良くしてみませんか？

古川 幸一郎　大阪府
次の100年のために、何をつくろうか。

前川 竣　京都府
大企業でしたら他にもございます。

松岡 基弘　東京都
社会に必要とされているものなら何だってつくるよ。

松岡 基弘　東京都
事業範囲は決めてません。

松岡 基弘　東京都
あなたが、新しい事業かもしれない。

松岡 基弘　東京都
１００年後の普通を。

松田 正樹　東京都
できないことは、ない。

松原 政夫　大阪府
それ、
世界で最初に
やろう。

溝口 昌治　神奈川県
明日のパナソニックは、
今日のパナソニックではありません。

見延 里菜　東京都
受かってから、選んでください。

宮坂 穣　神奈川県
家電だけだと思ってたでしょ。

宮本 樹　東京都
次の１００年を創りたい、あなたと一緒に。

向井 正俊　大阪府
夢が多い人は、パナソニックで悩める。

元氏 宏行　大阪府
松下幸之助のダメな所が
いっぱい言える人、採用。

本川 典之　北海道
メッツもロナウドも立てないフィールド。

森下 紘行　東京都
日本の暮らしをアップデートせよ。

森下 紘行　東京都
１００年後の暮らしを創れ。

矢﨑 剛史　東京都
コピーだって、書けますよ。

矢﨑 剛史　東京都
まだ私たちだけでは、つくれていないものがある。

矢野 浩樹　福岡県
見知らぬ人から「お世話になっています。」って言われた。

山下 祐輝　大阪府
あなたの能力が日本からはみ出たとしても、パナソニックで拾えます。

山下 祐輝　大阪府
世界中には様々な困難がある。パナソニックはそれをチャンスだと考える。

山下 祐輝　大阪府
すべての社会問題をビッグチャンスだと考えよう。

山下 祐輝　大阪府
「地球がどう思うか」まで考えます。

吉村 茂　東京都
周りと話が噛み合わなくなった。実は、これがチャンスだった。

吉村 茂　東京都
辞めても戻りたくなる会社。

渡邊 由貴　東京都
何歳からでも挑戦しよう。

玩具、映像音楽、ビデオゲーム、アミューズメントの４つの分野すべてにおいて
トップクラスのシェアを誇るエンタテインメント総合商社のハピネット。
業界ではかなり有名ですが、一般の方々にはまだまだ知られていません。
そこでもっとたくさんの人にハピネットを知っていただくためのアイデアを募集します。

● 課　題 ● エンタテインメント商材の中間流通でトップシェアを誇る
ハピネットをもっと多くの人に知ってもらうためのアイデア。
●ジャンル● 自由
●参考資料● 詳細についてはホームページをご覧ください。
http://www.happinet.co.jp/

〔WEBへ〕

Happinet

ハピネット

エンタテインメント商材の中間流通でトップシェアを誇る
ハピネットをもっと多くの人に知ってもらうためのアイデア

協賛企業賞

松尾 栄二郎（39歳）東京都

世のため、エンタメ。

▼協賛企業のコメント

ハピネット
取締役 執行役員 経営本部長
柴田 亨さん

このたびは、協賛企業賞の受賞おめでとうございます。当社は、世の中では身近なエンタテインメント商材を取り扱っているものの、卸売業という中間流通を主軸とする企業であり、消費者の方と直接接する機会が少ないため、まだまだ一般的な知名度は高くありません。宣伝会議賞に応募される皆様も含め、ひとりでも多くの方に当社のことを知ってもらいたいという思いで協賛企業として参加させていただきました。今回の受賞作品は、短いキャッチフレーズの中で「エンタテインメント事業を通して、人々に感動を提供し、夢のある明日をつくる」という当社のビジョンを非常によく表していると同時に、韻を踏んだ遊び心というエンタテインメント性を感じたため、選ばせていただきました。ありがとうございました。最後に、当社の課題にご応募いただきました皆さま、大変参考になる作品をお考えいただきましたことに、心より御礼申し上げますとともに、今後のますますのご活躍をお祈り申し上げます。

三次審査通過作品

橋本 啓志　大阪府

ハッピーとネット、こんなに大きくなるならもっとまじめに考えておくべきでした。

二次審査通過作品

貝渕 充良　大阪府

運遊業。

早川 竜也　愛知県

サンタに任せるのは、クリスマスだけです。

一次審査通過作品

石田 明大　石川県

そのうち、ゴミになるから買わないって、
母はいうけど、
おもちゃで遊んだ記憶は、いつまでも残る。

ハピネット

石田 明大　石川県
多くの企業が
ハピネットを追い越し、
有名企業になったことは、
我が社の誇りです。

石田 明大　石川県
バンダイナムコを有名企業にした、
ハピネットです。

石田 明大　石川県
ガチャガチャを発明した、アメリカ人。
ガチャガチャを流通させた、日本人。

大石 洋介　福岡県
ハッピー ハピアー ハピネット

貝渕 充良　大阪府
サンタの364倍、運んでいます。

木田 秀樹　東京都
ターゲットは、0歳から120歳までです。

小島 功至　熊本県
眠れない夜を、眠りたくない夜に。

崎山 すなお　東京都
誰かを幸せにする仕事って幸せだ。

字引 章　東京都
長寿社会は
そのぶん、
長く遊べる。

芹澤 高行　東京都
日本のひきこもりが、きっと世界一楽しい。

高澤 邦仁　東京都
エンタメには裏がある。

鷹巣 仁哉　東京都
我が社の社員は全員サンタクロースです。

張 家昀　神奈川県
毎年サンタさんが、おもちゃを調達できるのは、サンタさんの近くまでおもちゃを届ける人がいるからなんです。

長井 謙　沖縄県
部長！ゲーム中なんで、後にしてください！

那須 佑樹　秋田県
作ると遊ぶの真ん中に。

橋口 賢一郎　愛知県
「貧しい」より、
「つまらない」のほうが、
深刻だ。

林 秀和　東京都
商品企画から、店頭販売員までこなします。

林 秀和　東京都
楽しみにしている人に、売り切れですとは言いたくない。

原田 正喜　愛知県
おもちゃを贈ってるようで、
笑顔を貰っている。

廣瀬 薫　愛知県
Q．以下3つの共通点を答えなさい。
・小さい頃に買ってもらったおもちゃ
・学生時代に熱中したゲーム
・今見ているＤＶＤ

A．ハピネット

松尾 栄二郎　東京都
年中無休のサンタクロース

松尾 健介　大阪府
発売日を守る、
プライドがある。

三浦 瑞季　東京都
すべてのおもちゃはハピネットを通る。

三上 智広　北海道
目立つ商品を、目立たずにお届けしています。

溝口 昌治　神奈川県
エンタメは、ひとのためにある。

溝口 昌治　神奈川県
わが社は、商社というより、笑社です。

見田 英樹　愛知県
未来って、夢中の先にある。

見田 英樹　愛知県
ワクワクさせることに、ワクワクしてる。

南 忠志　東京都
毎日がクリスマス。

ラジオCM

宮村 亮大 神奈川県

男の子：サンタさんへ
今年は欲しいものがありません。
ごめんなさい。

NA：そんな世の中を、ハピネットはゆるさない。

あしたの「楽しい」をつくる。
ハピネット。

テレビCM

向井 正俊 大阪府

子供と足を怪我している父親が夜道を歩いている。

子供：パパの怪我、だいじょうぶ？
パパ：骨にひびが入ったんだよ。
子供：ぼく、パパがすぐに治るようにお祈りするね！
あ、流れ星！
ゲームがほしい！ゲームがほしい！
ゲームがほしい！

NA：心を掴む会社です。
ハピネット。

向井 正俊 大阪府

欲しいものがあったから、
いい子になった。

森下 紘行 東京都

父親になってから知った、世の中にはサンタのためのサンタがいることを。

矢﨑 剛史 東京都

人生のバランスは、ワークとライフの二択じゃない。

山下 祐輝 大阪府

エンタメ、冷めないうちにどうぞ。

山本 朝子 東京都

この世から、退屈を奪ってみせます。

吉村 圭悟 東京都

田舎のジャスコが楽しいのには、
きちんと理由がありました。

吉村 圭悟 東京都

母が安心して買い物できる理由は、
スーパーの2階にある。

吉村 茂 東京都

みなさんの幸せな顔が、直接見られないのが少しだけ残念です。

ハ

ハピネット

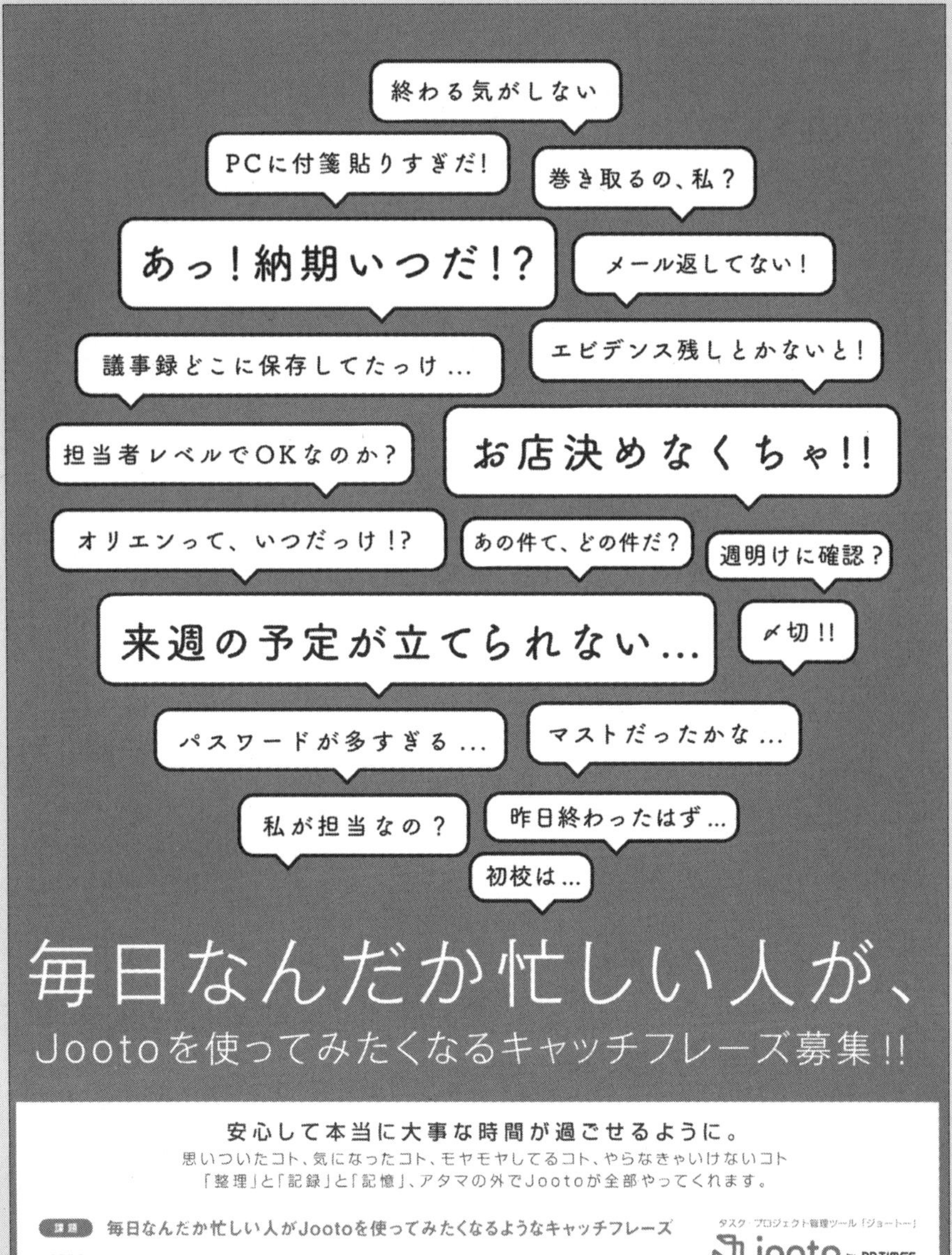
終わる気がしない
PCに付箋貼りすぎだ!
巻き取るの、私？
あっ！納期いつだ！?
メール返してない！
議事録どこに保存してたっけ…
エビデンス残しとかないと！
担当者レベルでOKなのか？
お店決めなくちゃ!!
オリエンって、いつだっけ!?
あの件て、どの件だ？
週明けに確認？
来週の予定が立てられない…
〆切!!
パスワードが多すぎる…
マストだったかな…
私が担当なの？
昨日終わったはず…
初校は…
毎日なんだか忙しい人が、
Jootoを使ってみたくなるキャッチフレーズ募集!!
安心して本当に大事な時間が過ごせるように。
思いついたコト、気になったコト、モヤモヤしてるコト、やらなきゃいけないコト
「整理」と「記録」と「記憶」、アタマの外でJootoが全部やってくれます。
課題 毎日なんだか忙しい人がJootoを使ってみたくなるようなキャッチフレーズ
ジャンル キャッチフレーズ
参考資料 https://www.jooto.com
タスク・プロジェクト管理ツール「ジョートー」
jooto by PRTIMES

PR TIMES（Jooto）

毎日なんだか忙しい人が Jooto を使ってみたくなるようなキャッチフレーズ

PR TIMES（Jooto）

協賛企業賞

原田 奈美（36歳）東京都

1日に4回も同じ質問をされた。

▼協賛企業のコメント

PR TIMES Jooto事業部 本部長
原 悠介さん

この度は協賛企業賞の受賞おめでとうございます。Jootoはタスク・プロジェクト管理ツールとしてあらゆるプロジェクトを成功へ導くためプロジェクトサクセスを掲げております。業務を進めていく上でコミュニケーションコストは大きなインパクトを及ぼします。他へ共有した情報を何度も求められる状態は双方にハッピーではない事は百も承知です。そこを解決する術を模索している風景が感じられてとても刺さりました。今回初めての協賛でしたが、たくさんのご応募をいただきとても嬉しく感じております。受賞者はじめ、ご応募頂きました皆様に心より感謝を申し上げます。

三次審査通過作品

目が回る忙しさは、目に見えることで解決する。

西村 沙幸　兵庫県

二次審査通過作品

結局のところ、働き方改革は自分でするしかない。

岩田 皆子　東京都

手につかないのは、見えないからだ。

大西 健次　岡山県

予定も見えると、案外大したことない。

大西 健次　岡山県

デスクより、私の頭の中を整理したい。

狩野 慶太　東京都

「やらなくていいや」も見えてくる。

上坂 徹也　東京都

なんとなく忙しい、が、一番ブラック。

山本 真梨子　石川県

よし、忘れよう！

横山 成香　千葉県

PR TIMES（Jooto）

一次審査通過作品

相羽 くるみ　千葉県
余裕はいつも、そこにあったんだ。

阿部 朋子　岡山県
私には 同期に内緒の秘書がいる。

飯田 祥子　福岡県
デキる男に見えないのは
付箋だらけのPCでした

庵 貴政　群馬県
スケジュール管理が今日のスケジュール、
という人に。

磯野 仁　京都府
ねぇ、こんなややこしいこと、
ずっと覚えているつもり？

伊藤 美幸　愛知県
作業じゃなく仕事に集中したい。

岩倉 義則　北海道
「頭の片隅」なんて場所は、そもそも無い。

岩本 梨沙　大分県
元メモ魔の私のおススメ。

上田 悠馬　大阪府
あれしなくちゃ！
……あれってなんだっけ？

魚原 健吾　東京都
人のお尻をたたくだけの上司、サヨウナラ。

大川 将平　千葉県
聖徳太子だって10人分のタスクしか把握できない。

大塚 望海　東京都
全部大事。

大野 さとみ　大阪府
予定が作戦になる。

大村 理　東京都
To Do Do Do Do な方へ

大村 卓也　大阪府
忙しい理由がわかった。

荻田 洋平　神奈川県
整理できない自分をO型のせいにしている。

小野 美沙樹　大阪府
その残業、本当に会社のせいですか？

木田 秀樹　東京都
見直したよキミ。1日で何があったんだ？

木田 秀樹　東京都
俺、70まで営業やれるかもしれない。

北澤 宏明　東京都
自分で自分を忙しくしちゃっている人へ。

木村 寿伸　愛知県
オフィスアワーが、
ラッシュアワーになってどうする。

木村 有花　千葉県
上司と飲みの日、いつでしたっけ？
なんて聞けない。

木村 瑠海　神奈川県
新入社員の私に、専属秘書がつきました。

口羽 雄太　京都府
先輩が、今何してるかは、聞きにくい。

郡司 嘉洋　東京都
わたしの秘書は、スマホの中にいる。

國井 裕弥　大阪府
なぜ忙しかったかも忘れるぐらい、
忙しい人へ。

國井 裕弥　大阪府
デスクトップやデスクが
散らかっている人へ。

小柴 桃子　東京都
忙しい人は、どうして忙しいのかを、意外と
知らない。

佐々木 一之　愛知県
会議が無駄ではなく、会議までが無駄でした。

佐藤 元紀　愛知県
金メダルは、時間を縮めた人に送られる。

塩川 史也　東京都
「なんだか」忙しい人、集合！

塩川 史也　東京都
「なんだか忙しい」の「なんだか」は、もったいない。

塩川 史也　東京都
「なんだか」忙しい人になるな。

下浦 豪史　兵庫県
上司の頭が最適化された。

白石 文子　福岡県
アタマを使うな。アプリを使え。

菅井 麻絢　東京都
「アレだよアレ！」
私はあなたの妻ではない。

菅井 麻絢　東京都
ビジネスで
言った言わないは
もう言わない

菅原 好雪　北海道
ネコの手は、かわいいだけ。

鈴木 祥代　東京都
働き方は、政策だけじゃ変わらない

鈴木 聖太郎　愛知県
手帳は、予定を忘れても通知してくれない。

鈴木 聖太郎　愛知県
手帳に書いたスケジュールは、検索できない。

鈴木 聖太郎　愛知県
リスケのリスケのリスケ。

鈴木 聖太郎　愛知県
仕事がよく割り込んでくる。

高澤 邦仁　東京都
やばい、責任が、明確だ。

鷹巣 仁哉　東京都
残業するなと言うくせに、新たな仕事は降ってくる。

田川 梨乃　東京都
コンビニ弁当、減りました

谷 明展　北海道
私の手帳は、私にも解読できない。

谷 明展　北海道
×で書き直した予定にも、×が書かれていた。

富田 正和　東京都
すぐ俺に聞くな。

長井 謙　沖縄県
ホウレンソウを、
まだ口頭でしているんですか？

西野 知里　東京都
手帳はリマインドしてくれない。

橋口 賢一郎　愛知県
働きすぎも、
働かなさすぎも、
一目瞭然。

橋本 寿弥　愛知県
やることを付箋で貼ったら、
パソコンが見えなくなった。

長谷川 春菜　茨城県
初めまして、あなた専属のマネージャーです。

林 秀和　東京都
仕事が苦手だったんじゃない。
管理が苦手だったんだ。

林 秀直　東京都
「忘れない」より「すぐ思い出せる」ように

東山 秀樹　奈良県
原点は、
お母さんの「ハンカチ持った？」です。

東山 秀樹　奈良県
24時間勤務の私設秘書。

東山 秀樹　奈良県
心配事は、行方不明になりやすい。

平野 あゆみ　神奈川県
全員が「やらなければ」と思っていた。
全員が「誰かがやる」と思ってもいた。

平野 あゆみ　神奈川県
忘れちゃいけない予定を忘れないようにメモしておくのを忘れていませんか。

古川 弘樹　愛知県
俺、こんなに暇だったんだ。

ペロッツィ ミロ　東京都
ある日仕事が消えた、三日後に見つかった。

本田 直之　埼玉県
忙しさはある。不安はない。

益子 美紀　北海道
働き方なんて、自分で改革。

益子 美紀　北海道
休日を奪っていたのは、自分でした。

増渕 武史　千葉県
マネージャーを1人、ダウンロードする。

溝口 昌治　神奈川県
時間は残業代より、高い。

溝口 昌治　神奈川県
わが社は、みんな秘書付待遇。

見田 英樹　愛知県
大事なふせんは、なぜかよく落ちる。

見田 英樹　愛知県
Ｊｏｏｔｏは、部下の成長記録でもある。

南 忠志　東京都
記憶にございません。記録にございます。

宮坂 穣　神奈川県
デキる人は、ｊｏｏｔｏに丸投げする。

PR TIMES（Jooto）

宮島 塁　東京都
「時間を作る」を手伝います。

宮野内 雄樹　愛知県
人生の埋蔵金を、掘り出す。

最上谷 大輔　東京都
今朝起きたら、洗面台に、エリンギが。なぜ?!

元氏 宏行　大阪府
いきなり頼むから、嫌な顔をされる。

森脇 誠　京都府
今日は僕たちの、結婚式記念日か、入籍記念日か、交際記念日か、初デート記念日か、どれかの日だね。愛してるよ。

矢﨑 剛史　東京都
仕事のタスクは終わらせて、人生のタスクを楽しもう。

山下 祐輝　大阪府
カバンを変えたら、手帳を忘れた。

山田 龍一　長崎県
今日は一日、遊ぶ予定だけ入れてやる。

山本 真梨子　石川県
リマインド、相手にされたらもう遅い。

山本 真梨子　石川県
私の残業、だれかの忘れてたタスクでできてる気がする。

横川 慶　愛知県
1000の仕事を、1つのマネージャーで。

横山 成香　千葉県
日記が続かないのは、日記帳が見当たらなくなってしまうことだ。

横山 成香　千葉県
やっぱり、あの人、仕事しているふりだったんだ。

吉田 竜裕　東京都
「重要なプレゼン」から「牛乳買って帰る」まで。

吉中 梨穂　東京都
リスケ、上等。

吉村 圭悟　東京都
働かせ方を変えない限り、働き方は変わらないと思う。

良知 優奈　東京都
部下の指導は、部下の仕事を知ることから。

渡邊 侑資　岐阜県
お葬式は待ってくれない。

PR TIMES（PR TIMES）

個人がプレスリリースを配信したくなるアイデア

ハ

PR TIMES（PR TIMES）

協賛企業賞

あなたの言葉、独り言にはもったいないかも。

山田凱登（28歳）福岡県

▼協賛企業のコメント

PR TIMES
マーケティング本部 営業戦略グループ
村田悠太さん

このたびは、多数の募集の中から私たちPR TIMESの課題に取り組んでいただき、ありがとうございました。そして協賛企業賞の受賞、誠におめでとうございます。今回は、情報発信方法が多様化している中で、プレスリリースが個人の発信手段にもなり得ることを伝えたく、課題設定させていただきました。作品の中には私たちの気づかない視点もあり、学びが多数ありましたが、全社員の意見を参考に絞り込み、山田さまの作品に決定いたしました。「あなたの言葉、独り言にはもったいないかも。」というキャッチフレーズには、「あなた＝行動者）」に寄り添う人間らしい思いやり、あたたかさを感じます。そして「もったいない」と行動者にポジティブな気付きを与え、好循環を生み出そうとしている点、生きた言葉で表現されている部分が心を揺さぶり、PR TIMESの想いに近いと感じました。素晴らしい作品を本当にありがとうございました。最後に、PR TIMESの課題にご応募いただきました皆さまに心より御礼申し上げます。

三次審査通過作品

榊原 慎吾 愛知県

テレビCM

ハ

PR TIMES（PR TIMES）

ヘンゼルとグレーテル 篇　TVCM15秒

■ 森の中でお菓子の家を発見したヘンゼルとグレーテル

（ヘンゼル）
こんな森の中に
お菓子の家があるぞ。

（グレーテル）
みんなに知らせないと。

■ 森の中にお菓子の家がある事をプレスリリースすると

■ いっぱい人だかりができてしまう

（集まった人だかりのガヤ）

プレスリリースで、教えてあげよう。

■ CI

（NA）

個人でもプレスリリースなら
PR TIMES

中村 真　大阪府

「言ってくれなきゃ分からない」って言われたことあるでしょ

二次審査通過作品

加藤 晃浩　東京都

今の世界に足りないのは、きっと私だ。

黒田 史人　大阪府

「おれ仕事できるよ」よりも「かれ仕事できるよ」の方が信用できる。

寺本 浩二　大阪府

通勤電車で、おかんの起業を知りました。

野田 正信　東京都

マスコミをフォロワーにする。

長谷川 慧　東京都

この国には、謙虚なすごい人が、多すぎる。

一次審査通過作品

青山 紀恵　東京都　テレビCM

「時の人」篇

男：「山田太郎、辞表提出のおしらせ」っと。

ＰＲ ＴＩＭＥＳでリリースを流す。ヘリコプターのＳＥ。

男：なんだなんだ。

テレビをつける。

ニュースキャスター：たった今入った情報です。山田が、ついに転職を決意しました。

記者（ヘリコプターから）：現場からお伝えします。山田の自宅付近は、押し寄せるヘッドハンターで混乱が起きています。

男、窓の外を見て、慌ててカーテンをとじる。
記者（玄関の前から）：山田は、まだ転職先を示していません。海外からもオファーが殺到しているようです。
海外メディアの映像が次々に流れる。
男：ひぃーー！（嬉しい悲鳴）
NA：流せば、時の人。PR TIMES.

荒井 匠 千葉県
報道関係者各位 by私

伊藤 大樹 東京都
本当に斬新なことは、企業にはできない。

稲葉 徹 東京都
アピールが下手な人が多い国に産まれた、というチャンス。

岩倉 義則 北海道
リリース アンド キャッチ

岩倉 義則 北海道
わたし砲

臼井 和輝 埼玉県
その発明、オレ、10年前にしてたのに。

浦辺 大生 大阪府
こんな地方のパン屋にも、予約が入った。

遠藤 啓太 宮城県
革命は、いつも1人の人間から。

大西 健次 岡山県
わかりやすく言うと、
世界に向けた貼り紙です。

大西 健次 岡山県
伝書鳩の大群を解き放とうか。

大西 健次 岡山県
自分砲

貝渕 充良 大阪府
連絡先を知らない人への、
連絡方法。

木俣 莉子 東京都
魅力的な人に、直談判するチャンスを与える。

小松 涼平 大阪府
となりのおっちゃん、めっちゃ凄い人だった。

佐藤 数馬 広島県
仕事がデキるやつは、アピールがうまい。

佐藤 数馬 広島県
ミーハーは、バカにできない。

佐藤 数馬 広島県
口の軽いやつらに、お任せください。

佐藤 数馬 広島県
今のあなたの市場価値がわかります。

佐藤 数馬 広島県
これが、わたしの働き方改革。

佐藤 数馬 広島県
自分の名前で獲得した仕事は楽しい。

柴田 賢一 茨城県
記者を待つより、記者になれ。

清水 美里 神奈川県
結局は言ったもん勝ち
だったら言ってみない？

新見 春奈 東京都
天才も、見つからなければ、ただの人。

末繁 昌也 埼玉県
サインの練習を始めた。

高岡 翔子 埼玉県
記事になるまで趣味だと思われていました。

高澤 邦仁 東京都
いいいいいいいいいいいいね

高橋 誠一 広島県
穴場とは褒め言葉ではなかった。

高橋 英樹 広島県
出る杭を育てる時代へ。

高橋 良爾 東京都
ヤフトピに、おじいちゃんが載っていた。

竹節 忠広 長野県
個人情報は、
価値があるから守られる。

谷口 梨花 東京都
PRがうまい人のことを、有名人という。

田村 浩登　岩手県
学生の新たな自己PRの場へ。

崔 勝臣　東京都
生まれて二度目の産声をあげろ。

塚谷 隆治　東京都
「マスメディア」から
「マイメディア」へ。

長井 謙　沖縄県　ラジオCM
男A「美味しいハチミツを作ったよ」（小さい声）
女「面白い映画を作りました」（小さい声）
男B「すごいロボット、ついにできたよー」（小さい声）
NA「その声に、特大のメガホンを授けます。個人もプレスリリースができます！PR TIMES」

中切 友太　愛知県
日本人の弱点を補いたい。

永末 晃規　滋賀県　テレビCM
①一対一の男と女。
男：僕と付き合ってください！
女：ごめんなさい。
②一人の男と何百人もの女。
男：僕と付き合ってくれる人ー？
5～6人の女：はーい。
NA：想いは、たくさんの人に届けましょう。
プレスリリースならPR TIMES。

PR TIMES（PR TIMES）

中田 国広　埼玉県
人間はテレパシーが無い。
言葉で、伝えよう。

中辻 裕己　東京都
隣の農家を出し抜いた。

西村 祐耶　東京都
このプロポーズはズルいよ。

春山 豊　東京都
私が検索されるようになった。

春山 豊　東京都
投稿するより、配信しよう。

春山 豊　東京都
朝起きると、自分がニュースになっていた。

福島 滉大　埼玉県
「運も実力のうち」は、
あまりにも無責任な言葉だ。

船木 俊作　東京都
まじめに、目立とう。

益子 美紀　北海道
野菜をもっとおいしくするのは、
産地のとれたてニュースです。

益子 美紀　北海道
台風で農園のりんごが落ちました。
パティシエのみなさん、
アップルパイやジャムに使い放題！
（うちの名前も使い放題です。）

松村 遼平　京都府
世界は、自分で狭くできる。

松村 遼平　京都府
とりあえず、メジャーの打席に立てる。

三上 智広　北海道
夫が敬語になりました。

密山 直也　兵庫県
見てもらってダメなら、あきらめもつく。

宮澤 幸恵　群馬県
昔、学級新聞、書いたでしょ。

向井 正俊　大阪府
謙虚な人が損をする。

向井 正俊　大阪府
ちくしょう！
先に言われた！

村瀬 駿介　愛知県
知らずに損することはあっても、
知って損することはない。

本橋 賢一　東京都
通学電車で握手を求められた。

森 康智　千葉県
個人が広報する時代。

山岸 勇士　愛知県
あなたを生かせる人が、
あなたの身近にいるとは限らない。

山下 祐輝　大阪府
「下積み時代」を切り上げよう。

横溝 辰徳　東京都
どうせ使われないなら…
いいっかを解決します

吉田 竜裕　東京都
ある日突然、地元のパン屋に行列ができた。

吉田 竜裕　東京都
ある日突然、
隣の家の犬目当てに、マスコミが押し寄せた。

FIXER

「クラウドエンジニア」が日本のなりたい職業ランキング第一位になるためのアイデア

協賛企業賞

野村 京平（42歳）東京都

時代の花形職業は
いつの時代も、
親に説明しにくい。

▼協賛企業のコメント
FIXER
PR
島田紗也加さん

このたびは、誠におめでとうございます！当社は「Technology to FIX your challenges.」というコーポレートスローガンのもと、クラウドやAIなど最先端の技術を追求し、その技術力でお客様の挑戦を成就するCloud Service Vendorです。最先端のテクノロジーで、革新的なサービスを生み出し、世の中を変革する。そんな想いをもつエンジニアが活躍する当社だからこそ「3K（きつい・厳しい・帰れない）」と表されるような日本国内におけるエンジニアへのネガティブな印象を払拭し、エンジニアという職業本来の魅力を伝えるアイデアを募集しました。本作品は、思わず「たしかに！」とうなずいてしまう納得感がユニークに表現されていて、世代を問わず多くの方に共感してもらえる訴求力があると感じ、協賛企業賞に選出させていただきました。最後に、たくさんの課題の中から当社の課題を選び、作品をご応募いただきました皆さまに心より感謝申し上げます。

三次審査通過作品

どちらか選べ。型にはまるか。型をつくるか。

上田 悠馬 大阪府

会社は潰れる。スキルは潰れない。

北浦 俊 千葉県

あなたがなんとなくやりたいと思っている仕事は、将来クラウドに取って代わられるかもしれない。

福島 滉大 埼玉県

10年後を、1年でつくれ。

藤田 篤史 東京都

二次審査通過作品

石神 慎吾　長野県
将来性しかない。

岩井 純平　東京都
世界で通用する言語は、英語ではない。

上田 悠馬　大阪府
クラウドエンジニア、文明を作る仕事だ。

小笠原 清訓　青森県
クラウドの業界地図は、まだ白地図です。

桂田 圭子　滋賀県
プロになれば、現役は長い。

加藤 晃浩　東京都
ルールを作る側の人になろう。

兼田 麻衣　東京都
宇宙を、保存せよ。

川村 真悟　福岡県
会社より、
社会を変えるエンジニアになりません?

小林 鴻世　東京都
前例は、あなたがつくる。

佐藤 栄里子　福岡県
AIに奪われない仕事。

隅谷 知由　埼玉県
ここには、まだ王様がいない。

谷 明展　北海道
新卒なのに、すごい給与を提示された。

那須 佑樹　秋田県
最先端の最先端に、ぼくたちはいる。

松田 拓磨　沖縄県
黒幕が一番儲かる

青柳 信吾 奈良県
もれなく24時間働ける部下達がついてくる。

青柳 信吾 奈良県
ひとから残業を奪う仕事。

飯田 羊 東京都
パパはいつも荷物が少ない。

岩崎 浩之 東京都
世の中に、面白い価値を。

小笠原 清訓 青森県
全員が、ノーシード。

奥谷 和樹 大阪府
「残業」を死語にしたのは、私たちです。

貝渕 充良 大阪府
AIには、かけないコードがある。

加藤 晃浩 東京都
課題がたくさんある仕事は、可能性がたくさんある仕事だ。

榊原 慎吾 愛知県
テレビCM

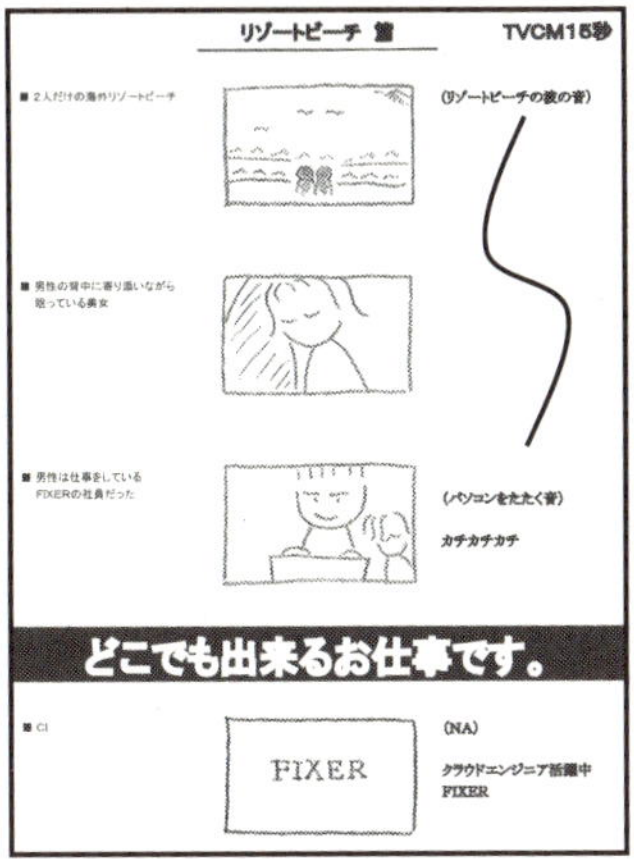

下野 恵依子 福岡県
Youを越えろ

末繁 昌也 埼玉県
ありえないは、ありえない。

髙橋 伶 東京都
目に見えないもので、世界を変えよう。

谷 明展 北海道
定年まで、クラウドで食っていける。

張 家昀 神奈川県
クラウドからなら、70億人が見渡せる

張 家昀 神奈川県
雲行きが、楽しい仕事です。

塚原 開成 東京都
エンジニアって、クリエイティブだ。

長井 謙 沖縄県
「出勤」を、死語にする。

中辻 裕己 東京都
私の武器は、私です。

那須 佑樹 秋田県
僕らは常に、最先端だ。

那須 佑樹 秋田県
未来は僕らの指先にある。

萩原 志周 東京都
めんどくさいことをめんどくさいで済ませられる。

飛田 哲志 愛知県
まだまだ、人間の時代だ。

福島 滉大 埼玉県
世界のエンジニアになろう。

星合 摩美 東京都
人類を作業から解放する。

溝口 昌治 神奈川県
働き方も、エンジニアが改革している。

見田 英樹 愛知県
課題は、世界中でつぶやかれている。

南 忠志　東京都
わが家に出勤した。
向井 正俊　大阪府
クラウドは手作業で出来ています。
最上谷 大輔　東京都
発明の父と母には、仲人がいた。
森下 紘行　東京都
誰かの当たり前を、あなたの目の前から。
山田 一覇　千葉県
雲の上は、いつも青空だ。
山本 朝子　東京都
働くことは、時間を捧げることじゃない。
湯浅 成貴　神奈川県
このエンジンは世界を動かす。
吉村 圭悟　東京都
Ｅｎｔｅｒは、世界を変えるボタンだ。

富士通

説明可能なAIのCMアイデア

協賛企業賞

崎山 すなお（26歳）東京都
テレビCM

【最後のことば】篇
ご臨終一歩手前のおじいちゃんが寝ている。
ベッドの周りには家族や親戚が10人ほど集まっている。

おじいちゃん：そろそろお迎えが来る頃じゃ…
おばあちゃん：あなた…。
娘：お父さん…。
孫：おじいちゃん…。

おじいちゃん：そうじゃ…遺産は…遺産はすべて…
家族全員：ゴクッ。
おじいちゃん：2丁目の川田さんにあげなさい…。
スッ（目を閉じ、おじいちゃんは死んでしまう）
SE：ピーーー（心電図の音）
家族全員：……おじいちゃーーん！説明してーーー！

NA：今までのAIはこう。結論は出せても、
なぜそうなったのか説明ができない状態にありました。
しかし、富士通が開発したAI「Zinrai」なら、
根拠を示し、最終的には人間が判断する事ができます。
手を取り合う時代が来ましたね。
富士通

▼協賛企業のコメント

富士通
グローバルマーケティング本部デジタルコンテンツ統括部宣伝部 宣伝部長
伊集院数郎さん

このたびは、協賛企業賞の受賞おめでとうございます。また、この課題にご応募いただきありがとうございました。今回のテーマは技術的には複雑な「説明できるAI」を誰にでもわかりやすく説明するという、難しいものだったと存じます。ご応募いただいた作品をいくつか拝見していると「説明できるAI」の特徴をきちんとご理解いただくこと、その上でわかりやすく表現すること、両方を実現するのはハードルが高かったと思います。そんな中、柔軟な発想で、「説明してくれないと困るというシチュエーション」をコミカルにわかりやすく印象に残るかたちで描いていただいた本作品を選定させていただきました。素晴らしい作品をありがとうございました。

長井 謙 沖縄県 テレビCM

時限爆弾を切っている男と女。赤と青で悩んでいる。
男「くそ、時間がない。どっちを切ればいいんだ？」
女「青よ！青を切って！」
男「どうして？」
女「だって…、赤い糸は、切りたくないから」
男女見つめ合う
男「分かった！マユミを信じる！」
女「うん！」
青を切って爆発する
NA「そんな根拠で、失敗させたくない」
富士通のＡＩの紹介
NA「富士通は、正しい結論だけでなく、しっかりとした根拠まで説明できるＡＩを、開発しています」
ロゴ
NA「富士通」

弥生二郎 東京都 テレビCM

占い師の部屋にて
女性「私、結婚できるのでしょうか？」
占い師「大丈夫、できますよ。ほら、ここに結婚線が」

女性「そんなの信じられない！他に根拠はないんですか！」
女性と占い師が見つめ合う。
占い師の目の奥がカメラになっており、女性の表情、声のトーン、職業などのステータス、これまでの相談者がその後何歳で結婚したかなど、あらゆる情報が占い師の頭の中に流れる。
占い師「大丈夫、あなたは表情、声から分析するに芯がきちんとあって、見た目のポイントもこれまでの相談者のうち、結婚に至った人の平均値より高く、また職業も出会いはなくとも男性からのイメージランキングでは12位と悪くないので婚活市場での需要はちゃんとあります」
女性「よかった…」
NA「理由があるから安心できる。AIが予測する未来」

二次審査通過作品

青山 紀恵　東京都　テレビCM
「右折の理由」篇
自動車の自動運転化社会。
車：次、右折します。
ドライバー：どうして？
車：今朝の占いで、北東が吉とのこと。
ドライバー：却下！
NA：富士通の、説明可能なAI「ZINRAI」
人は、根拠を聞いて、信頼するかを決めればいい。

岡立 一太　東京都　テレビCM
ビジネスマン「引っ越しのお見積もりは、電卓パチパチ、、、6万円です。」
（ドーーーン！）
デザイナー「がーっと心に響くデザイン考えました！」
（ドーーーン！）
笑ゥせぇるすまん「ドーーーン！」
世の中、ブラックボックスが多すぎる。
過程を説明してほしい。
富士通のジンライは、過程の説明を大事にします。

長井 謙　沖縄県　テレビCM

男が彼女と自動運転で車を走らせている
カーナビを男が見て疑問に思う。
男「あれ、なんで、この道なんだ?もっと近いルートがあるけどな」
車に内蔵されたAIが話す。
AI「このルートが最短距離です。ほかのルートですと、渋滞にはまってしまいます」
男「なるほど、道路状況のことも考えてくれていたのか」
女「賢いわね、このAI」
ドライブを楽しむ男女
NA「富士通のAIは、結論に至った根拠まで、ちゃんと説明可能。人に信頼されるAIを、富士通は作っています」
レストランの前を通る車
AI「こちらのお店は、昨日タカシさんが女性の方といらしたお店ですね」
女「ちょっと、あたし知らないんだけど、どういうこと!?」
男「ちょっと、説明し過ぎ!!!」
企業ロゴ
NA「説明できるAIなら、富士通」

永末 晃規　滋賀県　テレビCM

王妃「鏡よ鏡、この世で一番美しいのは?」
鏡「それは白雪姫です」
王妃「なんですって!?　理由をおっしゃい!」
鏡「最近の王妃様は、寝不足でお顔がむくんでいます。
季節の変わり目で、体調もあまりよろしくないようです」
王妃「そっか、じゃあ、今日は早めに寝よ……」
NA:理由が分かれば、対策もできる。
「説明可能なAI」は、富士通。

星加 賢一　東京都　テレビCM

医師:教授、我々がとるべきオペはこちらです。
教授:なぜだね?
医師:当初考えていた手術だと重大な後遺症が残る可能性があるとAIが答えており、こちらがベストだと判断しました。根拠はこちらです。
教授:わかった。しっかり頼むよ、わしの手術。
医師:まかせてください!
NA:判断プロセスを説明できる 富士通のAI

見田 英樹　愛知県　テレビCM

【マネジャー】篇
テロップ:たとえば、こんな未来。
野球の試合シーン、ベンチの監督の横には一台のPC(パソコン)。スクリーンには「Zinrai」のロゴ。
監督:8回ツーアウト二塁、一打同点のチャンスか。よし、ここは昨日サヨナラを打った鈴木を代打だ。
PC:監督、ここは代打に高木くんの起用を提案します。
監督:どうしてだ、マネジャー。鈴木は調子がいいし、第一、高木は左ピッチャーが苦手だぞ。
PC:今朝のレポートによると、鈴木くんは鼻炎で少し熱があり、調子が良くないようです。一方、高木くんはこの一カ月、対左ピッチャー対策を中心に誰よりも練習時間が長く、それに
監督:それに?
PC:スタンドに今日が誕生日の、高木くんのお母さんが応援に来ているそうです。
監督:代打!高木!
NA:可能にするのは、こんな未来。納得できる理由がある。説明可能なAI、富士通のZinrai

一次審査通過作品

堀江 亮太 富山県 テレビCM

「おにぎりマシーン」編

巨大な黒い箱。

側面には「AI」の文字。

ベルトコンベアでAIの箱の中にご飯と海苔が運ばれていく。

箱の反対側のコンベアからは成型されたおにぎりが出てくる。

NA「従来のAIは材料の情報を入れたときに結果を得るまでの過程が不明でした」

「AI」の箱の側面がガラス張りに変わり、中が丸見えになる。

中にはおばさんが入っており、おにぎりを握っている。

NA「富士通のAIは仕組みが丸見えなAIです」

三上 智広 北海道 テレビCM

「原始人の会話」篇

2人の原始人が、火山を眺めて会話してる。

※（ ）内は文字スーパー

A「ホ、ウホウホホ（おい、あの山噴火しそうだな。）」

B「ウホホー？（どうしてわかるんだ？）」

A「ウーウホ（何となく。）」

B「ウッホホウホウホ？（みんなに逃げるように言うか？）」

A「ウホ、ウッホホホ（いや、『根拠』がない。）」

B「ウホッホホ（『根拠』って、なんだ？）」

A「ウホッホホ（『根拠』って、なんだ？）」

B「ホホ、ウホホウホウホ（いや、お前が言ったんだよ。）」

NA「『根拠』という概念がない頃から、人を動かすためには『根拠』が必要でした。富士通のAI『Zinrai』は結論だけではなく、根拠も示せる人工知能」

火山が爆発。

A・B「ホ…（あ…。）」

NA「人類の叡智が人工知能をさらに進化させる。説明可能なAI、富士通の『Zinrai』」

山本 朝子 東京都 テレビCM

【シンデレラ編】

王子様との婚約が決まったAIシンデレラ。婚約記者会見の現代風の席上。AIシンデレラ、嬉しそうに指輪を見せて微笑んでいる。

記者：AIシンデレラさん、王子とのご婚約おめでとうございます！

AIシンデレラ：ありがとうございます。とても嬉しいです。

記者：結婚のきっかけについて教えて頂けますか？

AIシンデレラ：はい、私がお城の階段にガラスの靴を落としたことがきっかけです。

記者：他にも落とすものはあったと思うのですが、あえてガラスの靴を落とした理由は何ですか？

AIシンデレラ：それは、ディープラーニングで、本人のサイズや匂いがより強く残されている物の方が、相手に強い印象を残せるという分析結果が出ているからなんです。手袋とか扇子とかでは、このような個人検証は難しいですから、靴を落としたのは意図的です。

記者たち：おおっ！さすがＡＩシンデレラだ。

フラッシュがたくさん焚かれる。記者会見ヒキ。ガラスの靴のアップ。

N：幸せの法則には理由があります。説明可能なＡＩ技術、富士通の人工知能。

企業ロゴ

弥生二郎　東京都　テレビCM

オフィスにて
部長「今日からうちでもＡＩを導入することにしたよ」
若手営業「へぇ、これがＡＩですか」
AI「あなたは仕事ができるでしょう」
若手営業「え、何ですかこれ。胡散臭い…」
AI「あなたの声はよく通り、ハキハキとしてクライアントへの印象が平均的な営業よりも12ポイント高いです。また、平均的な営業に比べて9ポイントも業務の処理効率も良く、今後多くのプロジェクトを担うことが想定されます」
若手営業「これすごいですね！」
NA「理由があると納得してしまう。これが富士通のＡＩ」

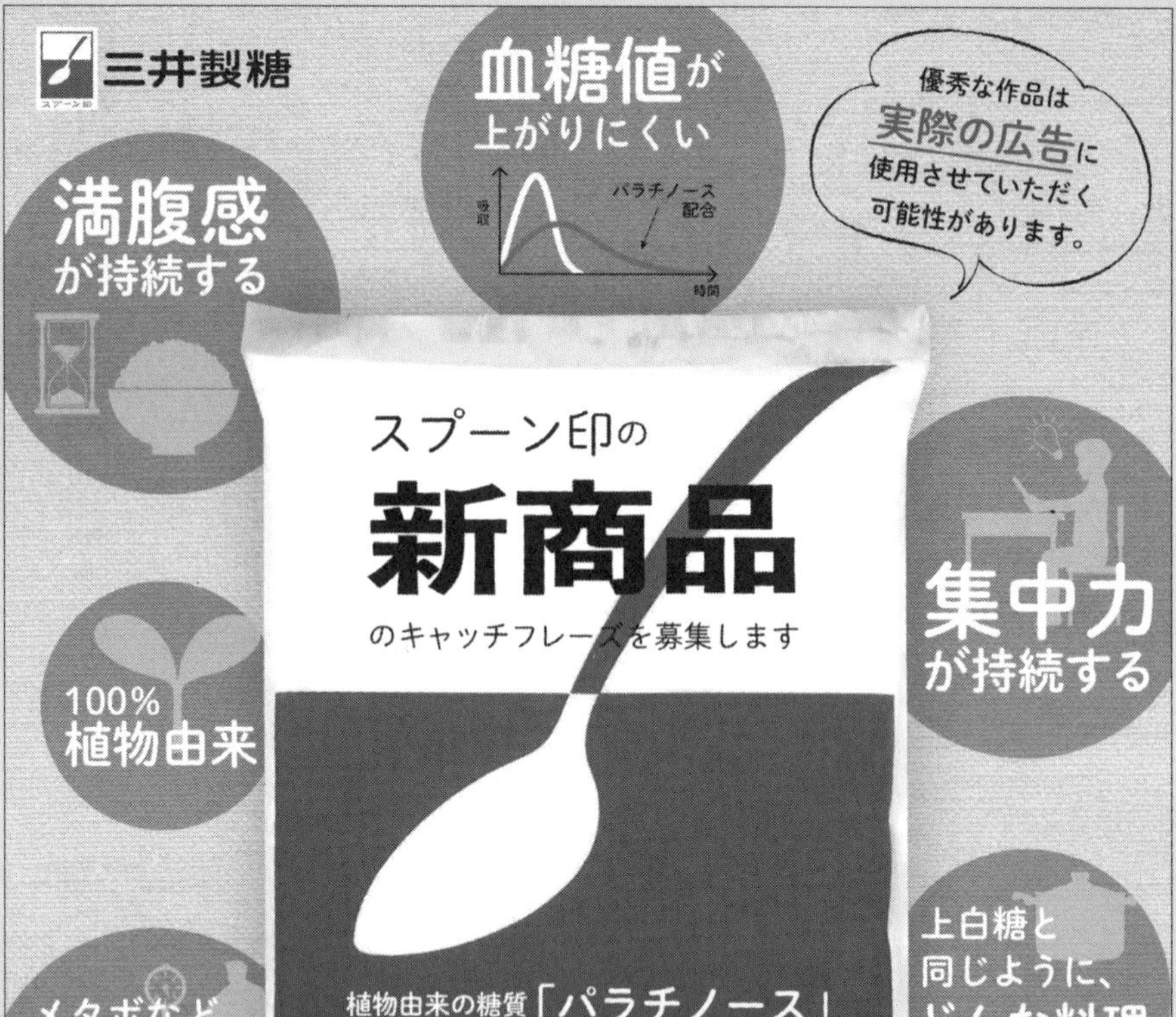

三井製糖

パラチノースを使った次世代のスタンダードとなるような新商品のキャッチフレーズ

マ

三井製糖

協賛企業賞

清水 眞子（26歳）東京都

キレイになるにも、甘いものは必要なのだ。

▼協賛企業のコメント

三井製糖
事業開発部
宮崎大地さん

協賛企業賞を決めるにあたり、消費者の目線で「スーパーマーケットで見かけたときに、思わず2度見してしまう、思わず手に取ってしまうようなフレーズ」という選考基準を設けさせて頂きました。そのうえで、社内でよくスーパーマーケットを利用する人を集め、投票ののち決定いたしました！おめでとうございます！「キレイになるにも、甘いものは必要なのだ。」というフレーズは、「甘いもの・おいしいものを食べたい」「でも美容を考えると食べたくない」という矛盾をうまくつき、免罪符を与えることでターゲットである主婦層のハートをガッチリつかんだのではないかと感じております。まさに私どもの伝えたい「ただ甘いだけでない新しい砂糖の良さ」を表現してくれている作品であり、是非今後とも活用させていただきたいと考えております！最後になりますが、当社課題にご応募頂いた皆様に心より御礼申し上げますとともに、今後の皆様のますますのご活躍をお祈り申し上げます。

三次審査通過作品

砂糖の量を変えるより、砂糖そのものを変えよう。

長井 謙　沖縄県

二次審査通過作品

サプリ飲むより、お砂糖を換えませんか。

梶浦 公靖　東京都

糖分を控えている人の砂糖です

河合 ひろたか　東京都

もう、「甘い」はワルモノじゃない。

津留 鑑介　東京都

味、使い方、甘さも変わりませんが、体への負担が全然ちがいます。

細川 桂　東京都

糖質を変えたら、体質が変わった。

山下 祐輝　大阪府

一次審査通過作品

おとうさんで証明しよう。

青柳 信吾　奈良県

マ

三井製糖

飯田 祥子 福岡県
砂糖の会社が
また砂糖を変えました

石井 雅規 千葉県
甘さと健康は、仲良くなれる。

石神 慎吾 長野県
父の数値がよかった理由を、母だけが知っている。

上杉 佳子 広島県
「罪悪感」をカットしました。

浦辺 大生 大阪府
甘い奴だが、よく働く。

大川 将平 千葉県
糖質の「質」を見直しました。

大澤 亜希子 岐阜県
お母さんの味と体型は、
無関係であってほしい。

大森 愛子 愛知県
同じレシピなのに、身体の中では、違う。

岡本 英孝 福岡県
欠点があるとすれば、広告で効果を伝えられないことです。

小川 祐人 東京都
「ゆっくり食べなさい」とは言えても、
「ゆっくり吸収しなさい」とは言えないから。

小室 塁 東京都
罪悪感のないおやつを。
貝渕 充良 大阪府
砂糖も世代交代の時がきた。

片山 悠 東京都
健康のために砂糖を摂らない、
を変えるお砂糖。

桂田 圭子 滋賀県
私の料理で太った夫は、
私の料理で痩せてきた。

桂田 圭子 滋賀県
母が使うと、家族が変わる。

加藤 晃浩 東京都
勧めてあげる。という親孝行がある。

加藤 晃浩 東京都
家庭に結果が出る。

加藤 晃浩 東京都
医者に、「甘いものを控えてください」と言われるかと思ったら、「甘いものを変えてください」と言われた。

加藤 晃浩 東京都
「あまい」という言葉には、「やさしい」という意味もある国だから。

狩野 慶太 東京都
世界中の女性が、いつまでも甘いものを食べられますように。

川﨑 竜太 広島県
もう、甘さに後ろめたさを感じない。
河野 智己 東京都
お砂糖がダイエットしました。

神田 真希 愛知県
味付けの選択は、健康の分かれ道。

神田 真希 愛知県
必要な栄養こそ、優しく摂ろう。

木田 秀樹 東京都
つまり、
ビビらなくていい糖質ってことですね?

北川 秀彦 大阪府
父の背中と父のお腹をみて学んだ。

北村 洋輔 神奈川県
夫も息子も気づかなかった。

熊谷 みゆき 岡山県
体に甘くないお砂糖、あります

郡司 嘉洋 東京都
カロリーは落としても、味は落としたくない。

小島 功至 熊本県
人工甘味料だと思ってた。

小島 功至 熊本県
砂糖から、罪悪感を取り除きました。

小島 功至 熊本県
人に知られずに、痩せたい人も、
痩せさせたい人も。

小島 功至 熊本県
制限だらけの人生なんて。

指田 貴雅 愛知県
罪悪感のない甘さ。

定藤 健志 兵庫県
このお砂糖は、潔白です。

颯々野 博 大阪府
ちゃんと、おおさじ一杯。

柴田 賢一 茨城県
砂糖はもっと面白くなる。

柴田 賢一 茨城県
血糖値が高い家系なのは、遺伝のせいでしょうか。

柴田 賢一 茨城県
未来を変えたいので、砂糖を変えました。

柴本 純 東京都
これなら和食で本気が出せる。

白石 文子 福岡県
食習慣と砂糖。
今すぐ変えられるのは、どっち?

杉山 聡 静岡県
料理をつくるひとは、家族の体をつくるひとです。

高澤 邦仁 東京都
砂糖はいつから
私の敵になってしまったのだろう。

マ

三井製糖

高山 勇輝 東京都
夫は糖尿病、
子供は肥満、
わたしは高血糖、
対策になります。

谷 明展 北海道
夫は気づいていないが、夫の体は気づいてる。

寺門 眞一 兵庫県
後悔の上昇も抑えたい。

寺門 眞一 兵庫県
後悔も適度に抑えたい。

寺門 眞一 兵庫県
わたしなんとかしよう対策。

中島 研二 愛知県
「自分へのごほうび」、ほんとにごほうびになっていますか?

中田 国広 埼玉県
横綱を目指す方は、ご使用をお控えください。

並川 隆裕 東京都
パ・し・す・せ・そ。
料理の新しい基本です。

西脇 光奈子 愛知県
スプーン印のお砂糖が更新されました。
アップデートしてください。

野口 祥子 熊本県
スローな糖にしてくれ。

羽賀 亜弥香 東京都
「控えめに」をやめたら
和食がグッと美味しくなった。

橋口 賢一郎 愛知県
新・料理の基本は、
パしすせそ。

長谷川 香子 神奈川県
メイク変えた?ううん、お砂糖変えた。

浜田 英之 東京都
あなた、三日の運動より、三度の食事よ。

林 秀和 東京都
化粧品を変えるより、お砂糖を変える方が美容にいいかもしれません。

林 みか 東京都
「砂糖のせい」には、もうさせない。

林田 淳 東京都
毎日使うものは、少しでも身体に良いと、だいぶ身体に良い。

林田 淳 東京都
料理は砂糖の使い方で決まる。健康は砂糖の選び方で変わる。

原田 智光 山口県
美味しい人生を、長生きする。

東山 秀樹 奈良県
おふくろの味に、親心をひとさじ。

樋口 竜馬 東京都
糖質が変わると、くらしの質が変わる。

三井製糖

飛田 哲志 愛知県
生活習慣を変えるのはむずかしい。砂糖を変えるのはカンタンだ。

広見 鮎子 石川県
減らしたい数値がある。減らさなくていい砂糖がある。

深沢 裕二 神奈川県
砂糖の持つ悪いイメージをどんどん言ってください。
それ、全部間違いです。

船越 一郎 東京都
ありがとうのとうは、
きっとパラチノースです。

不破 千也子 東京都
きっと100年経っても、
人類は甘さの欲望に勝てないから。

別府 宰 福岡県
同じ甘さなら、体にやさしいほうがいい。

星合 摩美 東京都
料理の基本は「パ・し・す・せ・そ」

堀 克史 福岡県
お医者さんにオススメされたい。

本田 直之 埼玉県
自分を変えるより、
砂糖を変えたほうが早い気がする。

松井 俊樹 東京都
母さん、夜食はこれで作ってね。
松尾 栄二郎 東京都
ダイエット中にも、スイーツを。

松尾 健介 大阪府
入れすぎても、
前より糖分ひかえめ。

松尾 健介 大阪府
家で摂る糖分くらい、
きちんと管理してあげたい。

松尾 健介 大阪府
糖分ひかえめなら、
もう一品、作ってあげられる。

三島 みさき 東京都
砂糖
4.0

向井 正俊 大阪府
アリも元気になる砂糖。

最上谷 大輔 東京都
見た目、変わらない。
舐めても変わらない。
カラダの中で変わってる。

最上谷 大輔 東京都
甘味は、減らすんじゃなく、選ぶのが正解。

最上谷 大輔 東京都
甘く生きて、
長く生きる。

山本 真梨子 石川県
砂糖から、リスクだけを減らしました。

山本 真梨子 石川県
甘さそのまま、リスクさよなら。

吉田 博 茨城県
ネットで検索してみてください。
「パラチノース一糖類」
なかなかの実力です。

良知 優奈 東京都
おいしさの味方が、カラダの味方にもなりました。

三菱一号館美術館

普段、美術館に行かない方も「三菱一号館美術館」に
行ってみようと思えるアイデア

マ

三菱一号館美術館

協賛企業賞

三上智広（47歳）北海道

世界を動かすビジネス街で、人の心を動かしています。

▼協賛企業のコメント

三菱地所
美術館室 室長
小幡義樹さん

このたびは、協賛企業賞の受賞おめでとうございます。また数ある課題の中から三菱一号館美術館の課題にご応募いただきありがとうございました。今回の課題は、普段美術館に行く習慣がない方にも「どこかの美術館」ではなく、「三菱一号館美術館」に行ってみたくなるアイデアを募集できればと、当館の特徴を表現した作品を期待していました。選考では、三菱地所グループ全体での社員投票を実施し、協賛企業賞を決定いたしました。「美術館が人の心を動かす場所であること」に加えて、「丸の内というビジネス街に立地する」という当館ならではの要素が加わり、その対比が、より印象的なコピーになっていると感じています。また、審査の過程で応募いただいた皆さまの作品に触れることで、内部では気が付かない、運営側とは異なる視点を知る機会となりました。今後も訪れる方にとって魅力的な美術館でありたいという思いを新たにした次第です。改めて、この場をお借りして当館の課題にご応募いただきました皆さまにお礼申し上げます。

三次審査通過作品

塩川 史也　東京都

東京のど真ん中で、東京を忘れる。

寺沢 優希　東京都

ここは、わたしが唯一心を許した〝丸の内〟です。

長井 謙　沖縄県　ラジオCM

男「おぉ〜。素晴らしい作品だ。この色使い、このフォルム、実に美しい」
女「ねぇ、早く中に入ろうよ！」
男「あ、まだ入り口だったね」
NA「美術館自体が、作品です。三菱一号館美術館」

宮地 克徳　群馬県

一号一会。

マ

三菱一号館美術館

二次審査通過作品

狩野 慶太　東京都

あ、同じ絵で止まってる。

川崎 貴之　埼玉県

教科書で感動したことは、一度もない。

崎山 すなお　東京都

NA：漢字の読み問題です。
「一丁紐育」
（画面に漢字が映し出される）
SE：チクタクチクタク
（時計の音）
答え合わせは東京駅から徒歩5分。
三菱一号館美術館

テレビCM

鋤柄 彩加　東京都

「知りたい」は美しい。

福島 慎一　東京都

100年前に入館してください。

山田 凱登　福岡県

1．美術館に来たカップル。
2．彼氏は絵画をみているのに彼女は壁や階段ばかり見ている。
3．彼女に近づく彼氏。小声で、
彼氏「なにしてんの？」
彼女「だって……なんかすごいもん」
4．コピー「この美術館、展示品。三菱一号館美術館」

テレビCM

一次審査通過作品

石神 慎吾　長野県

最初は、絵を観に行った。次は、絵に会いに行った。

石倉 大介　埼玉県

天才だと思っていた作家は、ただの努力家だった。

伊藤 美幸　愛知県

ひとには、美しいものを見る時間が必要だと思う。

伊藤 美幸　愛知県
眼には美を。

岩田 壮史　埼玉県
1894年竣工。ロートレックの、あの名作と同い年の美術館。

岩橋 亮汰　兵庫県
見る目は、磨ける。

上田 悠馬　大阪府
感性はすぐ怠ける。

遠藤 友康　東京都
東京は案外、静かだ。

大石 美佐　埼玉県
きっかけが「定期で行けたから」でも構いません。

大坪 航也　東京都
三菱製タイムマシン一号。

大西 健次　岡山県
ただいま、
おかえり、
そんな場所。

大野 さとみ　大阪府
学びに来る人もいる。
忘れに来る人もいる。

小笠原 清訓　青森県
ビルを見上げすぎると、肩がこるでしょ。

小川 祐人　東京都
丸の内に外回りに行ってきます。
戻りは少し遅れると思います。

桂田 圭子　滋賀県
絵のことなどわからない人のほうが、純粋な目で見れるのかもしれない。

加藤 慶　東京都
タイムスリップ型美術館

狩野 慶太　東京都
美術館も、美術品。

狩野 慶太　東京都
うつくし、いいね。

上條 直子　東京都
どうでもいいものは、復元しない。

木島 由美子　東京都
わからないことを
楽しむ余裕があっても
いいと思うのです。

北原 祐樹　新潟県
時が止まった。いや、俺が止まった。

口羽 雄太　京都府
芸術と、徒歩5分くらい、距離をとってた。

紅村 重人　愛知県
いいモノを見ると、
いい人間になれる気がする。

小林 鴻世　東京都
わからないけど、わかるなぁ。

小林 鴻世　東京都
見たもの触れたものが、私になっていく。

斎藤 貴美子　埼玉県
好きなことばかりじゃ、世界は狭い。

斎藤 貴美子　埼玉県
時間止まってた？

崎山 すなお　東京都
読めますか？
「一丁倫敦」

佐々木 一之　愛知県
描くことだけが芸術ではない。観ることも立派な芸術です。

佐々木 志帆　神奈川県
今夜、一緒に黙れる人と。

佐々野 峻永　栃木県
『美しい』の意味は、
辞書だけではわからない。

佐竹 将賢　大阪府
東京駅は、割とひま。

重田 和美　鹿児島県
ようこそ。
オトナになりたい大人の皆さま。

字引 章　東京都
芸術がわかる
サルになろう。

島崎 純　長野県
作品の中に、作品がある。

清水崇之　東京都
前を向いて、休憩しよう。
新宅論　静岡県
三菱一号館美術館で最初の展示物は、三菱一号館美術館です。
新免弘樹　東京都
名前も長いが、
歴史も長い。
須賀原史典　東京都
よく分からなかったが、
このままではいけないと思った。
清田芳孝　東京都
丸の内に美術館。それ自体が芸術です。
谷明展　北海道
駅とおそろいの美術館。
玉水守　静岡県
建物も作品のひとつです。
張家昀　神奈川県
地所が作った名所です
手代森修　東京都
ふるい物を愛せる人は、
新しい事を生みだせる。
寺沢優希　東京都
夜の中庭は、ロンドンです。
當間弘子　沖縄県
暖炉のある美術館。

三菱一号館美術館

當銘啓太　東京都
レンガの中は、ビルなんてなかった頃の世界。
徳光一蕗　東京都
わかんないけど、好き。
徳光一蕗　東京都
あー、わからん。
あー、でもすき。
長井謙　沖縄県
無言のデートも、悪くない。
中切友太　愛知県
東京の玄関は、美術館の玄関でもあった。
中田国広　埼玉県
東京の第一印象は美しくありたい。
永野佳代　東京都
だっこ、と娘が言った。疲れたからではなく、
よく観たいからだった。
中村公雄　福井県
AIでは、人の心は動かない。
中村奈津子　福岡県
今の私が何に惹かれるのか知りたい。
中村奈津子　福岡県
あの絵ってこんなに大きいんだ。がおもしろ
いのです。
名切冴顕　福岡県
大事な商談の前に美術館に行った。

成田のり子　福岡県
東京駅じゃ、広すぎる。
野村亜矢　神奈川県
こんなところに、こんなところがあるなんて。
野村亜矢　神奈川県
取引先との雑談で「すぐそこの美術館で…」
なんて話せたら、
ちょっと素敵じゃないですか?
萩原志周　東京都
クーラー効いてます。
橋本彩矢　東京都
役に立つことだけがすべてですか。
橋本未来　山梨県
美しいものを見ると、
大切な人に会いたくなる。
浜田英之　東京都
時計を設置していないのは、時間を忘れてほ
しいからだそうです。
林一平　神奈川県　ラジオCM
上司：仕事おわり、飲みにいかない?
後輩：すみません、お酒は苦手なんです…
上司：そっか。じゃあ、えみに行かない?
後輩：え?
上司：そう、絵を見に。
NA：それぐらい、何気なく来てみてください。
東京駅から徒歩5分。三菱一号館美術館。
福島涀大　埼玉県
デートに、アートを。

マ

三菱一号館美術館

福田 篤史　東京都
まあまあとにかく来たまえよ

古田 博之　岐阜県
思わず感性をあげた。

堀野 洋介　東京都
携帯電話の電源と、
あなたをオフにしてください。

本多 真実　東京都
都会の真ん中で、タイムスリップ

眞木 雄一　石川県
傑作は見る人がつくる。

松尾 健介　大阪府
通勤定期で、
美術館に寄れた。

松下 歩未　兵庫県
どこでもドアなんてないけれど、美術館は少しそれと似ている気がするんだ。

松平 節　東京都
わたしは、過去と未来の中心なんだ。

三島 直也　東京都
感想はコピペできる。
感動はコピペできない。

溝口 昌治　神奈川県
ふつうの人に、見てほしい。

密山 寿永　兵庫県
歴史通が歴女なら、
美術通は美女になる。

密山 直也　兵庫県
映画はレンタルできても、
絵画はレンタルできない。

密山 直也　兵庫県
なるほど、わからん。

密山 直也　兵庫県
駅から近い。日常から遠い。

見延 里菜　東京都
キミの横顔、占領中。

見延 里菜　東京都
誰と見るかで、感想は変わる。

宮野内 雄樹　愛知県
オフィス街にあるんじゃない。周りにオフィス街ができたのです。

向井 正俊　大阪府
「ほぉ」や「へぇ」だけで、
会話ができました。

向井 正俊　大阪府
欲しいとか、欲しくないとかでしか、
ものを見ていませんでした。

村上 朋子　東京都
鏡より自分と向き合える場所がある。

村上 朋子　東京都
目が疲れたら
キレイなものを見に行こう。

村瀬 駿介　愛知県
見た目もいい、中身もいい、みんなそういうの好きでしょ?

森下 紘行　東京都
忙しい街の忙しくなくいられる場所。

森脇 誠　京都府
おっぱいを堂々と見よう。

藪本 牧子　大阪府
いつしか耳まで澄ますワタシに、気がつきました。

山下 祐輝　大阪府
AIが苦手なことをしよう。

山田 経子　東京都
好きになる名画があります

山本 一樹　埼玉県
数字のない世界で、休みませんか。

山本 一樹　埼玉県
直線だらけの街に、曲線の美しさを。

山本 一樹　埼玉県
疲れたら、観よう。

山本 真梨子　石川県
絵画の見方は、生き方で変わる。

吉村 茂　東京都
買えないものも、観てみたい。

明治座

明治座の認知度を 100%にするアイデア

協賛企業賞

黒坂 謙太（25歳）京都府

お母さんは、キミが学校に行っている間に、こんなところに行っている。

▼協賛企業のコメント

明治座
営業部
岸 明香さん

この度は当社課題にご応募くださいまして、ありがとうございました。また、協賛企業賞受賞、おめでとうございます。このキャッチコピーからすると、お母さんは家族に内緒で劇場に遊びに来ているのかもしれません。お母さんが、普段家では見せない嬉しそうな顔で芝居を見ている姿が思い浮かびました。そのお母さんの笑顔を見て、不思議と心が温かくなる〝キミ〟の顔も想像でき、「今度はキミも一緒に遊びに来て欲しいな」と自然に思ってしまう、そんな温かみのある作品だと思いました。数々の応募作品の中で、この作品には沢山のストーリーが思い浮かび、明治座にお越しくださるお客様の中に「あぁこういう方いらっしゃるだろうな」と重ね合わせる事ができましたので、企業賞に決めさせて頂きました。今後もこのキャッチコピーの様に、人の笑顔と笑顔が繋がる場所を目指し、明治座の知名度を１００％に近づけていけるよう努めてまいります。最後に、今回ご応募くださいました全ての方に、心より御礼を申し上げます。ありがとうございました。

三次審査通過作品

大石 洋介 福岡県

期待でひと月、余韻でひと月、楽しめる。

小林 鴻世 東京都

泣いてるのか笑ってるのか、自分でもわかんないや。

二次審査通過作品

指田 貴雅 愛知県

生アイーンで80歳と8歳がそろって吹いた。

中島 誠実 愛知県

梅沢富美男が綺麗なお姉さんに変身する場所。

奈良 純嗣 秋田県

平成の次も、明治座。

西田 亜紀 神奈川県

テレビの時代も、インターネットの時代も、消えなかった舞台だ。

最上谷 大輔　東京都
歳を越える少女。

山口 泰尚　京都府
力道山が、消火してくれた劇場。

山下 祐輝　大阪府
「再生回数1回きり」を、何万回も。

吉村 茂　東京都
テレビで面白い人。舞台で真剣なまなざし。

一次審査通過作品

岩井 純平　東京都
東京駅よりも年上です。

遠藤 啓太　宮城県
１４０年前の人にも、推しメンっていたのかな。

岡田 あず海　大阪府
あの人、カメラが回ってないときは、ああするクセがあったのね、素敵。

岡田 あず海　大阪府
観る方も、クタクタになるところがいい。

岡本 英孝　福岡県
尻の奥から笑った。

加藤 晃浩　東京都
ＹｏｕＴｕｂｅの検索結果：０件

川村 真悟　福岡県
明治ミルクチョコレートは、大正に誕生。明治座は、明治に誕生してた。

郡司 嘉洋　東京都　テレビCM
明治座をバックに、女性たちの声だけが聞こえている。
女性A：「あのロングヘアーの俳優さん、超イケメンだったね」
女性B：「えーマジで？私はショートの子がタイプだわ」
女性C：「そんなワケないじゃん、金髪の子が一番よ」
カメラが3人にズームインしていくと話をしているのは全員おばあちゃんだった。
NA：感動は人を若くする。明治座。

小島 功至　熊本県
芸能人ばかりのテレビでも、本当の芸能は見られない。

兒玉 理奈　東京都
真っ赤な座席、30分でカラフルに。

小林 鴻世　東京都
不覚にも、また来てしまった。

小林 朝子　東京都
広辞苑にも載っている！知らないと恥ずかしい、明治座！

斎藤 貴美子　埼玉県
銀座の歌舞伎座、日本橋の明治座！って一度言ってみたかった。

崎山 すなお　東京都
ロケをしている氷川きよしと出会う確率はとても低い。

崎山 すなお　東京都　テレビCM
街をロケをしている芸能人が、おばさま方と握手をしているシーンに、

「偶然街で会える確率は、低い。」
とコピーが入る。
NA：劇場なら、好きな芸能人に必ず会える。
明治座へ行こう。

崎山 すなお 東京都
テレビじゃ、はしゃげなくなりました。

佐藤 潤一郎 千葉県
あの女優が、脱ぐ場所に選んだ。

篠原 沙織 愛知県
幕の内弁当を、幕の内に食べる。

柴田 賢一 茨城県 ラジオCM
男：ハァーーー
フーーーーーーーーーーーーーーーーー
ーーーー！
NA：東京で一番息の長い劇場。明治座。
今後も良質なエンターテインメントをお
届けします。
男：フーーーーーーーーーーーーーーー
ーーーー！

柴田 賢一 茨城県 ラジオCM
男1：それでは、社長から訓示です。
SE：拍手
女：待ってました！
男2：えー。皆様、おはようございます。
女：よっ！日本一！
男1：あいつ明治座行ったな…
NA：エンタメのある日々を。

明治座。

島田 寛昭 東京都
平成最後の年に、明治座に行ってみませんか。

庄司 陽介 福島県
いまどき珍しく、演者も観客も性善説の人ばかりです。

高橋 正典 東京都
5回焼けても、また建ちました。
そこらの城より愛されている劇場です。

竹節 忠広 長野県
明治に生まれて、
今ではインターネット予約も
可能になりました。

谷口 友妃 京都府
人形町で、たいやき買って、明治座へ。

田畑 亮 埼玉県
明治時代から、ずっと明治座。

長井 謙 沖縄県
いつも丁寧語の母から、
「明治座ナウ！」と、
メッセージがきた。

中切 友太 愛知県
戦争にも負けず、火災にも震災にも負けず。

中切 友太 愛知県
この国が、何度でも復興してきた証です。

中澤 翔 大阪府
ちょんまげの時代から建っていた。中には、今でもちょんまげの人がいる。

中島 誠実 愛知県
親孝行で連れてくならココ。

中田 国広 埼玉県
炎上マーケティング？
5回も全焼しているので懲り懲りです。

中辻 裕己 東京都
ああ、絶対また来ちゃうわこれ。

永野 佳代 東京都
明治座はどこですか？と聞いてくるのは、外国人ばかり。

西田 亜紀 神奈川県
旅行だけが、親孝行だけじゃない。

西野 知里 東京都
テレビに出てる大御所が、
大御所である理由。

橋口 賢一郎 愛知県
OKシーン、NGシーン、アドリブ、ハプニング。すべてが一度きり。

廣本 嶺 東京都
明治座は、Ｎｅｔｆｌｉｘじゃ見られない。

藤田 美緒　北海道
このままでは
日本の文化を
外国人から教わる時代が来るかもしれない、
と思った

眞木 雄一　石川県
芸能人って、実在するんだ。

松岡 基弘　東京都
1日の中心を明治座にするという過ごし方。

松本 圭太　大阪府
わたしは、あの俳優さんの、テレビじゃ見せない顔を知っている。

三上 智広　北海道
ワイプが無いから、面白い。

三上 智広　北海道
最近のテレビじゃ
思い出し笑いなんてしないのにね。

三上 智広　北海道
指差して笑ってる人を、初めて見た。

三上 智広　北海道
最新の前川清が見られます。

三上 智広　北海道
人生初「志村ー!うしろー!」。

三上 智広　北海道
まれにトチるのも、生の迫力だ。

明治座

見田 英樹　愛知県
キャストが同じでも、毎回違う。
キャストが変われば、もう別舞台。

見田 英樹　愛知県
千秋楽に向けて、育てていくもの。

南 忠志　東京都
役者とタレントの違いを知った。

南 忠志　東京都
ブロードウェイを目指さない。

向井 正俊　大阪府
中村から、志村まで。

村上 正之　愛知県
私は、社長より座長になりたい。

村瀬 駿介　愛知県
圧倒的な歴史と、中途半端な知名度と、圧倒的な面白さ。

山口 泰尚　京都府
明治座を古臭いと思っているうちは
時代遅れだと思う。

山下 祐輝　大阪府
「再生回数1回」という、誇り。

山本 朝子　東京都
元カレを思い出す曲だって、孫の私に言われても。

山本 朝子　東京都
一生応援したいスターがいる私は、幸せだ。

吉村 茂　東京都
梅沢富美男さん、南野陽子さん、氷川きよしさん、溝端淳平さん、松平健さん、浅野ゆう子さん、テレビでは出さない本気、見せちゃってくださいませ。

吉村 茂　東京都
（小声で言いますが）ミタパンの実家は、こちらです。

吉本 正春　東京都
戦争も震災も見てきた明治座は、今も夢を見せ続けている。

吉本 正春　東京都
ナポレオンの甥が死んだ年に、生まれた劇場。

吉本 正春　東京都
千葉県と同い年。

吉本 正春　東京都
明治座が出来た頃、
まだみんな刀を携えていた。

吉本 正春　東京都
日本が国家になるところを、そばで見てきた劇場。

良知 優奈　東京都
来年も、明治座です。

良知 優奈　東京都
手帳の「観劇」は、大きく書いてしまった。

渡邉 香織　三重県
昭和は古いけど、明治は新しい。

渡邉 拓也 東京都
勝海舟が生きていた頃から、明治座です。
渡邉 拓也 東京都
孫と行こう！

マ
明治座

mercari

課題

メルカリをこれまで使ったことがない人が、
メルカリを一度使いたくなるアイデア。

ジャンル

自由

ターゲット

メルカリって名前は最近ちょくちょく聞いたことがあるけれど、
使ったことはないし、よくわからない。そんな人です。

おねがい（参考資料）

アイデアを考えていただく際、
ぜひ一度はメルカリのアプリを使ってみてください。
あなたが使った経験からのアイデアをお待ちしております。

メルカリ

メルカリをこれまで使ったことがない人が、一度使いたくなるアイデア

協賛企業賞

江頭知也（19歳）兵庫県

ベビーカーが三輪車になった。

マ　メルカリ

▼協賛企業のコメント

メルカリ
マーケティンググループ シニアマーケティングディレクター
南坊泰司さん

このたびは、協賛企業賞の受賞おめでとうございます。メルカリの課題にご応募いただきましたこと、感謝申し上げます。メルカリを使ったことがない人に、メルカリで起きている事実を端的に伝えることができる。それがこの案に決めた最大の理由です。メルカリの本質的な価値は、モノとモノが企業から生活者へ一方向に所有が移り変わる、という従来的な消費活動を、ＣｔｏＣにひらくことで新しい消費を生み出し始めている、ということにあります。このアイデアは、「お子さんが成長し必要とされるものがすぐに変化していく子育ての中で不要になったものが必要なものに（メルカリを使うことで）変えることができる」という個人での循環と、「その人にとっての価値と他の人にとっての価値の不均衡で売買が成立している」という経済としての循環、その双方をわかりやすく表現してくださっており、まさに私たちが今後伝えていかなければならないことです。非常にありがたい示唆をいただきました。最後に、メルカリの課題に応募してくださった皆様に多大なる感謝を申し上げます。

三次審査通過作品

大村 卓也　大阪府

私なら売らない値段で買えた。

川添 繭　大阪府　ラジオCM

はじめての出産準備は
メルカリだった。
届いた荷物に
先輩ママからの
応援メッセージが入ってた。
勇気が湧いた。

店じゃなく、人から買おう。
メルカリ。

鈴木 幸次郎　東京都

「もったいない」と
「もっていない」をつなぐサービス

マ

メルカリ

濵中 稜　千葉県

どこにも売っていないということは、誰かが持っているということだ。

宮村 亮大　神奈川県　ラジオCM

女性１：メルカリに出せばいいのに。
女性２：こんなもん、新品だって誰も買わないわよ。
女性１：買ってるじゃん、過去のあんた。
女性２：ほんとだ。
NA：価値を決めるのは、あなたじゃない。
売ってみよう、買ってみよう。メルカリ。

二次審査通過作品

青山 紀恵　東京都　テレビCM
「魔法のランプ」篇

女：いいもの見っけ。
男：なになに。
女：「魔法のランプ。1回のみ使用しました。」だって。
男：いいね。あと2回使えるじゃん！
NA：モノの価値は、自分で決める。

サウンドロゴ：メルカリ♪

石神 慎吾　長野県

売れちゃったよ、俺の絵。

岩尾 達郎　東京都

ずっと着ていないコートを今年着るコートに替えよう。

大澤 希美恵 東京都

売れた！売れた！庭のジョウロ！

大野 忠昭 埼玉県

母の口ぐせが、「捨てるよ」から「売るよ」に変わった。

岡田 あず海 大阪府 ラジオCM

女性：この服、もう着ないし、思い切って処分するか
SE：ガサガサ（袋に詰め込む音）
SE：チャリーン（お金が落ちて行く音）
女性：この本、もう読まないし、捨てるかぁ
SE：シュッシュッ（紐で縛る音）
SE：チャリチャリーン（お金が落ちて行く音）
女性：うーん、この靴も、迷うけど、サヨナラだな
SE：ガサゴソ（ダンボールに詰める音）
SE：チャリチャリチャリーン（お金が落ちて行く音）
NA：ただ捨てるのは、現金を捨てるのと一緒です
断捨離は、メルカリで賢く

貝渕 充良 大阪府

5Lの服なんて、誰も欲しがらない。ことも ない。

小林 雅典 東京都

「このお寿司、5時間前はゴルフクラブだったのよ」と母が言った。

佐藤 隆弘 宮城県

世の中、捨てたもんじゃない。

中里 淳 神奈川県

買う前から売りたくなってるヘンな私

濱野 翔子 神奈川県

最後にもう一度、キレイにたたんで。

久松 みずほ 大阪府

この世には土鍋の蓋だけ欲しい人と、土鍋の蓋だけ売りたい人がいる。

平川 和志 東京都

オカンのシャツ、バカ売れ。

福島 朋子 東京都

誰にも必要じゃなくなってから捨てよう。

マ メルカリ

星 聡宏　東京都
30万円の給料より
3万円の売上のほうが
うれしかった。

堀野 洋介　東京都
1，000万人はいらないと思った。
俺は欲しいと思った。

松尾 健介　大阪府
ちょっと目を離したスキに、
欲しいものが増えてる。
松岡 基弘　東京都
欲しいものがあると1日が楽しくなる。

水谷 真由子　愛知県
ストレスフリーマーケット。

窗山 直也　兵庫県
高いぞ、バーゲン。

矢野 健太郎　大阪府
最近の素人モノは質が高い。

一次審査通過作品

淺野 俊輔　東京都
気軽に買ったものを、
真剣に買い取ってくれる人がいる。

阿部 栞里　宮城県
メルカリの手も借りたい

飯田 祥子　福岡県
クローゼットの2軍がアップ中

飯田 羊　東京都
その新聞は
沖縄でしか手に入らないはずだった。
庵 貴政　群馬県
バッグとかベタベタ触られているのに、お店にあるだけで新品といわれるのはなぜだろう。

池田 かすみ　東京都
元彼で、稼ぐ。

石井 雅規　千葉県
世界には、いろんな趣味がある。

石垣 光　東京都
販売終了は最終宣告ではない。
伊藤 拓郎　東京都
出せば、商品。

夷藤 翼　千葉県
メルカリでは買いたくないもの、まで売ってます。

夷藤 翼　千葉県
フリーすぎるマーケット。

稲川 諒和　愛知県
失恋はお金になる。

井上 真美　北海道
大丈夫。相手はちゃんと、お目が高い。

井上 裕貴　神奈川県
これを売ろうだなんて、天才か。

井上 裕貴　神奈川県
飽き性の私だから続けられる。

伊良原 領　北海道
捨てたらもう会えないけど、
売ったらまた会える気がするんだ。

伊良原 領　北海道
この出品者と趣味が合いすぎる。

岩井 純平　東京都
甲子園とメルカリでだけ
手に入る土があります。

梅津 遥　北海道
ゴミじゃないから、捨てたくない。

浦上 芳史　愛知県
後で売れるなら、いい服を買える。

遠田 俊介　東京都
終わった恋の値段は、いくらだろう。

遠田 俊介　東京都
見ると彼を思い出すので、出品しました。

大井 慎介　静岡県
ゴミは金なり。

大城 翔平　沖縄県
失恋した。思いで売って、ぱぁーっと飲んだ。

大城 翔平　沖縄県
おさがり売って、おさがり買う。

太田 穣　大阪府
福袋は
もはや「仕入れ」になる。

太田 穣　大阪府
店頭で今年の新作を買うことは、誰かにやらせときゃ良い。

太田 穣　大阪府
なんで就活でしか使わないカバンに、1万も払わないといけないのか。

大野 忠昭　埼玉県
夫の遺品が、遺産になった。

大野 忠昭　埼玉県
捨てるより、売ったほうがスッキリした。

大村 卓也　大阪府
Tシャツを売るのは、Tシャツを選ぶのと同じくらい、楽しかった。

大村 卓也　大阪府
カップラーメン作ってる間に、売れた。

岡本 英孝　福岡県
1日で35万人が来店。

小川 優子　福島県
買う人の気持ちになると、よく売れる

奥村 明彦　東京都　ラジオCM
いろいろな人の声で
ウリタガル
カイタガル
ホシガル
クヤシガル
ノボセアガル
モリアガル
オドリアガル
フルエアガル
N：ガルの王国　メルカリ

小栗 健介　東京都
届くのは、思い出。

織田 朋奈　東京都
1，２００万人の日本人が、お店をはじめました。

小野 美咲　北海道
値段も、選ぼう。

小野田 修久　神奈川県
俺を使わないなら、
出品してくれ。

貝渕 充良　大阪府
古着じゃない、商品だ。

貝渕 充良　大阪府
物を大切にする国のアプリ。

貝渕 充良　大阪府　テレビCM
お片づけ編
おもちゃが散乱しているリビングで、子どもが漫画を読んでいる。

母親　「片付けなさい」
子ども「…」
母親がスマホでおもちゃの写真を撮っている。
母親　「片付けないなら、売りますよ」
子ども「片付けます！」
慌てておもちゃを片付けだす。
NA：撮ったその場で出品できる。
　フリマアプリ　メルカリ。

梶野 迅　東京都
あこがれのお下がりを買いました。

桂田 圭子　滋賀県
出会ってすぐ売買。

加藤 晃浩　東京都
私の行きつけのお店は、いつもポケットの中に入ってる。

加藤 千尋　東京都
今年しか着ない服は、
来年どうするつもりですか。

金山 大輝　東京都　テレビCM
中年夫婦がゴルフクラブ売り場で会話をしている。
夫：これ、いいよなぁ。
妻：高いじゃない！　あっちの安いのにしたら？
夫：欲しいのはこっちなんだよなぁ。
妻：安いので十分でしょ！
夫：でもさぁ、いいもの買ったほうが後々メルカリで高く売れるから。
妻：まぁ、確かにそうね。
NA：メルカリは妻説得の切り札になる。

金山 大輝　東京都
気持ちだけ受け取ったらメルカリへ。

鎌田 明里　茨城県
一度も着てない服は、捨てにくいけど、売りやすい。

川名 優子　東京都
物の寿命は、人の需要。

河村 泰介　愛知県
あなたの家、行列できてます。

北浦 俊　千葉県
いらないけど、捨てたいわけじゃない。

久保田 修平　東京都
在庫が日本中の家にあります。

熊谷 隆治　長野県
価値を知らない人も、出品中。

栗原 啓輔　神奈川県
この服売って、あの服買おう。

栗原 啓輔　神奈川県
そのガラクタ、探してました。

黒岡 弘　東京都
数分前まで、捨てる気でした。

郡司 嘉洋　東京都
あ、これも売れるんだ。

坂入 貴行　愛知県
商売ハンディ。

作 摩耶　東京都
私の脂肪も売れたらいいのに

佐久間 美歩　東京都
引き出物の嫁入り。

佐野 勝大　東京都
5秒で売れた人がいる。

澤田 桃子　東京都
新品じゃなくていいものって、たくさんある。

塩川 史也　東京都
出品から3秒で、売れることもある。

塩川 史也　東京都
出品した。トイレに行った。売れてた。

塩見 勝義　東京都　ラジオCM
女1：ちょーむかつく！まじありえない！
女2：そんなに嫌なら、とっとと別れればいいのに。
女1：いや、誕生日までは別れない。
NA：彼女は、メルカリを知っています。
　フリマアプリは、「メルカリ」。

塩見 勝義 東京都
売れたことも嬉しかったけど、「ありがとう」のコメントがもっと嬉しかった。

信多 一慶 兵庫県
買う喜びは知ってた。売れる喜びは知らなかった。

柴田 賢一 茨城県
全員がコピーライター。

柴田 賢一 茨城県
買っているうちに、売ってみたくなる。

柴田 尚志 神奈川県
うちのクローゼットに行列ができた。

白石 雄貴 埼玉県
ウインドウショッピングの窓って、スマホ画面のことか!

榛葉 晃子 千葉県
お雛さまの指に赤い糸がついてるわ

菅野 雅佳 埼玉県
売る人にとっては古くても、買った人には新しい。

菅谷 敏通 大阪府
「まさか」が売れる。

杉山 聡 静岡県
テレビショッピングよりも、たくさんの人が見ている。

マ メルカリ

鈴木 亮介 埼玉県
メルカリ未経験で平成終える気?

関口 尚将 兵庫県
「これ、誰か欲しい人?」って一億人に聞いてみよ

関澤 愛 埼玉県
それ、とんでもないお宝です。私にとっては。

太洞 郁哉 大阪府
資本金は「いらないもの」です。

高木 教之 千葉県
お取引ください。

高崎 絢斗 東京都
日本人の数だけ、品ぞろえがある。

高橋 誠一 広島県
過去の俺ありがとう。

高見 大介 東京都
落札してもらうほどの物でもない。

竹内 恵子 愛知県
もう一度しまうか、メルカリ出すか。

武野 光晃 東京都
写真載せたら売れちゃった!そんな感じ。

田中 恵美子 東京都
店員よりマニアから買いたい。

田中 克則 和歌山県
買った売ったが、やったに変わります。

田中 直人 東京都
ファンがファンから買う方がちょっとうれしい。

玉樹 真一郎 青森県
「昭和52年」で検索した。泣けた。

塚原 開成 東京都
お店で売っているものから、お店で売っていないものまで。

冨田 浩一郎 東京都
使い道がなくても、売り道はある。

中澤 卓也 東京都
もう着ない服は、まだ着れる服

中辻 裕己 東京都
去年の服は、しょせん去年着たかった服だ。

中村 匡 大阪府
世の中、持ってる人は持っている。

中村 れみ 東京都
捨てられないなら、まず出品。

名切 冴顕 福岡県
人から買ってもGUCCI。

難波 隆文 岡山県
ゴミじゃない、思い出だから。

メルカリ

西村 俊哉　東京都
かゆいところに、モノが届く。

西本 圭佑　神奈川県
買ってよし、売ってよし。買ったものを売ってよし。

野坂 真哉　兵庫県
同じ体型で、
同じ趣味の人は、
遠くにいる。

橋本 未来　山梨県
ヲタクの味方です。

長谷川 絢　東京都
つい買っちゃったものを、つい買っちゃう人がいる。

長谷川 香子　神奈川県
出品という、断捨離。

林田 淳　東京都
喜べなかったプレゼントが、
今になって嬉しい。

林田 淳　東京都
メルカリを教えたキャバ嬢は、何をプレゼントしても喜んでくれる。

原 おうみ　東京都
思い出よりモノ。

原田 智光　山口県
お金を貰って売れるものを、お金を払って捨てていた。
原田 智光　山口県
あなたのものは、あなただけのものじゃない。

東 将光　東京都
新品は、古い。

久松 みずほ　大阪府
元カレのセンスの良さだけは感謝したい。

久松 みずほ　大阪府
いつか着るかもを売って、
明日着たいを買った。

平嶋 さやか　茨城県
うちの子に全国からおさがりが届く。

平野 あゆみ　神奈川県
二足三万。

廣田 顕久　岡山県
カンタンです。写真撮って、つぶやくのといっしょ。

深瀬 大　神奈川県
クローゼットの中には、
お気に入りの服と、
お気に入りだった服がある。

福島 理紗　神奈川県
おさがりで、ちょっといいもの。

藤曲 日子　東京都
欲しいものは、誰かが持っている。

船木 俊作　東京都
買い物はいつか
売り物になる。

船津 洋　京都府
あげるように、売れた。

星 聡宏　東京都
こんなん買ったヤツの顔が見たい。

星合 摩美　東京都
この石、売れるかも。

堀田 陽祐　愛知県
捨てるを、捨てる。

程塚 智隆　神奈川県
ショップに売れば昼飯代。メルカリで売ればディナー代。

程塚 智隆　神奈川県
お気に入りだったものが、そんな値段なわけがないと思ってたのよね。

堀切 遼太　大阪府　ラジオCM
妻：あなたー、掃除機かけてー
夫：めんどくさいよー
妻：あなたー、ゴミだしおねがーい
夫：めんどくさいよー
妻：あなたー、メルカリに出品しておいてー
夫：はーい
妻：あなたー、洗濯物取り入れてー
夫：めんどくさいよー
妻：あなたー、洗い物お願いー
夫：めんどくさいよー
妻：あなたー、メルカリの発送しておいてー
夫：はーい

NA：本当に簡単。

堀水 芽依　東京都
捨てるのがもったいないと思ったら、売りどきです。

本條 秀樹　大阪府
「売れないのは、うちの旦那くらいじゃないの？」

本間 理香子　北海道
別れが楽しみになる。

本間 理香子　北海道
最高の別れ方。

正水 裕介　東京都
あかるい闇市

正水 裕介　東京都
使う時だけ、自分のものになればいい。

益子 美紀　北海道
一日しか着ないドレスなら、メルカリで十分。

増田 ななこ　大阪府　ラジオCM
男A「コント、高速餅つきをする織田信長」
男B「なんやその設定。衣装と小道具どないすんねん！」
男A「俺らの演技力でなんとかなるやろ」
男B「ならへんわ」
男A「じゃあ買ったらええやん」
男B「どこに売ってんねん！」
NA：意外と売ってる、意外と売れる。メルカリ。

増田 ななこ　大阪府
捨てられないものは、捨てなくてもいい。

増田 有生　大阪府
親孝行は、親のものでできる。

松井 俊樹　東京都
いらない引出物を、次のご祝儀に変えた。

松田 佳祐　東京都　ラジオCM
メルカリからのお願いです。
現金を出品するのはやめてください。
現金をチャージしたSuicaを出品するのはやめてください。
紙幣を魚の形に折り、オブジェとして出品するのはやめてください。
紙幣を福沢諭吉のトレーディングカードとして出品するのはやめてください。
ほぼ、何でも売れるアプリ。メルカリ。

松田 尚樹　奈良県
雑誌はいらないけど付録は欲しい。そんなときのメルカリ。

松本 秀平　東京都　ラジオCM
女性：彼に告白されたときに着てたワンピースも、初めてのデートで貰ったピアスも、誕生日プレゼントのバッグも、記念日に買ったおそろいのTシャツも、喧嘩したときにはいてたスカートも、別れた日に投げ捨てた写真立ても、家を出ていった元カレの忘れ物の腕時計も。ぜーんぶ、メルカリで売れます。
NA：どんな思い出だって売れる。メルカリ。

松本 透　東京都
誰かの「ほしい」も捨てている。

松本 直子　東京都
まだ使えるなら、資産です。

三上 智広　北海道
たぶん、やせないよ？

水田 匠生　神奈川県
いらないを、売らないの？

水田 匠生　神奈川県
いらないを売ったら、ほしいを買えた。

見田 英樹　愛知県
どうせ売るなら「わかる」人に売りたい。

峯 明子　福岡県
恋が終わると少し儲かる。

宮崎 創　東京都
アンコウと我が家は捨てるところがない。

宮崎 創　東京都
大丈夫。相手もそこまで期待してません。

宮本 俊史　東京都
黙って捨てるなんてひどい、せめて黙って出品してよ。

マ
メルカリ

メルカリ

室井 友彦　栃木県
1億2600万人、総バイヤー化計画

元氏 宏行　大阪府
安い方がいいけど、安物じゃ嫌。

元氏 宏行　大阪府
待ってる人がいる、気がする。

元氏 宏行　大阪府
別れてあげることも愛情。

八重柏 幸恵　北海道
欲テロ。

八重柏 幸恵　北海道
売り言葉に、買い。

八木 明日香　東京都
世界から「捨てる」をなくします。

八木 明日香　東京都
「いらない」で
「ほしい」を買う。

八木 明日香　東京都
物欲で、誰かを救う。

八木 明日香　東京都
捨てない社会をつくるのは、
「ほしい」だ。

八木 明日香　東京都
捨てる前なら、
出品できます。
八木 明日香　東京都
使うか、誰かが使うか。

矢﨑 剛史　東京都
モノは、可能性。

矢島 佑一郎　東京都
誰かこれいる?と、1000万人に聞けるサービス。

柳元良　神奈川県
いままで捨ててたのは、お金だったのか。

柳元良　神奈川県
ものをゴミにするのは、人だ。

矢野 康博　東京都
要らないだけなら、まだ使える。

山田 翔太　滋賀県
捨てられないけど、あげたくない。

山中 彰　愛知県
わたしのファッションセンスが、高く売れた。

山本 文子　熊本県
要らなくなったものを売ったら、感謝された。

山守 凌平　東京都
大掃除じゃないよ。宝探しだよ。

横川 昌紀　福岡県
いらないもの。
5分後には誰かの欲しいもの。

吉川 拓人　東京都
すごい、ホントに売れた。

渡邉 拓也　東京都
収納の奥に、2400円が眠っていました。

世の中の技術者が、
Yahoo! JAPANの技術者たちと
共にはたらきたくなる
キャッチフレーズを
募集します。

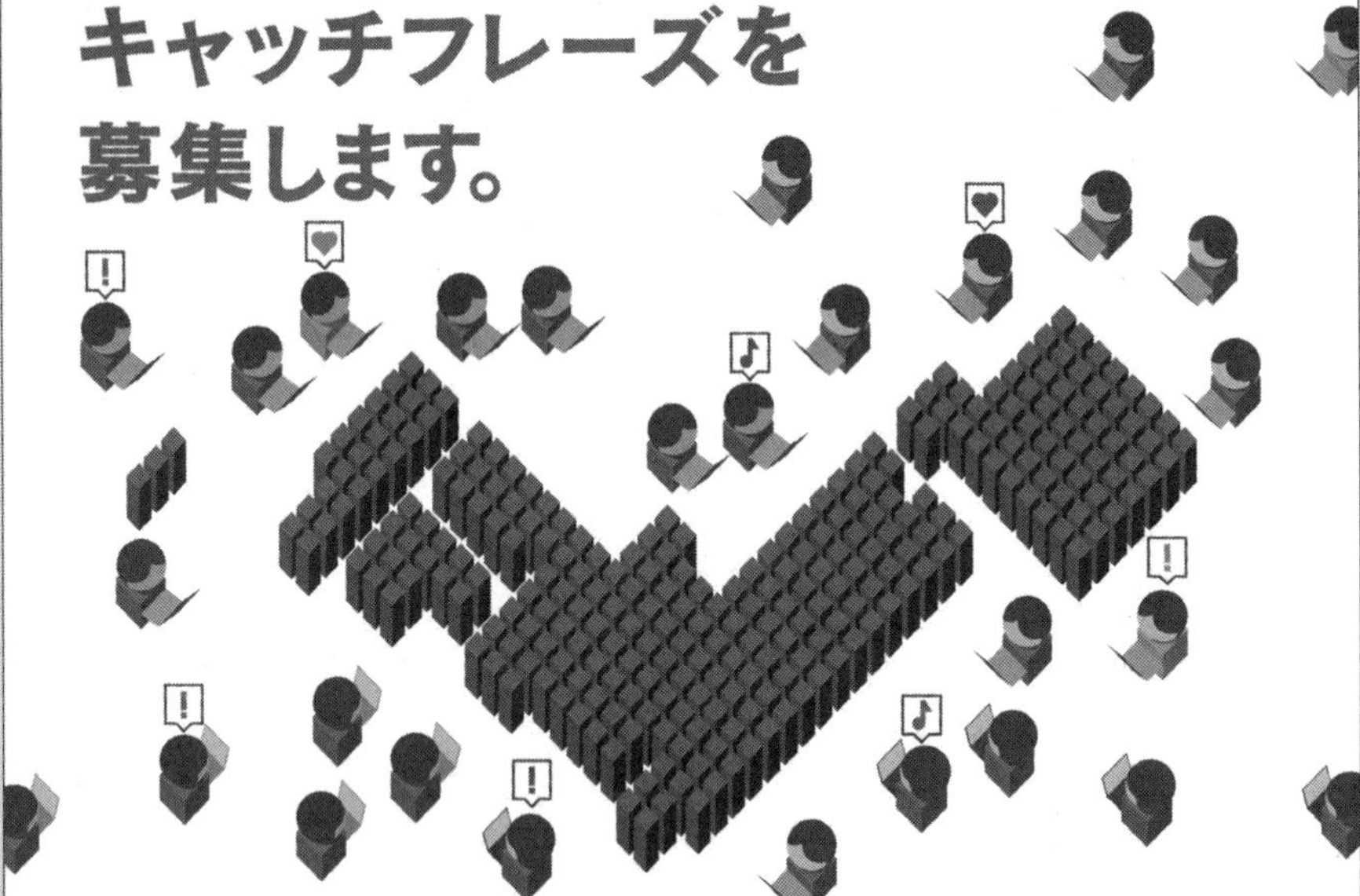

情報技術で人々の生活と社会を前進させ、日本を「UPDATE」していくことに日々取り組んでいるYahoo! JAPAN。それを支えるYahoo! JAPANの技術者は 3000人以上です。Yahoo! JAPANの技術者と一緒に活躍したい。そう思ってもらえるようなキャッチフレーズを募集します。
たくさんのご応募お待ちしています。

課題
世の中の技術者が、Yahoo! JAPAN の技術者たちと共にはたらきたくなる
キャッチフレーズを募集

ジャンル
キャッチフレーズ／ラジオCM／テレビCM

参考資料
https://www.yahoo.co.jp/、https://techblog.yahoo.co.jp/

YAHOO! JAPAN

ヤフー

世の中の技術者が、Yahoo! JAPAN の技術者たちと共に
はたらきたくなるキャッチフレーズ

ヤ

ヤフー

協賛企業賞

眞木 雄一（40歳）石川県

あなたのコードが、未来をアップデートする。

▼協賛企業のコメント

ヤフー
テクノロジーグループ CTO室 室長
大河内 敦さん

眞木様、このたびは協賛企業賞の受賞おめでとうございます。受賞作品の選考にあたっては、当社マーケティングやブランド担当、技術者が応募作品一つひとつに目を通し協議しました。「共にはたらきたくなる」こと。それをうまく表現し、私たちがアプローチしたい対象に対してダイレクト且つ心に響くコピーという観点から本作品を選定いたしました。すばらしい作品をありがとうございました。実は、本課題内のフレーズ「共にはたらきたくなる」には「採用」そして「コラボレーション」2つの意味を込めていました。どのように課題を捉え皆さんが応募してくださるか、応募作品が届くのを大変楽しみにしていました。受賞作品以外にも、中の人間では考えつかないような気づきや発見などもたくさんありました。この場をお借りし、当社課題へ応募された皆様にお礼を申し上げます。ありがとうございました。

三次審査通過作品

サンタさん篇

小笠原 清訓　青森県

テレビCM

クリスマスの夜。

サンタが、子どもからのメッセージカードを読む。

メッセージカードには

「タイムマシンとどこでもドアがほしい」と書いている

翌朝。

子どもが目を覚ますと、

Ｙａｈｏｏ！の会社案内が置いてある。

入社式。

成長した子ども（心の声）：色々あったが、結局ここに入社した。

NA：世界に、プレゼントを届けよう。

Ｙａｈｏｏ！ＪＡＰＡＮ

ヤ

ヤフー

密山 直也　兵庫県

あなたがＹａｈｏｏ！の知恵袋になる。

二次審査通過作品

野島 倫之　神奈川県

きょう仲間を驚かせた仕事は、
あした世界を驚かせることになる。

原田 正喜　愛知県

社内で認められたら、社会に認められる。

眞木 雄一　石川県

ＡＩよ、これが手本だ。

松本 透　東京都

この日本に、新記録を。

八重柏 幸恵　北海道

全人類が、あなたに相談もちかける。

一次審査通過作品

相内 雄介　北海道

どうすれば、ヤフーがノーベル平和賞をとれるだろうか。

青野 高広　福岡県

Ｙａｈｏｏ！を完成させてください。

青柳 信吾　奈良県

技術者から発明者へ。

青柳 信吾　奈良県

あなたとヤフーの発明が、ヤフーニュースのトップ記事になるかもしれない。

阿部 智也　山形県

検索以上の発見をしよう。

石井 雅規　千葉県　テレビCM

人間並みの高さのアルファベット〝Ｙａｈｏｏ〟のオブジェが置かれている。
〝ｏ〟の脇に技術者が立つ。
（繰り返し）
「一人ひとりの技術者がＹａｈｏｏを

Yahoo！にする。」

一緒に働きませんか？
企業ロゴ

石関 恵子　神奈川県
毎秒、更新。

石山 博之　千葉県
また、開国しよう。

伊藤 史宏　愛知県
世界中をご近所にする仕事。

稲垣 弘行　埼玉県
世の中からエラーをなくす。

岩田 壮史　埼玉県
世界を変えるのに、3千人ではまだ足りない。

岩谷 零　北海道
AIには、できない仕事。

上田 悠馬　大阪府
指一本で歴史を変えられる時代だ。

小笠原 清訓　青森県
ぼくの寝言が、事業になった。

小笠原 清訓　青森県
世界と、IT喧嘩しよう！

緒方 雄樹　東京都
実は、まだ20代。

貝渕 充良　大阪府
ヤフーの足りないところを、
プログラミングしてください。

鎌谷 友大　東京都
毎日、4000万人がやってくるお店はない。

川村 真悟　福岡県
「Made in Yahoo！JAPAN」を次々と。

川村 真悟　福岡県
もう技術でしか、この国は救えない。

北浦 俊　千葉県
世界を更新する仕事。

熊森 洸樹　千葉県
検索で出ない答えを探そう。

栗田 一平　神奈川県
未常識を発見してきた。

小泉 峻介　静岡県
未来は、技術でつくられる

小泉 武志　東京都
検索しても見つからない「あなた」を探しています。

榊 祐作　東京都
職種：最先端
職場：最前線

佐々木 貴智　東京都
だいたい、変人。

佐々木 貴智　東京都
エースクラスが、集まっています。

佐々木 貴智　東京都
仕事というより、発明だ。

佐藤 日登美　東京都
コードと心を、一緒に読みたい。

佐藤 日登美　東京都
コードを書いて、心を描く。

塩川 史也　東京都
さあ、G〇〇gleと戦おう。

新免 弘樹　東京都
今の時代、
革命を起こすのは、
エンジニアだと思う。

杉山 祐太　東京都
世界はパワフルなHENGINEで動く。

高沢 真知子　東京都
私たちがつくっているものは時代です。

田中 恵美子　東京都
あなたなら、「自殺」と検索した人に、何を一番先に表示しますか？

谷尾 裕一郎　大阪府
Yahoo！洗濯
Yahoo！貯金
Yahoo！衣替え
Yahoo！散髪
どれも、まだありません。

中澤 翔　大阪府
道を歩くか。道を作るか。

中田 国広 埼玉県
電気・ガス・水道・Yahoo! JAPAN。第4のインフラを革新せよ。

中田 慎吾 東京都
アナタの存在をヤフーはまだ検索できていません。

中村 美樹 愛知県
来世に、名前を残そう

並川 隆裕 東京都
Yahoo! JAPANの次のターニングポイントは、あなたの入社日です。

並川 隆裕 東京都
また文明開化か。

奈良 純嗣 秋田県
世界を今より平和にしよう。

西原 湧介 愛知県
不可能を普通に。

西原 湧介 愛知県
日本の玄関。

林田 淳 東京都
1行で人の心を動かせるのは、コピーライターだけじゃない。

速水 伸夫 東京都
地球アップデート・カンパニー

速水 伸夫 東京都
ビックバンイズム

速水 伸夫 東京都
未来の社会を、アップデート

春山 豊 東京都
検索するより、検索されよう。

古川 幸一郎 大阪府
新しいを、新しく。

松岡 基弘 東京都
今ないものは、今いない人とつくる。

松本 透 東京都
問：日本を3000人で創りかえなさい。

馬淵 亮太朗 京都府
日本を加速させよ。

三上 佳祐 東京都
事業戦略が、国家戦略に。

水田 聖平 東京都
アイデアに、定年退職はない。

宮坂 和里 神奈川県
時代をつくることも、ものづくりだと思う。

村瀬 駿介 愛知県
つくりたいのは、未来だ。

八重柏 幸恵 北海道
相手は全世界。

安田 孝史 兵庫県
優れたエンジンも、燃料なしでは動かない。

矢野 浩樹 福岡県
次の年号を、最初に伝えよう。

矢野 浩樹 福岡県
ヤフーの弱みは、あなたがいないことです。

矢野 浩樹 福岡県
できないことがある限り。

矢野 浩樹 福岡県
まだ赤ちゃんの言葉は検索できません。

山崎 優一 東京都
まだ検索にひっかからない未来を一緒に創ろう。

山下 祐輝 大阪府
常識を上書き保存する。

山田 泰裕 東京都
日本を動かすコードを、書く。

山本 朝子 東京都
検索しても分からないことがゼロになる日まで。

湯谷 大志 埼玉県
日常の便利を、プログラミングする。

ロイヤリティ マーケティング（Ponta）

財布の中を Ponta1 枚にしたくなるアイデア

ラ

ロイヤリティ マーケティング（Ｐｏｎｔａ）

協賛企業賞

山本（飯田）朝子（49歳）東京都

今こそ、一ポン化。

▼協賛企業のコメント

ロイヤリティ マーケティング
ブランディング・コンテンツ部 部長
張 素芸さん

この度は、協賛企業賞の受賞おめでとうございます。現在ポイント・決済市場は目まぐるしく変化を続けております。その中で私たちは本当に消費者のためになることは何か、どうしたらＰｏｎｔａを選んでいただけるのか、そのためのコミュニケーションとして最適なものは何かを検討しておりました。この課題において今回の作品は、当社の意思をシンプル・且つストレートに「一本化」と表現し、変わる環境・背景を「今こそ」という言葉に乗せる事で、とても力強く伝えるキャッチフレーズになっていると思いました。「一本化」という言葉の意味合いを、当サービスの特長を楽しく表す音「一ポン」に切り替えた点も、大変印象深かったです。大切に使わせていただきます。今回は素敵な作品が多く当社の中で何度も議論を重ねました。Ｐｏｎｔａの課題にご応募いただきました皆様ありがとうございました。

三次審査通過作品

颯々野 博　大阪府

気づいたら、ポイントカードを貯めていた。

長井 謙　沖縄県　ラジオCM

強盗「おい、金を出せ。早く出せ。動くなよ」
男「あのー」
強盗「なんだ!?」
男「Ｐｏｎｔａ、使えますか?」
強盗「え」
NA「どんな場面でも使いたくなるカード。Ｐｏｎｔａカード」

二次審査通過作品

杉山 聡　静岡県
ノーリスク、ちょいリターン。

戸塚 理恵子　東京都
たぬきは、いずれ大金に化ける。

松本 透　東京都
生きるとは、ポイントがたまること。

向井 正俊　大阪府
買いものの最後を、かわいくする。

ロイヤリティ マーケティング（Ｐｏｎｔａ）

一次審査通過作品

有田 昌生　東京都
化かされたと思って使ってみてよ。

井澤 梨子　東京都
レジでもたつく、そんな自分が嫌いだった。

石井 雅規　千葉県
Ｐｏｎｔａのお店だけで生活できる。

石井 倫太郎　神奈川県
過去の自分に払ってもらった。

石神 慎吾　長野県
あと1回行けば味玉サービスだったのに、潰れた。

石神 慎吾　長野県
いつもちょうど1年で貯まるんだよね。父の日のプレゼント代。

伊藤 美幸　愛知県
得を積む。

岩橋 亮汰　兵庫県
端数をポイントで払う。ちょっと得した気持ちになれる。

岩橋 亮汰　兵庫県
お財布をダイエット。

岩橋 亮汰　兵庫県
勝手に貯まる貯金箱。

岩橋 亮汰　兵庫県
お金のムダ使いじゃない。ポイントを貯めているんだ。

上野 妃都美　大阪府
カードが増えると、消えるポイントも増える。

内山 奈月　東京都
ポイントを貯める姿が、かわいくなる。

遠藤 啓太　宮城県
1枚なのに、いっぱい。

大川 将平　千葉県
金欠の時、レジでいつも目が合う。

大川 将平　千葉県
閉店したショップカードが、まだ財布で生きている。

太田 ひかる　東京都
スマートにするのは、電話だけですか？

大村 理　東京都　ラジオＣＭ

店員：いらっしゃいませ～
ピッ　ピッ　ピッ（バーコードを読み取る音）
店員：お弁当温めますか？
客：お願いします。
ピッ　ピッ　ピッ（バーコードを読み取る音）
店員：ポイントカードはございますか？
客：あります。
（ガサガサ）
サイフから探す音
客：これじゃないな～
あれ？ これでもない。
これか!?違うか～。
ん～
（ガサガサ）
（5秒 間あけて）
店員：お弁当冷めたちゃったので
温め直しますか？
客：これじゃないな～。
どこいった？
（ガサガサ）
NA：ポンタならいろんなポイントカードをポンッと一つに

岡本 英孝　福岡県
たくさん貯まる。
つまり、無駄遣いがなくなる。

奥谷 和樹　大阪府
お金の二段活用。

織田 朋奈　東京都
リスクは分散しなきゃ。
メリットは集中しなきゃ。

織田 朋奈　東京都
「ラッキー。」は積み重ねで、やってくる。

貝渕 充良　大阪府
傷だらけのＰｏｎｔａカード。

加藤 光　東京都
「たぬき」は化ける

狩野 慶太　東京都
ポンタといっしょに生きていく。

狩野 慶太　東京都
コツコツ貯めるより、ポンポン貯めたい。

狩野 慶太　東京都
私はポンタと生きていく。

狩野 慶太　東京都
野口英世と、紫式部と、樋口一葉と、福澤諭吉と、ポンタ。

河合 ひろたか　東京都
財布ダイエットしてみませんか

川村 真悟　福岡県
大人買いも、ポンタの範囲内なら許される気がする。

木俣 莉子　東京都
昨日までの私が、頑張った私にちょっとしたごほうびを買ってくれた。

木村 有花　千葉県
さらば、損する私。

郡司 嘉洋　東京都
何となく生きてても、ポイントがたまる。

紅村 重人　愛知県
財布が、1回しか使ったことのないポイントカードで、溢れている。

小林 鴻世　東京都
ポンタにへアカットしてもらった。

小林 鴻世　東京都
先生。ポイントはおこづかいに入りますか？

齋藤 大樹　東京都
普段のお買い物で、結婚式代がお得になるなんて。

佐々木 暖　東京都
わたしはお財布の中に可愛いペットを飼っています。

指田 貴雅　愛知県　テレビCM
エレベーターにお相撲さんが駆け込む。
ビー！ドアが閉まらない。
お相撲さん、左右見回す。両隣から睨まれる。
お相撲さん、パンパンの財布取り出す。
カードを抜いていく。ポンタが残る。
抜いたカードをエレベーターの外に置く。
ドア閉まる。
NA：お財布の中、貯めすぎていませんか？
　Ｐｏｎｔａカード。

定藤 健志　兵庫県
ゴチです、3ヶ月前の俺。

佐藤 直己　東京都
おじさんが使ってもかわいい。

塩見 勝義　東京都
今週も、使えるお店が増えたらしい。

塩見 勝義　東京都
招き猫より、招きたぬき。

柴田 賢一　茨城県
一番かわいい払い方。

澁谷 敦志　京都府
化かされたと思って使ってみてください。

島崎 純　長野県
カードをイッポンタしよう。

清水 美里　東京都
減っていくはずなのに、知らないうちにお金が増えていた。

庄司 俊介　愛知県
Ｐｏｎｔａを忘れた日は、ちょっとさびしい。

白澤 寛子　長野県
使えば使うほど貯金できる。

新免 弘樹　東京都
持ってる人は、
人生にポイントが付く。

新免 弘樹　東京都
買うたびに、
利子が付いてくる感じ。

新免 弘樹　東京都
財布の中こそ、
リストラしよう。

新免 弘樹　東京都
ポン活しよう。

芹澤 高行　東京都
財布の中が、カード地獄でした。

曽田 昌弘　東京都
使わないポイントカードは、葉っぱと同じだ
ポン！

高木 宏夢　東京都
ちょっとした幸せが、毎日に貯まってく。

高澤 邦仁　東京都
ポンポンポンポン、増えていく。

高橋 誠一　広島県
住所を、名前を、年齢を、電番を、メルアド
を書いて一回しか使わなかったポイントカー
ド。

高橋 誠一　広島県
長い人生、引き出し一杯になったポイント
カード。

竹節 忠広　長野県
一途な人が、
トクをする。

立石 彩夏　東京都
やっとこのバッグでお出かけできる。

谷 明展　北海道
あなたの暮らしが、ポイントに化ける。

田村 洋子　埼玉県
Ｐｏｎｔａと生きていくって決めたんです！

長井 謙　沖縄県
怖そうなお客さんでも、
Ｐｏｎｔａカード持ってたら、
いい人なのかなと思う。

中田 国広　埼玉県
Ｐｏｎｔａらなかった人生。
俺は何％、損してきたんだろう。

中辻 裕己　東京都
こんな店、２度と来ないが、ポイントはくれ。

中辻 裕己　東京都
店に入るかどうか、Ｐｏｎｔａに聞いた。

中野 大介　神奈川県
日本の支払いを、愛くるしく。

中平 真之祐　東京都
そのポイントカード、作ったことすら忘れて
ませんか。

仁井田 かおり　福島県
お財布がスッキリしている人には
共通点がある。

西脇 光奈子　愛知県
ポイントカード探し
辞めました。

濱本 舜也　岡山県
１日ぐらいポイントで乗り切れる。

濱本 舜也　岡山県
給料日前、ポイントで乗り切った。

原田 正喜　愛知県
入会した時が一番ときめくポイントカードと
はおさらばだ。

古川 幸一郎　大阪府
お金が邪魔って初めて思った。

古家 信義　千葉県
サイフライフバランス

眞木 雄一　石川県
忘れたら取りに帰りたくなる１枚。

増田 ななこ　大阪府
生きてるだけで、ポイントたまる。

松原 傳太　東京都
ポンタ以外は浮気です

馬淵 亮太朗　京都府
冬眠状態のカード多くない？

馬淵 亮太朗　京都府
あなたの財布、
カード倉庫になってませんか？

三上 佳祐　東京都
利用できるお店だけで、生活できそうだ。

三上 佳祐　東京都
一枚なら、迷わない、探さない、忘れない。

三上 佳祐　東京都
書点、百貨点、飲食点。

三上 佳祐　東京都
ポン活しよう。

三上 佳祐　東京都
コツコツ貯めないで、ポンポン貯める。

三上 佳祐　東京都
カードのくせに、愛着が湧く。

三上 智広　北海道
今日も、ツイてた。

三上 智広　北海道
８，８００万人がＰｏｎｔａを育てています。

三上 智広　北海道
スマホでも、飼えるよ。

三上 智広　北海道
しめしめ、Ｐｏｎｔａが肥えてきた。

三島 直也　東京都
使ってるのに貯めている。

三島 直也　東京都
このタヌキは、消費税を少しやわらげる。

見田 英樹　愛知県
Ｐｏｎ活しよう。

南 忠志　東京都
こいつと散歩すると、ついついポイントが増えてしまう。

南 忠志　東京都
Ｐｏｎｔａが私を町に連れ出した。

見延 里菜　東京都
ポイントカードは、いつか財産になる。

宮坂 穰　神奈川県
「いつか使うかもカード」、これで６枚目。

宮村 亮大　神奈川県
１枚なら、迷わない。

向井 正俊　大阪府
財布のムードをよくします。

持木 宏樹　東京都
パンパンにするのは、ポイントだけにして。

森下 紘行　東京都
現代のタヌキは、
どうやらお金に化けるらしい。

森下 紘行　東京都
たぬきの恩返し。

森下 紘行　東京都
ポンタは家計のミカタ

森脇 誠　京都府
人生を謳歌している人ほど、
ポイントが貯まる。

八木 厚　東京都
毎日、得しよう。

矢野 康博　東京都
まとまったポイントは、僕のへそくりです。

山井 一毅　大阪府
Ｐｏｎｔａは、食いしん坊。

山本 真梨子　石川県
ポイントも、
ヘソクリの一部です。

山本 真梨子　石川県
増えすぎたポイントカードは、
積もらないチリです。

吉村 圭悟　東京都
日本という国を、商店街にしました。

吉村 茂　東京都
20代で作ったカードが、40代でも使えるって、すごい。

渡邊 侑資　岐阜県
財布は、持ち主を表す鏡です。

渡邊 侑資　岐阜県

ポイントカードもリストラの時代です。

渡邊 侑資　岐阜県

ポイントカードは、財布の中で迷子になる。

渡邊 侑資　岐阜県

使うだけで、へそくり貯まります。

渡邊 侑資　岐阜県

隠す必要のない、へそくりです。

和田興産

マンションブランド“ワコーレ”のブランディングアイデア

ワ

和田興産

協賛企業賞

狩野慶太（31歳）東京都

協賛企業賞

長井謙（28歳）沖縄県

リア住。

▼協賛企業のコメント

和田興産
ブランド戦略室長
濵口昌彦さん

このたびは協賛企業賞の受賞、おめでとうございます。また数ある企業の中で和田興産の課題にご応募いただき誠にありがとうございました。さまざまな視点からアプローチしていただき、改めて気づかされることも多くありました。受賞作品につきましては、「住まいは今まで以上にライフスタイルに合わせたパーソナルなものになり、これまで以上にお客様のニーズを的確に反映し、画一的ではない商品開発が求められている時代」をシンプルかつ分かりやすく表現されているコピーであることを考え選出させていただきました。また、当社が伝えようとしている〝プレミアム&ユニーク〟な姿と通じる部分もあり、今後も独創的な「ワコーレ」の魅力を発信し続けたくおもいます。最後になりますが、受賞者はじめ、ご応募いただきました皆さまには心から御礼申し上げますとともに、今後のますますのご活躍をお祈りいたします。

三次審査通過作品

百瀬 太陽 大阪府

今日からここに帰ってくると思うと、仕事に行くのも楽しみだ。

二次審査通過作品

石神 慎吾 長野県

住まない人も、建ってよかったと思ってる。

狩野 慶太 東京都

すこし、長生きしたくなりました。

見田 英樹 愛知県

見学のあと、夫婦で子どもみたいに語り合った。

一次審査通過作品

阿部 孝史 神奈川県

早く帰らないと充電が切れちゃう……わたしの！

石井 雅規 千葉県

この家じゃなかったら、どんな家族になっていただろう。

石神 慎吾 長野県

NHKは、「高級マンション」と伝えるだろう。

石神 慎吾 長野県

奥さんと奥様のちがいは、マンションだと思う。

石神 慎吾 長野県

お呼ばれの「お」が、マジ。

ワ

和田興産

石田 国代　東京都
いずれ、レガシーとなる家を。

伊藤 美幸　愛知県
一生にずっとの贅沢。

伊藤 美幸　愛知県
うちが見えるタワーに誘った。

岩﨑 あかね　千葉県
地震をよく知る会社の住まいです。

小笠原 清訓　青森県
大きいマンションだと、通勤時間が5分増える。

小笠原 清訓　青森県　テレビCM
重大な秘密篇
父、母、少年が真剣な顔をして向き合っている
父「お前には黙っていたが、実はお前は、本当のうちの子ではないんだ」
少年「え！」
少年が驚く
父「でも、本当の子だと思っているよ。いつまでもここにいておくれ」
少年「なんだ、そっちの話か。家は出なくてもいいんだね。安心したよ」
NA：いつまでも、住み続けたいおうちです。高級分譲マンション、ワコーレ

奥谷 和樹　大阪府
誰かのあこがれに、私は住んでいる。

桂田 圭子　滋賀県
そういえば、幸せにするって誓ったよなあ。

加藤 晃浩　東京都
帰りたくなる家を選ぶのも、働き方改革だと思う。

加藤 晃浩　東京都
ブランドにしたのは、私たちではなく、お客様です。

狩野 慶太　東京都
写真なんて、イメージだと思ってた。

狩野 慶太　東京都
趣味は、帰宅です。

北川 秀彦　大阪府
お義父さん、いい加減に成仏してください。

北川 秀彦　大阪府
実家に帰っていただきます。

黒坂 謙太　京都府
下心にも、親心にも。

郡司 嘉洋　東京都
私のパワースポットは、自宅です。

坂入 貴行　愛知県
注文マンションといってもいい。

崎山 すなお　東京都
毎朝、地上に舞い降りる父。

崎山 すなお　東京都
①賃貸の毎月家賃を払ってる感。
②ワコーレの毎月ローンを減らしていく感。

颯々野 博　大阪府
毎日が、インスタ映え。

塩川 史也　東京都
アモーレと住む場所は、ワコーレ。

柴田 賢一　茨城県
中古があまり出回らないのは、みんな離れないから。

高澤 邦仁　東京都
OFFのほうがON、の人生に。

谷 明展　北海道
すぐ埋まるから、すぐ建てられる。

張 家昀　神奈川県
ワコーレのいいところは、お隣さんもワコーレを選んだひとになるところです

土屋 憲佑　山梨県　テレビCM
神戸の夜景を背景に見つめ合う男女のアップ。
男性「僕と、結婚してください！」
女性「…はい。」
部長「って田中君！人んちでプロポーズすんなよ～!!」
画面が引くと、タワーマンションの一室だった。

男性「だって部長のマンション、すっげぇ絶景なんですもん!!」
C「一生に一度の一瞬を、この一室から。」
NA「新築分譲マンションはワコーレ」

土屋 憲佑 山梨県 ラジオCM
母:はい、そうめん出来たわよ!
SE:コトン!(食器を置く音)
娘:わ〜い!流しそうめんだ〜♪
母:え?普通のよ?
娘:だって器からドンドン流れてくよ〜♪
母:えぇっ!?
NA:傾いたマンションに住む前に。
NA:神戸にまっすぐ、120年。信頼の新築マンションはワコーレ

中辻 裕己 東京都 ラジオCM
SE:ガチャ(ドアが開く)
男:どうぞ。
女:素敵なお部屋ね。
男:なんか照れるな。
女:あ。これはなんてアート?
男:それは、捨て忘れたティッシュ…。
NA:なんでも素敵に見える。マンションブランドはワコーレ。

中辻 裕己 東京都
それはマンション名を聞いてる?

永吉 宏充 神奈川県
住む一点もの。

野村 京平 東京都
このマンションは、ポエムでごまかす必要がない。

八村 美璃 神奈川県
住まいは、佇まい。

林 秀和 東京都
お隣りさんが、御隣りさんに。

春山 豊 東京都
父は建物名まで必ず記載する。

東 将光 東京都
364泊365日。

藤田 篤史 東京都
マンション名をちゃんと書くようになった。

藤田 篤史 東京都
知られたい個人情報がある。

藤田 篤史 東京都
ほら、大回りして帰ったほうが、うちがよく見えるだろ。

益子 美紀 北海道
我がまま言えないのは、我が家とは言えない。

松尾 健介 大阪府
「買った」ではなく、「ついに手に入れた」って感じ。

水谷 真由子 愛知県
ひさしぶりに年賀状を出したくなった。

溝口 昌治 神奈川県
隣の芝が青く見えない。

見田 英樹 愛知県
夜景の中から、息子は我が家を見つけ出した。

南 忠志 東京都
姑が東京に帰らない。

村瀬 駿介 愛知県
お風呂にする?ご飯にする?まったりする?

山下 悠 神奈川県
「親に紹介したい」は「家を紹介したい」です。

與嶋 一剛 岐阜県
エレベーターを上がるとき、気持ちも上がる家がある。

ワ 和田興産

審査講評

仲畑 貴志

ナカハタ

【審査員長】

コピーライター/クリエイティブディレクター。1947年京都市生まれ。広告企画・制作、マーケティング戦略、新製品開発などが専門。数多くの広告キャンペーンを手がけ、カンヌ国際広告祭金賞のほか数々の広告賞を受賞。代表作は、サントリートリス「雨と仔犬」、TOTOウォシュレット「おしりだって、洗ってほしい。」など。東京コピーライターズクラブ会長、東京アートディレクターズクラブ会員。事業構想大学院大学教授。また、毎日新聞紙上で「仲畑流万能川柳」の選者も務める。

今年の最終審査では票が分散した。幾度も投票を繰り返して受賞作を選出することになった。表現手法が多岐にわたるようになった結果なのか、一つの思いでくくれない時代になったからなのか、審査委員の志向性が複雑化したのか、それとも、参加作品のレベルが平均化したのか。確かに、参加作品の完成度、そのアベレージは高くなった。例年の受賞作を研究し、傾向と対策を繰り返した結果、みんなお上手だがワイルドさを失ってしまったようだ。トップを狙うなら、小さくまとまった表現は捨てて、個々の価値観に基づいた剛速球で勝負して欲しい。

磯島 拓矢

電通

クリエーティブ・ディレクター/コピーライター。主な仕事に、旭化成企業広告「昨日まで世界になかったものを。」、旭化成へーベルハウス「考えよう。答はある。」、KIRIN一番搾り「やっぱりビールは　おいしい、うれしい。」、大塚製薬ポカリスエット「自分は、きっと想像以上だ。」などがある。

実験的というよりも、シュアなバッティングという感じのコピーが多かったように思います。伝統工芸品産業振興協会の「さっそく明日から、一生使うね。」もその一つのように見えて、実は大胆でのびのびとしていて、僕の中では頭ひとつ出ているコピーでした。女子高生というターゲットを手にした瞬間、言葉が生き生きとし始めた工学院大学のコピーたち。「シュア」だけで終わらないコピーのヒントは、この辺にあるような気もするのですが。

一倉 宏
一倉広告制作所

コピーライター。1955年生まれ。サントリー宣伝部から、仲畑広告を経て、一倉広告制作所を設立。主なコピーとして、松下電工「きれいなおねえさんは、好きですか」、サントリーモルツ「うまいんだな、これがっ」、ファミリーマート「あなたと、コンビに」、リクルート「まだ、ここにない、出会い」、JR東日本「愛に雪、恋を白」「MY FIRST AOMORI」、大塚製薬「ポカリ、のまなきゃ」などがある。TCC最高賞など受賞多数。作詞家としても活躍中。著書に『ことばになりたい』ほか。

厳しい予選を勝ち抜いたものは、やはりどれも上手い。シルバーでも、すでにプロ並みのコピーだと思う。そんな中で、グランプリは、力の抜けたピュアなもの言い、ちょっと考えさせる不思議な説得力で、光って見えた。コピーゴールドは、このまま、そのまま、使えます。完成度ならこれ、という意味で、グランプリと争った。CMゴールドは、いちばん好きだったな。個人的には。「140字におさめて世界に発信する文学少女」！「にはなりたくない」という、みごとな起承転結も。今年の眞木準賞は、スムーズに決まった印象がある。この賞は、技法以上に、品性とか洗練度とかで選びたい。さて、結果、すべてに「……ない」が入っている。これは、たまたまと思う。たしかに否定形は強いけど。「ない、なら強いってわけじゃ、ない」からね。

井村 光明
博報堂

CMプランナー。1968年12月23日広島県生まれ。東京大学農学部卒業。1991年に博報堂入社。博報堂クリエイティブ・ヴォックスを経て、現職。日本コカコーラ「ファンタ」、ロッテ「クランキー」、MTI「ルナルナ」、LINE「LINE Pay」、UHA味覚糖「さけるグミ」などを手がける。TCCグランプリ、ACCグランプリなどを受賞。

ファイナリストの中に、語尾が「ない」で終わるコピーが6つありました。そう言われてみればそうだなあ、と腑に落ちやすいレトリックです。しかし6つ並べてみると、その商品でしか言えないことを言っているのに、どこかコピーの定型文のようにも見えてきますよね。その中で、「ホースの代わりって、ない。」は、そう言われてみればそうだなあ、あれ？そうだっけ？・・・まぁそうか。でも、そこまで言う？・(笑)、といった腑に落ちきらない珍しい日本語を読んだように感じました。うまく書けたと思う時、型にはまっていることが多いです。意識すべきはそこで、50万の応募作から残ったこのコピーは、うまいコピーを書こうとしたのではなく、「定型文」を書かないようにしたことで他との違いを生んだように思います。

岡本 欣也

オカキン

コピーライター/クリエイティブディレクター。2010年オカキン設立。主な作品として、ゴディバ「日本は、義理チョコをやめよう。」東京電力「電気、ガス、それからそれから。」川崎重工「カワる、サキへ。」JT「あなたが気づけばマナーは変わる。」「大人たばこ養成講座」サントリー烏龍茶「脂マネジメント」「黒LOVESBURGER」京王電鉄「東京は、美しい。」ホンダ「ハイブリッドカーを、安くつくれ。」住友生命 1UP「リスクについて考えないのが、いちばんのリスクだと思う。」など。

どれがいちばんになってもおかしくない。それくらい拮抗した戦い。力作が揃っていてよかった、と言えば、収まりがいいのかもしれない。でも、突き抜けたものがないとも言えるこの状況に、得体の知れないモヤモヤを感じてしまったことだけは、正直にお伝えしておこうと思う。コピーとは何か?コピーにできることは何か?圧倒的に突出するためのコピーは、果たしてどうしたらつくれるのだろうか?それは今回の応募者だけに向けられた問いでは、決してないだろう。で、おまえはどうなのよって話だ。

門田 陽

電通

クリエーティブ・ディレクター/コピーライター。1963年福岡市生まれ。福岡大学人文学部卒業後、西鉄エージェンシー、仲畑広告制作所、電通九州を経て現在に至る。TCC新人賞、TCC審査委員長賞、FCC最高賞、ACC金賞、広告電通賞他国内外賞多数受賞。2015年より福岡大学広報戦略アドバイザーも務める。

ファイナリストまで駆け上がってきたコピーや企画はどれも実力十分。贈賞式のときに仲畑さんが述べられたように特に今年は激戦でした。グランプリとゴールドの差は何かとなると、それはおそらく運です。あの日もし（山本）高史さんが遅れなければ、あの日もし児島さんがインフルエンザでなければ結果はわかりません。それにしても贈賞式後の高史さんはご機嫌でした、雨の銀座で騒いで転んで佐倉さんと僕が抱き起したことなどきっと覚えてないでしょう。今回受賞を逃したみなさん。次回の応募の際はまずは沢山書かれることを強くオススメします。その理由など言い足りませんがそれはまたの機会に。

児島 令子

児島令子事務所

コピーライター。主な仕事に、earth music＆ecology「あした、なに着て生きていく？」「服着る平和を、あさっても。」、LINEモバイル「愛と革新。」、STAND BY MEドラえもん「すべての、子ども経験者のみなさんへ。」、日本ペットフード「死ぬのが恐いから飼わないなんて、言わないで欲しい。」、JR東日本「大人は、とっても長いから。」、ANA別冊ヨーロッパ「別ヨ」、パナソニック「私、誰の人生もうらやましくないわ。」、サントリー「ウイスキー飲もう気分。」、スターバックス、サントリー食品の株式上場広告など。TCC最高賞ほか受賞多数。

ホースを使いたくなるという課題で、「ホースの代わりって、ない。」はなかなか出て来ないと思う。きっといろんな角度から何本も書いて、また考えて書いてを繰り返すうちに、ある瞬間この真実に気づいたんじゃないかな（すぐ思いついたなら、谷尾さん天才すぎます！）。コピーライティングの醍醐味が凝縮された1行で文句なしのグランプリですね。CMゴールドは、理系を志願する女子高生像の描き方がいい。SNSを絡めて見事に打ち返してる。シルバーの「貯金は偉いが、賢くはない。」は、資産形成という課題に対して、誰もが腑に落ちる答え。しかもなんか優しい。大切なのは、ちゃんと課題に答えること。答え方がオリジナルであることですね。

佐倉 康彦

ナカハタ

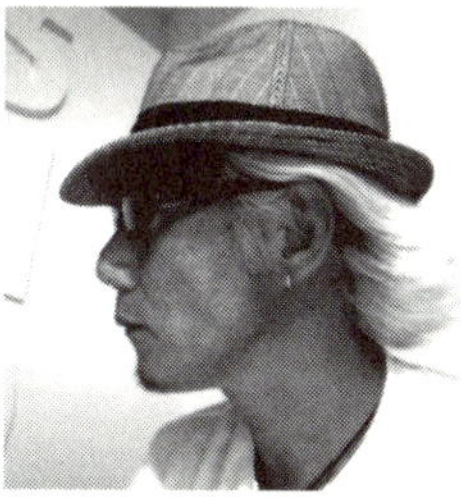

クリエイティブディレクター。サン・アド、博報堂C&D、博報堂を経て、仲畑貴志氏主宰のナカハタ設立に参加。主な仕事に、PERSOL「はたらいて、笑おう。」、ジョンソン・エンド・ジョンソン ACUVUE「よく見えるって、顔に出る。」、資生堂マキアージュ MAQuillAGE Snow Beautyの星野源と二階堂ふみを起用したショートムービー、日清食品「おいしいの、その先へ。」、リクルート 卒おめ「卒業って、出会いだ。」、サントリーカクテルバー「愛だろ、愛っ。」など。

票は、割れまくりました。審査員ひとりひとりの志向性がバラバラなのは至極当たり前で、その選考過程で、全体的に感じたことがひとつだけあります。それは、真性コピー、正統派が多かったということ。これは、今のフン詰まった純正の広告というものの状況を照射しているのか。つくり手として気になったというか審査が進むにつれてジワジワきたのがCMゴールドの工学院大学。もうひとつは、コピーシルバーの大同メタル工業。ふたつとも奇を衒ったわけではなく、〝今の世の中〟そのものの顔をしていると思いました。企画だけで、言葉だけで人のどこかを擦ったり、抉ったりすることは難しいけれど、そこに、今に対するテーゼがあるかどうかなのかも。

谷山 雅計
谷山広告

コピーライター/クリエイティブディレクター。1961年大阪府うまれ。博報堂を経て1997年谷山広告を設立。主な仕事は東洋水産「マルちゃん正麺」資生堂「TSUBAKI」東京ガス「ガス・パッ・チョ！」新潮文庫「Yonda?」など。主な著作に「広告コピーってこう書くんだ！読本」「広告コピーってこう書くんだ！相談室」（宣伝会議刊）。

ファイナリスト以上のどのコピー、CMにもグランプリの可能性があったと思う。そんな接戦だからこそ、ジャッジの目が問われるところだが、ぼくの一押し二押しのコピーは受賞に至らなかった。大和証券「お金持ちになれないのは、お金を持っているからです。」似たレトリックは多いが、ここには行動につながりうる気づきがあるのでは。さくらインターネット「表示速度が2秒遅くなるだけで、約50％のユーザーが離脱した例があります。」数字が単なるデータではなく、自分もそうかもと思わせる実感につながっている。拍手。もちろんグランプリ他各賞にも拍手なのだけれど、今回、個人的には「敗れてなお強し」のコピーが印象に残った審査だった。

東畑 幸多
電通

クリエイティブディレクター/CMプランナー。Honda企業広告「Go,Vantage Point.」、サントリー天然水「宇多田ヒカル　水の山行ってきた」、日清チキンラーメン「アクマのキムラー」「ぐで垣結衣」、GINZA SIX「椎名林檎&トータス松本　目抜き通りへ」、JR九州「九州新幹線全線開業」、家庭教師のトライ「ハイジ」、日清カップヌードル「いまだ！バカやろう」、ニッセイ「ゆず2018」、江崎グリコ「25年後の磯野家　OTONA GLICO」、リクルート「マラソン　すべての人生が素晴らしい」「山田悠子の就職活動」など。

宣伝会議賞、本当におつかれさまでした。最終審査に、仕事の都合で参加できず非常に残念でした。結果を見ましたが、受賞作はどれもレベルが高いなと。どの案にも「その手があったか！」と思わせる発見がありました。2次、3次、4次審査、たくさんのコピーやアイデアを見て、心に残るものには共通点がありました。【シンプルであること】【わかりやすいこと】そして、【人と違うこと】。最初の2つは、技術の話かもしれません。が、3つめは書き手の発見が必要です。コピーやアイデアを考える時に、一番必要な能力は「観察力」なのではないか、と、最近思うようになりました（遅い）。世の中を、人間を、そして自分を。とことん観察して、小さな違和感や、ささやかな気づきを感じることができるか。人間観察、自分観察こそ、コピーライティングの一番の訓練かもしれません。

中村 禎

フリーエージェント

コピーライター/クリエーティブディレクター。1957年生まれ。JWトンプソン、サン・アド、電通を経て2016年フリーエージェント・コピーライターとして独立。TCC最高新人賞、TCC賞、TCCグランプリ、ほか多数。著書に『最も伝わる言葉を選び抜く　コピーライターの思考法』（宣伝会議刊）がある。

審査用紙に、最初につけた11個の小さな○印がある。「お金持ちになれないのは」、「貯金は偉いが」、「歯と菌」、「ホース」、「世の中もっと可愛くなる」、「恋を知らない」、「ハカセ篇」、「表示速度2秒」、「チケットがなくなれば」、「さっそく明日から」、「母ちゃんじゃない」。ボクはいいと思ったコピー11本。今年も「ファイナリスト止まり」という悔しい思いをした人たちを見てきた。でもね、賞を獲ったという記録より「あ、そのコピー覚えてる。好きだった」と誰かの記憶にずっと残るコピーを書けばいい。宣伝会議賞は賞を取るだけがステップアップじゃなくて、悔しさをバネに、実力をつけていく場所でもあるんだよ。来年も会おう。

三井 明子

ADKクリエイティブ・ワン

コピーライター/クリエイティブディレクター。静岡県出身。中学校教員、コーセー宣伝部、マッキャンエリクソンなどを経て現職。最近の仕事に、宝島社「サヨナラ、地球さん。／あとは、じぶんで考えてよ。」（樹木希林）「あたらしい服を、さがそう。」（ベッキー）、FM東京「見えてくるラジオCM」など。味の素、東芝などのラジオCMも手がける。TCC賞、TCC新人賞、ACCゴールド、クリエイターオブザイヤー・メダリスト、アドフェスト・グランプリなど受賞。著書に『マイペースのススメェ』（パイインターナショナル）。

最終審査は激戦でした。とても僅差という状況が、全体のレベルが高まっていることを表しているように感じました。グランプリ作品は、審査中に「ホースの代わりはあるか?ないか?」の小さな議論を巻きおこし、賛否がありましたが、その議論自体が存在感を示していました。とくに印象に残っているのは、ＣＭで上位の「知りたい理由」篇、「ハカセ」篇、「将来の夢」篇。それぞれ素敵なアイディアと鮮やかな完成度が魅力でした。コピー部門の「まだ見つかっていない視点と言葉をどうやって探すか」というバトルとは別の次元で、ＣＭ部門に可能性がたくさん残されているのかもしれないと、審査を振り返って感じています。受賞されたみなさま、おめでとうございます! 応募したみなさま、お疲れさまでした!

箭内 道彦
風とロック

クリエイティブディレクター。「月刊 風とロック(定価0円)」発行人。主な仕事にタワーレコード「NO MUSIC,NO LIFE.キャンペーン」、サントリー「ほろよい」などがある。

旧い話法と既存の仕様による応募作が少し減った。平成最後の宣伝会議賞。

山崎 隆明
ワトソン・クリック

クリエーティブディレクター/CMプランナー/コピーライター。京都府生まれ。1987年電通入社。2009年クリエーティブ・ブティック「ワトソン・クリック」を設立。洋画風映像やSMAP秘蔵映像にアフレコしたリクルート「ホットペッパー」、のんの「LINE mobile」、ビッグベンとリトルベンのTOTO「ネオレスト」、つまらんの金鳥「キンチョール」、細マッチョのサントリー「プロテインウォーター」、その他、数多くのCMを制作。クリエーター・オブ・ザ・イヤー、TCCグランプリなど広告賞受賞多数。

今年は突出した作品がなかったのか、最終審査では、かなり票が割れた。あれほど決戦投票して差が出ない審査は、過去を振り返っても、なかったような気がする。そんななか、グランプリに選ばれた、「ホースの代わりって、ない」というコピーは、言われてみれば、まあそうだな、という納得性とヌケのよさで、頭ひとつ抜けだした印象。谷尾さん、よく踏ん張った。プランナーとしては、CMゴールド受賞作品の工学院大学『知りたい理由』篇と受賞しなかったがフォーマルウェアの東京ソワール『来賓席』篇が、大好きだった。「あれは…母ちゃんじゃない。お母様だ」というシンプルなバカバカしさに、山崎賞。そんな賞はないけど。

山本 高史

コトバ

クリエイティブディレクター/コピーライター/関西大学社会学部教授。1961年生まれ。TCC最高賞、TCC賞、クリエイター・オブ・ザ・イヤー特別賞、ADC賞など受賞多数。著書に『案本』、『伝える本。』、小説『リトル』、『ここから。』（共著）など。近著は『広告をナメたらアカンよ。』（宣伝会議）。

これは審査講評である（知ってるよ）。審査講評とは実は入賞作についてというよりも、実はそれ以前に審査そのものの講評である。「今年はおもしろいな」も「案外つまらないな」も、その「おもしろい」「つまらない」を選び出しているのは審査だからだ。入賞作をあらためて読み直すと、うまい、ぼくには書けない、審査を担当して後悔はない。でもこの時期だからこそ気になるのは、どれもがうまくて正しいこと。そんなうまくて正しいコピーを審査は選んだ。広告にとってややこしい世の中だ。何かを書けば不意に叩かれる。企業は躊躇しぼくらは忖度する。しかしそれを弱腰と責めも卑下もしない。むしろ広告の強かさの表れではないか。いやあ深いですよ。

赤城 廣治
赤城廣告

コピーライター／クリエイティブディレクター。1966年生まれ。最近の仕事に、横浜DeNAベイスターズ「ハマスタが、灯っている。ヨコハマが、ひとつになっている。」、熊本市復興PR「立つんだ熊本ジョー」「津軽を歌ってますが、石川は、熊本です。」、京王電鉄TAKAO PR「いつか輝こうじゃなくてさ、ことし輝こうぜ、ぜったい。」。主な仕事に、大阪ガス「ガ、スマート！」、日本航空ハワイ路線「RESORTFUL！JAL HAWAII」、公明党「そうは、いかんざき。」。TCC新人賞ほか受賞。

1000本応募が目標という人がいます。でも考えた1000本をそのまま応募するのではなく、そこから300本に厳選してみてはどうでしょう。その際、ただ700本を落とすのではなく、残す300本の精度を上げるべくさらに1本1本を磨き上げると、受賞の確率は上がるのでは？当たれ！ではなく獲るぞ！という意識で。

阿部 光史
電通

クリエーティブディレクター。メイカー系クリエーティブディレクター。神戸市生まれ。主な仕事に、アイフル「どうする?アイフル!」CMシリーズ、アニメ「豆しば」CD、家庭教師のトライ、キリン、P&G、ネスレ、Twitter、American Express、PalmBeatなど。安川電機「YASKAWA BUSHIDOPROJECT」は世界で1700万Viewを突破。Cannes、NYfes、Spikes Asia、Adfest、Epica、文化庁メディア芸術祭、コードアワード、BOVA、Yahoo!インターネットアワード、TCC、ACCなど受賞。

全体的にレベルが上がってきてると感じています。ここでCM企画のヒントを。

①課題の特徴を捉えた素直なコピーを書く（説明をよく読むこと）

②そのコピーに落ちる、誰もが共感するコピーを書く。製品の特徴はなくて可

③②に落ちる面白いストーリーを考える

④それらを③②①の順に並べて出来上がり

来年も美味しい企画を待ってます。

池田 定博
電通
東京オリンピック パラリンピック局

シニア・クリエーティブ・ディレクター。印刷会社、ガル・デザイン・システムを経て現在。ACCラジオグランプリ、作詞作曲家賞、TCC部門賞、ADC賞など受賞。

SNSとかで言葉がひとり歩きして、嘘がホントになっちゃうようなこの時代。不必要な誇大でなく、きちんとした情報を、きちんと心に残るように伝えるコピーが大切なんじゃないかなと思って選びました。広告を見て、買ったお客さんもそのほうが満足できますもんね。

生駒 達也
大広

シニアクリエイティブディレクター。主な仕事にパナソニック、サントリー、積水ハウス、近畿日本鉄道ほか。ACC賞、TCC新人賞、毎日広告デザイン賞グランプリ、NYフェスティバル銀賞など多数受賞。

今年も膨大な量の作品が寄せられたようで、改めて応募者みなさんの情熱を強く感じています。宣伝会議賞に限らずですが、こういう「熱」はキャリアを積むほどに仕事の忙しさなどに追われて、次第に落ちていきがちですが、失うことのないよういつまでも熱く持っていてほしいなと思います。

石田 文子
電通

コピーライター/クリエイティブディレクター。最近の仕事にGU「GU CHANGE」、ホンダSTEP WGN「想像しよう。できることぜんぶ。」シチズンxC「前を向く人は、きっと、春へ向かっている。」、明治「POWER!ひとくちの力」、JR青春18きっぷ、フルムーンなど。宣伝会議賞金賞、TCC新人賞、ACCジャーナリスト賞、アドフェスト、スパイクスアジア金賞など受賞多数。『映画の天才』運営。著書に『小さなキミ』(小学館)。

ハッと手を止めたコピーは「いまの時代を反映したきもち」。もうひとつは「人としての普遍的なきもち」。そしてこの2つの合わせ技は最強。いまの時代にいる自分がこころの底から何を感じているか。そこを掘った人のコピーが光っていたと思います。

岩崎 亜矢
サン・アド

コピーライター。主なコピーに、JINS「私は、軽い女です／軽い男です」「人生なんて、顔で変わる」、村田製作所「恋のドキドキだって、いつか、電気をおこすだろう」「この奥さんは、介護ロボットかもしれません」、アマゾンファッションウィーク「私も、文化である」「欲望を恥じるな」、「GINZASIX」ネーミングなど。「僕はウォーホル」「僕はダリ」(パイインターナショナル)など翻訳本の監訳も手がける。2015年よりコピーライター養成講座先輩コース講師。

受賞された皆様、おめでとうございます。きっと書いていて楽しかったんだろうなというコピーが、結果的に賞をとるコピーになっていたと思います。残念ながら落選された方たちへ。来年はぜひ、もうちょっとだけ楽しんで書いてみてください。楽しさは伝染します。そしてその気持ちは人を動かします。ホントですよ。

岩田 純平

電通

クリエーティブディレクター/コピーライター。養命酒製造を経て2006年電通入社。サントリー「角ハイボールがお好きでしょ」「みんなのトリスハイボール」JTRoots「ルーツ飲んでゴー！」「それでも、前を向く」JT企業「想うた」「ひといきつきながら」三井住友海上「未来は希望と不安でできている」公文「くもんいくもん」三井不動産「三井でみつけて」フォルクスワーゲン「ゴキゲン♪ワーゲン」大塚製薬SOYJOY「空腹をチャンスに」高橋書店「未来がはじまるよ」au「僕らはみんな宇宙兄弟だ」など。

2つの課題を審査しましたが、ご自身の生活に密接した商品の方はおもしろく、そうでもない商品の方はあまりおもしろくなかったです。この傾向を「おもしろくなる可能性の高い自分に関係のある商品にしぼろう」ととるか「ライバルの少ない自分に関係のない商品を調べて書こう」ととるかはあなた次第です。

上田 浩和

電通

コピーライター。1975年生まれ。主な仕事に、JCB、静岡新聞SBS、JAL、ダイハツ、JR東日本など。TCC最高新人賞、ACCゴールド、電通賞など受賞。

みなさんおつかれさまでした。いいことを言おう言おうとしている言葉より、普通の言葉でも気づきやユーモアを与えようとしているほうが、印象に残りました。

上野 達生

I&S BBDO

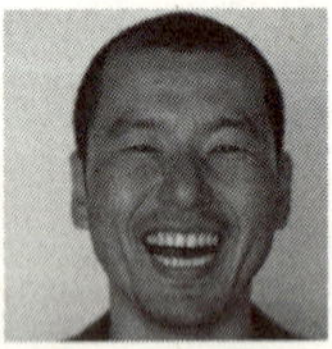

クリエイティブグループ　エグゼクティブ・クリエイティブ・ディレクター。クリエイター・オブ・ザ・イヤー　メダリスト二度受賞は地方初。全日本広告学会賞、TCC、K-ADCグランプリ、FCCグランプリ、CCNグランプリ、ACC受賞多数。Adfest、TimesAsia-PacificAdvertiseingAwards、NewYork Fes海外賞受賞。九州大学、福岡大学非常勤講師ほか。& SAKE FUKUOKA大使。高知県観光特使。

SNSで新しい概念が発信されることが増えたからでしょうか。今ドキの切り口、生っぽいコトバが増え、刺激ある審査でした。第三者から言われる（決めつけられる）ことを嫌う風潮もあり、「私」が主語のものも多い印象です。強いコトバと弱いコトバ。言い換えれば、効くコトバと効かないコトバ。この一冊で学びましょう。

梅澤 俊敬

モメンタム ジャパン

クリエイティブディレクター／コピーライター。主なコピーは、リクルート「あなたがいま辞めたい会社は、あなたが入りたかった会社です。」「飲み会で仕事の話をやめた。すると話題がなくなった。」「転職しても、しなくても、人生はつづく。」ネスカフェエクセラ「ハッピー・ニュー・モーニング」西友「ど生鮮。」「セイユウヤスシ」「ドラッグストアは、まだ、高い。」アヴィススポーツ「世の中って、太るように出来ている気がしません？」京都コンピュータ学院「最近の億万長者はIT関係ばっかりだ。君はどうしますか？」日本コカ・コーラ「チャンピオン公式飲料」ヘネシー「竹中君が来る。」「清志郎さんが来る」など。

せっかく発見がある切り口なのに、まったく同じコピーになってしまっているケースがいくつかありました。もう少し表現で粘れば差がつくのに、もったいない。受賞するものは、そこの差なのかと思います。

梅田 悟司

インクルージョン・ジャパン

取締役/コミュニケーション・ディレクター。大手広告会社よりVC(ベンチャーキャピタル)へ移籍し、新規事業の立ち上げからグロースまでをコミュニケーションの力で支援している。著書にシリーズ累計30万部を超える『「言葉にできる」は武器になる。』（日本経済新聞出版社）ほか。CM総合研究所が選ぶコピーライターランキングにて、2014～2017年まで4年連続トップ10に選出。横浜市立大学客員研究員。多摩美術大学非常勤講師。

いいコピーは紛れもない事実から生まれます。製品と人間の関係性を見つめ直し、まだ多くの人が気付いていない文脈を見つける。そして、言葉を与える。最後は創造力ではなく、体験がモノを言います。その点からすると、頭で考えた言葉が目立ちました。コピーを書く前の準備こそが、言葉の深さを決めるのです。

占部 邦枝

西鉄エージェンシー

コピーライター。最近の仕事に西鉄ホテルグループ、西部ガス、タンスのゲンなどがある。福岡広告協会賞、FCC賞、TCC新人賞、TCC審査委員長賞、ACC賞、宣伝会議賞銅賞など受賞。

毎年、審査しやすくなっている、ということはレベルが安定しているということでしょうか。確かにみなさん上手い。でも、同じような切り口の同じようなコピーもたくさんありました。何か上手いこと言った、で満足せずに、一歩抜けた表現ができるといいなと思います。

大岩 直人

モノ・カタリ。

クリエイティブディレクター、キュレーター。受賞歴は、NYワンショー金賞、カンヌ銀賞ほか。カンヌ、NYワンショー、アドフェスト、東京インタラクティブアドアワードほか国内外の審査員を歴任。2015年に電通を退社、2016年より「モノ・カタリ。」で活動。最近は各分野のアーティストとのコラボレーションやクリエイティブコンサルティング業務に携わることが多い。2017年より東京経済大学コミュニケーション学部教授。他に早稲田NEO講師、日本マーケティング協会客員研究員等も務める。

最近、書かれたコトバの限界を感じます。これからは、書かれたコトバだけではナラトロジーは生まれない気がしています。で、宣伝会議賞。みなさんから届いたたくさんの珠玉のコピーの中から、カラダのリズムを創り出してくれそうなコトバを探し続けました。……いくつか見つかったと思います。

大八木 翼

SIX

クリエイティブディレクター。2013年SIX設立。“広告は、ひととひととをつなぎ、世界を良き方向へと向かわせる、最大のメディア・アートである”という考えのもと、自分なりのソーシャルグッドを探し求める。主な作品に「HERMES：エルメスのちいさな絵本」「SMBC日興証券：オウンドメディアFROGGY」「AMKK：EXOBIOTANICA」。夢は、ボリス・ヴィアンのカクテルピアノのような装置をつくること。プラダのショーと村上春樹の新作を楽しみにしながら毎日を生きている。

*

*

*

岡崎 数也

電通クリエーティブX

コピーライター/プランナー。電通関西クリエーティブ局を経て、2014年7月より現職。TCC新人賞、OCCクラブ賞、朝日・読売・毎日広告賞など受賞。

熱意や野心が、コピーの新しさ・強さになるのだとは思いますが、自分の技術披露を優先してしまっているコピーが多かったです。残念。コトバを捻り出すのではなく、商品と人との「良い関係性」を描くことが大切です。

尾形 嘉寿

電通九州

クリエイティブディレクター。これまでのキャリアの中で、国内外のありとあらゆる業種を担当。カンヌ、SPIKES、LIA、ACC、クリエイターオブザイヤーなどの受賞歴あり。

言葉の「スピード感」がますます重要になっていると思います。ではその言葉の「スピード」を上げるためには、どうしたら良いのか？審査の中で学ばせて頂いたのは、ターゲット側が発する（と思われる）言葉」は、最速で、心に入ってくるなあ、ということです。私も、今後活用させて頂こうと思います！

岡部 将彦

Que

クリエーティブディレクター/CMプランナー。2000年電通入社、2017年Que設立に参加。広告、事業領域やアイドルプロデュース等、様々な形のコミュニケーション企画、コンテンツ制作に従事。最近の主な仕事に水素自動車MIRAIやAQUA、プリウスPHV、C-HRなどのトヨタ自動車の先進車種のコミュニケーション。「モンスターハンター：ワールド/また夢中になれる毎日がやってくる。」「星のドラゴンクエスト」「ほっともっと/やっぱり、お弁当屋さんのおべんとうはおいしい。」日本コカ・コーラ「檸檬堂」など。

「何言ってるかわからない」「どこかで聞いた広告定型文」「商品を褒めているけど嘘だよね（苦笑）そんなこと思わないでしょ」というコピーが大体９割。残りの１割が「そう！実はみんなそう思ってたよね！」というコピーです。「こう思ってほしい」から「みんなこう思ってたよね」を意識すると１割には残れると思います。

岡本 達也

電通中部支社

統括・戦略クリエーティブディレクター。1959年生まれ。1987年度朝日広告賞入選、1990年度読売ユーモア広告大賞受賞、1991・1998年度準朝日広告賞ほか、消費者のためになった広告コンクール、愛知広告協会賞、コピーライターズクラブ名古屋優秀賞、ACC奨励賞など受賞。

デジタルだ、ＡＩだと騒がれている中、やはり言葉の力はすごいものだな、と改めて思いました。短い言葉の中に発見がある。思想がある。主張がある。正直審査はしんどいけれど、そういう言葉に出会えることは幸せです。

小川 英紀

フルボリューム

コピーライター。主な仕事にコスモ石油、アデランス、トステムなどがある。TCC新人賞、TCC広告賞など受賞。

今回も一次審査を担当させていただきました。応募数が増えてゆくなか、一次審査をかいくぐるのは本当に大変だと思います。ただ、増えた分だけクオリティが上がっているかと眺めてみるととても微妙なところです。コピーはホント、難しいです。

呉 功再

O

コピーライター/クリエイティブディレクター。千葉県生まれ。博報堂を経て2013年、O設立。主な仕事に、スズキワゴンR「あたらしいたのしいが、R」、イグニス「世界コンパクト」、東京無線開進交通「ネ子タクロー」、パナソニックAIR PANEL LED、トヨタVOXY「男旅」、アサヒビール スーパードライなど。TCC賞、クリオ賞など受賞。

絵もスタンプもなにもなし。言葉だけ。ただ言葉だけ。しゃべりすぎない、黙りすぎない。今年も宣伝会議賞にコピーライターという職業の孤独をじわじわと感じる自分がいました。

尾崎 敬久

電通中部支社

クリエーティブディレクター/コピーライター。1970年生まれ。主な仕事に、マルサンアイ（マルサン豆乳MP3プレーヤー）、コーミ（コーミソース）、愛知県(人権週間)、パルコ、平安閣（マリエール）ほか。リクルート、大広を経て2005年より現職。受賞歴はTCC新人賞、CCN賞、FCC賞、OCC賞、ACC賞、広告電通賞、アイチアドアワード、鈴木三郎助地域クリエイティブ大賞優秀賞、カンヌライオンズ、アドフェスト、ワンショー、ロンドン国際広告賞など。

審査させていただく醍醐味は、審査員自身が「そんな切り口があったとは」と驚かされること。語尾をこねくり回すだけじゃダメ。コピーは視点。誰も見ようとしなかった（見ることができなかった）角度から見つめることがコピーなのだと、今回もまた感じさせられました。

笠原 千昌

サン・アド

クリエイティブディレクター/コピーライター。主な仕事／SUNTORY、福岡空港greenblue、THE HIRAMATSU HOTELS & RESORTS、王子サーモンなど。ブンケン「おさんぽBINGO」絶賛発売中！

コピーを選ぶときに、新しい切り口を考えたなとか、思いつきの先まで粘った表現などを見逃さないようにしました。どこかで聞いたようなコピーとか、いわゆるコピーコピーした言い回しのものには、やはり人をキャッチする力はないように思います。何のためのコピーなのか、良く考えたものが残ったと思います。

勝浦 雅彦

電通

コピーライター/CMプランナー。質庫ぜに屋本店、東芝LED、人権啓発、日本生命オリンピックCMなど。LoFt「イクト。カウト。ロフト。」「去年より、恋がうまくなった。なんだかつまらない。」大牟田スイミングスクール「お母さんの声援が聞こえるから、息つぎが好き。」ホワイトハンズ「私の下半身は、不自由ですが、元気です。」など。TCC賞、ADFEST FILM GP、Spikes、Cannes Lions、クリエイター・オブ・ザ・イヤーメダリストなど受賞。

言葉の消費速度がどんどんはやくなり、久しく広告から流行語が生まれなくなりました。それでも、人の心を深く捉える言葉を紡げば、誰かに波紋のように届くはず。書くことをやめないために、この賞をいいきっかけにして欲しいと願っています。

川島 章弘

博報堂

クリエイティブディレクター/CMプランナー。1971年生まれ。主な仕事は、小学館「九十歳。何がめでたい」、20世紀FOX、クリーンデンタル、マウントレーニア、J:COM「ざっく」、近畿大学「ぶっ壊す」、キンチョーなど。第45回やってみなはれ佐治敬三賞、TCC新人賞、毎日広告デザイン最高賞ほか各新聞賞、ACC TVCM・RCM・地域賞、広告電通賞、ギャラクシー賞など受賞。

世の中がどう変わろうと、強く、意味があり、意志があり、新しさがあり、ユーモアがあり、愛嬌がある言葉は、いい言葉のはずです。そんな言葉をつくりだすのは、楽しく、やりがいがあります。そんな言葉を見たいです。

河西 智彦

博報堂

クリエイティブディレクター/コピーライター/CMプランナー。アウディ「日本初3.2秒CM」、ハイチュウ、進研ゼミ、剣と魔法のログレス「吉田部長シリーズ」、味の素「鍋ドン!」、ひらかたパーク「ひらパー兄さんシリーズ」、スペースワールド「なくなるヨ!全員集合」、岩手日報3月11日広告「最後だとわかっていたなら」「風の電話」、幸楽苑「2億円事件。」など。カンヌ金賞、スパイクスアジア金賞、ACC金賞、電通賞、TCCファイナリスト、OCCグランプリ、CCNグランプリ、FCCグランプリなど。

今年も熱量をありがとうございます。嫉妬するコピーがたくさんありました。僭越ながら1点だけ。書いたコピーをちゃんと見返し、磨いていますか?磨くことで別の言い回しが浮かんだり、新しい切り口が生まれたりもします。良い切り口だけど、高速で通り抜けていったなぁ・・・というコピーもたくさんあります。立ち止まって、振り返って、匍匐前進してください。僕も頑張ります。

神田 祐介

博報堂

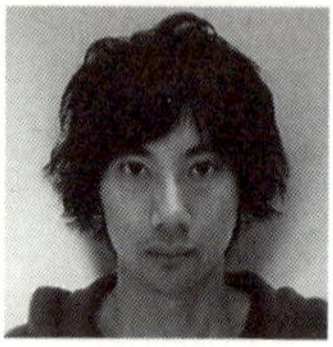

CMプランナー/コピーライター。マンダム「LUCIDO」、リクルート「ホットペッパーグルメ」、ダイハツMOVE「法廷シリーズ」、SUUMO「ブランドCM」、jms「HOT DRIVE」、ユーキャン「ねこ勉」など担当。ACC TVCM部門グランプリ、ME部門グランプリ、TCC賞、TCC新人賞、ADFEST2017 GOLD、広告電通賞最優秀賞、文化庁メディア芸術祭マンガ部門など受賞。

数多くの作品の中で一際輝きを放つそれと対面できた瞬間は、嬉しさと共にある種の嫉妬が生まれます。そういったコピーは決まって、他者とは違う、まったく個性的な切り口で書かれていました。短い言葉だけれども佇まいというものがその時感じられるのです。

神戸 海知代

かんべ笑会

コピーライター/コミュニケーションプランナー/クリエイティブディレクター。2016年かんべ笑会を福岡で開業。ヤマサ醤油「ふたりでゆっくり、話をしたいから。今夜は一品、ふやしてみる。」、ニオイラボペット「ニオイは、生きてる証拠です。」、ぐいパン「おもらししたって、すぐ乾いちゃうよ。」、キューサイ「若々しく生きる時間がふえるなら、高齢化はうれしい。」、茅乃舎だし「からだも、味覚も、しっかり育てたい。」などを制作。TCC新人賞などを受賞。

寄せられたコピーの1本1本に、息づかいや体温や脈を感じます。そのなかでも、だれが書いたのか知らないのに、ふっと顔がうかんだり、声がきこえたりするコピーがあるんです。超能力はありませんが。待っていたよ、と声をかけるつもりで○をつけました。コピーはあなた自身、いっしょに生きているんだなあ、と思いながら。

絹谷 公伸

電通関西支社

クリエーティブディレクター/コピーライター。セキスイハイム、NTT西日本、大関、UHA味覚糖などTCC賞、OCC賞、ACC賞、電通賞、フジサンケイ広告賞、海外広告賞など。

×「その手はもうあるよ」×「その手はないやろ」〇「その手があったか」って感じで選びました。

國武 秀典

大広九州

シニアクリエイティブディレクター/CMプランナー/コピーライター。主な仕事に、トヨタ自動車、江崎グリコ、トワイニング、マスメディアン（宣伝会議）、九州電力、ワイドレジャー楽市楽座、行政関連他。TCC新人賞、ACC賞、広告電通賞、消費者のためになった広告コンクール、ギャラクシー賞、JAAAクリエイター・オブ・ザ・イヤーメダリストなど受賞。

「何を言うか」の発見は大事。その上で「どう言うか」はもっと大事、というかすべて。語呂、リズムは良いか、本質をついているか、無駄な言葉は削ぎ落としたか・・ここまで応募数が膨大だと、結局うまいこと言ったもん勝ちのような気がします。

倉成 英俊

電通

電通Bチームリーダー/アクティブラーニングこんなのどうだろう研究所所長。主な仕事に、Japan APEC 2010や東京モーターショー2011、IMF／世界銀行総会2012総合プロデュース、有田焼創業400年クリエーティブアドバイザー、ほか。グッドデザイン賞、NYADC賞、カンヌ広告祭他受賞多数。バルセロナのMarti Guixeより日本人初のex-designerに認定。電通総研フェロー。

日経新聞から一文だけ切り取り「一言切り抜きfrom日経」というnoteを書いてます。ほとんど記事からですが広告からもたまに。例えば、すかいらーくの創業者が最初に作ったことぶき食品ひばりヶ丘店のDMのコピー。主婦の関心を引く為に「独身の若者が店を開きます」だったと。手本は色んな所にある、という話でした。

黒田 康嗣

博報堂

シニアクリエイティブディレクター/コピーライター。1965年生まれ。主な仕事に三井のリハウス「みんなの声鉛筆」シリーズ、J:COM、大阪ガスなど。第一回ACC小田桐昭賞、2013年クリエイター・オブ・ザ・イヤーメダリスト、TCC賞、TCC審査委員長賞、TCC新人賞、ACC賞ゴールド、FCCグランプリ、JAA/web最優秀賞、ギャラクシー賞、ADFEST、NYフェスティバル、アジア・パシフィックなど受賞。

コピーを考え続けることは、その広告が機能するかどうかを全方位で考え抜くことそのもの。ビッグデータの支配力やAIと対等に渡り合えるコピーライターになるしかないんですよね。審査をしながら、ずっとそのことを考えていました。

忽那 治郎

電通

コピーライター。1972年生まれ。主な仕事に、mmbi「NOTTV」、リクルート「じゃらん」、ダーバン、NTTドコモなど。2000年TCC新人賞、日経広告賞、朝日広告賞、JR交通広告グランプリなど受賞。

同じ視点なら、やはり「短い口語」が飛び込みやすいです。

小林 麻衣子

POOL

コピーライター/クリエイティブディレクター。「一風堂」ブランディング、新業態開発、『Instagramen（バレンタイン海苔）』等プロモーション／ロート製薬「SUGAO」ネーミング、パッケージ開発、CM、webプロモーション／「THE THOUSAND KYOTO」ホテル 開発プロジェクト、クリエイティブディレクション／「立川M地区開発プロジェクト」その他商業施設・まち開発のコンセプト立案、ネーミング、ブランディングなど。

言葉遊びに終わっていないか。ちゃんとお題の本質を突いているか。最後に確認したら更によいと思います。みなさまおつかれさまでした。

こやま 淳子

こやま淳子事務所

コピーライター・クリエイティブディレクター。博報堂を経て独立。最近の仕事に、バレンタインロッテ「愛のカタチは、義理と本命だけじゃない。」日経ARIA「『女性の生き方』なんてない。『私の生き方』があるだけだ。」EDOSEN「福祉のプロになる。」プラン・ジャパン「13歳で結婚。14歳で出産。恋は、まだ知らない。」NHK、ワコール、今治市など。著書に『ヘンタイ美術館』他。Twitter：@JUNKO01002

あれだけの応募があると、審査する方も大変で、見落としてしまわないか毎回とても気をつけます。そんななか自然と目が止まるような、発光しているようなコピーが時々あって、自分でもそんなコピーを書きたいものだなと勉強になります。今年ダメだった方も、ひとつの訓練の場だったと思って、これからもがんばってください。

斉藤 賢司

ホンシツ

コピーライター/クリエイティブディレクター。博報堂を経てホンシツ設立。広告、ブランディングから商品開発、事業開発まで幅広く手がける。最近の仕事：＜広告＞湖池屋スコーン、キリン零ICHIなど。＜ブランディング＞三井物産、グローブライド、コスモスイニシア、LIVNEX、atama＋、IGNISのコミュニケーションコンサルティングなど。TCC、ACC、カンヌ、NYフェスティバルなど受賞もそれなりに。

今年もまたたくさんのコピーを見させていただきました。世の中を行き交うコトバの総量が圧倒的に増え続ける中で、「何か気になったり」「心にワケもなく残ったり」する条件って今何なのだろう?とあらためて考えさせられました。コトバが動いているスピードと同じ速さで、動き続けなければいけない。今年もありがとうございました。

坂本 和加

コトリ社

コピーライター。主なコピーに、「からだに、ピース。カルピス」「行くぜ、東北」「WAON（ネーミング）」など。著書に『あしたは80パーセント晴れでしょう』ほか。一倉広告制作所を経て独立。コトリ社主宰。

コピーは言葉遊びではないです。安易に考えたものは、「それが伝わって」しまうのです。「伝えたい!」そのエネルギーが、きちんと言葉に定着されているコピーは、毎年きちんと次の審査へ進んでいくものです。

佐々木 洋一

博報堂

エグゼクティブ クリエイティブディレクター。コピーライター、博報堂C&D取締役を経て現在第2クリエイティブ局局長。自動車、ビール、テーマパーク、通信、不動産などのブランディング活動に多く携わる。

課題に忠実に応えようとするあまり発想を飛ばせず同工異曲の山に埋もれるか。身勝手に発想を飛ばしすぎて意味不明に陥るか。上手い人は、その左右両極を高速で行ったり来たりしながら、ヒットゾーンに打ち返します。コピーを書いたら、一度冷静な目で検算してみることをお勧めします。

サトー 克也

ダイコク

クリエイティブディレクター。東京メトロ「すすメトロ!」コスモ石油「コスモのマイカーリース」日清シスコ「ごろっとグラノーラ」セキスイハイム「帰りたいミュージカル」三井不動産「和が街、和が故郷」カンヌ、ACC他多数受賞。

書いたコピーを読み直し、自分のココロが少しでも動くかどうかをまず確認してみてはいかがでしょう。人のココロを動かすには、まずは自分のココロを動かすことが大切だと思います。

渋谷 三紀

電通

コピーライター。主な仕事は、早稲田アカデミーグラフィック「天才はいない。」「夏をなめるな。」「春はどこだ。」「花は咲く。」「受験の神様は、ぜんぶ見てた。」、同ブランドムービー「へんな生き物」「走れメロス」「変わるよ」「ぼくの好きなこと」、シチズンwicca「ときめくとき。」など。TCC新人賞、ACC賞、広告電通賞、朝日広告賞、ギャラクシー賞、2016年クリエイターオブザイヤーメダリストなど、受賞多数。

自分の気持ちを深く深く掘り下げてみる。思いきってさらけ出してみる。今しか書けない、自分しか書けないコピーを書くほうが、当てにいって他の人とかぶるよりいいんじゃないかと思ったりしました。それに、そういうの楽しくないですか？

島田 浩太郎
フロンテッジ

シニアクリエイティブディレクター/コピーライター/モチベーションデザイン。主な仕事 WALKMAN「歌え、10代」キャンペーン。ソニーをはじめ国内外のクライアントを担当。TCC新人賞、ACC賞、広告電通賞、朝日広告賞、ADFEST、SPIKES ASIAなどを受賞。

*

*

*

下東 史明
博報堂

コピーライター。1981年生。主な仕事に、MINTIA「俺は持ってる」、イエローハット、カルピスウォーター、グミサプリ、PloomTECH、1本満足バー、エアーサロンパス、アクオスR、24/7Workoutなど。著書に『あたまの地図帳』。TCC審査委員長賞・新人賞・ファイナリスト、ヤングカンヌ日本代表など受賞多数。

ポエム、落書き、陶酔、単なる感想、ケナシ、主語不明、そもそも文章として意味不明、に該当しない段階でほぼ1次は通過することができるように思います。後は同じ切り口や提案内容でも、言いまわし・ワーディングで優劣がつくので、「これはいい視点」と自分が感じたコピーの〝てにをは〟を精査すると、簡単に少し良くなるので是非試してみてください。

薄 景子
電通

コピーライター/CMプランナー。最近の主な仕事は、佐川急便、YAMAN、TOKYO FM、JAL、デンカ、ミツカン、ユネスコ世界寺子屋運動、ラヂオえほんの制作など。クリエイター・オブ・ザ・イヤー特別賞、ACCグランプリ、ベスト企画・演出賞、TCC新人賞、広告電通賞、ACC RCM殿堂入りなど、受賞多数。

どこかで感じていたけれど、わざわざ言葉にしていなかったモヤモヤを、代わりに言ってくれるコピーが好きです。それに気づく力と、一番しっくりくる言葉で表現する力、どっちも大事だなあと。私もまだまだ修行中です。

多賀谷 昌徳
グレイワールドワイド

クリエイティブディレクター/コピーライター/CMプランナー。TCC最高新人賞、ACCゴールド、クリエイター・オブ・ザ・イヤー・メダリスト、交通広告グランプリ企画賞、消費者のためになった広告コンクール金賞、広告電通賞最優秀賞、ほか海外広告賞の受賞も多数。Twitter:@tagaya_masanori

膨大な数を見ていると、はっきり見えてくるものがあります。一次審査は勉強になります。やっぱり「コピーって新しい視点を発見すること」なんだなあと思い知らされます。商品と消費者だけでなく、商品と時代、商品と社会、商品と地球…。いっけん関係なさそうな接点に、新しい視点の手がかりがあると思います。

武井 慶茂
ビーコン コミュニケーションズ

クリエイティブディレクター。東京コピーライターズクラブ新人賞を経て、国内代理店から外資系広告代理店へ。TVを中心としたキャンペーンから、バズやエンゲージメントビルディングなど多岐にわたるオンラインコミュニケーションの設計を手がける...にもかかわらず100%ギャグ専と誤解される43歳。

今回、かなりの数のコピーを拝見しましたが、数に関係なく光るコピーは埋もれずに光る、という印象でした。差がどこにあるかといえば、やはり「言葉遊びから入らず、きちんと課題に打ち返しているか」だと思います。そこを踏み外さず表現できれば、狭き門とはいえ通過できると思います。ありがとうございました。

田島 洋之
PARADOX

取締役　ブランディング・ディレクター。「志あふれる日本をつくる」の経営理念を旗印に、日本全国の志企業のブランディングを手がける。（パラドックスとは、一見非常識に見えるけれども実は本質を突いていて、より顧客のためになる発想。つまり、これからの常識をつくっていくこと）主な受賞歴に、TCC新人賞、OCC部門賞、リクルート社求人広告グランプリ、グッドデザイン賞、BtoB広告賞、宣伝会議賞金賞など。

受賞された皆様おめでとうございます。これだけの本数から選ばれる運。運とは、あきらめずに努力を積み重ねた人に訪れるもの。その言葉への想いをこれを機にさらにはばたかせて、言葉といっしょに社会をきりひらいてください。

玉山 貴康

電通

クリエーティブディレクター／コピーライター。最近の主な仕事に、ホンダFIT「DON'T STAY.」、オリコカード「俺LOVEオリコカード」、味の素アミノバイタル「スポーツ。水。アミノ酸。」、オートバックス「クルマを愛する人を、愛する仕事。」、ハウスメイト「物件のこと何でも話せる友がいる。」、三井住友銀行「ひとりひとりが日本代表。」、島根県自虐カレンダーなどがある。

コピーは、ある狙いをもって放たれる、言葉の短い連なりですね。それゆえ構成要素となる言葉、ひとつひとつの価値はとても高く、どうかもっと大事に扱ってほしいと思います。自分は相手に何を伝えようとしているのか？それが、目の前のコピーで達成できているのか？　もっとよい表現があるのでは？　何度も繰り返すのです。何度も。

辻 毅

ADKクリエイティブ・ワン

コピーライター/クリエイティブディレクター。1974年生まれ。主な仕事に、タケダのアリナミンシリーズ、東芝グループ、楽天グループ、ACジャパン交通遺児育英会、IKEAローンチキャンペーンなど。TCC新人賞、カンヌ金賞、アドフェストなど多数受賞。

数千本ある作品の中から、いいコピーを探し当てるのは宝探しに似たワクワク感があります。課題が難しいと、つい言葉遊びに走りがち。そんなコピーが多かった気がします。それをグッとこらえて、なんとかしてコトバで新しい魅力を炙り出してやろう。という狙いが強く匂ってくるコピーを選ばせていただきました。

都築 徹

電通

コピーライター/クリエーティブ・ディレクター。中部支社兼務。東海テレビ報道部、敷島製パン、マキタ、鈴鹿サーキット、FMぐんま、ZENT、JTEKT。クリエイター・オブ・ザ・イヤー・メダリスト、ACCフィルムA部門ブランプリ・ラジオ金賞・ジャーナリスト賞、TCC賞、ADC賞、ギャラクシー大賞ほか。

難しい課題でしたが、被り合う言葉たちのわずかな間隙を突く一行と出会うたびに、よい刺激をもらいました。

手島 裕司
ハレム

コピーライター。第23回宣伝会議賞で金賞を受賞しました。流通、交通、通販、行政、政治、福祉etc.幅広くコピーライティングを行なっています。最近は、企業や商品のコンセプトメイクの仕事が増えている気がします。熊本でプロダクション、広告代理店に勤務した後、長年、福岡の利助オフィスに勤務していましたが、昨年独立して、ハレムを設立いたしました。

皆さん、コピーの数を多く出すことに一生懸命のような気がします。もちろん、いろんな切り口を幅広く探すのは大切ですが、一つの切り口を「これでもか」と深掘りしていくことも大切です。同じ切り口でも、その人にしか辿り着けないコピー表現が生まれ、それが得票の差になるんだと思います。「これで良し」と思っても、もう一歩踏み込みましょう。

道面 宜久
TUGBOAT2

コピーライター。1972年生まれ。主な仕事にキユーピー、小田急電鉄、NTTドコモ、キヤノンなどがある。TCC新人賞など受賞。

応募した皆さん、お疲れさまでした。楽しく見させていただきました。また来年もぜひ頑張ってみてください！

富田 安則

コピーライター。1976年生まれ。早稲田大学卒業後、熊本日日新聞社を経て、リクルートコミュニケーションズ入社。コピーライター、クリエイティブディレクター、執行役員などを歴任後、2018年3月退職。主な仕事に、日本郵政グループ、NTTドコモ、朝日新聞社、経済産業省、東京都など。主な受賞歴として、TCC賞、TCC審査委員長賞、FCC賞、BtoB広告賞経済産業大臣賞、宣伝会議賞、毎日広告デザイン賞など。

文章とは残酷なもので、書いている人の知性と人間性が表れるもの。時代とともにインプットする手段は変化し、本や新聞を読む人も減っています。そんな時代だからこそ、言葉の表現力は、人間性の差がより目立つように。最近、笑っていますか。泣いていますか。恋をしていますか。毎日を丁寧に過ごしている人のことを、コピーライターと呼ぶ時代になる気がしました。

中尾 孝年
電通

クリエーティブディレクター。江崎グリコアイスの実「江口愛実登場」、パピコ「大人AKB48」「間違い探し」「パピコドッキリ」、サノヤス造船「造船番長」、トヨタマークX「Artistic Performance」、日清のどん兵衛×M-1グランプリコラボなど。カンヌ銀賞他受賞多数、OCC副会長。

初めてテレビとラジオの審査を担当しましたが、コピーと比べて優劣の差がはっきり出ていた印象です。でも、その分チャンスも多いと感じたので、来年に向けて今から『ＳＫＡＴ』などでしっかり研究、勉強して是非来年もテレビやラジオでもトライしてみてください。

中野 ほの
マッキャンエリクソン

コピーライター/CMプランナー。オグルヴィ&メイザー、17を経て、2014年マッキャンエリクソン入社。日経電子版「見えてきた？」の他、OREO、HALLS、デロンギなどを担当。

初めての審査でしたが、改めてコピーの難しさと奥深さを感じました。自分の中の判断基準は、コピーを読んで背景のストーリーや前後の展開が想像できるかどうか。コピー１本を取り巻く人間関係や社会情勢を目に浮かべながら、楽しく審査させていただきました。

西島 知宏
BASE

クリエイティブディレクター／コピーライター。電通を経て、BASE代表。Webメディア「街角のクリエイティブ」編集長。主な仕事はJINS「見つめているすべてが、人生だ」、スバル「MINICAR GO ROUND」など。New York Festival、Spikes Asia、Adfest、TCC賞、TCC新人賞、OCC最高賞、 インターネット広告電通賞、日本プロモーショナルマーケティングプランニング賞金賞など受賞。著書『思考のスイッチ』は日韓で発売。

みなさん今年もお疲れ様でした。たくさんコピーを読みましたが「その言葉を読む前と後で何を変えたいか」に対して自覚的なコピーが良いコピーだなと思いました。頑張って下さい！

西脇 淳

タイガータイガークリエイティブ

クリエイティブディレクター。1970年生まれ。大広を経て2007年「風とランディ」設立、2013年「タイガータイガークリエイティブ」に社名変更。主な仕事にスズキ「JIMNY」、ダスキン「人生100年時代」、サンギ「おから茶」、西山ファーム「桃狩り」など。ACCグランプリ、TCC新人賞、佐治敬三賞、読売広告大賞グランプリ、毎日広告デザイン賞グランプリなど受賞。

その言葉が生み出されたことで、企業や商品の未来がガラッと変わることがあります。実際の広告として世に出たコピーでなく、宣伝会議賞を受賞したコピーであっても。コンテストなので賞を獲りたい、と思って考えがちですが「この一行で未来を変えるんだ」という意志を持って書かれたコピーは、なぜか光って見えます。なぜか。

野原 ひとし

ADKクリエイティブ・ワン

クリエイティブ・ディレクター/プロデューサー/コピーライター。【主な経験クライアント】山崎製パン、再春館製薬所、ヤクルト本社、NEC、東芝、ロート製薬、味の素、カネボウホームプロダクツ、P&G、マスターフーズ、キリンビバレッジ、東急電鉄、カプコン、三菱自動車、不二家、東京ガス、かんぽ生命【主な受賞】国外:「ロンドン国際広告賞ファイナリスト」「ニューヨーク国際広告賞ファイナリスト」国内:「全日本CMフェスティバル（ACC）シルバー」「東京コピーライターズクラブ（TCC）新人賞」ほか。

これは提案なのですが、コピーを考える時に、ダジャレと語呂合わせを禁止してみるというのはどうでしょうか？ 発想が広がって、いいコピーが書けると思いますよ。

野原 靖忠

電通

クリエーティブディレクター。1963年京都生まれ。大学卒業後、電通関西支社クリエーティブ局に配属。コピーライターとして勤務する。現在は東京本社クリエーティブディレクター。パナソニックの広告キャンペーンを中心に、セキスイハイム、宝酒造、トヨタ自動車、NTTコミュニケーションズなどの広告も手掛ける。

「ほんとうのコピー」か「コピーっぽい単なるフレーズ」か。この差は明快で、かつ決定的です。この「見分け」がついていない応募者がほとんどです。ここさえ乗り越えられれば、コピーライティングが職業になるのですが。健闘祈ります。

萩原 ゆか

シンガタ

CMプランナー。1972年生まれ。博報堂を経て2003年シンガタに。最近の仕事は、明光義塾、サントリー金麦のオフ、イオンカード、WOWOWなど。

書いていて楽しかっただろうなーというものは、読み手にも充分伝わるもんだ、ということを改めて感じました。楽しむことは大事ですね。たまに、それ楽しんでいるの、あなただけかもよとイジワル言いたくなるものもあるので、そこは書き終えたら冷静に要チェックだな、ということも改めて学びました。ありがとうございました。

橋口 幸生

電通

コピーライター。代表作に「つらい。」（プリッツ）、「のどごし夢のドリーム」、「G・U・M PLAY」「こんな男は絶対モテる！by はあちゅう」など。著書に「100万回シェアされるコピー」。

受賞者のみなさま、おめでとうございます！惜しくも受賞を逃したみなさま、今こそ成長のチャンスです！ 受賞作と比べて、自分のコピーに何が足りなかったのかを分析して、自分なりに「良いコピー」とは何かを定義してください。これは受賞者には絶対できない特権です。そして来年、またチャレンジしてください！

長谷川 裕晃

新東通信

クリエイティブディレクター。1971年生まれ。金シャチ横丁ソーシャルプロデュース、名古屋テレビ塔2020年リニューアルクリエイティブディレクション、堤幸彦監督主宰の東海Action、東山動植物園、名古屋城などの地域活性化事業、企業ブランディング、プロジェクト開発、商品開発などに携わる。AAAグランプリ、FCC賞、CCN賞、ACC賞、突破クリエイティブアワード特別賞など受賞。

「おっ、いい発見をした」と思ったものが、実はみんなと同じコピーだった。審査をしていると、みなさんが思っている以上に、同じ切り口のものに出会います。特にダジャレと上手いこと言ったもの。出品の傾向は、毎年ほぼ同じ。だから、ちょっと目線を変えるだけで目を引くコピーになるはず。そのちょっとが重要なのです。

濱田 雄史
電通

クリエイティブディレクター／コピーライター／CMプランナー。主な仕事に、NETFLIX「クリスマスクロニクル」日本コカコーラ「アクエリアス」、内閣府「マイナンバー普及サンドウィッチマンコント」、みずほ銀行「サッカー日本代表CM」、花王「セグレタ」「リーゼ」、ニベア「プレミアムボディミルク」、SOMPOジャパン「グローバルキャンペーン」、キヤノン「EOS Kiss」「G7X」、KONAMI、日本マクドナルドほか。TCC新人賞、TCC賞、ACC銀賞、カンヌライオンズ銀賞、朝日広告賞グランプリ、ギャラクシー賞、広告電通賞優秀賞など受賞多数。

コピーを書いたら、一度、自分の周りの人に、見てもらってみてください。できれば、一番、正直に、辛辣なことでも何でも言ってくれる人が良いと思います。その人が、「その商品が欲しくなった」と言ったら、それは、きっととても良いコピーなはずです。見せるといろいろ発見もあるので、ぜひ、やってみてください！

林 尚司
電通

クリエーティブディレクター。1963年生まれ。電通関西を経て、2001年より本社。TCC最高賞、ACC賞グランプリ他、受賞多数。1998年ACC殿堂入り。主な仕事に、ロッテ「フィッツダンスCMシリーズ」など。モスクワ国際広告祭審査委員長、グラマド国際広告祭審査委員長など歴任。

時代が変われば広告も変わり、今はストレートな表現が効果的なのかもしれないが、それでも僕は、コミュケーションとは心を動かすことでしかないと思っています。ドキドキするアイデアが減っています。他の誰でもない、僕をドキドキさせてください。ワクワクさせてください。やられたと言わせてください。来年は、この僕を。

原 晋
シカク

コピーライター/クリエイティブディレクター。1974年生まれ。東急エージェンシー、パイロンを経てフリーランスに。2008年クリエイティブユニット・シカク結成。主な仕事に、アトレ川崎リニューアル、JR東日本「のもの」、ソニー「Xperia」、フジテレビ「LIFE !S LIVE」、カジタク「黒い女」、富山県アンテナショップ「ととやま」、UACJ「ある日、アルミは」、マンシングウェアなど。TCC新人賞など受賞。

これまで出題されている課題と似ている。だからといって、商品は異なるはずです。その商品らしさはどこにあるのか。知って、感じて、見抜いて、伝える。本当に課題の商品を体験して、もしくはユーザーの気持ちになって書いているかどうか。その差が通過者とそうでない人の差になっていると思います。

稗田 倫広

夢の稗田

クリエイティブディレクター／CMプランナー／コピーライター。電通九州、すき あいたい ヤバい、を経て、夢の稗田設立。主な仕事に、TOYOTA GR「Supra is back」「FULL THROTTLE IMPRESSION」、TamaHome「ハッピーソング」、アイシティ「めっ！」「恋のピントはズレまくり」、モンスト「夏だ！悶々！モンともミッション」「ドラえもんコラボ」、日本郵便「いいじゃん、それぞれの年賀状」、東京メトロ「家でやろう」、NHKアニメ「ムズムズエイティーン」、など。

アイデアを考える立脚点は、その商品サービスを自分がどう思いどう感じるか、という素直な気持ちにあるべきじゃないかなと思います。オリエンシートや一般論をなでるのではなく。

左 俊幸

電通九州

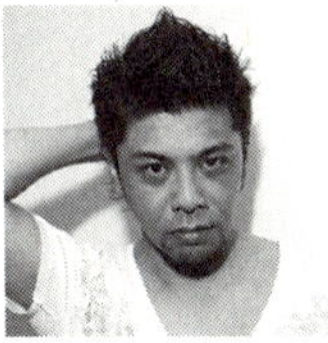

コピーライター/CMプランナー。1975年生まれ。主な仕事に「ジャパンラグビートップリーグ」「五ヶ瀬ハイランドスキー場」「別府競輪の男達」「髙山質店」「別府温泉の男達」「スマイルプラザ」など。TCC賞、FCC最高賞、CCN最高賞、OCCクラブ賞、クリエイター・オブ・ザ・イヤーメダリストなど受賞。

「いいコピー」や「強いコピー」は、審査員との相性や運不運で落ちるかもしれませんが、「めちゃくちゃいいコピー」や「めちゃくちゃ強いコピー」は、そんなの突き破るはずです。審査員や運のせいにせず、突き破るために書き続けた人が、上手くなるんだと思います。…などと偉そうに言った手前、僕も頑張ります本当に。

蛭田 瑞穂

ライティングスタイル

コピーライター/クリエイティブディレクター。1995年サン・アド入社。2007年電通に移籍。2017年ライティングスタイル設立。これまでの主な仕事にサントリー、村田製作所、キリンビール、日本郵便「年賀状」キャンペーン、日本コカ・コーラ「ジョージアヨーロピアン」、東京ミッドタウンブランディング、相鉄グループブランディング、ミサワホームブランディング、三菱電機「東京2020」キャンペーンなど。主な受賞にTCC新人賞、OCCグランプリ、朝日広告賞、日経広告賞、ギャラクシー賞グランプリなど。

毎年同じことを書いていますが、宣伝会議賞の意義はカンヌ国際映画祭の「ある視点」賞と同様に①独自の視点を評価する②新たな才能を発掘する、の2点に集約されると思います。他の誰かが思いつかなかった視点でコピーを書き、その才能を思う存分アピールしてください。

古川 雅之
電通関西支社

クリエーティブディレクター/CMプランナー/コピーライター。1969年九州生まれ、大阪育ち。グラフィックプロダクション、広告会社を経て、1999年に電通関西入社。主な仕事は、大日本除虫菊（キンチョウ）、赤城乳業、日清紡、梅の花、福井新聞、サントリー、日清食品、朝ゴミを出す、風呂掃除、窓を拭くなど。クリエイター・オブ・ザ・イヤー特別賞、TCCグランプリ、ACCグランプリ、アドフェストグランデ、佐治敬三賞などに当選。

よし考えるぞと、課題をじっと見据え考えている間の思いつきは、まだ「ただの思いつき」ではないでしょうか。いわゆる一次発想。宿題に取り組むように早く答えを求めたコピー・企画はどれも似ているような気がします。考えるのをやめてなお「はっと思いつく」ぐらい考える。この閃き勘違いの連続の中に、新しい発見があると思います。

細川 美和子
電通

コピーライター。最近の仕事に、サントリーグリーンダ・カ・ラ「やさしいのがいちばん。」smile.Glico「あなたが笑うと、世界は変わる。」ニッセイ「小さな力は、大きな力だ。」東急電鉄「生活名所池上線」宮崎県日向市「ヒュー！日向」日本郵政グループ「そばにいるから、できることがある。」味の素冷凍食品「フレフレ！フレッシュ！」Eテレ「バビブベボディ」など。

企業や商品の言いたいことをただ言ったり、ただ都合よく褒めても、受け手は何も感じないんだな、という広告の原点に、いつもこの審査は立ちかえらせてくれます。ありがとうございます。

細田 高広
TBWA\HAKUHODO

クリエイティブディレクター。博報堂、TBWA\CHIAT\DAYを経て、TBWA\HAKUHODO所属。日産、ユニクロ、AIGなどグローバルブランドを担当。受賞歴にカンヌ金賞、クリオ賞グランプリ、スパイクスアジア金賞などの海外賞のほか、国内ではクリエイター・オブ・ザ・イヤー・メダリスト、ACCグランプリ、TCC新人賞などを受賞。著書に「未来は言葉でつくられる」「物語のある絶景」などがある。

いいコピーは、商品のあるいい風景を見せます。話者の顔が見えます。忘れていた過去の経験をありありと蘇えらせることもあります。いいコピーは、映像だ。審査をしながら改めてそう確信しました。4K、8K、それ以上に高解像度な言葉を目指しましょう。

松下 武史

松下武史広告本舗

クリエイティブディレクター/コピーライター。1961年京都市生まれ。アド・エンジニアーズ・オブ・トーキョーにて、西尾忠久氏のもとでコピー修行。経験10年で独立し、フリーランスに。その後、CPU(コンセプトプランニングユニット)設立に参画。現在、TM-TM 松下武史広告本舗を主宰。TCC新人賞、日経流通広告賞、日経産業広告賞、日本新聞協会新聞広告賞、消費者のためになった広告コンクールなど受賞多数。Twitter:@TAKEM31

何でこのコピーが、というのはいいコピーです。何やねんこのコピーは、というのはダメなコピーです。

松村 祐治

電通

クリエーティブディレクター/CMプランナー。主な仕事に、サントリー、ヘーベルハウス、FRISK、銀のさら、SONY、西武鉄道、アイデム、NOVAうさぎ、テレビ番組「喝老人」「ど人生」、PUFFY、ASIAN KUNG-FU GENERATION、チャットモンチーなどのPV。TCC、ACC、ギャラクシー、NYフェスティバル、アドフェスト、SPIKES、CRESTA、LIA、MVAなど受賞。

CMには何パターンかの「型」があります。まずそれを習熟することをお薦めします。その「型」を破壊するためにも。

眞鍋 海里

BBDO J WEST

コンテンツプランナー。タワーレコード、WEBプロダクションを経て現職。「誰も広告は求めていない」という考えの上、ブランドと生活者をつなぎ課題解決と話題化を両立させる“コンテンツ発想”で数々のブランドコミュニケーションを手がける。主な仕事として、AUTOWAY「雪道コワイ」、「いきなりBAN」、「ラバー」、Paymo「Table Trick」、SUNTORY「集中リゲイン」、ニトリ「Dear Working SANTA」、超特急連結MV「gr8est Journey」、SNICKERS「世界同時催眠」など。

審査をしながらでも、目が止まり、その場で「なるほど〜」と唸ってしまう作品に出会います。そんないい企画には、必ず「新しい視線」が存在しています。「どんな視線で商品を捉えるか？」その視線の数だけ、考えられる企画も広がりますので、今年悔しい思いをされた方はそこを意識して、来年も是非チャレンジしてみてください！

溝口 俊哉

6B

クリエイティブディレクター/コピーライター。マッキャンエリクソンを経て独立。ブランド・ビルディングなど。主な仕事にコカコーラ、ダイエットコーク、アクエリアス、IBM、エグザス、スカパー！、NECエコ、アリコ、AGA、いつのまにか骨折、ネスレ、オムロンなど。TCC会員、ACC賞、日経本賞、NYADC 賞、メダリストなど。

ことしはとてもいいコピーがあった。いいというか、やわらかい視点だったり、見上げるような視点だったり。本来コピーはそういうものだということを、私の方も思い出すことができた。ありがとうございます。

森田 直樹

電通

クリエーティブディレクター。1963年生まれ。マッキャンエリクソンを経て電通。コカコーラ、ナイキ、マイクロソフト、GM、アディダス、パナソニック、アサヒ飲料、ユニクロなどを担当。TCC賞、ACC賞、カンヌ、クリオ、アンディアワード、ロンドン広告賞、アジアパシフィック賞、NYフェスティバル、消費者のためになった広告賞、クリエイター・オブ・ザ・イヤーノミネートなど受賞多数。

当たり前のことですが、自分が書いたコピーをどれだけ客観的に見られるか、他人になりきって受け止められるかが、いいコピーを産み出すキモです。さらに近くにいる誰でもいいので何人かの目にさらしてみる。応募する前に、そんなフィルターを透過させると高品質なものが残されていく、はずです。

森 俊博

電通名鉄
コミュニケーションズ

クリエーティブディレクター。1974年生まれ。クリエーティブディレクターとして東海エリアの企業を中心にブランディングや戦略デザインに携わっています。TCC新人賞、日本民間放送連盟TVCM最優秀賞、広告電通賞地区最優秀賞、ACC賞、ギャラクシー賞、ADFESTブロンズなど受賞多数。

受賞者の皆さんおめでとうございます。毎年思いますが、この数の中から選ばれるのは奇跡です。でも、ただの奇跡では受賞までいけません。誰も見つけられなかった視点を粘りに粘って見つけた人。同じ切り口でも粘りに粘って言葉を磨き続けた人。そうやって時間をかけて必死に考え抜いた人にこそ、光があたるんだと思います。

安谷 滋元

博報堂

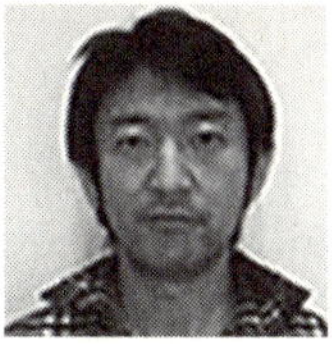

クリエイティブディレクター。1968年生まれ。主な仕事にKDDI Android au、トヨタ自動車「シエンタ」「ポルテ」、コクヨ、JT、センチュリー21ほか。TCC新人賞、ACC賞、ACC銀賞、ACCジャーナリスト賞、毎日広告デザイン賞、電通賞、日経広告賞、NYフェスティバルブロンズ、ロンドン広告賞、NY ADC賞ファイナリスト、ベストコピー・オブ・ザ・イヤー他多数。

広告だけでなくあまりにも多くの情報が溢れるいまだからこそ、どこにもない新しい切り口や、埋もれない強い言葉が待たれているのだと思います。数十万本のコピーが新しさを競う宣伝会議賞は、その壮大な実験の場。審査で何かを発見したいという気持ちが毎年どんどん強くなっています。

矢谷 暁

東急エージェンシー

クリエイティブディレクター／コピーライター。最近の主な仕事に、いすゞ新聞広告シリーズ「極地も、職場」「新人は急いで上手くなるな」、セブン銀行ＴＶＣＭシリーズ、ＳＯＭＰＯホールディングスＴＶＣＭ「認知症サポートプログラム」など。ＴＣＣ新人賞、アドフェスト、毎日広告デザイン賞グランプリ、朝日広告賞、読売広告賞、日経広告賞、フジサンケイグループ広告賞、ＪＡＡ広告賞グランプリなど受賞。

審査を通過した作品を見て、「自分も同じ切り口のコピーを書いたのに」ということがあると思います。同じ切り口や発見でも、何かを「変えよう」「動かそう」と、あともうひと粘り「伝え方」を考え抜いた熱の差で、そのコピーの強さや新しさは大きく変わるのだと思います。もちろん、誰も考えつかない切り口が最強ですが。

山口 広輝

ジェイアール東日本企画

クリエイティブディレクター/コピーライター。主な仕事にJR SKISKI、大人の休日倶楽部、Apple Pay Suica、マイナビ、ららぽーと、DODA、an、Osaka Metroなど。TCC賞、TCC新人賞、朝日・読売・日経・毎日広告賞・交通広告グランプリ優秀賞・新聞協会賞など受賞。宣伝会議コピーライター養成講座基礎コース講師。

誰もがすぐに考えつきそうなコピーでは人の心を動かすことはできません。たくさんの作品の中から選ばれたコピーには、その書き手独自の視点で見つけ出してきた「気づき」や「驚き」がありました。コピーとはやっぱり「発見」なのだと改めて考えさせられた審査でした。

山﨑 博司

博報堂

コピーライター。2010年博報堂入社。TBWA＼HAKUHODOを経て、博報堂。主な仕事に、日本新聞協会「ボクのおとうさんは、桃太郎というやつに殺されました。」、AIG「#TACKLE THE RISK」、COGY「あきらめない人の車いす」など。TCC最高新人賞、ACCイノベーショングランプリ、Cannes Bronze、CLIO GOLDなど受賞。著書に「答えのない道徳の問題どう解く？」がある。

いいコピーを書くには、いい課題を見極める必要があります。50を超える課題数。書きやすそう、難しそうではなく、自分にしか書けない視点があるかで課題を選んでみるのも、みんなから一歩リードする手だと思います。

山田 慶太

電通

コピーライター/CMプランナー。主な仕事にYKK AP「窓と猫の物語」シリーズ、武蔵野銀行「ウソ発見器」、スカパー!松山黒沢夫婦、三井不動産レジデンシャル「三井に住んでいます」、映画『さらば愛しの大統領』『いぬのえいが』脚本など。TCC、ACC金賞、アドフェスト金賞など受賞。

けっこうアイディアがかぶってました。「他の人も思いつくアイディア」というのは、その程度のアイディアなのだろうと思います。「このアイディアは他の人が思いつくだろうか？」という視点でチェックするのは大事だなと勉強になりました。

山田 尚武

電通

クリエーティブディレクター/コピーライター。1966年生まれ。マッキャンエリクソンを経て電通。主な仕事に明治製菓企業広告、キッコーマン企業広告、IHI企業広告、リコー企業広告などがある。1989年に第26回宣伝会議賞金賞受賞。

よいコピーは読んだ瞬間、パッと絵が浮かびます。情景描写があるわけでもないのに、短い一行の中で、読み手の想像力を刺激する何かがあるから。企画書の言葉とコピーのちがいはそこです。こんな言葉が。「普通のセールスマンは客に説明する。できるセールスマンは客の欲望をかきたてる。」コピーはかくより、かきたてましょう。

山本 友和
電通

CMプランナー/コピーライター。大学院で爆薬を研究後、なぜか電通に入社。主な仕事に、ダイハツWAKE「WAKE兄弟」、午後の紅茶「あいたいって、あたためたいだ。」「オール・マイ・ティー」、日本生命「父は、何があってもキミの父です。」、BIGLOBE mobile「ビックリ!ビッグローブ!」、doda「デューダ子」、カゴメ「高性能爆薬でつくる野菜ジュース」など。TCC最高新人賞、ACCシルバー、広告電通賞最優秀賞、毎日広告賞最高賞など受賞。

新しい切り口は、新しいというだけでとても強いことを改めて教わりました。価値の転換期である今はコピーライターにとってチャンスだと思います。

横道 浩明
ヨコミチ

コピーライター/プランナー/クリエイティブディレクター。1963年東京生まれ。1987年博報堂入社。2008年フリーランスに。主なコピーに「ゼロゼロワンダフル!」(KDD)、「男の数だけ愛がある」(日本生命)、「NUDE OR LAFORET」(ラフォーレ原宿)などがある。TCCグランプリ、朝日広告賞、日経広告賞、ACC賞などを受賞。

広告コピーの場合、「どう言うか」の前に「何を言うべきか」を見極めることが大切です。それがないままに「どう言うか」だけを考えても、単なる上滑りの言葉にしかなりません。「気分」だけで書いてるコピーは、ほぼ機能しない。いいコピーを書くために必要なのは、小手先の技術ではなく、「洞察力」や「俯瞰力」です。

芳谷 兼昌
電通

コピーライター。1970年大阪市生まれ。仲畑広告制作所を経て電通。近作に、オリコ「俺LOVEオリコカード」、シャープアクオス8K「8K IMPACT!」、積水化学「世界にまた新しい世界を。」、蒲酒造場「育ちのいい酒をつくりつづける。」などがある。TCC最高新人賞、TCC賞など受賞多数。Twitter:@yoshiken777

いいコピーって、いちど読んだらすっと入ってくるんですよね。優れているのは視点だけではなく、字面や拍子など「言葉を吟味する」その作業が丁寧に施されているからだと思います。そんなコピーに、今回も楽しませてもらえました。受賞した皆さま、おめでとうございます。残念だった皆さま、次回こそ!

李 和淑
スプリング

コピーライター/クリエイティブディレクター。サン・アドを経て2008年より独立。最近手がけた仕事は、「アユーラ」ブランディングおよび商品広告全般、「チュチュアンナ」年間プロモーション、ITOCHU GARDENネーミングおよびコンセプトメイキング、「文明堂」ブランディング、経済産業省・資源エネルギー庁など。TCC新人賞、日経広告賞金賞、読売広告賞銀賞など受賞。

今回はどんなコピーに遭遇するんだろう、と楽しみながら審査しています。とはいえ審査するぞ、という意識はあまりなく、純粋にコピーを受け取る側に立って、私の心の隙間にひょいっと入ってきたものを選ぶようにしています。伝え手と受け手の間を行ったり来たりしながら考えてみると、ひとの心に潜り込むコピーが生まれてくるのではないかと思います。

中高生部門

第54回宣伝会議賞で新設された、
応募資格を中学生・高校生に限定した
「中高生部門」。
3年目の今回は応募総数3万929点の中から23作品が、
栄えある受賞を果たしました。
受賞作品はどれも、中高生らしい瑞々しさがあり、
10代の等身大の思いが表現された作品ばかりです。
受賞作品のほか、各審査員による個別審査で2票・1票を
獲得したすべての作品を掲載します。

グランプリ

ザ・プロアクティブカンパニー　「ニキビケアはプロアクティブ」とSNSでオススメしたくなるキャッチフレーズ　キャッチフレーズ

もうイクラ軍艦とはよばせない

早川 源（15歳）

今回、中高生部門グランプリを受賞できたことをみなさまに感謝しています。真面目な作業より、少し面白おかしいことのほうが好きな僕にとっては、こういった、ユーモアを感じさせる作品をつくることは苦痛ではなく、むしろ好きなほうでした。「表現」の授業の中で、ふと思いつき書いたものが受賞できたことは、なにか自分のなかの特別なものが周囲に認められたようで、大変うれしく誇りに思っています。

講評

今年も、「中高生の等身大の気持ちが表現された作品を選びたい」と審査を行いました。栄えある第3回中高生部門のグランプリに選ばれたのは、「『ニキビケアはプロアクティブ』とSNSでオススメしたくなるキャッチフレーズ」というお題に対し、「イクラ軍艦」というインパクトのある表現を用いたこちらの作品です。審査会では、「『イクラ軍艦』の言葉の強さが記憶に残る」「ネガティブな切り口にも関わらず、ポジティブなムーブメントを起こす可能性がある」と票を集め、見事グランプリに輝きました。

準グランプリ

ECC外語学院
キャッチフレーズ

〝英語が話せたらカッコイイ〟と思わせる、覚えやすいキャッチフレーズ！

宇宙人が怖いのは
言葉が通じないからだと思う。

伊藤 佑里香（17歳）愛知県

勉強が苦手な私にとって学校は異星のようなものでした。英語も数学も古典も先生の言うことはいつも理解不能。「彼らは宇宙人？」と思いながら授業を受けるのが日常。難しい勉強を教えてくる大人達より日本語を話せる宇宙人の方がよっぽど親しみやすい気がします。きっとこんな話を担任にしたら「そんなん言う暇あったら英単語覚えろ」で済まされていたことでしょう。こんな馬鹿みたいな話が評価されるなんてコピーってつくづく面白いなと思います。真面目じゃダメ、奇をてらい過ぎてもシラケるだけ。不良でも優等生でもない劣等生の私が唯一勝負できる場所かもしれません。今回はこのような素晴らしい賞に選んでいただきありがとうございます。

講評

実はグランプリと大接戦を繰り広げた作品で、審査員からも支持を集めました。「宇宙人が怖いのはなぜか、このコピーを見て納得した」との声が審査員からも上がるなど、共感を呼びました。また、ECC外語学院の課題「〝英語が話せたらカッコイイ〟と思わせる、覚えやすいキャッチフレーズ！」に対し、言葉や英語から思考が始まり向き合う人も多いなかで、宇宙に目を向けている視点も高評価のポイントでした。

ブリヂストンサイクル　中高生が電動アシスト自転車で通学したくなるキャッチフレーズ

若いから元気って
誰が決めたんだ

米田 昌生（17歳）東京都

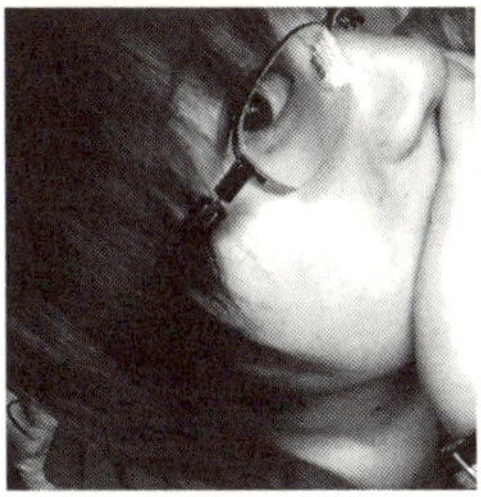

今度はこのような名誉ある賞を頂き光栄に思います。コピーを創ること自体が楽しかったので、それを評価してもらえたのは尚嬉しいです。宣伝会議賞はたくさんのお題で自分の脳を試せるとても良い機会でした。縁があればまた参加したいです。

講評

「エネルギーのある中高生が、『若いから元気って誰が決めたんだ』と言い切って電動自転車に乗っているところが想像できて面白い！」と審査員が笑顔になったこちらの作品。「中高生でも疲れることもあるよね」と同世代の共感を得る、まさに等身大の気持ちが表現されたコピーでした。

シルバー

大修館書店
キャッチフレーズ

スマホがなんでも答えてくれる今、
あえて紙の辞書をつかいたくなるアイデア

大切な人に
贈る言葉を探しなさい

森田 夏帆（15歳）

このような賞を頂くことができてとても嬉しく思います。このキャッチコピーは国語の時間に書いたものです。ただ、授業で書いて、賞に選ばれればいいなと思う程度でした。しかし、本当に選ばれてしまいました。このような賞を頂けると聞いた時は、とても不思議で夢でもみているのではないかと思いました。「なんで私なんだろう」と何度も考えましたが答えはでず今も不思議な気持ちです。

講評

デジタル時代の今、スマートフォンで何でも検索ができてしまいます。「スマホがなんでも答えてくれる今、あえて紙の辞書をつかいたくなるアイデア」という大修館書店の課題に、見事に答えたこちらの作品。「紙の辞書があるからこそ、誰かに贈る言葉を使いたいという気持ちが伝わってきた」と評価されました。このコピーを見ると、辞書を使いたい人が増えるのではとの期待も審査員から寄せられたコピーです。

ブロンズ

永谷園
お茶づけが思わず食べたくなるキャッチフレーズ
キャッチフレーズ

「それなら入る」と、
胃は言った。

牧野 暖

（17歳）大阪府

この度は選んでいただき、ありがとうございます。宣伝会議賞は母の影響で興味を持ち、昨年から応募してました。コピーは素直に胃の気持ちになって書きました（笑）。ちょうど今受験シーズン真っ只中で毎日が不安と緊張に押し潰されそうな時に夕方受賞の報せを聞き、本当に本当に嬉しくて大学に入ってメディアの勉強をしたい！と以前よりもっと強く思いました。高校卒業前に最高の思い出になりました。ありがとうございました。

講評

永谷園の課題「思わずお茶づけを食べたくなるキャッチフレーズ」に寄せられた胃の発言に、審査員も「わかる！」と思わずくすっとした魅力のあるコピーです。誰もが満腹時に思ったことのある気持ちなのではないでしょうか。このコピーから胃の気持ちが想像できること、切り口のある視点などが評価されました。

協賛企業賞

小嶋　春風（18歳）東京都

食べ物で遊んでもいいんです。

▼協賛企業のコメント

赤城乳業
マーケティング部　部長
萩原　史雄さん

小嶋春風さん、本当におめでとうございます。そして、ありがとうございます。応募総数はなんと！平成最後の甲子園を目指した高校を超える４０００作品、改めてガリガリ君はみんなに支えられていると実感しました。全ての作品に目を通し、真剣に選考した結果、高校球児同様にクタクタになりました（笑）そして、甲子園優勝以上の厳しい戦いを制したのはガリガリ君、１６０ｋｍを超えるストレートで自由な発想でした。ガリガリ君は、みんなのすぐそばにいることを目指しています。遊びのすぐそばであれば、もっとうれしい。それを一言で表現した作品でした。今回の作品に勇気をもらい、またいつかキャッチフレーズのようなガリガリ君を必ず発売しますので、その時は一瞬たりともためらうことなく買い、遊んでください（笑）受賞作品以外にも、ガリガリ君の様々な面に光を当ててもらい、こんな風にみんな感じているのかと勉強させていただきました。ありがとうございます。最後に小嶋春風さん、そして応募してくれた全員のさらなる成長を楽しみにしています。

個別審査2票

大内春芽　東京都
子どものための宝くじ。

牧野暖　大阪府
シャリシャリ君なら買ってない。

三輪あずさ　神奈川県
片手で食べれるかき氷。

個別審査1票

青山心優　岡山県
歯が無くなる、その前に。

麻生花音　神奈川県
冷凍庫にいる小さな友達

安達瑞稀　群馬県
気付いた時にはもう遅い、もうボロボロな当たり棒。

磯野穂乃夏　千葉県
アイスの棒、食べちゃダメですか？

市川興　東京都
路上のクーラー

市川興　東京都
エジプトの税関にガリガリ君を没収された。どうせ後で食べるのだろう。

海沼慶信　長野県
おいしい、たのしい、あたらしい

狩野剛士　群馬県
筋トレはじめました。
あごの強化はガリガリ君。

記虎鈴茄　兵庫県
みんなで食べてむし歯確認

黒澤恒晴　群馬県
はじめて食べたイタリアンは
ガリガリ君でした。

齊藤優香　北海道
青春は、歯と心に沁みる

齊藤優香　北海道
奥歯とココロにしみる君。

佐々亜由美　鳥取県
当たった、もう1本。
はずれた、もう1本。

佐藤颯　茨城県
地球もアイスも、青かった。
By ガガーリン君

清水将也　北海道
名作も迷作も、チャレンジから。

新谷由希子　東京都
コンビニの外に君がいたから、もう一本当たったって嘘をついた。

杉山友哉　岡山県
おれの夏は「キュン」じゃなく「キーン」なんだよね

曽我莉乃　岐阜県
誰も買わないよ！気がついたら僕が買ってた…。

染谷百香　茨城県
ガリガリ君はがんばっている。

田中聖大　千葉県
アイツが持っていた当たり棒、ただただ俺は眺めていた

直江隆太　千葉県
危なそうな道も、君とだったら挑戦できる。

成島萌永　茨城県
注意※ガリガリ君には彼女がいます。

福田れな　群馬県
急いで食べて変な顔。

藤代賢慎　東京都
「あ」が見えるまでのワクワク感

松田光希　福岡県
受験生のみなさん、
眠気ざましにいかがですか？

南風我　北海道
アイスであること忘れてた

安本千尋　岡山県
口からこぼれる北極の風

赤城乳業

横田唯衣　兵庫県

あの子と食べたコンポタ味、ハーゲンダッツより覚えている

私立開智中学高等学校　生徒

アイスキャンディーだけで、涼しいフルコース。

東京学芸大学附属小金井中学校　生徒

「あ！冷凍庫に無い。」で始まる母との会話。

東京学芸大学附属小金井中学校　生徒

舌とスケート。

明石市立錦城中学校　生徒

ガリガリ君に作れない味はない

アサヒ飲料

「カルピス」（希釈用）を仲間と一緒に飲みたくなるキャッチフレーズ

協賛企業賞

本田 眞絢（16歳）神奈川県

いつも伝えられない気持ちをカルピスに

▼協賛企業のコメント
アサヒ飲料
マーケティング本部宣伝部 部長
前川 哲さん

この度は協賛企業賞の受賞、誠におめでとうございます。また素敵なコピーをありがとうございます。いつも仲間に支えられていると感じながら、素直に感謝の気持ちを伝えられない心情が伝わってきました。「カルピス」がきっかけで、普段言えない想いを伝えるとき、それはいつもより少し濃い味なのだろうと思います。そして受け取った相手も、その気持ちを理解してくれる関係に共感し、賞に選ばせて頂きました。「カルピス」は今年で100周年。みなさんのおかげで、たくさんのかけがえのない瞬間に出会うことができました。大切な人を想う、ピースな時間。それは特別な場所ではなく、すぐ手を伸ばせば届くところにある。どんなに時代が変わってもずっとそんな時間のそばにいたい、「カルピス」です。

個別審査2票

齊藤優香　北海道
カルピスを好きな女の子はかわいいと思う。

山田双葉　東京都
これって、こい?

個別審査1票

伊藤佑里香　愛知県
パパの得意料理はカルピスです。

伊藤佑里香　愛知県
カルピスは多様性を重視します。

伊藤佑里香　愛知県
カルピスの濃さが同じ人には運命を感じる。

岩切元希　東京都
あいつの家のカルピスは濃い。

岩谷勇陽　兵庫県
子供のうちは「カルピス、水割りで。」

大川祐那　奈良県
原液最強。

片岡真輝　岡山県
おばあちゃんの作るカルピスは
いつも濃かった。

金子永　東京都
割合の勉強をしよう。算数嫌いの弟がとんで
来た

川口郁華　岡山県
乳酸菌で腸（超）元気に!!

河島優太　兵庫県
お湯で割って一息「ｈｏｔ」…

黒川健世　愛知県
2本あれば1クラス全員ピース。指60本。

黒川健世　愛知県
めっちゃ恋。

齊藤優香　北海道
青空 蝉の声 おばあちゃん家 虫かご 長い夏
休み 終わらない宿題
あぁーカルピス飲みてぇ

鈴木美菜　埼玉県
好きな量を好きな人と

髙野優香　東京都
飲んでる私はいつもより可愛い、カラダに
ピース

高橋音羽　北海道
カルピスをつくるとき、
私はかなり慎重になる。
君に「おかわり」って言ってほしいから。

丹野早久桜　東京都
ダークな気分?それじゃあこれ飲んでホワイ
トになって。

中麻理菜　福岡県
夏の旅右手にカルピス左手に花火を持って
行ってきます。

中村陸人　埼玉県
これ、ドイツだと高級料理店でしか飲めない
らしいぜ

埜中綾斗　千葉県
2Lペットボトルは、パーティーに持ってい
くには重すぎる。

野村美空　静岡県
割った数だけ仲間ができる

濱田登羽　福岡県
スーパードライより
CM少ないけど売れてるぞ

福田一樹　埼玉県
カランカラン、カルピス入りました

森田嵐　東京都
ゴンチャはまだ早すぎるって!

安岡怜音　大阪府
一度飲んでしまうともう手遅れだ。

市立札幌啓北商業高等学校　生徒
今夜は一緒にミルピスしませんか?

茨城キリスト教学園中学校高等学校　生徒
俺は皆のバーテンダー。

東京都立葛飾商業高等学校　全日制　生徒
うま。おかわり。のみなよ。

アサヒ飲料

慶應義塾普通部　生徒
カルピスが、ハアハア　キンキンに冷えてやがる・・・

慶應義塾普通部　生徒
1杯10円部活終わりにみんなで、世界に一つだけの味、カルピス。

慶應義塾普通部　生徒
コーヒーか紅茶かカルピス、どれがいい？

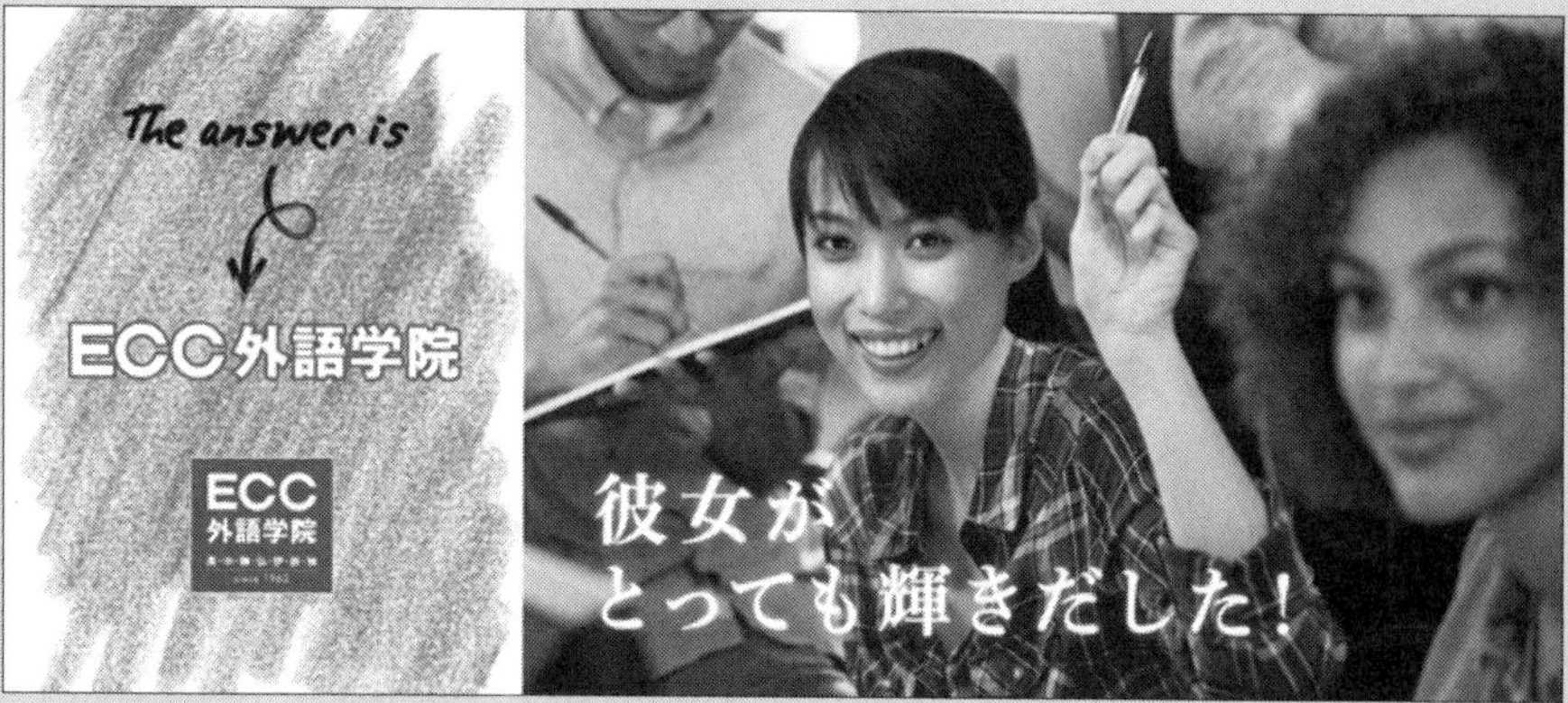

ECC 外語学院

“英語が話せたらカッコイイ” と思わせる、覚えやすいキャッチフレーズ

協賛企業賞

岩見 美柚（18歳）東京都

好きな人が聴いてるあの洋楽は、片思いの曲でした。

▼協賛企業のコメント

ECC
外語事業部 部長
秋野 美矢子さん

岩見様、このたびは協賛企業賞の受賞おめでとうございます。また、数ある企業の中でＥＣＣ外語学院の課題にご応募いただきありがとうございました。社内の様々なメンバーと協議を重ねました。岩見様の作品は、中・高生誰もが共感できる「胸キュン」なフレーズで、この作品を読むだけで一人ひとりが持っているストーリーがイメージできます。中・高生の方は、英語（外国語）＝受験や資格取得の手段のための勉強になりがちです。しかしながら、洋楽を表現することで、英語（外国語）を理解できたその先が映像として現れます。このフレーズが同世代の方の心に響き、英語（外国語）を通して新しい世界がひらかれることを期待します。ＥＣＣはそのお手伝いをさせていただき、生徒様の喜びを共有できる幸せを再認識いたしました。最後になりましたが、ＥＣＣの課題にご応募いただきました全ての皆様に感謝申し上げます。

個別審査２票

岩見美柚　東京都
「俺らは空飛ぶダーツ盤」？面白いＴシャツだね。

雑崎智沖　東京都
鎖国が終わってから１６５年も経った。

坂口凜　千葉県
大統領にＦＦ外から失礼しよう

個別審査１票

相澤巧人　大阪府
なんか、日本が狭く見える。

池尻桃花　福岡県
しばられる人生は不得意だ

植木季夏　東京都
自分が海外進出

馬谷萌音　神奈川県
夢がひとまわり大きくなった

海野史耀　群馬県
１つが２つになった時、キミの世界は大きく変わる。

大賀愛唯　滋賀県
同じ景色にあきたらＥＣＣへ

岡本夏紀　東京都
東京オリンピックの即戦力になりませんか？

海沼慶信　長野県
みんな鼻歌かっこわるい

海沼慶信　長野県
英語が話せりゃ、付き合えた。

可知日吉　岐阜県
昔は see you. 今では see ya!!

北村義哉　千葉県
Ｅ英語で
Ｃちゃっかり
Ｃチャンスを

佐々木花菜　愛知県
ハーフじゃないです。ＥＣＣです

笹森日南子　神奈川県
若気が至ってるうちに。

塩谷冴生　東京都
外国人さん道聞きに来いよ。

張召姸　東京都
あっぶねぇー、一ヶ国語だけで人生終わらせるところだった。

徳廣凪翔　東京都
黒船に乗ろう。

仲山賢　神奈川県
帰国子女に、生まれ変わる。

舟見玲惟　京都府
日本を客観的に見てみよう

ペロッツィミロ　東京都
学んでも喋れない、
話したら喋れる。

宮内赳児　神奈川県
街中の外国人の会話に、
「クスッ」と笑える僕がいた。

米田昌生　東京都
彼女がしゃべると海外の風が吹く

米田昌生　東京都
おい聞いたか？今のＲの発音

和田凜々子　茨城県
ＡＩになんか負けてられない。

茨城キリスト教学園中学校高等学校　生徒
自然と口が動きはじめた。

私立開智中学高等学校　生徒
おい！中高生！来るぞ２０２０。

慶應義塾普通部　生徒
ＡＩを挟みたくない。

慶應義塾普通部　生徒
隣の友が能ある鷹だとわかった日

協賛企業賞

湊 美月（15歳）千葉県

クラスの人気者はみんなダンスをやっていた

▼協賛企業のコメント
エイベックス・マネジメント
アカデミー事業グループ
ゼネラルマネージャー
鎌田 博さん

このたびは、協賛企業賞の受賞おめでとうございます。また数ある企業の中でａｖｅｘ ａｒｔｉｓｔ ａｃａｄｅｍｙの課題にご応募いただきありがとうございました。今回はダンスや歌が習いたくなるキャッチフレーズで募集させて頂きましたが、有難いことに本当に大勢の方からご応募頂きました。私どもが想像していたコピーとは違い、中高生のスクールライフの中にダンスの風景が瞬間的に浮かびました。これがこの作品を選んだ一番の理由です。また、ダンスや歌は習い事として、まだまだ一般的に馴染みが薄いのですが、非常に身近に感じさせてくれるコピーでもありました。人が本能として持っている「モテたい！」と思う気持ちや「賞賛されたい」という気持ちを素直に表現されていて、それでいて恥ずかしくなるような「クサい」表現ではない。スタッフ一同が感動したくらいです。素晴らしいコピーを本当にありがとうございました！

個別審査2票

佐々木新平　岡山県
平成の歌姫が去った、次は君の番だ。

宮城彬良　大阪府
訴えろ。

個別審査1票

相澤巧人　大阪府
歌って踊れる?え、モテるじゃん。

青木麻奈　東京都
おばあさんも、昔はこどもだった。プロも、昔は素人だった。

今井瑞貴　神奈川県
なりたい人になれるのは自分だけ

今井瑞貴　神奈川県
芸能人だって人間だ

岩本なな　鹿児島県
〝見せる〟を〝魅せる〟に。

植村栄吾　東京都
ダンスは地球の公用語

江本しのぶ　福岡県
君はだれのあこがれになるのだろう

大熊里沙　千葉県
かえるのうたからメジャーデビュー!?

嘉山竣介　神奈川県
表現に、不正解はない

木谷悠花　東京都
SNSじゃない。「わたし」をここでときはなて。

木下蓮太郎　福岡県
英語を超える言語を学ぶ。

黒島優伽　大阪府
あゆ?あー、先輩やで一応。

河野友哉　東京都
カラオケが20点上がりました。

中村絢千　北海道
鼻歌だけじゃ、もの足りない

中村香音　千葉県
#踊ってみた

南里萌仁香　福岡県
授業で魅せるavexクオリティー

埼玉県立越谷総合技術高等学校　生徒
avexのアーティストに会えちゃうかも?

慶應義塾普通部　生徒
カッモン・ベイビー　エイベックス

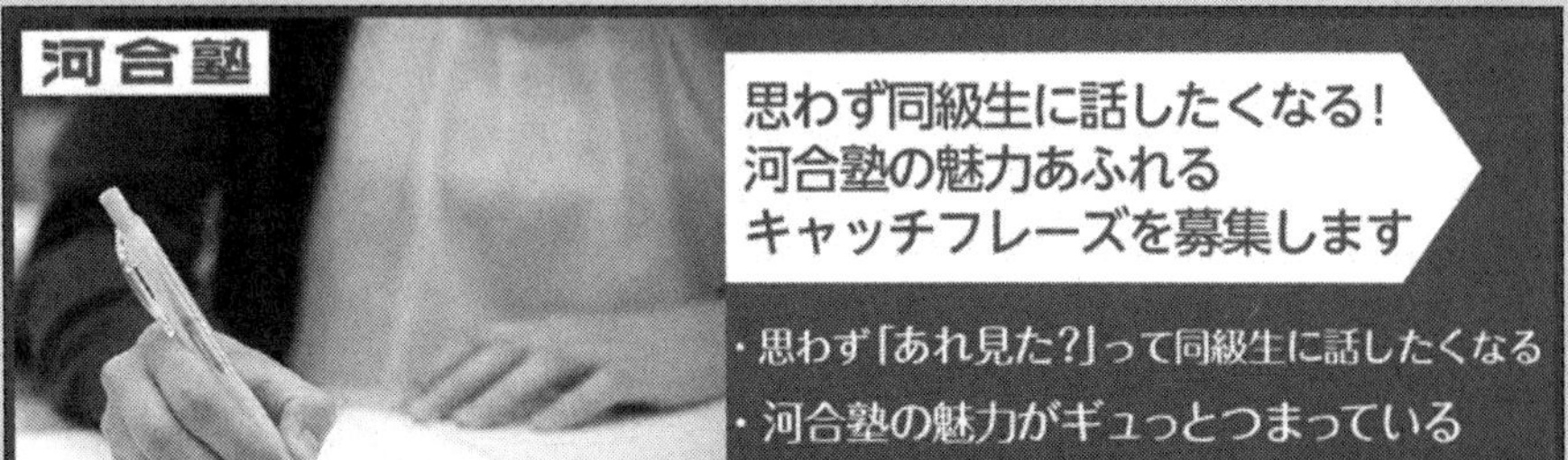

河合塾

思わず同級生に話したくなるような、河合塾の魅力あふれるキャッチフレーズ

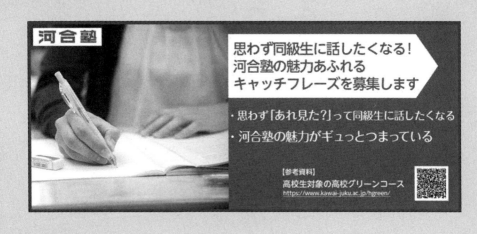

協賛企業賞

誰にも言えなかった夢が堂々と言えるようになった

齊藤優香（18歳）北海道

▼協賛企業のコメント

河合塾
進学教育事業本部
企画マーケティング部 部長
寺田 泰浩さん

この度は協賛企業賞の受賞、おめでとうございます。今回は「思わず同級生に話したくなる」というテーマで、作品を募集いたしました。１９３３年の創立以来、河合塾は一貫して教育事業を行ってきました。その原点にあるのは、我々の使命として掲げている「自らを求め、学び続ける人」を支援し、一人ひとりの未来に貢献するということ。それは単に受験にとどまらず、その先の未来につながる教育サービスを追求し、提供していくことを意味します。「誰にも言えなかった夢が堂々と言えるようになった」というコピーは、河合塾で学ぶ日々が自分自身を大きく成長させ、自信を持って夢を語れるようになったその変化が目に浮かび、河合塾の想いにも相通じることで選出させていただきました。変革の時代の最中、社会で求められる力、ひいては入試で問われる学力も変わろうとしています。しかし、学ぶ内容は変わっても、教育の大切さはいつの時代も変わることはありません。河合塾はこれからも、中高生の皆さんの自己実現を支援し、その「夢」を応援してまいります。

個別審査2票

川口大晴　奈良県
脳、整形疑惑浮上!!

慶應義塾普通部　生徒
昨日のテストは今日の裏紙

個別審査1票

荒美保　茨城県
帰りの電車で、にやついてしまう。

伊藤涼花　北海道
気になるあの子に勉強を教えたい

金城陽詩　沖縄県
地球温暖化は河合塾の講師たちのせいです。ごめんなさい。

栗栖紘　広島県
可能性発見所

小松栄依里　福島県
皆、君に期待してない。だから、きっと死ぬほど驚く。

齊藤優香　北海道
親は「無理だ」と言った
先生は「いける」と言った

寺原クレオ美陽　東京都
鉛筆の音、響いてる。
夢の足音、近づいてくる。

中西由香里　千葉県
学校の先生が
日本語をしゃべるようになった。

ペロッツィミロ　東京都
伸び代を、
伸ばしてくれる。

ペロッツィミロ　東京都
入試ラスト10秒、
私は笑ってるかな。

ペロッツィミロ　東京都
君の受験、
本当に、
カツ無しカレーでいいの?

村田航輝　福岡県
俺のライバルはアイツでアイツのライバルはコイツでコイツのライバルはソイツでソイツのライバルは俺だってよ。

八木下萌菜　東京都
君の最大値は、無限大だ。

茨城キリスト教学園中学校高等学校　生徒
前の塾、やめてよかった。

東京学芸大学附属小金井中学校　生徒
未来の自分に感謝されよう!

東京都立葛飾商業高等学校　生徒
「勉強してるよ~。」といってる自分へ!

慶應義塾普通部　生徒
30㎝、上の世界。

キョクトウ・アソシエイツ（現 日本ノート）

プラスメモリ罫のノートを使ってみたくなるキャッチフレーズ

カ

キョクトウ・アソシエイツ（現 日本ノート）

協賛企業賞

福井雄真（15歳）神奈川県

書け巡れ、縦横無尽。

▼協賛企業のコメント

日本ノート（旧キョクトウ・アソシエイツ）
商品開発部商品開発室
シニアマネージャー
中畑 敦夫さん

今回、予想を上回る多数の作品が集まり、関係者一同、大変感激しております。正に中高生らしい、瑞々しい作品をご応募下さりありがとうございました。Ｃｏｌｌｅｇｅ「プラスメモリ罫」は、２０００人に及ぶ中高生のノートの取り方を調査し、意見を取り入れながら誕生した新しい罫線です。縦にも横にもそして斜めにも、自由自在に線が引きやすく、文字も揃えやすい工夫が盛り込まれています。その特徴を的確に捉えており、ペンで紙面を「縦横無尽」に「書け巡る」様が思い浮かび、爽やかに疾走感あふれる表現をされているという理由で、授賞とさせていただきました。福井様、協賛企業賞の受賞、誠におめでとうございます。昨今、ペーパーレス化が叫ばれておりますが、文字を書きたいという思いは人間の根源的な欲求です。ぜひこれからも当社のノートを使用してクリエイティブにご活躍ください。

カ　キョクトウ・アソシエイツ（現　日本ノート）

個別審査1票

荒木ほのか　兵庫県
「最初だけきれい」を「最後まできれい」に。

石川あすか　茨城県
いつものノートじゃ勝てない相手がいる

石黒桃　茨城県
あなたのノートづくりにNOといわないノート

石塚泉末　静岡県
きれいに書けば君に見せれる

井上ひかり　神奈川県
学生に文字をそろえるひまはない

小笠原拓海　茨城県
あれ？お前そんなに字上手かったけ

乙藤倖希　茨城県
板書が「作業」から、勉強になった。

梶川宏樹　茨城県
夢にまっすぐ。そうこの直線が教えてくれた。

上瀬綾菜　神奈川県
最初の1ページ、を過ぎても、ずっと綺麗なノート。

川嶋舞花　京都府
初めて誰かに貸したくなった。

北澤そら　茨城県
これこそがCampusを超えた真の大学ノート

木村葵　茨城県
文字のバランスが整えられる人は心のバランスも整う。

木村翔　茨城県
僕の寿命が短くなれば君は進化する。

小早川優奈　広島県
「ノートを今から回収します」先生！待っていました　その言葉!!

鈴木良奈　東京都
「写させて」にまってました一言を。

滝沢香帆　東京都
成績がプラスに！メモリぐせをつけよう！

瀧裕喜　静岡県
東大生の3人に1人が使っています。

照永佳薗　茨城県
最初の1ページ目、もっと美しく

八田裕貴　愛知県
使いやすさを十しました。

藤井悠太　茨城県
僕の授業は、ずっとクライマックスだ。

布施和可菜　茨城県
2ページ目からもきれいな字

古谷元　茨城県
美しい人になりたいなら美しい字を書け！

米田昌生　東京都
休み時間、わざと開いたまま席を立つ

米田昌生　東京都
ノートの解読にかける時間を、勉強時間とは呼ばない

慶應義塾普通部　生徒
学生のふと思うことが詰まったノート

山陽女学園高等部・中等部　生徒
ものさしなんて筆箱にはいってない

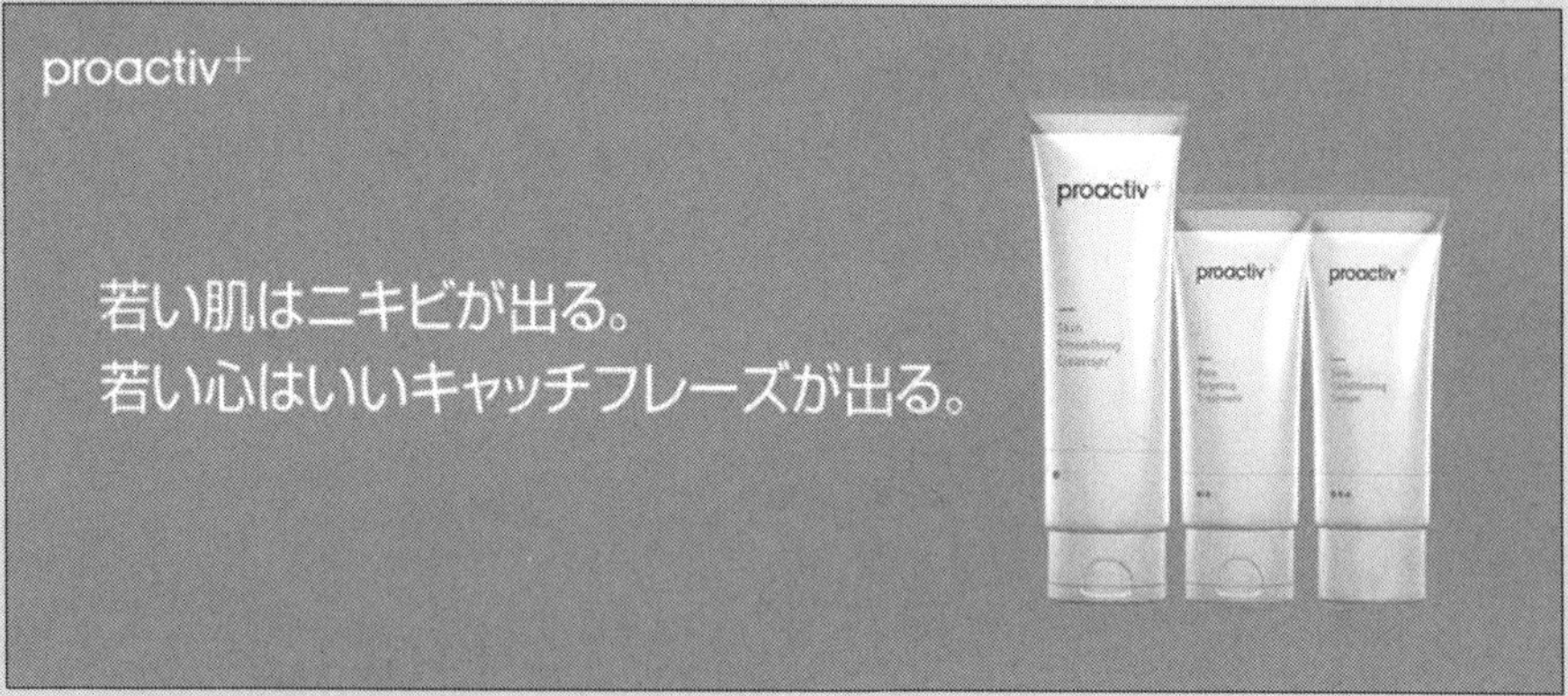

ザ・プロアクティブカンパニー

「ニキビケアはプロアクティブ」とSNSでオススメしたくなるキャッチフレーズ

協賛企業賞

白須 優菜（17歳）東京都

本当の私になろう

▼協賛企業のコメント

ザ・プロアクティブカンパニー
ブランドマーケティング マネージャー
米丸 由佳さん

このたびは、協賛企業賞の受賞おめでとうございます。今回の課題は日々のSNSでのコミュニケーションにおいてプロアクティブをもっと身近に感じてもらいたい、興味を持ってもらいたい、という想いから設定をさせていただきました。初めての協賛にもかかわらず本当に多くの皆様にご応募頂き、多種多様なアイデアをご提案頂きました。その中でも特にこの作品はプロアクティブが提供しているブランドミッションである「ニキビのないクリアな肌で、自信を持って、輝いた生活を送ってほしい」という想いを率直に、でもキレイに表現できており、年齢・性別関係なくメッセージが伝わる素晴らしいキャッチフレーズとなっていた為選ばせていただきました。プロアクティブでお手入れを始めたことで、自分のお肌に自信を持ち、好きなことを存分に楽しめる毎日。そのような日々を多くの人々に送って頂けるよう、プロアクティブは皆様の良きパートナーであり続けたいと思います。当社課題にご応募頂きました皆様に心より御礼申し上げますとともに、今後の益々のご活躍をお祈り申し上げます。

サ

ザ・プロアクティブカンパニー

個別審査2票

八田裕貴　愛知県
#ニキビは加工で消してません
#プロアクティブで消しました

米田昌生　東京都
たぶん今が、人生で一番写真に写る時期だ

個別審査1票

相澤巧人　大阪府
青春の証は雑菌の集合住宅

東江里子　東京都
彼氏とアクネ菌、どっちと付き合う？

安藤燦瑚　鹿児島県
ほら、ドリアンからたまご肌。

犬飼千裕　長野県
#ノンフィルター素肌にしない？

遠藤楓　東京都
印象は肌で決まる。

大谷菜摘　群馬県
#マネキンと間違えられたｗｗｗ

片嶋拓斗　東京都
プロアクティブでインフラ整備

黒田ひと花　北海道
#ニキビは拡散させない

大呼薫子　鹿児島県
ブツブツ言わずブツブツ消そう

髙野優香　宮崎県
ニキビで青春壊されてたまるものか

谷口一磨　兵庫県
#マスクやめました

野口未央里　京都府
壁ドン？顎クイ？どんとこい。

長谷井綾　岡山県
ゴウヤからピーマンへ

藤田大輝　東京都
今日から君は、ゆで卵だ!!

ペロッツィミロ　東京都
なんて醜い鏡なんだ。

ペロッツィミロ　東京都
#ニキビ撃退ニキ

ペロッツィミロ　東京都
蓋を開けると、
毛穴が閉じた。

宮岡香奈　千葉県
いつでも君と会える。

米田昌生　東京都
見えるタイプの憂鬱

米田昌生　東京都
肌色だったらまだ許せるのに

渡辺優翔　千葉県
明日のおれはかっこいい

茨城キリスト教学園中学校高等学校　生徒
近距離勝負。

江東商業高等学校　生徒
ふっとべ！ニキビ！

慶應義塾普通部　生徒
菌は殺すが、肌は殺さない。

慶應義塾普通部　生徒
ダイアモンドフェイス

ＡＩＣＪ中学高等学校　生徒
ニキビ解笑！

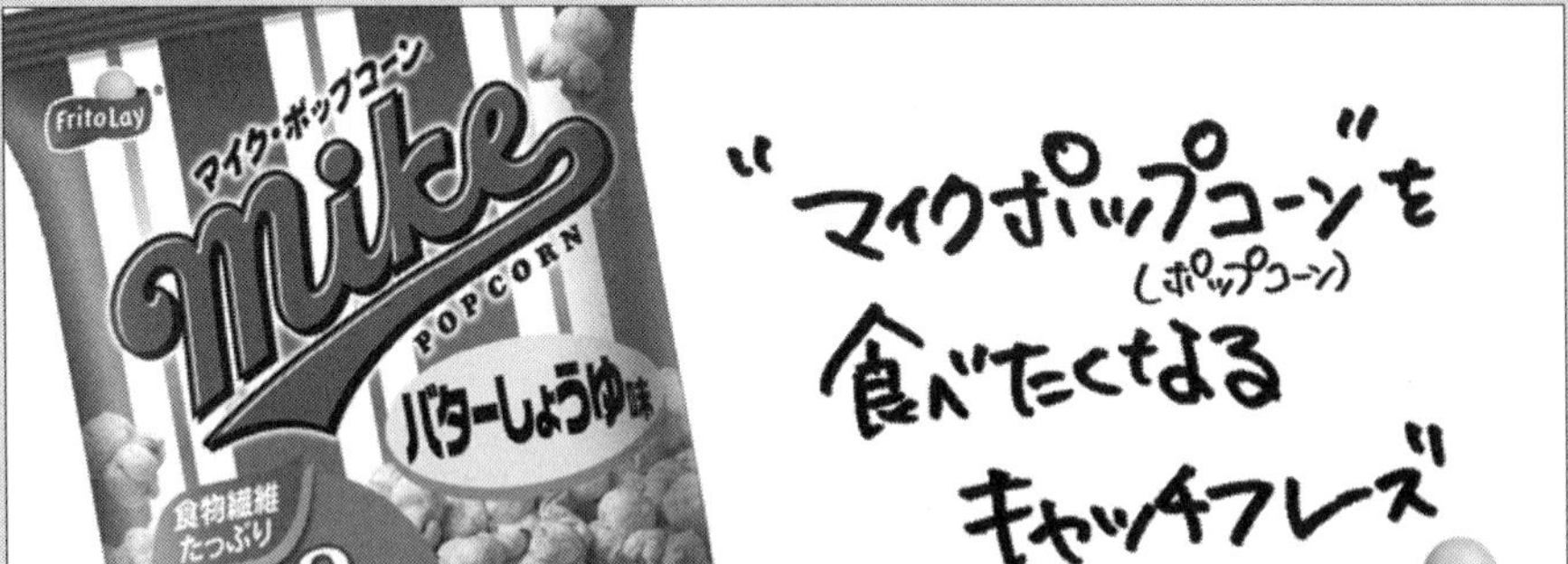

ジャパンフリトレー

マイクポップコーン（ポップコーン）を食べたくなるキャッチフレーズ

協賛企業賞

大久保 柚那（18歳）福島県

紹介するわ。私の彼氏のマイクよ。

▼協賛企業のコメント

ジャパンフリトレー
マーケティング本部 部長
羽藤 昇平さん

このたびは、協賛企業賞の受賞おめでとうございます。また数ある企業の中から、当社の課題にご応募いただきありがとうございました。拝見してすぐに〝マイク（ポップコーン）〟を彼氏に見立てて紹介するという、ユーモラスな方法が伝わり、我々社員も「なるほど!うまい!」と思わず納得致しました。ポップコーンは、映画やスポーツ観戦など特別なシーンで食べられる印象がありますが、普段のおやつでも沢山食べてもらいたいという私たちの思いが、このキャッチコピーから感じられたため協賛企業賞とさせて頂きました。当社ではマイクポップコーンの特徴として〝食物繊維たっぷりレタス2個分〟をうたっておりますので、皆様に〝私の彼氏マイク〟は「カラダに嬉しい」お菓子であるという印象も持っていただければ嬉しいです。最後となりますが、当社課題にご応募いただきました皆様に心より御礼申し上げます。

個別審査2票

上瀬綾菜　神奈川県
指までおいしくなっちゃうお菓子。

米田昌生　東京都
この映画、このポップコーンに最高に合うんだよね

個別審査1票

浅井伶羽　東京都
彼氏はいないがマイクはいる。

大塚広貴　広島県
ポップコーンとかけまして人生と説きますその心はどちらもふくらんだほうがよいでしょう

小田聖愛　千葉県
徒歩0分の映画館

小杉陸斗　東京都
ぽんっと弾けた君の舌

坂口凜　千葉県
コーンは野菜だからオーケー。

佐藤七海　東京都
心もぽーん！ポップコーン

高嶋貫多　東京都
映画で泣いた。でも手は止まらない。

谷脇友香　東京都
ミケじゃないよ、マイクだよ。

中本咲希　兵庫県
手がゆうことききかない。

仲山賢　神奈川県
元祖というか、初代というか、本家というか、そんな感じです。

名村穣司　東京都
上映中、パリパリパリパリうるせえな

何森広　東京都
レタス2個よりは美味い

濱西可恋　和歌山県
あっとゆーまにごみ箱に

ペロッツィミロ　東京都
袋の中でも、彼と手が当たった。

前田悠里　愛知県
指まで食べたい。

牧野暖　大阪府
超がつくほど、手が付けやすい。

村田航輝　福岡県
うマイク。

森澤直也　千葉県
1個たべると全部なくなるよなぁ…。

吉村空　福井県
映画デートは家でやれ

慶應義塾普通部　生徒
手はいつも袋と口の往復便

慶應義塾普通部　生徒
くらやみでやみつき

奈良県立十津川高校　生徒
夕方のテレビも映画気分

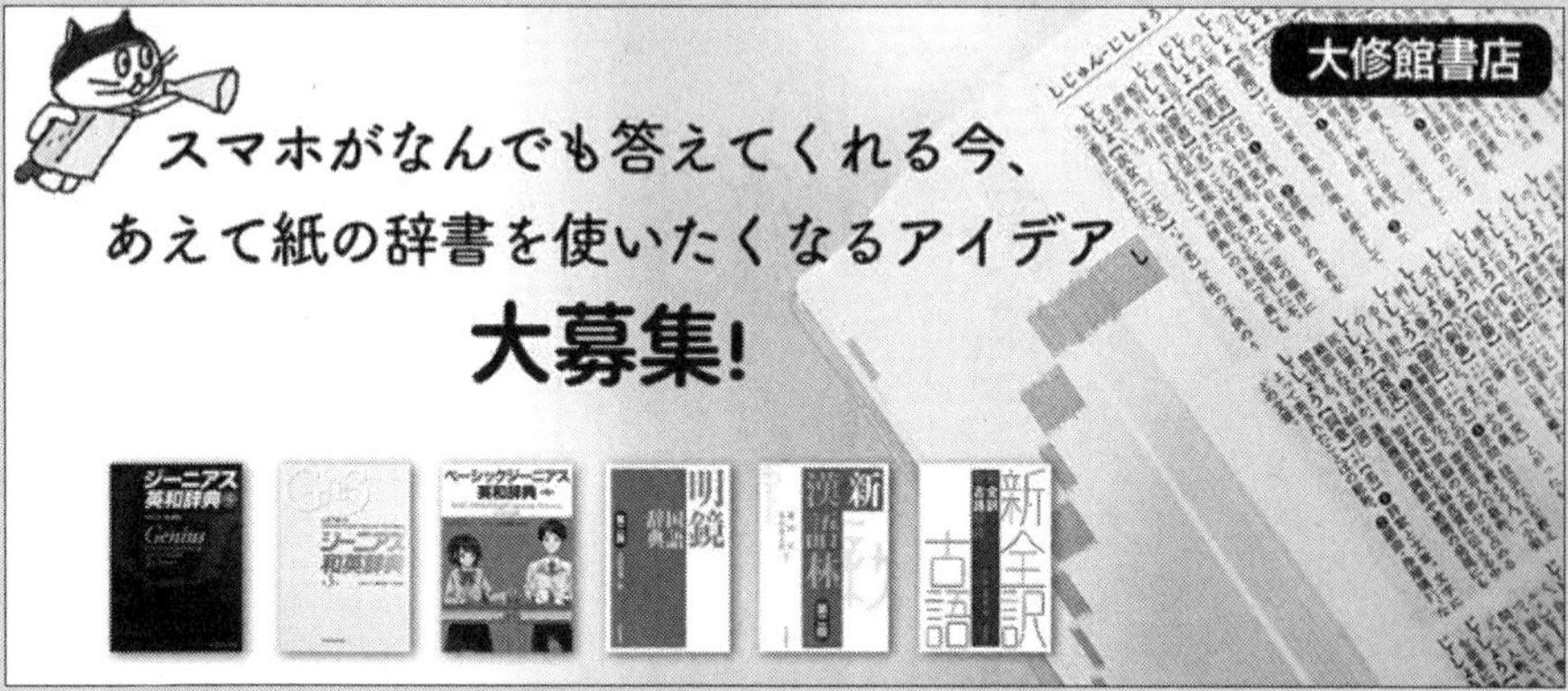

大修館書店

スマホがなんでも答えてくれる今、あえて紙の辞書をつかいたくなるキャッチフレーズ

大修館書店

協賛企業賞

新谷 由希子（17歳）東京都

1273ページ。
君の落書きがあるページ。

▼協賛企業のコメント

大修館書店
販売部宣伝Gグループ 課長
木村 一彦さん

新谷由希子さま、このたびは協賛企業賞の受賞おめでとうございます。受賞作を読んだときに自然と紙の辞書を開いた情景が目に浮かびました。凝縮された言葉で、紙の辞書であること、紙の辞書は友達同士の貸し借りが可能であり、記憶の拠りどころとなるマーカーやメモや落書きを物理的に固定した位置に書き込め、いつまでも残しておけることなどを言外に滲ませていただき、中高生の皆様に共感してもらえる作品と思い、選出させていただきました。最後に、当社課題にご応募くださいました皆様に心より御礼申し上げます。

個別審査２票

相澤巧人　大阪府
履歴、残りません。

相澤巧人　大阪府
人類史上最高のネタ帳。

森川彩音　東京都
まさか「コアラ」を調べてて、「恋」を知るなんて。

個別審査１票

相原崇太　沖縄県
調べたあとの自分を変える

阿部健大　東京都
スマホは何でも教えてくれる、辞書は真実を教えてくれる。

伊東昂哉　神奈川県
本は、苦手。未来は好き。

岩見美柚　東京都
その答え、紙のみぞ知る。

岡崎夏太　北海道
汚せるから美しい。

越智莉紗子　神奈川県
開いて広がる本の匂いと、それから世界

久米菜々香　千葉県
隣のやつも気になる。

坂本光月　静岡県
父と同級生になれた辞書

高橋音羽　北海道
知識がたまっていくのがわかる。

髙橋瑠里　群馬県
ホットミルクと夜中２時、キミがいるから頑張れる

谷口壮大　福岡県
コトバノニオイ

永井萌子　静岡県
調べたかった言葉のトナリ、君の名前を見つけた。

福本敦之　広島県
よい辞書は、匂いで選ぶ。

三堀咲季　東京都
知識の軌跡、残しとこ。

宮島梧子　神奈川県
目的地まで、思う存分寄り道できる。

横井綾乃　兵庫県
私は言葉に会いにいく

横山馨雅　茨城県
字引く書なり、ディクショナリー

横山真依　岡山県
知った言葉の数が重い。

米田昌生　東京都
「愛」だって、三行もあれば事足りる。

市立札幌啓北商業高等学校　生徒
重さはあるけど、ウソはない。

慶應義塾普通部　生徒
開くと、祖父の匂いがした。

三浦市立南下浦中学校　生徒
めくりめく。全ての言葉のうつろいを見る。

大阪学芸中等教育学校　生徒
スマホに情はない

近畿大学附属中学校　生徒
努力の数だけ黒くなる。

永谷園

思わずお茶づけを食べたくなるキャッチフレーズ

ナ

永谷園

協賛企業賞

大熊 里沙（16歳）千葉県

食べる時間は自由自在、広がる味は変幻自在。

▼協賛企業のコメント

永谷園ホールディングス
広報部 広報室長
石井 智子さん

このたびは受賞、誠におめでとうございます。このキャッチフレーズは当社の創業の商品「お茶づけ海苔」の無限の可能性を一言で表現しており、とてもよかったです。おいしさや食べるシーンをいろいろと思い描くことができました。「時間を問わず、好きなものをお茶づけにのせて、食べる味は自由に」まさに現在当社が取り組んでいる、お茶づけを自由に、楽しく食べる、と非常に合っていました。また、ご応募いただきました作品は、どれも「すごい」となってしまったもの、クスッと笑ってしまったもの、お茶づけを通じて、様々なシーンが想起させられ、たくさんのお茶づけのイメージを感じることができました。改めて「お茶づけが持つちから」ってすごいなと感じる機会となりました。ご応募いただきました皆様、本当に本当にありがとうございました。

個別審査1票

稲葉潤生　静岡県
食べるティータイム

伊平未紀　栃木県
おふくろには　まねできない　この味

江頭百々子　東京都
「お茶漬けのもと」と彼氏は、きらしたことないの！
と、先輩が言った。
なんか、かっこよかった。

江川夢　静岡県
お湯が恋人

大塚恵弥　静岡県
好きな時に、好きな人に、好きな物をのせて

小原尚起　東京都
ごちそうさまが温かい

梶原美雪　京都府
お母さんにも休暇を!!!

梶原有里　神奈川県
あなたの自立のすぐ側に

片岡真輝　岡山県
冷え飯で温もりを

加納実莉　兵庫県
お米とお茶のナイアガラ

上瀬綾菜　神奈川県
最優秀助演白米賞。

川邊結楽　群馬県
かざらない、おいしさ。

吉良陸人　福岡県
来世はお茶につけられたい。

来栖虹希　茨城県
ただのご飯も、お湯をかければA級グルメ。

坂井星　千葉県
パッと作ってポッとなる

高橋ひかる　東京都
お茶の香りがあるだけで湯気もここまで美味くなる

滝口百果　福岡県
忙しい母へ思いやり

田中篤志　福井県
ネクタイを緩めたその喉に。

谷脇友香　東京都
朝から日本を感じよう。

徳野貴大　群馬県
お茶碗一杯で行ける日本グルメ紀行。

豊間根幸愛　神奈川県
お茶づけにルールはない。

中嶋梨瀬　滋賀県
ポケットに入れて持ち歩こう

畑田和　兵庫県
人っておいしいものを食べると語彙力が落ちるよね。…お茶づけうめぇ…。

林拓弥　群馬県
お茶づけの具に違法はない。

ペロッツィミロ　東京都
全米が漬かりたい。

辺土天俊　沖縄県
テスト前、数式より前に浮かんできた。

松香朱律　京都府
ゆるんだ顔が見たいから

松波ひより　兵庫県
見つけよう、推し茶漬け。

松本青空　群馬県
「もういっぱい」でも
「もう一杯」がとまらない。

蓑原信太郎　兵庫県
退屈な日々に　ふりかけてみて　永谷園

村松優　京都府
勉強漬け、ならお茶漬け

森川彩音　東京都
ファストスローフード

山﨑和輝　福島県
3分待たなくていいよ

吉田廉士　福井県
日本最古のエメラルド

埼玉県立越谷総合技術高等学校　生徒
暑い夏には冷たく、寒い冬には温かく

私立三田国際学園中学校・高等学校　生徒
我が家は第二次米騒動

私立三田国際学園中学校・高等学校　生徒
結局一番ちょうどいい。

日本アルコン

初めてのコンタクトを「デイリーズ」にしたい、すすめたいと思わせるキャッチフレーズ

ナ

日本アルコン

協賛企業賞

山下 萌波（15歳）兵庫県

世界が変わる。私も変わる。

▼協賛企業のコメント

日本アルコン
ビジョンケアマーケティング部
グループマネージャー
木崎 真記子さん

このたびは、協賛企業賞の受賞おめでとうございます。また数ある企業の中でアルコンのデイリーズコンタクトレンズの課題にご応募いただきありがとうございました。デイリーズは、レンズの装着がしやすく、うるおって快適な着け心地をもたらし、1日使い捨てでケアの必要がないので、コンタクト初心者におススメのレンズです。コンタクトデビューは不安と期待が入り混じりますが、「世界が変わる。私も変わる。」のコピーは、少しの勇気を持ってその壁を突破した時に開ける新しい世界を容易に想像させる力強いコピーだと感じ、選ばせていただきました。最後に、当社の課題にご応募くださったすべての皆さまにお礼を申し上げます。

個別審査2票

齊藤優香　北海道
眼鏡が似合わない人はいます。
コンタクトが似合わない人はいません。

三好春陽　愛媛県
恋だけど、盲目じゃない。

個別審査1票

磯野穂乃夏　千葉県
メガネでプリクラじゃ盛れない。

岩見美柚　東京都
始めてみよう。初めて見よう。

岩見美柚　東京都
デビューシングルじゃない、デビューダブル。

大城こころ　群馬県
俺と付き合ってください。

櫛田智文　千葉県
コンタクトをコンパクトに。

齊藤優香　北海道
初めては怖いよね。
大丈夫。優しくするよ？

齊藤優香　北海道
せっかく隣の席になれたのに、黒板が見えないなんて

繁田晟　東京都
スポーツ中、メガネ邪魔じゃない？

清水将也　北海道
今日を外して、明日を見よう

中島耕太郎　東京都
I love eye.

R本田喜咲　愛知県
メガネじゃグラサンかけれない

丸山美咲　岐阜県
本当に入った？
痛さの少ないコンタクトレンズ

静岡県立三島長陵高等学校　生徒
青空に枠は似合わない。

五條市立野原中学校　生徒
あの人は気づいてくれるかな。

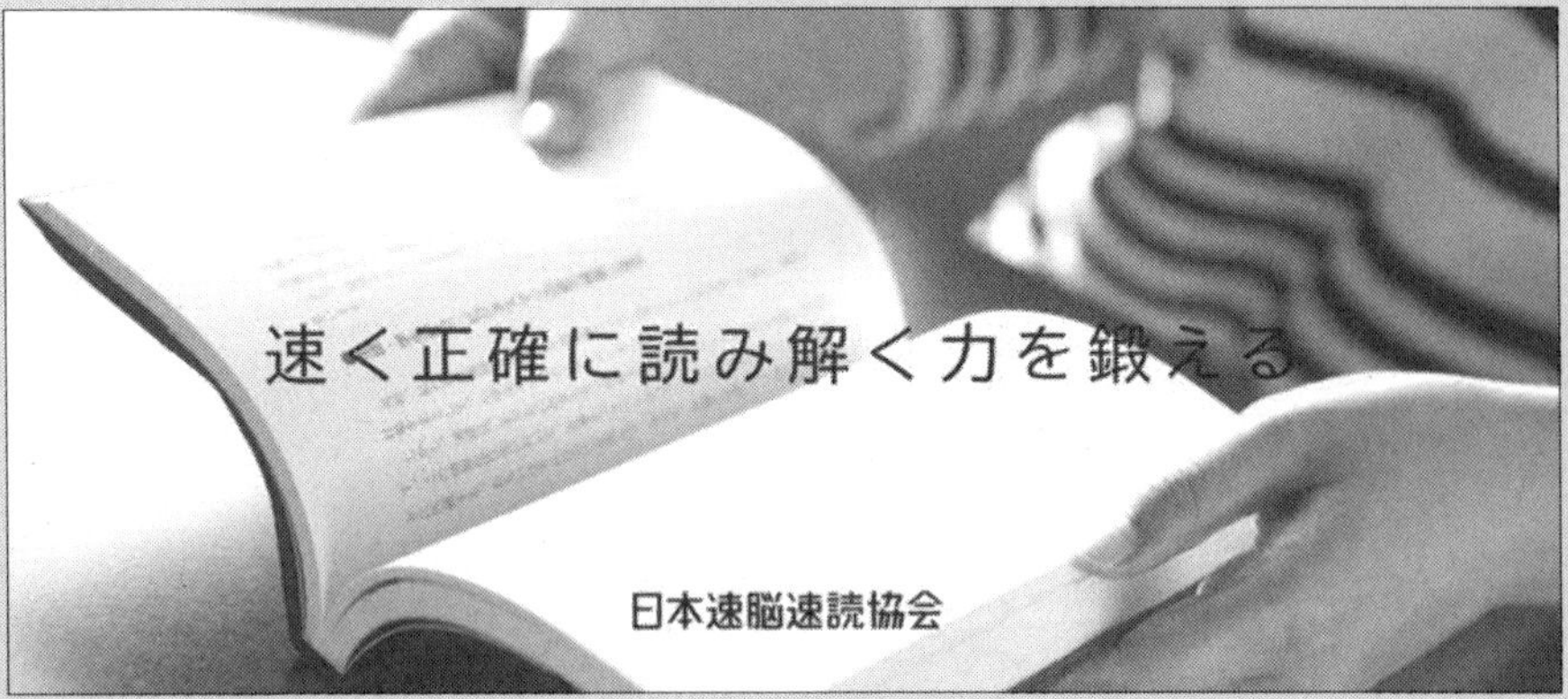

日本速脳速読協会

『速読』ができるようになりたい!と思えるようなキャッチフレーズ

協賛企業賞

本が嫌いだったんじゃなくて、本を読めない自分が嫌いだった。

立石 麻依（17歳）愛知県

▼協賛企業のコメント

日本速脳速読協会
代表
高橋 智恵さん

このたびは協賛企業賞の受賞、誠におめでとうございます。今回の選考には社員全員が参加し、楽しみながらも真剣に協議し、立石様の作品を選ばせていただきました。速読トレーニングの成果として、全国の受講生から、「本が好きになった」「本をたくさん読めるようになった」というお声をたくさんいただきます。速読トレーニングを通して活字に慣れ、様々な文章に触れることで、読書に対する苦手意識をやわらげて、「読む楽しさ」を知ってほしい。そして自分自身の読書観の育成・成長を通してもっと自分を好きになってほしい。今回の受賞作品は、そんな私たちの願いが実を結んだと感じさせてくれる作品でした。速読の普及を通した「良書多読による、新たな書籍や情報との出会いの提供」という私たちの使命に対して、立石様はじめすべての皆様の応募作品から励ましをいただいた気がします。すばらしい作品をありがとうございました。

個別審査2票

野口瑞穂　東京都
速読術（そくどくじゅつ、英：speed reading）とは、文章を速く読むための技術であり、時には読書法も含まれる場合もある。読書速度を向上させ、効率的に大量の書物を読破する技術である。速読術を習得するには、視野を広げたり、理解度の向上が必要であるが、さらに情報を引き出す速度を改善する必要もある。速読の目を作るための訓練と、速読の脳を作るための訓練が必要であるといえる。いくつか速読の方法論があり、かつては上記のような文字を写真記憶するなどの、強く個人の才能に依存する方法が主流であったが、徐々に科学的な訓練方法が確立されつつある。（wikipedia より）

ペロッツィミロ　東京都
テストの時間が伸びた気がした。

個別審査1票

新井柚月　神奈川県
ニコ生のが読める

今池晶緒　兵庫県
真犯人が早く知りたい

江頭百々子　東京都
録画したドラマを倍速で観てるんだから、本も速読したくない訳がないよな。

奥村千咲　滋賀県
1日25時間。

葛生伸房　東京都
受験戦争最強アプリ

五島萌　兵庫県
唯一の難点は、本への出費が増えること。

小森玲那　神奈川県
くっ…。内容が直接脳内にっ…！

齊藤優香　北海道
時間を貯金できる

齊藤優香　北海道
取扱説明書と向き合えるようになった。

酒井琉　千葉県
文庫本が薄くなる。

酒匂ちひろ　鹿児島県
村上ワールドを、日帰りで。

高橋音羽　北海道
あなたの一冊は、わたしの三冊。わたしの人生は、あなたの三倍。

田口友喜　岐阜県
新刊の結末をだれより速く知りたいなら。

田島幸奈　長野県
地球のスピードがゆっくりだ

田中蒼　神奈川県
二眼レフで秒冊スキャン

中島健翔　東京都
スポンサァーイマスカァーーー？Ｗｗｗ

仲山賢　神奈川県
あいつよりも先に、真犯人を知れた。

西富韻乃　愛知県
速読を始めたら、あの子の心も読めるようになった。

八田裕貴　愛知県
すきま時間に読み終わる。

八田裕貴　愛知県
走るのが速い子より、読むのが速い子が点数がいい。

八田裕貴　愛知県
みんなが解き始める頃、私は見直しをしていた。

ペロッツィミロ　東京都
運のいいことに、読書に速度制限はない。

牧野暖　大阪府
人生の時間が長くなりました。

村田彩果　茨城県
世界がいきなりおそくなった。

森川彩音　東京都
めざせ、１００文字９秒台。

市立札幌啓北商業高等学校　生徒

スマホの速度制限はかかる。でも脳の速度制限はかからない。

山口県立防府商工高等学校　生徒

かけっこはビリだけど、ボクはクラスで一番速い。

日本デザイン振興会

中高生に「グッドデザイン賞ってどんな賞?」を伝えるキャッチフレーズ

協賛企業賞

福岡 悠（15歳）東京都

ほら、君のとなりにグッドデザイン。

▼協賛企業のコメント
日本デザイン振興会
事業部 課長代理
林 良子さん

福岡さま、協賛企業賞受賞、誠におめでとうございます。また、グッドデザイン賞の課題にご応募いただきました皆さまに心より御礼を申し上げます。未来のコピーライターがこんなにも才能に溢れていることに感嘆し、多くの気づきをいただきながらこの難しい選考に向き合いました。グッドデザイン賞は、あらゆるデザインが対象となる日本唯一の総合的なデザイン賞として、60年以上にわたり活動を続けていますが、今回選出された「ほら、君のとなりにグッドデザイン。」は、ともすれば専門的で遠くの存在に思われがちなデザインやグッドデザイン賞を、爽やかにそして身近な存在として表現してくださいました。デザインは、皆さんが通う学校生活の中においても、デザインされていないものごとを見つけ出すのが難しいくらい、実は私たちの生活に欠かせない身近な存在です。このキャッチフレーズは、さまざまな人の工夫や知恵の詰まった「グッドデザイン」が、私たちのすぐそばにあることを伝えることができると感じ、選ばせていただきました。ありがとうございました。

個別審査２票

相澤巧人　大阪府
物のミスコン

個別審査１票

岩見美柚　東京都
人の創造力は、私の想像力を越えてくる。

宇津木熙了　茨城県
この俺を産んだ母にグッドデザイン賞をください。

大橋建斗　東京都
（このポスターにふさわしいデザインを考えて下さい）

坂口凜　千葉県
これ考えた人天才で賞

手塚千遥　神奈川県
Ｓｕｉｃａってグッドデザインなんです！

伯耆田駆　群馬県
親の顔より見たデザイン。

宮城彬良　大阪府
身近な美の「証」です。

埼玉県立越谷総合技術高等学校　生徒
たわしがもらったのは〇〇〇〇〇〇賞

バンダイナムコアミューズメント

バンダイナムコアミューズメントをみんなにアピールするキャッチフレーズ

協賛企業賞

望月 仁（15歳）静岡県

夢よりもっと、面白く。

▼協賛企業のコメント

バンダイナムコアミューズメント
コーポレートコミュニケーション部
渡邊 仁一さん

この度は、協賛企業賞の受賞おめでとうございます！今回の課題は、バンダイナムコアミューズメントをたくさんの人にアピールしていただくという課題で皆様にご応募いただきました。数多くの応募作品をいただき、関係者一同、喜びの声を上げるとともに、甲乙つけ難い良作が多く、賞の選出は大変難航しました。そんな中で望月様の作品は、社内投票で最終選考を行った結果、最も多くの票を集め、従業員の心に響いたものとなりました。いただいた作品は課題に対する的確な答えであるとともに、学生の皆様が当社の事業をどのように捉えられているかといった評価でもあると思います。望月様の作品はもとより、皆様からいただいた評価を今後のコミュニケーション活動に生かしていきたいと思います。改めまして、この度は素敵なキャッチコピーをお考えいただきありがとうございました。

個別審査1票

浅野瑞歩　東京都
ゲーム中なら言えるかも

朝海美加　群馬県
「まじめ」にふざける。

石橋七海　東京都
手拍子のリズムが狂わない！

伊藤正光　東京都
娯楽の賽銭箱

岩渕大悟　長野県
全身全霊の遊び

今倭人　神奈川県
みんなのために、がんバンダイ!!!!

須藤彩歌　千葉県
夢かと思ったらゲームだった。

髙森晴也　千葉県
ようこそ実力主義の遊び場へ

高野湊太　茨城県
お母さん！ねだって100円をGETせよ！

高橋千菜　千葉県
手だけで遊ぶな。身体で遊べ。

鳴瀬拓実　兵庫県
「理想」なんてもう遅い

塗師凛　北海道
ゲームがないと生きれない

野中渉太郎　茨城県
100円あったらバンダイナムコ

引田菜津美　千葉県
ゲームで始まって、ゲームで終わる1日。なんて最高なんだ。

藤井悠太　茨城県
時計？そんなのほっとけい。

ペロッツィミロ　東京都
ゲームでボルトになれる時代。

ペロッツィミロ　東京都
決闘値が上がりまくってるぜ。

R本田喜咲　愛知県
話題に困る暇がない

森光玲仁　福岡県
さあ、太鼓でノリノリするわよ

山本悠冬　奈良県
いろんな人とクロスオーバー。

芳村萌絵美　岡山県
みんなの好きがつまってる

市立札幌啓北商業高等学校　生徒
百円を楽しさに両替

慶應義塾普通部　生徒
電車の中ではできないゲームがある。

BRIDGESTONE

ブリヂストンサイクル

中高生が電動アシスト自転車で通学したくなるキャッチフレーズ

ハ

ブリヂストンサイクル

協賛企業賞

あの子にフラれた。ペダルは軽い

竹中 藍（14歳）千葉県

▼協賛企業のコメント

ブリヂストンサイクル
マーケティング部 商品企画課 課長
田中 周平さん

このたびは、協賛企業賞受賞おめでとうございます。今回は「中高生が電動アシスト自転車で通学したくなるキャッチフレーズ」というテーマで募集を致しました。リアルユーザーとなる中高生から瑞々しいコピーを沢山ご応募頂きありがとうございました。沢山の作品の中からこの作品を選ばせていただいた理由は「中高生の複雑な気持ちを表している」「電動アシスト自転車の機能的ベネフィットをわかりやすく伝えている」「リズムがありポジティブである」という点です。全体的に通学から想起される〝ダルさ〟、〝疲れ〟、〝遅刻〟に関連したネガティブな気持ちをコピーにしたものが多かった中で「明日からもまた自転車で通学しようと思える明るさを感じるキャッチフレーズ」を選出しました。素晴らしい作品をありがとうございました。

個別審査2票

大島尚子　東京都
貴族の通学。

河野彩香　東京都
睡眠時間を生み出す機械。

個別審査1票

今倉承太郎　福岡県
筋トレは部活だけでいい。

岩山晃子　鹿児島県
オープンカーで通学だ！

尾崎貴駿　千葉県
アシをアシスト!!

倉辻陵太郎　東京都
未成年は車に乗れない

小南翼　京都府
俺らの知ってる「チャリ」じゃねえ

髙岡麻衣　愛媛県
しんどいの2乗か楽しいの2乗か

鶴田萌　京都府
勉学は楽ではないが通学は楽。

冨樫龍虎　神奈川県
…教科書、軽っ。

怒和洸貴　広島県
競輪選手になりたい人には向いていません。

橋本真由香　兵庫県
次、あいつ抜かそう

藤本季音　岡山県
上り坂か下り坂か分からない

藤原虎郎　東京都
いつも座れる特急車

ペロッツィミロ　東京都
テスト前心拍数と、
テストの点数が、
釣り合ってきた。

堀桜輔　東京都
若くたって楽していいんだよ…

森川心　千葉県
まだ立ちこぎしてんの？

吉岡希　茨城県
置き勉はもうさらば

茨城キリスト教学園中学校高等学校　生徒
午後8時までの自由

茨城キリスト教学園中学校高等学校　生徒
まだセグウェイ乗っているんですか？

茨城キリスト教学園中学校高等学校　生徒
坂を待ってる自分がいる。

常総学院中学校　生徒
坂がない町

私立三田国際学園中学校・高等学校　生徒
「コイでうまれる恋」

東京学芸大学附属小金井中学校　生徒
消しカスの軽さを足に。

東京学芸大学附属小金井中学校　生徒
これであなたもスネオ気分！

東京学芸大学附属小金井中学校　生徒
「買ったその日から目覚ましの針は十五度左に!!」

慶應義塾普通部　生徒
通学路の坂がいつのまにか減った。

マンダム

GATSBY ヘアジャムを一度使ってみたくなるようなキャッチフレーズ

協賛企業賞

伊藤 凜音（15歳）千葉県

完璧な人の、手抜きなところ。

▼協賛企業のコメント

マンダム
執行役員／
コミュニケーションデザイン部 部長
内山 健司さん

このたびは協賛企業賞の受賞、おめでとうございます。「完璧な人の、手抜きなところ。」は、「かっこいい」「おしゃれ」を身近に感じ、一回ヘアジャム使ってみようかな！という気持ちにさせられる魅力的なキャッチコピーだと考え、選ばせていただきました。また、「手抜きなところ」というフレーズは、マイナスのイメージをもたらすことなく、ヘアジャムの「時短」「テクニックフリー」という特徴をうまく表現されていると感じました。素敵なキャッチコピーのご応募、ありがとうございます。今後もギャツビーは、身だしなみとして外見を整えるだけでなく、化粧品を通じて生まれる感情や仲間との繋がりまで含め、みなさんが青春時代を笑顔で生き生きと過ごせるよう、サポートしていきます。

個別審査２票

齊藤優香　北海道
雰囲気でなんとかなる時代です。

個別審査１票

池田結　福井県
寝癖がかわいい時期は終わった。

太田祥介　群馬県
サイヤ人はみんな使ってます。

笠原七五十　静岡県
坊主だけど買っちゃった

柏原光　広島県
woman or man にもてたい you へ

角涼健　長野県
時間はねえが、ヘアジャムはある。

北山聡子　静岡県
やっと制服じゃない君が見られるんだ。

酒井悠太　千葉県
「トメ」「ハネ」が大事です。

笹岡萌夏　群馬県
髪があるうちに使わなくちゃ。

玉木志織　沖縄県
キレイになるのに性別は関係ない。

仲山賢　神奈川県
もう美容院のせいにはしない。

中山陽仁　千葉県
オイル没収！

西村絢太　神奈川県
つけるのはワックスじゃない。自信だ。

ペロッツィミロ　東京都
ジャムも滴るいい男。

八木莉可子　滋賀県
ハゲる前に遊べ。

福島県立白河実業高等学校　生徒
パンにはジャム、髪にもジャム。

都立多摩高等学校　生徒
陰キャラ卒業

都立多摩高等学校　生徒
ヘアジャム　食べ物じゃなくてつけものです

慶應義塾普通部　生徒
あと２分で告白、残り１分ジェル

慶應義塾普通部　生徒
偉大なるギャッツビー

慶應義塾普通部　生徒
ＧＡＴＢＹで彼女をＧＥＴＢＹ

新潟県立五泉高等学校　生徒
〝ボク〟から〝オレ〟に

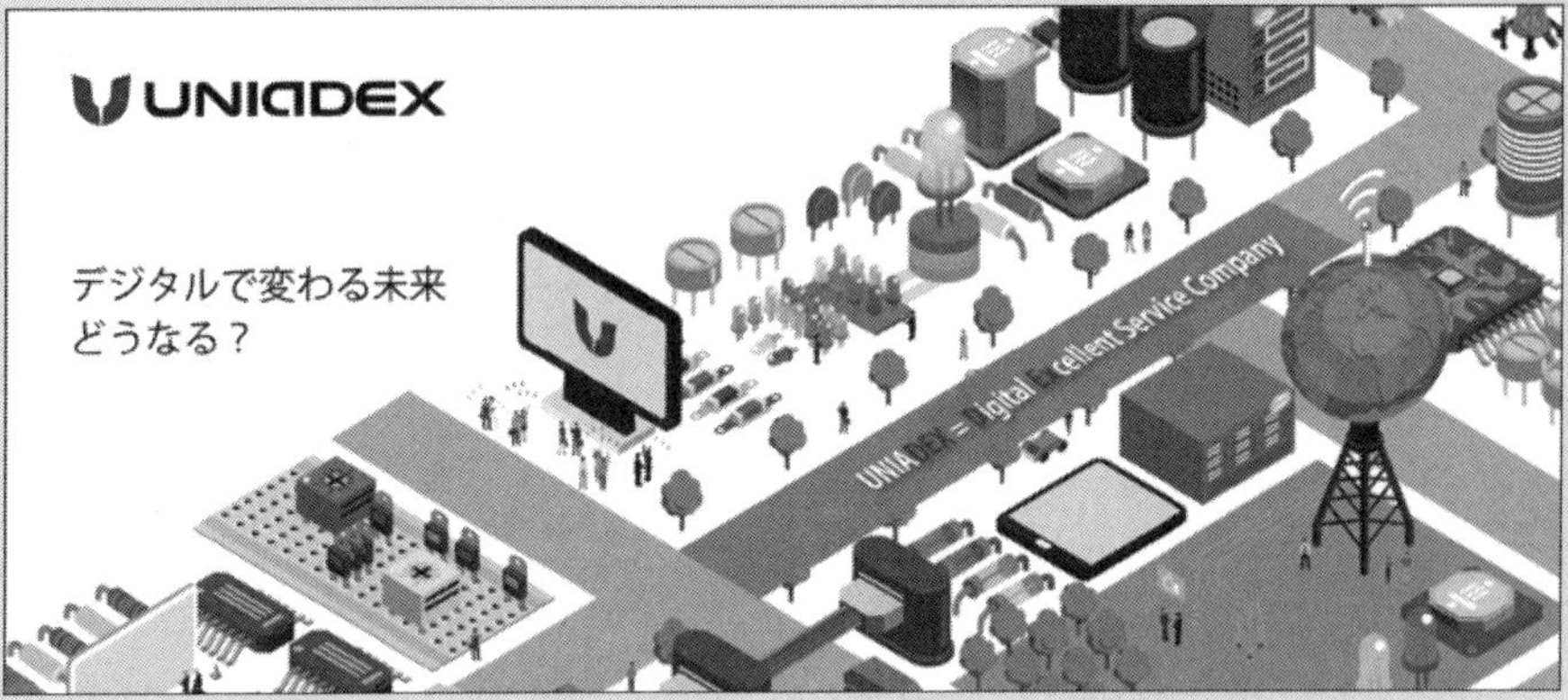

ユニアデックス

デジタル技術でエクセレントになった未来の学校生活を表現するキャッチフレーズ

ヤ

ユニアデックス

協賛企業賞

青木 星樹（13歳）茨城県

3年B組 AI先生

▼協賛企業のコメント

ユニアデックス
企画部広報室 グループマネジャー
齊藤 克彦さん

未来のＡＩ先生はモニターに映る映像だけなんだろうか？アンドロイドなんだろうか？たまに笑いをとって生徒を喜ばせているのかな？「俺、Ｃ組のＡＩ先生の方が好きだな」とか言われちゃってたりして。モンスターペアレントをねじ伏せているんだろうか？未来の不良（ってどんな？）を更生させているんだろうか？腐ったミカンの方程式に涙しながら抗議してるんだろうか？生徒と夕日をバックに走っていたら笑える。このコピーでさまざまな光景が思い浮かび、想像が膨らみました。デジタルの世界でも学校生活は喜怒哀楽と希望の渦。そこに心通わすＡＩ先生がいればエクセレントな気がする。シンプルイズベスト。

個別審査1票

海沼慶信　長野県
忘れた弁当、ドローンで届く。

上瀬綾菜　神奈川県
名前も知らないあの人は、わたしのクラスメイトです。

杉岡幸真　大阪府
日直！先生の電源いれといて！

髙橋叶和子　茨城県
忘れものなんてもうどこにもない。

仲山賢　神奈川県
悪かったテストも、破れない。

萩原真菜　東京都
先生なんて必要ない。
私たちで学びにいくんだ。

林優志　東京都
私の学校の先生は生きていない。

藤本南花　東京都
告白は直接が一番。

ペロッツィミロ　東京都
そのアイディア、
ちょっとこっちに投げて。

真家公輝　神奈川県
未来では校長の長い話だけ残りました。

慶應義塾普通部　生徒
君のいる場所が、学びの場だ。

慶應義塾普通部　生徒
バッグで教師を持ち帰り

慶應義塾普通部　生徒
肩の凝った学生は、もういない

私立滝高等学校　生徒
置き勉？どんな意味だっけ？

読売中高生新聞

読売中高生新聞を思わず読みたくなるキャッチフレーズ

協賛企業賞

週に一度のワタシアップデート

工田菜央（18歳）大阪府

▼協賛企業のコメント

読売中高生新聞
読売中高生新聞編集長
石間 俊充さん

ステキなキャッチフレーズ、ありがとうございます。そして、協賛企業賞の受賞おめでとうございます。「アップデート」という言葉には、シビれました。中高生新聞の理想像を鮮やかに表現してもらえたからです。勉強や部活に忙しい中高生にとって、社会の最先端の動きをじっくり学ぶ余裕ってそうそうありません。だからこそ、週に一度、10代が知っておくべき世の中の動きをコンパクトに、分かりやすくまとめて届ける。それが読売中高生新聞の役割です。編集室ではこのキャッチフレーズを胸に、これからも10代が「アップデート」できる記事をどんどん発信していきたいと考えています。

個別審査1票

相澤巧人　大阪府
1枚めくると、「大人」があぐらをかいている。

伊藤佑里香　愛知県
自分に都合の悪い情報、求めてます。

稲垣鈴音　茨城県
この子、私と同い年なんだ・・・

角涼健　長野県
自分をアップデートしろ。

熊田琴乃　福島県
薄っぺらい私の人生を
薄っぺらい紙が変えた。

黒川健世　愛知県
R12・U18

胡倫太郎　兵庫県
ブルーライトはもうやめた

齊藤優香　北海道
平然と嘘をつく大人が嫌いだ

杉岡幸真　大阪府
百聞は新聞にしかず。

谷口輝流　埼玉県
新聞はスワイプできない。

東野良輝　兵庫県
将来、この政治家に投票しよう。

牧野暖　大阪府
社会のカンニングペーパー。

村田航輝　福岡県
それは、究極の
「世」のトリセツ。

米田昌生　東京都
オトナな大人になりたいから

米田昌生　東京都
最近の政治マヂヤバくね？

米田昌生　東京都
自分の延長線上に、大人があるとは思えない

渡邉りょう　北海道
君はこれ見てどう思う

山形県私立新庄東高等学校　生徒
光る情報は、スマホだけじゃない。

慶應義塾普通部　生徒
大人でも子供でもない中高生の新聞

中高生部門
審査講評

渡辺 潤平

渡辺潤平社

コピーライター。博報堂入社後、groundを経て渡辺潤平社設立。最近の仕事にGYAO!「ギヤ王」、スポナビ　プロ野球速報アプリ、キレイモ「KIREIMO 100% GIRLS!!」、正露丸「全下痢対応」、Bリーグ新聞広告シリーズなど。京都精華大学非常勤講師。

イクラ軍艦。大人のカタイ頭からはまず出てこないであろう、暴れた言葉に出会えることが、中高生部門を審査する最高の楽しみです。いいコピーを書こうとすると、なかなかしんどい。でも、誰かをビックリさせたり、思いっきり笑わせようと思いながら考えると、一気に楽しくなってくる。そこが、コピーの醍醐味です。

阿部 広太郎

電通

コピーライター／プロデューサー。電通コンテンツビジネス・デザイン・センター所属。作詞や企画など、言葉の力を軸にコンテンツ開発を担う。さくらしめじ「先に言うね」作詞、向井太一「FLY」「空　feat.SALU」「Blue」共作詞。映画「アイスと雨音」、映画「君が君で君だ」、舞台「みみばしる」プロデューサー。BUKATSUDO講座「企画でメシを食っていく」主宰。著書に、『待っていても、はじまらない。―潔く前に進め』（弘文堂）詳しくはTwitter：@KotaroA へ。

考え抜いた先に、ふと浮かんだような、その人の本音が込められていると感じるコピーが好きです。「大切な人に贈る言葉を探しなさい」と、そして選には漏れましたが「今日から君は、ゆで卵だ！」大好きです。応募して、この文章を読んでいるあなたへ。書き続けてほしいです。そしていつかお会いできたらうれしいです。

栗林 和明
チョコレイト

Planner/Buzz Machine。2011年、上智大学卒業後、博報堂に入社。総再生回数 "3億突破"。話題の量・質・精度を高める。過去100社以上の話題化案件を担当。2016年JAAAクリエイター・オブ・ザ・イヤー最年少メダリスト受賞。2017年米誌 AdAge「40 under 40」に選抜。カンヌGOLDやACCグランプリなど、60を超える海外賞を受賞。主な担当作品はスマホジャックMV「RUN and RUN」、ソフトバンク「私立スマホ中学」、日産自動車「Intelligent Parking Chair」など。

皆さんの応募を見て一番驚いたのは想像以上に皆「コピーっぽい」こと。良い意味でも悪い意味でも、広告らしいコピーを目指してくれてるなぁと。だからこそ、背伸びしない言葉、まっすぐな言葉、等身大の言葉、自分の視点・体験が滲みでる言葉が一際光っていました。それこそが、新しい時代を作る言葉なんだと思います。

小藥 元
meet&meet

コピーライター。1983年1月1日生まれ。2005年博報堂入社。2014年8月独立、meet&meet設立。これまでの主なコピーワークに、カゴメ120周年「進めカゴメ。」錦糸町パルコ「変わる、はじまり。」キレートレモン「わたしは、まいにち、生まれる。」ニチガス「でガ割」PARCO「PARCO_ya・パルコヤ」ダイソー300円ショップ「THREEPPY」などがある。

宇宙人が怖いのは、言葉が通じないからなのかぁ。審査のPCを離れても、車の中でずっと納得していました。いいものは、時間を経っても反芻してしまう。やはり賞になりました。同時にこれはいいのになあと思っていた作品が最終に上がっていなかった。コピーは難しいです。

坂本 美慧
博報堂

コピーライター/CMプランナー。1988年東京都生まれ。慶應義塾大学環境情報学部卒業後、2011年株式会社博報堂入社。主な仕事にリクルートホールディングス『ゼクシィ』、サントリー食品インターナショナル『サントリー烏龍茶／菊池ボトル』、森永乳業『MOW』、三井住友海上『企業』、NHK Eテレ『オトッペ』など

とても票が分かれた審査でした。そしてそれぞれの審査員の自身が投じた一票への思い入れが強く、白熱の審査でした。そうか、やっぱりコピーに正解ってないんだな。自分が本気で良いと思えるものを書くしかないんだな。って教えてもらいました。自分が良いと思うものを信じるしかない職業って、最高です。

佐藤 舞葉
電通

日本のコピーライター、CMプランナー、会社員。東京都品川区に生まれ、目黒区で育つ。神奈川の大学を中退後、京都で農学の研究に従事。カメラマンのアシスタント、カフェ店員を経て、2010年電通入社。2013年、パイロットの新聞広告/ラジオCMでTCC新人賞を受賞。以降、au三太郎シリーズで2015年TCC賞、2016年TCC賞グランプリ、2017年TCC賞を受賞。近年、働き方改革にも積極的に取り組み、なるべく寝るようにしている。

「全てのこどもは、大人より優れている」それが私の考えです。故に、「学生らしい」とか「荒削りな」「瑞々しい感性」といった評価軸は若者に失礼だと思い、シンプルに、自分の心にぶっささる表現か。それだけで判断しました。

中塚 未央

博報堂

CMプランナー。1984年生まれ。武蔵野美術大学卒業後、2007年博報堂入社。主な仕事に、Shop Japan「ワンダーコア」、NTTドコモ「dTV／dマガジン／dヒッツ」シリーズ、森永製菓「ハイチュウ」、ピップ「エレキバン／マグネループ」、ANAなど。

昨年からさらに増えた応募数！中高生のみなさんのやる気に驚くばかりです。数が多い分、一見倍率は高そうですが、似たような切り口のコピーも多いので、少しでも変わった角度からの発見があれば入賞を狙うことが可能だと思います。友達と大喜利感覚で楽しんでもらえたらいいなと思います。

村田 俊平

電通

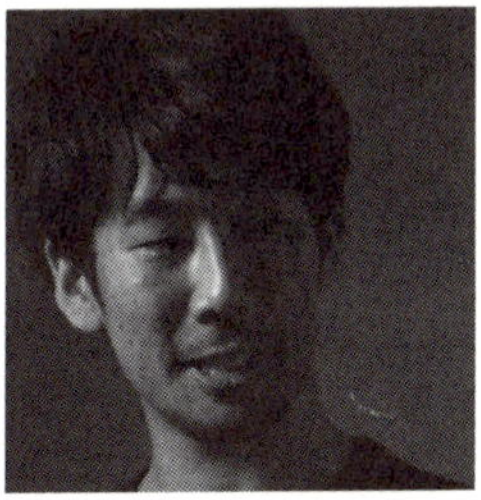

CMプランナー。1983年6月7日、父吉正、母ちさととの間に、村田家の嫡男として杉並区の東京衛生病院にて生を受ける。出生時の体重は3160グラムと平均的であり、ちさと初産にしては安産であったという。その後いろいろあって、TCC賞など受賞。

決勝では「宇宙人が怖いのは言葉が通じないからだと思う。」を推しました。読後感が肯定的なこと、英会話だけではなくコミュニケーション全体にブランド価値を広げる試みがいいと思ったからです。ただ一方で、エイリアン2の腹を突き破ってでてくるエイリアン。「あれが喋ったらめっちゃこえ～」とも思いました。

五明 拓弥

よしもとクリエイティブ・エージェンシー

芸人。2005年に遠山大輔、佐藤大と共に、お笑いトリオ「グランジ」を結成。2016年、東京ガスのラジオCMを機に広告制作に携わるようになり、同作で2016年度TCC新人賞を受賞。受賞歴に第45回フジサンケイグループ広告大賞・メディア部門ラジオ最優秀賞、第11回ニッポン放送CMグランプリ、ACC TOKYO CREATIVITY AWARDなどがある。

審査会が終わってからというもの、いくら軍艦が前よりも美味しく感じません。好きだったので困っています。

遠山 大輔

よしもとクリエイティブ・エージェンシー

芸人。

今年も僭越ながら審査させて頂きました! いつも思う事ですが、今回も中高生が持つ淀みのない純粋な熱量に圧倒されました! 僕としては審査というより楽しませて貰った感覚です! 皆さん、これから色んな職業に就くと思いますがもしもクリエイターになる方がいたら、どうか我々グランジを宜しくお願い致します。

内田 珠鈴

アイエヌジー／つばさプラス

2001年4月26日生まれ。福岡県出身。歌手として自身で作詞を行い、「めざましテレビ」イマドキガールや「オールナイトニッポンi」パーソナリティーなど、歌手・モデル・女優とマルチに活動中。2月22日「君はもういない」デジタルリリース。

中高生にしか書けないようなユニークな作品から、中高生が書いたの？と思うほど素晴らしい作品まであって、面白かったです。私は歌詞を書くのですが、覚えやすくてインパクトのある文を書くという部分で作詞とコピーは似ていて、審査をするだけで勉強になりました。応募してくださった皆様ありがとうございました！

歴代グランプリ受賞作品

第1回 62年

サントリー　サントリービール

最初のノドごしをお聞かせください

金内一郎　東京都

第2回 63年

栗田工業　企業広告

水・け・ナシでとどけられますが

柿沼利招　神奈川県

第3回 64年

タイムライフインターナショナル　タイム国際版

長さ28センチ幅21センチのICBM

脇田浩定　東京都

第4回 66年

該当者なし

第5回 67年

該当者なし

第6回 68年

アラ商事　ARAネクタイ

ときには、発言力まで強めます

駒井武夫　神奈川県

第7回 69年

東洋紡績　エステリーナ婦人服

エステリーナを着たらまず、お兄さんで試してみましょう

久保田忠男　東京都

第8回 70年

該当者なし

第9回 71年

ジャルパック　JOYハワイ

8月37日――。

佐伯仁　神奈川県

第10回 72年

該当者なし

パイロット　企業広告

糸井重里　東京都

V	O

①机に置かれた便箋。和服の男手紙を書く。

※全体にパッパパとばかり早いテンポでカットつなぎ
※この部分のみアニメーション。

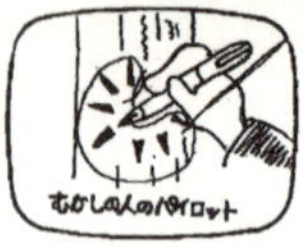

アニメ合成。
万年筆光り
「むかしの人の」スーパー入る。

CUT

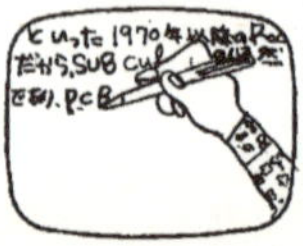

②若者の手。
数字，英文字まじりの横書き。

アニメ，音符とび出し。
スーパー「このごろの人の……」

CUT

③若者の手。
早書き，恋人への手紙。

アニメ，ハートとぶ。スーパー「モテてる人の……」

CUT

④ゆっくり，ていねいにペンを進める手。

（O）※音は特に限定しない。近所の雑音人間が生きて生活を営んでいるという風な，無意味な音が欲しい。どれもこの画面ではない「近所」の雑音であり，「このCFを見ているその人」自身のまわりの騒音の増幅と考えられる。（例）
・子供がピアノを練習している。ヘタな音楽。
・テレビのメロドラマの音声（となりの家の）。
・かけって通りすぎる小学生。
・母親の小言。
・あまり品のよくない井戸端会議の笑い声。
etc。
※あくまでも，音に特別な注意をむけないような配慮で〝風景〟としてのAUDIOが必要なのである。

↓

以下同様

V	O

アニメの涙おちる。
スーパー
「モテてない人の……」

CUT

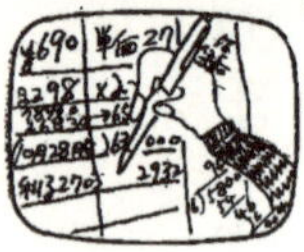

⑤こまかい，計算すばやく動くペン

アニメ合成，イナズマ！
スーパー
「がんばる人の……」

⑥マンガのラクガキ。なげやりに描く手。

アニメ，マンガのシンボルがいろいろととびだす。
スーパー
「ひまな人の…」
CUT

DI
いままでの手いっせいに登場！
スーパー
「いろんな人のパイロット」

DIS

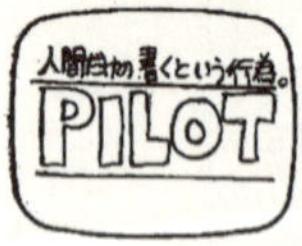

ロゴタイプ（でっかく中央に！）
「人間だけの書くという行為」という文字がその上にペン字で書かれる。

（O）25秒↓ 沈黙

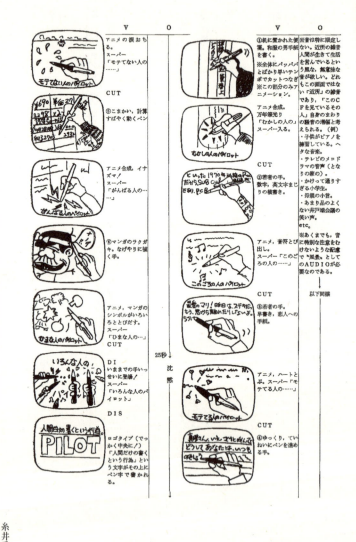

第12回 74年

該当者なし

第13回 75年

該当者なし

第14回 76年

アメリカ屋靴店　イメージアップ広告

25の靴ない?って
大声できける女の子はすてきだ。

佐藤裕子　東京都

第15回 77年

該当者なし

第16回 78年

松下電器産業　ホームビデオ マックロード55

さらば、視聴率。
こんにちわ、録画率。

伊藤裕康　岐阜県

第17回 79年

該当者なし

ソニー商事　ソニーウォークマンTPS-L2

V	A
満員電車の中をイメージさせるような人の過密集団。（回りはハイ・キーの状態とする）	NA（男） 彼は，今， 小さなステレオ カセット プレーヤー
〜	
その中に「ウォークマン」を楽しんでいる男が1人います。（絵柄として，彼が目立つよう工夫する）（ウォークマンのアップも映す）C.I	「ウォークマン」 で大好きな音楽 を楽しんでいる わけですが…
SEとともに，いきなりオーケストラが彼の回りに現われます。	SE—C.I ジャ・ジャ・ジャ・ジャーン♪ NA　ま，こういう状況にあるわけですね。
〜	〜
C.I また，もとの絵にもどります。	何気なく人中で 聴いているよう に見えますが…
が，しかし…	

V	A
また，SEとともに，いきなり怒トウの大波が彼の背後に迫って来ます。	SE—C.I ジャ・ジャ・ジャ・ジャーン♪ NA　やはり，こういう状況を楽しんでいるわけです。
〜	〜
O.L そして， 商品ディスプレイ。	いつでも どこでも ステレオ音楽。
〜	
画面右から左へと「ウォークマン」のロゴタイプが走って行きます。	SE・トットットッ…（ウォークマンのロゴタイプの走る音）
〜	NA　ソニー 「ウォークマン」
C.I 何故か，大波を現実的にあびてしまった人たち。みんなアッ気にとられています。	SE ザ・ザー… （水の引く音）
〜 END	

児玉和彦　東京都

第19回 81年

デサント　デサントダウン

いいなあ いいなあ
たまるいっぽうのぬくもり

前田亨　神奈川県

第20回 82年

岡本理研ゴム　スキンレススキン

愛しあっているのなら、
0.03m/m離れなさい。

吉永雅樹　東京都

第21回 83年

鈴木自動車工業　スズキ マイティボーイ

はっきり言って、
おとうさんは、ほしがらない。
だから、自分で買いなさい。

児玉元秀　東京都

第22回 84年

カゴメ　KAGOME朝市

朝市は、「立つ」という。

中島博孝　千葉県

第23回 85年

NTT　電話利用促進

耳がカラカラです。
電話は、どこですか？

手島裕司　熊本県

シリーズ1

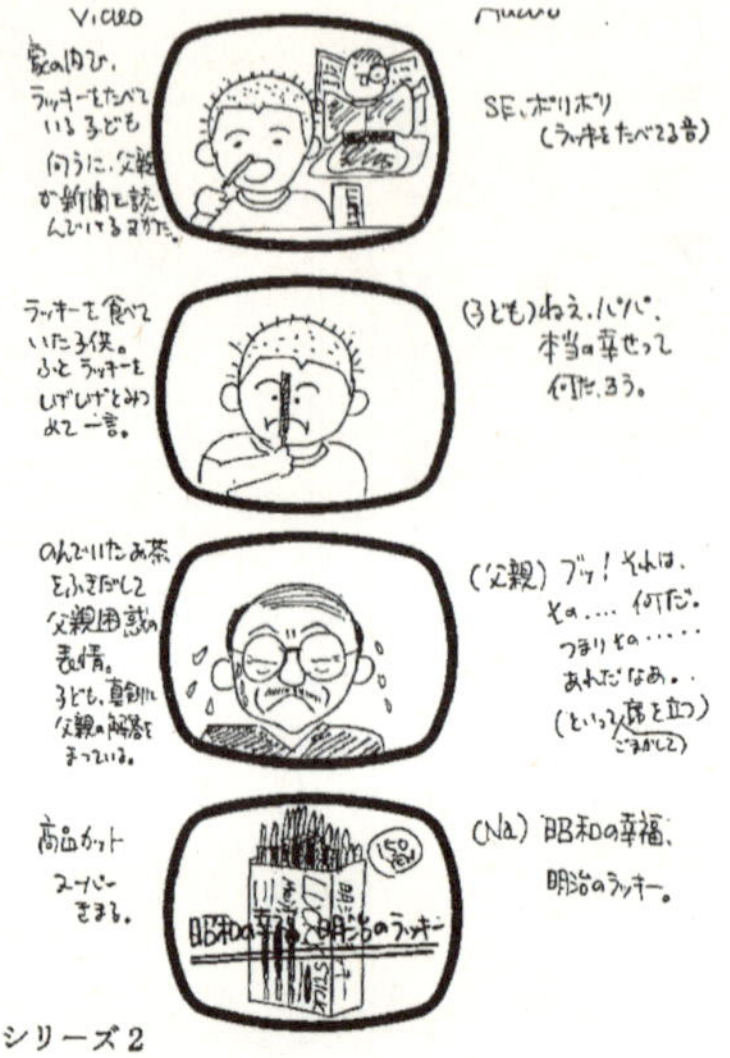

シリーズ2

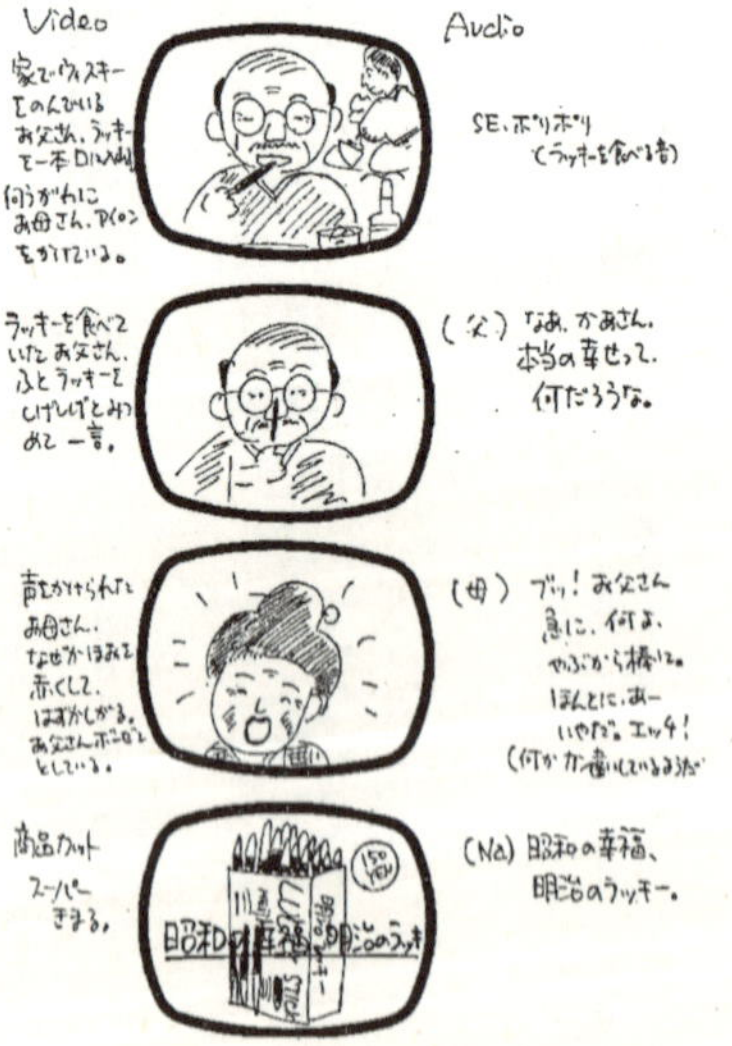

中村裕彦　東京都

第25回 87年

ローソン・ジャパン　どうせ行くなら楽しいローソン

女：私の下宿に毎晩かかって来る不幸の電話
SE：（電話のベル）ルルルル…
女：はい、山田です。
電話の声：（女の低く暗い声で）カラアゲくん、
フレンチドック、いなりずし、
あったか〜い焼きうどん、ラーメン。
SE：（よだれをすする音）ズッ　ズズズーー。
女：こうして私とサチコは
互いの足を引っぱりあいながら、
ブタへと化していくのであった。
SE：ブタの鳴き声。
NA：（男の低く落ち着いた声）開いている誘惑、
あなたのローソン。

尾関真理子　兵庫県

第26回 88年

フジテレビジョン　企業広告

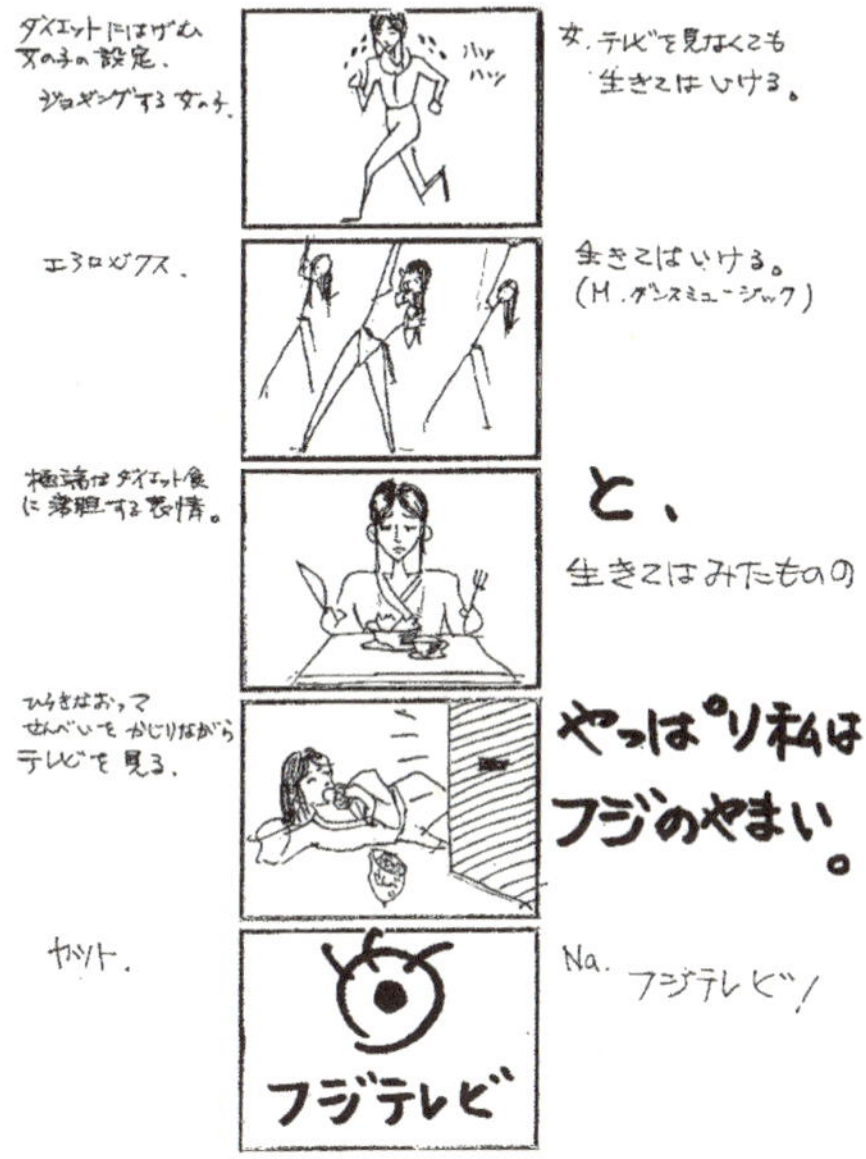

ダイエットにはげむ
女の子の設定。
ジョギングする女の子。
ハッ ハッ
女．テレビを見なくても
生きてはいける。
エアロビクス。
生きてはいける。
（M．ダンスミュージック）
極端にはダイエット食
に露骨する表情。
と、
生きてはみたものの
ひらきなおって
せんべいをかじりながら
テレビを見る。
やっぱり私は
フジのやまい。
カット。
Na．フジテレビッ！
フジテレビ

山田尚武　東京都

第27回 89年

松下電器産業　マックロード・ステレオムービー

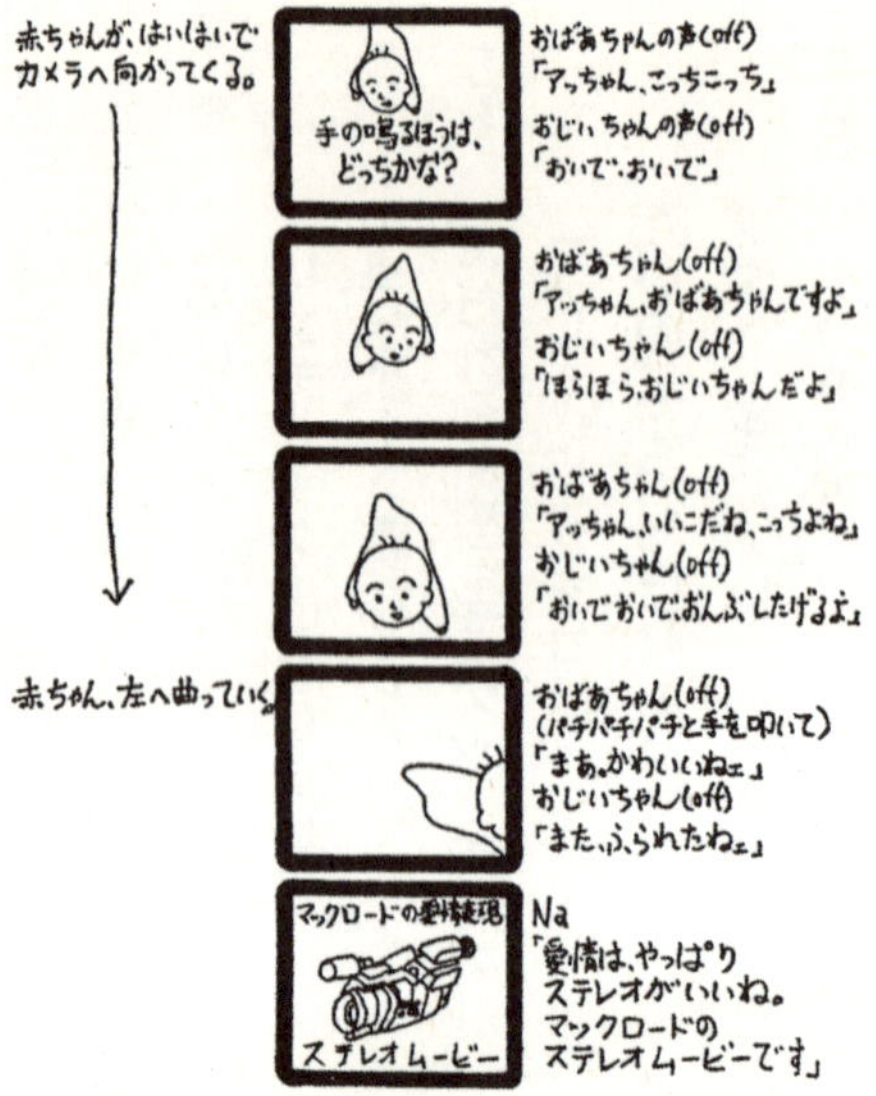

大野耕平　東京都

第28回 90年

アコム　アコムキャッシング

明日の自分に借りるのだ。

鎌田孝史

第29回 91年

アコム　アコムキャッシング

1番いいのは、借りないこと。

竹島靖

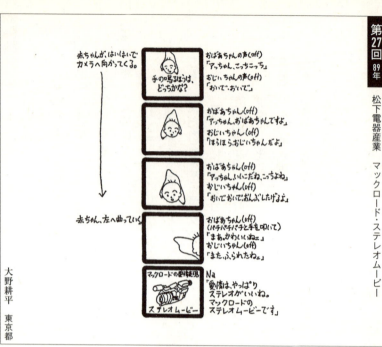

第30回 92年

サントリー　サントリークレスト12年

飲酒は30歳を過ぎてから。

大賀隆行

第31回 93年

文藝春秋　週刊文春

週刊文春は、訴えられました。

村上紀子　東京都

第32回 94年

コーセー　ヴィセル ルージュ アレーブル

女子トイレが
とっても混雑しているのは、
落ちやすい口紅にも
責任があると思います。

高橋邦明　東京都

第33回 95年

東京ガス　ガス温水床暖房システムNOOK

家に帰ると、母が倒れていた。

石田文子　大阪府

第34回 96年

松下電器産業　ナショナル蛍光灯パルック

蛍光灯の暗い病院は、不安だ。

望月和人　東京都

第35回 97年

佐川急便　企業広告

歩いてる佐川のお兄さんを、
私は見たことがない。

武田晶彦　熊本県

第36回 98年

ペリエ ジャポン　ペリエ

本当は、
両手ですくって飲む水でした。

川越千栄子　東京都

第37回 99年

積水化学工業　セキスイツーユーホーム

有給とって家にいた。

大西あかり　大阪府

第38回 00年

宝くじ　LOTO6

精子だった頃の運をもう一度。

高浜瞳　兵庫県

第39回 01年

日本コカ・コーラ　森の水だより

田舎が発展しませんように。

石川久士　東京都

第40回 02年

学生援護会西日本　アルバイト発見マガジン アン

お母さん、
そのお皿の洗い方はなに？

田島洋之　東京都

第41回 03年

アメリカンファミリー生命保険会社　一生いっしょの医療保険EVER

死ぬ回数と病気やケガの回数、
どっちが多い？

大嶋紀雄　兵庫県

第42回 04年

キヤノン販売　キヤノンPowerShot S1IS

父親の席は、
花嫁から一番遠くにある。

近藤慎一郎　東京都

第43回 05年

アイシア　新社名「アイシア」の認知度アップのための広告表現

1度だけ話せるとしたら、
なんて言いますか？

小安英輔　東京都

第44回 06年

明治製菓　明治ミルクチョコレート

ずるいよ、
チョコ食べてるときに、
そんな話するの。

遠藤紀子　愛知県

第45回 07年

日本英語検定協会　英検

男が機嫌よさそうに歌っている。
男「イエスタデイ～
　wフンフンフンフ～フフ～ン
　フフフンフフフ～ンフフ～ン
　フフンフフ～ンフ
　イエスタデイ～」
男の映像に「英検」のロゴがオーバーラップ。

眞水徳一　神奈川県

第46回 08年

セコム　セコム・ホームセキュリティ

家は路上に放置されている。

志儀永二郎　東京都

第47回 09年

シービック　デオナチュレ男シリーズ

部長が目にしみる。

遠藤元宏　東京都

第48回 10年

朝日生命保険　保険王プラス

天国に遅れてやってきた妻が、いきなり私にビンタした。

水谷俊次　大阪府

第49回 11年

森永乳業「プリンといえば森永乳業」と強く印象づけるコピー

プリンはひとを、可愛くする。

井上慶彦　東京都

第50回 12年

NTTドコモ　メール翻訳コンシェル

そうか、こういう内容の
迷惑メールだったのか。

日野原良行　東京都

第51回 13年

旭化成　サランラップ

おかん、うまい。
でも、多い。

高崎真梨子　東京都

第52回 14年

ゆうちょ銀行

人生の半分は無職です。

渡辺幸一　東京都

第53回 15年

ジェイティービー

【親子】篇
父親がリビングにて寝転がってテレビを見ている。
娘が掃除機をかけながら父親の前まで来る。
娘「お父さん、そこ掃除するから」
父「ああ」
娘「旅行でも行ってきて」
父「え？」
（娘の手から父親の手に商品を手渡されるカット）
驚く父親を尻目に掃除機をかける娘
NA「大切なあのひとに、ＪＴＢの旅行券を贈ろう」

今野和人　東京都

第54回 16年

日清オイリオグループ

子どもが苦手なものは
一度揚げてみる。

平山瑞帆 東京都

第55回 17年

クレディセゾン

現金なんて、
お金の無駄づかいだ。

林次郎 東京都

※オージス総研の協賛企業賞、ならびに一〜二次通過作品は、協賛社の都合により中止をさせていただきます。本作品にご応募いただいた皆さま、協賛企業賞の発表をお待ちいただいた皆さまに、お詫び申し上げます。何卒ご理解のほど、よろしくお願い致します。
※年齢は応募時のものです。
※中高生部門へ生徒名なしで団体応募いただいた場合、応募者は「●●学校生徒」と表記しています。
※中高生部門への団体応募の場合、応募者の都道府県は所属する学校の所在地としています。

宣伝会議 の書籍

宣伝会議の教育講座

コピーライター養成講座
基礎コース・上級コース・専門コース

東京・大阪・名古屋・福岡・札幌・金沢

1957年、日本最初のコピーライター養成講座として開講、62年目を迎える。数多くのトップクリエイターを排出し続ける名門講座。

CMプランニング講座

第一線で活躍するクリエイティブディレクターやプランナーが、アイデアの考え方、企画コンテの書き方、音と映像の演出など、CM企画の基礎から応用までを徹底指導。

アートディレクター養成講座

東京・大阪・名古屋・福岡

広告・コミュニケーションの舞台で活躍するための、アートディレクションの基礎から応用までを一流の講師陣が指導。

クリエイティブディレクション講座

今まで語られることのなかったクリエイティブディレクションという考え方を、ビジネスを成功に導くための技術として体系化。日本を代表するクリエイティブディレクター陣が登場。

SKAT.18 SENDENKAIGI AWARD TEXT

発行日　2019年4月20日

編集　第56回宣伝会議賞実行委員会

発行者　東 彦弥

発行所　株式会社 宣伝会議

〒107-8550　東京都港区南青山3丁目11番13号

TEL 03-3475-3010

URL https://www.sendenkaigi.com/

印刷・製本　中央精版印刷株式会社

ISBN978-4-88335-467-2